हिन्दी फ़िल्म संगीत

सत् चित् आनन्द

हिन्दी फ़िल्म संगीत

सत् चित् आनन्द

डॉ. प्रिया जोशी

वाणी प्रकाशन

वाणी प्रकाशन

4695, 21-ए, दरियागंज, नयी दिल्ली 110 002

फ़ोन : +91 11 23273167 फ़ैक्स : +91 11 23275710

शाखाएँ

अशोक राजपथ, पटना 800 004, बिहार

कॉफ़ी हाउस कैम्पस, महात्मा गांधी मार्ग, इलाहाबाद 211 001, उत्तर प्रदेश

महात्मा गांधी अन्तरराष्ट्रीय हिन्दी विश्वविद्यालय, वर्धा 442 001, महाराष्ट्र

सुल्तानिया रोड, मोतिया पार्क, भोपाल 462 001, मध्य प्रदेश

www.vaniprakashan.com
marketing@vaniprakashan.in
sales@vaniprakashan.in

Hindi Film Sangeet : Sat Chit Anand
by Dr. Priya Joshi

ISBN : 978-93-5518-139-8
Cinema/Music

प्रथम संस्करण 2022

मूल्य : ₹ 650

आर. टेक ऑफ़सेट प्रिंटर्स, दिल्ली-110032 में मुद्रित

वाणी प्रकाशन का लोगो मक़बूल फ़िदा हुसेन की कूची से

आभार

बचपन से ही मुझे गायन में रुचि रही, घर में भी गायन का वातावरण था किन्तु जहाँ एक ओर मैं शास्त्रीय गायन की बाक़ायदा शिक्षा ले रही थी वहीं मेरे पिता को शास्त्रीय संगीत पर आधारित फ़िल्म–संगीत सुनने में रुचि थी; मुझे कोई भी राग गाता देख वह सदा ही कहा करते कि 'अमुक हिन्दी–फ़िल्म–गीत इस राग पर आधारित लगता है।' धीरे–धीरे उनकी शास्त्रीय संगीत में भी रुचि बढ़ने लगी, जब मैं स्नातकोत्तर पाठ्यक्रम तक पहुँची तो मुझे लगा कि पुराने फ़िल्म–गीत जो अधिकतर शास्त्रीय संगीत पर ही आधारित रहे हैं उन पर और अधिक काम करना रुचिकर होगा ताकि ऐसी बहुत सारी जानकारियाँ उपलब्ध हो सके जो फ़िल्म–संगीत का शास्त्रीय संगीत से गहन सम्बन्ध तलाश कर उसे इतिहास, संस्कृति तथा ऐसी अटूट संगीत परम्परा से जोड़ सके जो भविष्य के लिए सँजोयी जा सके तथा भावी पीढ़ी उससे लाभ उठा सके। साथ ही यह एक ऐसी खोज बने जो सन्दर्भ ग्रन्थ (Reference Book) का भी काम कर सके किन्तु यह शोधकार्य मेरे लिए सरल नहीं था इसके लिए पुस्तकों तथा पत्र–पत्रिकाओं के अतिरिक्त फ़िल्मों, वह भी लगभग अलभ्य फ़िल्मों, उनके गीत–संगीत तथा संगीतकारों के बारे में जानकारी अर्जित करना अत्यन्त आवश्यक था। मैं अलीगढ़ (उ.प्र.) की रहने वाली हूँ। मुझे मुम्बई आकर डेरा डालना पड़ा क्योंकि हिन्दी फ़िल्मों का गढ़ यही है। यहाँ आकर मुझे पुणे के चक्कर भी लगाने पड़े क्योंकि अलभ्य फ़िल्में यहीं स्थित राष्ट्रीय फ़िल्म संग्रहालय में ही उपलब्ध हैं, यहीं पर फ़िल्म अध्ययन का सबसे बड़ा संस्थान राष्ट्रीय फ़िल्म तथा टी.वी. संस्थान भी है। इस महत् कार्य में कई गुरुजनों एवं महानुभावों से मार्गदर्शन, ज्ञान–उपार्जन तथा सहयोग प्राप्त हुआ। उन सबकी मैं हृदय से आभारी हूँ। विशेष रूप से मैं आभारी हूँ पुणे फ़िल्म इंस्टीट्यूट के भूतपूर्व प्रोफ़ेसर एवं संगीत शास्त्री पद्मश्री आदरणीय भास्कर चन्दावरकर की जिनके एक गवेषणात्मक लेख से प्रेरित होकर ही यह विषय मैंने चुना तथा उसी लेख को अपनी भूमिका का आधार भी बनाया।

यही नहीं पुराने सन्दर्भों, संगीतज्ञों तथा फ़िल्म–संगीत निर्देशकों के बारे में सम्यक् जानकारी भी उनके माध्यम से जुटाई जा सकी।

उत्तर भारतीय शास्त्रीय संगीत के जिन गुरुओं का संगीत–ज्ञान–प्रसाद मुझे मिला है, बचपन से जिन–जिन गायकों, वादकों, संगीत आचार्यों को मैं सुनती, पढ़ती तथा विचारती रही उन सभी की मैं अत्यन्त आभारी हूँ। जिन गुरुओं की कृपा से मेरी संगीत शिक्षा जारी रही तथा इन्दिरा कला–संगीत विश्वविद्यालय, खैरागढ़, जहाँ से मुझे संगीत में स्नातकोत्तर होने का सौभाग्य प्राप्त हुआ, उसकी भी मैं आभारी हूँ।

फिर आभारी हूँ, मेरी गुरु परम्परा में आने वाले निम्नलिखित विद्वानों की जिनके बिना यह पुस्तक पूरी करने की मैं कल्पना भी नहीं कर सकती थी।

मेरे संगीत गुरु निर्देशक डॉ.टी. उन्नीकृष्णन ने न केवल उत्तर भारतीय शास्त्रीय संगीत अपितु दक्षिण भारतीय शास्त्रीय संगीत से भी मुझे परिचित कराया तथा दक्षिण भारतीय फ़िल्मों के पार्श्वगायक होने के कारण फ़िल्म संगीत की जटिलताओं से भी मुझे परिचित कराया, ध्वनि समायोजन (Voice Culture) के प्रबुद्ध ज्ञाता होने के कारण उनसे फ़िल्म गायकी के भेद समझकर, उनका शास्त्रीय गायन से तुलनात्मक अध्ययन करने में सहायता मिली। साथ ही पग–पग पर उचित पुस्तकों का चयन, यही नहीं पुराने सन्दर्भों, संगीतज्ञों तथा फ़िल्म संगीत निर्देशकों के बारे में सम्यक जानकारी भी उनके माध्यम से जुटाई जा सकी। फ़िल्म तथा टी.वी. संस्थान एवं राष्ट्रीय फ़िल्म अभिलेखागार तथा फ़िल्म सेंसर बोर्ड के कार्यालयों से वांछित जानकारियाँ मिलीं; गीत, संगीत तथा फ़िल्मों के टेप, कैसेट तथा सी.डी. इत्यादि प्राप्त कर सकी। कुछ लोगो के मार्गदर्शन में फ़िल्मों, फ़िल्मों के गीतों, गीत–संगीतकारों, निर्माता–निर्देशकों आदि के बारे में बहुमूल्य लेख, साक्षात्कार तथा रिकॉर्डिंग्स आदि प्राप्त हुईं जिन्होंने मेरे इस कार्य को सरल बनाया।

इटावा तथा इन्दौर घराने के उस्ताद अब्दुल हलीम जाफ़र तथा उस्ताद विलायत ख़ाँ और अब्दुल मजीद शेख़ के शिष्य, प्रसिद्ध सितारवादक जनाब ज़ुबेर शेख़ ने रागों को सही पहचानने तथा स्वर लिपियों में मेरी काफ़ी मदद की, मैं उनकी आभारी हूँ।

समय–समय पर मैं अपनी गुरु तथा श्री टीकाराम कन्या महाविद्यालय, अलीगढ़ के संगीत विभाग की भूतपूर्व अध्यक्षा प्रोफ़ेसर सुश्री प्रभा वर्मा से भी रागों की सही पहचान करने में सहायता लेती रही, उन्होंने सदैव मेरा उत्साह बढ़ाया तथा स्वरलिपियों को तैयार करने में मेरा मार्गदर्शन किया।

प्रसिद्ध बाँसुरीवादक पं. रघुनाथ सेठ, संगीत निर्देशक श्री रवीन्द्र जैन, गायक सुरेश वाडेकर तथा सुश्री साधना सरगम की भी मैं विशेष रूप से आभारी हूँ।

ये सभी शास्त्रीय तथा फ़िल्म संगीत में पारंगत हैं तथा अपने–अपने क्षेत्रों में सुविख्यात। सभी ने अपनी–अपनी तरह से मेरा सहयोग किया।

खैरागढ़ विश्वविद्यालय के भूतपूर्व प्रोफ़ेसर डॉ. रमाकान्त श्रीवास्तव, डॉ. जी.एल. चन्देल तथा डॉ. वीणा विश्वरूप ने अपने बहुमूल्य दिशानिर्देशों से मुझे बार–बार लाभान्वित किया। उनके उत्साहवर्धन से विश्वविद्यालय परिसर सदा ही अपने घर जैसा लगा।

रायपुर से प्रकाशित पत्रिका 'अक्षरपर्व' के सम्पादक मण्डल के सदस्य तथा देश के प्रसिद्ध पत्रकार श्री आलोक पुतुल ने 'भारतीय फ़िल्में तथा जनमानस' विषय पर अमूल्य सामग्री मुझे सौंपी।

अन्तरराष्ट्रीय ख्यातिप्राप्त हिन्दी फ़िल्म घराने 'बी.आर. फ़िल्म्स' (सुप्रसिद्ध निर्माता–निर्देशक श्री बी. आर. चोपड़ा) के चीफ़ साउंड रिकॉर्डिस्ट तथा पुणे के फ़िल्म तथा टी.वी. संस्थान के भूतपूर्व स्नातक श्री बी.एन. चतुर्वेदी ने रिकॉर्डिंग के तकनीकी ज्ञान को मेरे लिए सरल तथा बोधगम्य बना दिया।

साथ ही, प्रसिद्ध तन्त्रज्ञ श्री विजयन कुरूप की आभारी हूँ!

'कीप एलाइव' संगीत संस्था के संस्थापक तथा निर्देशक श्री मनोहर अय्यर ने 1933 से लेकर 1974 तक के गीतों की रिकॉर्डिंग तथा उनके बारे में सम्यक् जानकारी मुझे उपलब्ध कराई। हिन्दी फ़िल्मों के पुराने (vintage) गीतों की जानकारी के बारे में श्री मनोहर अय्यर को 'वन मैन इनसाइक्लोपीडिया' कहा जाता है, उन्हें मेरा प्रणाम!

अन्त में मैं परम आभारी हूँ अपने पूज्यनीय माता–पिता की, जिनकी प्रेरणा, उत्साहवर्धन तथा सतत मार्गदर्शन से ही यह सब सम्भव हो सका।

अनुक्रम

अनुक्रम

भूमिका

प्रबुद्ध एवं प्रसिद्ध संगीत शास्त्री तथा पुणे फ़िल्म तथा टी.वी. संस्थान (FTII, Pune) के भूतपूर्व संगीत–विभागाध्यक्ष पद्मश्री भास्कर चन्दावरकर के एक गवेषणात्मक लेख के अनुसार, "उच्चस्तरीय और अतिकलात्मक संगीत और जनसंगीत में सदा ही एक निरन्तरता वाला संवाद होता रहा है। संगीत में शास्त्रीय संगीत का विकास जिसे जापान में संगीत का सौष्ठव कहा जाता है, वह इसी संवाद का परिणाम है। इस संवाद से दोनों ही प्रकार के संगीतों में हौले–हौले, चुपके–चुपके ही सही किन्तु निश्चित बदलाव आता रहता है। इसी संवाद से हमें यह भी पता चलता है कि किसी भी राष्ट्र का अतिकलात्मक संगीत, आवश्यक नहीं है कि उस राष्ट्र के जनसामान्य का पसन्दीदा संगीत भी हो। इसी बात से एक और तथ्य भी रेखांकित होता है कि दोनों ही संगीत परम्पराएँ एक ही थैली के चट्टे–बट्टे के समान हैं और एक–दूसरे से प्रभावित भी हुई हैं।"

हम यहाँ भारतीय उपमहाद्वीप की संगीत परम्परा की ही बात करेंगे। हम बात करेंगे भारतीय शास्त्रीय संगीत बनाम उस संगीत की, जो भारत के जनसामान्य का संगीत कहा जाता है जिसे हम Popular भी कह देते हैं अर्थात भारतीय फ़िल्मों का संगीत।

प्रश्न उठता है कि क्या फ़िल्म–संगीत और शास्त्रीय परम्परा के संगीत में कोई तालमेल है? यदि है तो किस प्रकार का? क्या सम्बन्ध है इन दोनों परम्पराओं में? यदि हम तटस्थ होकर सोचें तो बड़े ही रोचक और बेजोड़ तथ्य सामने आयेंगे। पहले तो हम यदि शास्त्रीय संगीत की ही बात करें तो शास्त्रीय को अंग्रेज़ी में Classical कहा जाता है। यह शब्द हमने British परम्परा से Import (आयात) किया है। भले ही भारत का तथाकथित धनाढ्य और कुलीन वर्ग शास्त्रीय को अंग्रेज़ी में Classical कहे किन्तु दोनों शब्दों का शाब्दिक अर्थ भिन्न है क्योंकि हिन्दी का शास्त्रीय, अंग्रेज़ी के Classical से

बिल्कुल मेल नहीं खाता। कारण यह कि भारतीय सन्दर्भ में शास्त्रीय संगीत, इतिहास के किसी विशेष काल से सम्बन्धित नहीं है। आज का, एकदम आज का, आधुनिक 'ख़याल' भी शास्त्रीय कहा जाता है। प्रश्न हो सकता है कि कहा जाना चाहिए क्या? बहरहाल, भारतीय शास्त्रीय संगीतज्ञों ने इसी 'ख़याल' से आगे चलकर प्रस्फुटित होने वाली कुछ और संगीत शैलियों को भी उपशास्त्रीय अथवा अर्धशास्त्रीय का नाम दे दिया है। उसी को अंग्रेज़ी में कभी–कभी Light Classical या Classical Type भी कह देते हैं जैसे कि शास्त्रीय परम्परा पर आधारित फ़िल्म संगीत। उदाहरणार्थ–

मोरे घर आये सजनवा
डार–डार कूके कोयलिया...

(फ़िल्म : ईमानदार)

भारतीय भाषाओं की बात करें तो उनके अनुसार शास्त्रीय अथवा शास्त्रोक्त का अर्थ होता है, 'वह संगीत जो शास्त्रों से लिया गया है और उनमें वैसी ही वैज्ञानिकता भी हो जिसकी कि शास्त्रों ने आज्ञा दी है। उसमें गणित है, विधान है, अनुशासन है और मर्यादा भी।' इस शास्त्रीय संगीत को ही हम अंग्रेज़ी के Classical शब्द का पर्याय कहते हैं। आजकल कुछ और परिभाषाएँ भी जोड़ दी गयी हैं जैसे कि अंग्रेज़ी के Original Music के लिए हिन्दी में अभिजात संगीत, Pedigree के लिए ख़ानदानी, From Noble Descent के लिए Gharandaz या घराना–संगीत; जबकि हमारी पुरानी पुस्तकें और शास्त्र केवल दो ही तरह के भेदों की बात करते हैं–मार्गी और देशी संगीत। मार्गी संगीत, एक ही लीक पर चलने वाले उस संगीत का नाम है, जो इसके गाने और बजाने वालों को स्वर्गीय आनन्द (Eternal Bliss) से जोड़ता है और अन्त में उन्हें मोक्ष तक पहुँचाता है। इस संगीत को न तो समय ही बदल पाया है और न ही भौगोलिक परिस्थितियाँ। किसी भी प्रकार की रंचमात्र मिलावट के बिना ही, यह पीढ़ी–दर–पीढ़ी उसके ज्ञाताओं को अन्तिम परम सत्य पाने अर्थात योगी बनाने का साधन बनता आया है और योगी इसका आवश्यकतानुसार प्रयोग भी करते रहे हैं किन्तु हम जैसे सांसारिक प्राणियों के लिए केवल देशी संगीत का ही सहारा है; वह संगीत, जिसमें तरह–तरह की भावनाएँ हैं, अभिव्यक्तियाँ (Expression) हैं, धरती के अलग–अलग रंगों के साथ तरह–तरह की भाषाओं के प्रयोग भी जो समय के साथ बदलते गये हैं। इस संगीत को भी दो श्रेणियों में बाँटा गया है–पहला वह पवित्र गन्धर्व संगीत जो देवताओं की स्तुति के लिए रचा जाता है। इसके भी अपने नियम और प्रावधान सुनिश्चित किये गये थे। यह संगीत विशिष्ट व्यक्तियों को उत्तम

समाधान देता रहा किन्तु गण अर्थात जनता जो कठोर नियमों के पालन में अधिक विश्वास नहीं करती बल्कि रसास्वादन और मनोरंजन को ही अधिक महत्त्व देती है, उनके लिए एक–दूसरे गण संगीत की व्यवस्था की गयी जो जनता के रंजन हेतु उन्हीं की रुचि अनुसार ढाला गया और गाया–बजाया व प्रदर्शित भी किया जाता था। 'अभिनवगुप्त', जो भरतमुनि के नाट्यशास्त्र के मर्मज्ञ हैं, उनका मानना है कि नाटकों अथवा नाट्य प्रस्तुतियों में, जो संगीत प्रयुक्त होता रहा है वह 'गण' ही है। 'संगीत रत्नाकर' के रचयिता शारंगदेव जिनके ग्रन्थ 'संगीत रत्नाकर' को शुद्ध शास्त्रीय संगीतज्ञ भी संगीत का परम ग्रन्थ मानते हैं वही शारंगदेव अपने समय के देशी संगीत के प्रबन्धों और इतर मधुर शैलियों को 'गण' ही मानते हैं। गण के गायक को अपने श्रोताओं से अपने प्रयास की प्रशंसा का फल तुरन्त ही प्राप्त हो जाता है, जनता उन्हें सुनती है, समझती है और तुरन्त सराहती है। न समझे तो तुरन्त ही नकार भी देती है जबकि पहली श्रेणी जिसे गन्धर्व कहा गया, उन्हें अपने द्वारा बोयी गयी संगीत की फसल के फल समेटने के लिए जन्म और मृत्यु के कई चक्रों की प्रतीक्षा करनी पड़ती है; तो इस प्रकार हमारे विचार से आज जिसे शास्त्रीय संगीत की संज्ञा दी जाती है, उसका जन्म तो निश्चित रूप से 'गण' द्वारा ही हुआ है। 'गण' अर्थात वह संगीत, जो श्रोता के आनन्द के लिए है; ऐसा आनन्द जो उनकी रुचि के अनुसार ही उन्हें परोसा जा रहा हो और जिसे सुनकर वे तुरन्त ही 'वाह' कह उठें जिससे कि गायक/वादक भी अपनी प्रशंसा, अपनी 'वाह' वहीं बटोर लें।

आज ऐसी कोई भी संगीत परम्परा नहीं है जो यह दावा कर सके कि उन्होंने अपने मूल अनुशासन को आज तक भी पहले जैसा ही कायम रखा है क्योंकि संगीत की परम्परा उतनी ही पुरानी है जितना कि स्वयं मनुष्य।

विविध समाज और संस्कृतियों के उद्भव और विकास के साथ–साथ उनसे संवाद करते–करते यह संगीत परम्पराएँ अपने आपको सँवारती–सुधारती गयी हैं। ये संस्कृतियाँ और विभिन्न समाज समय–समय पर वैज्ञानिक और तकनीकी विकास से भी प्रभावित होते रहे हैं; इसलिए संगीत में भी बदलाव आते रहे हैं। इतना कुछ होते हुए भी मूल संस्कृति के निशान इनके संगीत में दृष्टिगत होते ही रहते हैं। यही कारण है कि मनुष्य अपनी भाषा तथा रीति–रिवाज़ की तरह ही अपने गीत–संगीत द्वारा भी अपनी परम्परा के उद्भव की ओर इंगित करते रहते हैं। तो फिर हमारे गीत–संगीत में हम भारतीयों की परम्परा कैसे परिलक्षित होती है? क्या हैं वे जन्म चिन्ह (Birth Marks) जो हमें अपने अतीत से जोड़ देते हैं।

सबसे पहले तो है 'सप्तक'! संगीत का यह सप्तक, नाट्यशास्त्र से पहले

भी मौजूद था। नाट्यशास्त्र ने इसको केवल उजागर किया, बढ़ावा दिया। पहले स्वर को कहा गया षड्ज, जिसका शाब्दिक अर्थ है–'वह जिससे छह जन्मे।' इसलिए इसके बाद भी सरगम के छह स्वर और हैं। 'सा' अर्थात षड्ज के साथ ही उन्होंने एक 'सात' भी बनाया अर्थात सप्तक! षड्ज से लेकर इसके सप्तक में संगीत के जो अन्तराल हैं, उन्हें कहा गया–श्रुतियाँ। सदियों से चली आ रही इन व्यवस्थाओं अथवा श्रुतियों इत्यादि के बारे में संगीत विद्वानों में मतभेद हो सकते हैं, किन्तु 'सा' का स्थान अटल है, उसे हर कोई मानता है। सारा शास्त्रीय संगीत विभिन्न मतभेदों के बाद भी, इस स्थिर, अटल और अचल 'सा' के इर्द–गिर्द ही घूमता है।

इसलिए भारतीय संगीत को संगत देने के लिए आज भी द्रोण साज़ तानपूरे की ज़रूरत होती है। चाहें तो आज उसे Electronic Shruti Box भी कह लें। आगे चलकर हम देखेंगे कि फ़िल्मी गानों के मामले में भी Harmony को लेकर इस 'सा' के सिद्धान्त ने भारतीय शैली को किस तरह दूसरों से अलग किया है, और प्रभावित भी किया है।

'भारतीय संगीत की दूसरी महत्त्वपूर्ण विशेषता है 'लय की रचना' जिसके लिए प्राचीन शास्त्रों में शब्द इस्तेमाल किया गया 'ताल'। जिसे हम आज ताल कहते हैं वहीं प्राचीन लय चक्र है। यह चक्र विभिन्न खण्ड, अंग और बोलों से सुसज्जित है किन्तु सबसे मुख्य विशेषता यही है कि ये सभी चक्रीय हैं। भारतीय संगीत में गति अथवा Tempo के लिए केवल एक ही विधि का विधान किया गया है–'ताल'।

आदि मानव के काल से ही यह चक्र चलता आया है। कुछ घटनाएँ एक निश्चित समय में अपने आपको दोहराती हैं। वह एक ऐसी निरन्तरता है जिसका न कोई आदि है न अन्त। इसलिए इनके होने में गत और आगत (Past and Present) का कोई भेद नहीं रह जाता। इसका सबसे सुलभ उदाहरण है, 'ऋतु चक्र'। इसी प्रकार जीवन और मृत्यु का चक्र भी। ताल की रचना ब्रह्माण्ड के इस चक्रीय आन्दोलन से प्रभावित होकर की गयी है। एक बार जो भी ताल चुन ली गयी तो वह गायन या वादन से सर्वथा स्वतन्त्र होकर, अपने ही गणित के अनुसार चलती रहती है; भारतीय संगीत का यह पहलू भी किसी हद तक, उसे, संसार के दूसरे संगीतों से भिन्न बनाता है।

ताल के बाद आता है 'राग'। ताल के बाद राग को लाने का कारण है इतिहास। आठवीं शताब्दी के बृहद्देशी के अनुसार राग, 'नाट्यशास्त्र' में वर्णित ताल के बाद आया।

राग क्या है? इस बारे में संगीत विद्वानों के अलग–अलग मत हैं किन्तु अंग्रेज़ी के हार्वर्ड शब्दकोश के अनुसार 'राग' हिन्दी संगीत का मूल बीज

(Basic Concept) है। एक बात तो सभी मानेंगे कि राग में एक बँधा हुआ स्वर समूह है जिसमें आरोह और अवरोह का एक निश्चित प्रकार और निश्चित आकार आदि होता है। यह भी, कि कम–से–कम पाँच स्वर तो हों ही और ये सभी विशेषताएँ मिलकर श्रोता समूह को आनन्दित और आन्दोलित भी कर सकें। हम गर्व से कह सकते हैं कि हमारा संगीत जो ऋग्वेद के समय में केवल तीन स्वरों से उपजा, 'उदात्त, अनुदात्त और स्वरित,' कुछ सदियों बाद इसे ही लय चक्र अथवा ताल में बाँधा गया, फिर पूरा सप्तक बना और श्रुतियाँ, जाति, गीति, ध्रुव से लेकर राग गायन और प्रबन्धों तक की संगीत साधना, तुर्की और फ़ारसी संगीत से पहले ही विकसित हुई। फिर तेरहवीं शताब्दी में फ़ारसी और तुर्की संगीत से संवाद स्थापित हुआ और ध्रुपद, धमार, तथा उसके काफ़ी बाद ख़्याल और ठुमरी जैसी पारम्परिक शास्त्रीय गायन शैलियों का विकास भी हुआ। जब–जब भी ये विकास हुए, यदि उस समय उनसे पहले के विद्वान जीवित होते तो अवश्य ही उनका विरोध करते। उदाहरण के लिए 'राग गायन' भरत मुनि को अपने ध्रुव या गीति जैसा शुद्ध कभी न लगता। शारंगदेव ने अपने गीति, राग अथवा प्रबन्धों की विलुप्ति पर सोग मनाया होता, स्वामी हरिदास, राजा अथवा शहंशाह की चाटुकारिता के लिए दरबारी कान्हड़ा में कभी ध्रुपद न गाते और मियाँ तानसेन अपने उत्तराधिकारी सदारंग को उनके द्वारा विकसित ख़्याल शैली के लिए कभी भी क्षमा न करते किन्तु फिर भी यह सारी संगीत शैलियाँ आज भी संगीत के प्रकाण्ड पण्डितों द्वारा विकसित की गयी एक ही अटूट परम्परा का अंग मानी जाती हैं; जिसका नाम है, 'भारतीय शास्त्रीय संगीत परम्परा'; भरत, शारंगदेव और तानसेन की परम्परा! यही परम्परा आज के उस्ताद विलायत ख़ाँ को भी तानसेन से जोड़ती है।'

आज के संगीतज्ञ बालचन्दर अपने आपको वैदिक संगीत से जोड़ते हैं! तो क्या हैं वे तत्त्व जो इस परम्परा को अटूट रखे हुए हैं? देश के प्रतिष्ठित संगीत शास्त्री श्री भास्कर चन्दावरकर के अनुसार इसका कारण संगीत के वे नौ अमूल्य तत्त्व हैं जो निम्न प्रकार से हैं :

1. पहला तत्त्व है षड्ज सापेक्षता अर्थात सा से सम्बन्ध
2. आवर्तानुगामी (लय चक्र का बन्धन)
3. तालविप्रवाही अर्थात ताल का निरन्तर प्रवाह
4. नियुक्त स्वरान्तर अर्थात श्रुतियाँ
5. अलंकार भूषित (नियत अलंकार)
6. निबाध अनुगामी (तरह–तरह के स्वर समूह)

7. रसभावानुकूल (रस और भाव की निष्पत्ति)
8. रंजक अर्थात श्रोता समूह से तादात्म्य स्थापित करने वाला
9. भाषानुगामी : भारतीय भाषाओं में अपने आपको ढालने वाला

भाषाओं के अनुरूप उनकी अभिव्यक्ति को सरल, सरस, बोधगम्य तथा रंजक बनाने वाला, श्रोता से संवाद स्थापित करने वाला।

'ये जो नौ आवश्यक गुण हैं उनमें पहले आठ तो सभी मानेंगे क्योंकि पारम्परिक भारतीय संगीत से जुड़े हुए हैं किन्तु भाषाई संगीत अर्थात नौवाँ गुण अर्थात भाषानुगामी संगीत अपने रूप–रंग, लय, ताल, मधुरता (Melody) और अपनी संगीतमय अभिव्यक्ति (Musical Expression) के कारण इन सबसे विशिष्ट होने की क्षमता रखता है। आवाज़ की मधुरता के लिए Fade in, Fade Out और Throw की तकनीकें, संगीतमय पदावली, भाषाई Pause (अन्तराल) और Stress (रेखांकन), Finishing आदि की विशेषताएँ इस गायन में एक–दूसरे से गुँथी हुई होती हैं।

दुर्भाग्य से, इस संगीत के बारे में विस्तार से गहन अध्ययन नहीं किया गया किन्तु लगता है कि भारतीय भाषाओं में वह क्षमता और दमखम है कि अपने बूते पर उन्होंने एक ऐसी भाषानुगामी संगीत परम्परा को विकसित किया जो किसी भी तरह अभारतीय न लगे। हाँ यह हो सकता है कि उसमें दूसरी संगीत शैलियों का मिश्रण भी हो जाये, जैसे–ख़्याल, ठुमरी, टप्पा, ग़ज़ल आदि। इन सभी शैलियों में तुर्की, फ़ारस या मध्य एशिया के संगीत का प्रभाव भी महसूस होगा जैसे कि ग़ज़ल ईरान से आयी है किन्तु ऐसे संगीत की पहचान केवल उस भाषा से ही होगी जिसके कवित्वमय बोल, इस संगीत को सजा रहे हैं। उदाहरणार्थ, *ना मोनो लागे ना* (सलिल दा); एक बंगाली गीत है, किन्तु जब इसके बोल शैलेन्द्र हिन्दी में लिख देते हैं तो यही गीत हिन्दी का हो जाता है। *ना जिया लागे ना!* इस भाषाई संगीत की संरचना के आधार हैं :

1. फ़िल्म माध्यम में शूटिंग के अनुसार गीत की पदावली को छोटे–छोटे टुकड़ों में विभक्त किया जाता है ।
2. रिकॉर्ड डिस्क, कैसेट अथवा सी.डी. माध्यम के लिए तीन से दस मिनट के ऐसे गीतों की रचना की जाती है जो अलग–अलग रिकॉर्ड किये जा सकें।
3. वे लोकगीत और भजन जो फ़िल्म और कैसेट आदि के लिए न गाकर जनसमूह के बीच बैठकर गायक द्वारा गाये जाते हैं, वे इस नियम के अन्तर्गत नहीं आते ।

यदि हम ठीक से अवलोकन करें, जाँचें और विचार करें तो पता चलेगा कि फ़िल्मी गीत अधिकांशतः भारतीय परम्परा से ही उपजते रहे हैं जैसे :

1. ज्योति कलश छलके (भोपाली)
2. माई री मैं कासे कहूँ अपने जिया की, माई री (बागेश्वरी)
3. मेघा छाये आधी रात बैरन बन गयी निन्दिया (पटदीप)
4. जो तुम तोड़ो पिया मैं नाहीं तोड़ूँ रे (भैरवी)
5. गाना मेरे बस की बात नहीं (यमन)

गाना ध्वनि का ही एक रूप है और ध्वनि का आगमन भारतीय फ़िल्मों में सन् 1931 में हुआ था। तब से अब तक की गीतमय फ़िल्मों की बात की जाये तो संसार की छह फ़िल्मों में से एक भारत की ही होती है। एक करोड़ से भी कहीं अधिक गाने रिकॉर्ड हो चुके होंगे। इतना सशक्त है यह माध्यम कि दूसरी संगीत शैलियों ने भी इस से अपनी सुविधानुसार कुछ–न–कुछ उधार लिया है। कितने ही भजन और लोकगीत फ़िल्मी धुनों पर रचे जाते हैं। फ़िल्म और रिकॉर्ड किये गये संगीत की शुरुआत शास्त्रीय संगीत के दिग्गजों से ही हुई थी फिर ज्यों–ज्यों माहौल बदला, संगीतज्ञ बदले, गायक बदले इस संगीत का स्वर्णयुग आया–1950 से 1960 का काल! यह सारा संगीत मुख्यतः शास्त्रीय संगीत पर ही आधारित होता था, किन्तु जनगण के शब्दों की महिमा, शास्त्र के संगीत पर भारी पड़ती थी। उन्हें गाकर उस समय के मशहूर गायक अमर हो गये। वैसे, शब्द स्थाणु होता हैः अण्डे के समान, जिसमें से जीव कभी अपने आप नहीं निकलता, पंछी रूपी 'संगीत–स्वर' जब उसे सेता है तो वह अपनी दीवारें तोड़कर गगन विहान करता है। इसलिए तब के संगीत निर्देशक पहले गीत के बोल लिखवाया करते थे। यह भी कहा गया है कि फ़िल्मों में तो बोलों से अधिक महत्त्व धुन ही को दिया जाता रहा है। कभी–कभी ऐसा भी हुआ होगा, किन्तु अधिकतर बोल ही पहले लिखे गये और उनकी बा–कमाल धुनें बाद में बनायी गयीं।

मैं यहाँ यह भी बताना चाहूँगी कि लोकप्रिय संगीत में राग भी केवल वही स्थान पाते हैं जो लोकप्रिय होते हैं जैसे–भैरवी, भैरव, पीलू, यमन, अड़ाना, मल्हार, ललित, विहाग, देस, शिवरंजनी, केदार, सोहनी, बागेश्वरी, मालकौंस, भीमपलासी, माँड़, तोड़ी, बहार, काफ़ी, पहाड़ी इत्यादि। ऐसे ही गीत सुनने वालो के मन में पैठते हैं और सालों–साल चिरस्थाई रहते हैं।

फ़िल्म संगीत का एक और पक्ष है पार्श्वसंगीत (Background Music) जिसके बिना फ़िल्में वैसी ही लगेंगी जैसे भाव के बिना शब्द एवं चित्र। यह पार्श्वसंगीत भी सम्पूर्णतः शास्त्रीय संगीत से ही प्रेरित रहा है।

दरअसल पार्श्वसंगीत (Background Music) दृश्यों को रेखांकित करने के लिए ही उपयोग में लाया जाता है। महत्त्व इस बात का होता है कि किसका दृष्टिकोण (Point of view) उस दृश्य में आवश्यक है। तो इस तरह यह पार्श्वसंगीत भी गूँगे दृश्य को मानो शब्द और उनके अर्थ भी प्रदान कर देता है।

मेरा उद्देश्य यही है कि भाषानुगामी संगीत[3] जिसको शास्त्रीय संगीत का भरपूर आशीर्वाद प्राप्त है तथा जो हिन्दी भाषी प्रदेशों में ही नहीं सम्पूर्ण भारत को एकता के सूत्र में बाँधता रहा है तथा आज विदेशों में भी भारत की विशेष पहचान बन गया है। उसके सही आंकलन का तर्कसंगत प्रयास किया जाये।

विषय की उपयोगिता

प्रश्न उठ सकता है कि इस विषय पर काम करने की आवश्यकता क्यों हुई! तो उत्तर है, हिन्दी फ़िल्मों के संगीत का कभी भी गम्भीरता से आंकलन नहीं किया गया। बस सुना, आवश्यकता पड़ने पर उसे दोहराया और भूल गये। यह जानने का प्रयास नहीं किया गया कि ये गीत मन को इतना लुभाते क्यों हैं, उन्हें बार–बार गाने को मन क्यों करता है, ऐसा उनमें क्या है जो वे सुख–दुख के साथी बन जाते हैं तथा हमारे समग्र जीवन पर अमिट प्रभाव डालते हैं। गहन अध्ययन के बाद यह सिद्ध किया जा सकता है कि यह संगीत न केवल शास्त्रीय संगीत का अंग है अपितु शास्त्रीय संगीत का सहारा लेकर जनसाधारण के मन में अपनी पैठ बना, कालान्तर में लोक संगीत का रूप ले सकता है। अनेक विद्वानों के अनुसार यह सुनिश्चित है कि गायन की लोक शैली ही कालान्तर में शास्त्रीय रूप धारण कर लेती है तथा शास्त्र से ही सुगम संगीत का जन्म होता है। इस प्रकार यह प्रक्रिया उसी जीवन चक्र की भाँति है जिसमें ऋतुएँ एक क्रम से आती रहती हैं तथा उनके आवर्तन में क्रम कभी नहीं बिगड़ता। एक ही भाँति साँस का आना–जाना, दिन के बाद रात तथा रात के बाद दिन होते रहना, दिल का धड़कना, पलकों का उठना–गिरना आदि; उसी प्रकार यह संगीत भी है क्योंकि यह संगीत जीवन से ही लय, स्वर और शब्द भी चुराता है। यह प्रक्रिया क्या है, इसके होने के क्या मूलभूत वैज्ञानिक, सामाजिक, मनोवैज्ञानिक तथा दार्शनिक कारण रहे, उनकी मीमांसा करके इसे ऐसे रूप में प्रस्तुत किया जाये कि आने वाली पीढ़ी इस धरोहर और इसकी उपयोगिता को जान सके तथा लाभान्वित हो सके, यही इस पुस्तक का उद्देश्य है।

विषय का निष्पादन

प्रस्तुत विषय में संगीत के अतिरिक्त साहित्य तथा फ़िल्मों की तकनीक आदि विविध आयाम शामिल हैं। अतः पुस्तक का काम पूरा करने हेतु सबसे पहला काम कई तरह के उपादानों को जुटाने का ही था। सबसे पहले मैंने विविध बहुमूल्य संस्कृत, हिन्दी तथा अंग्रेज़ी के ग्रन्थों से संगीत की उत्पत्ति, विकास, विविध परिभाषाएँ, भारतीय शास्त्रीय संगीत के क्रमिक विकास तथा उसकी आत्मा को जानने का प्रयास किया। फिर जानना चाहा कि क्या वाक़ई हिन्दी फ़िल्म संगीत का कोई सटीक और गम्भीर सम्बन्ध उससे बैठता है और क्या हिन्दी फ़िल्म संगीत वाक़ई उस धरोहर का ही हिस्सा है जिसे सँजोकर रखना चाहिए!

इस दुरूह लक्ष्य के लिए उत्तर भारतीय शास्त्रीय संगीत के अतिरिक्त हिन्दी फ़िल्मों की सम्पूर्ण जानकारी (1931 से लेकर 1975 तक; क्योंकि आंकलन का काल वही है) जुटाना सबसे आवश्यक था। फ़िल्म सेंसर बोर्ड तथा पुणे के राष्ट्रीय फ़िल्म अभिलेखागार की सहायता से मैंने उपरोक्त अवधि की सम्पूर्ण फ़िल्मों की प्रामाणिक जानकारी तथा कुछ दुर्लभ ग्रन्थ एवं पत्र–पत्रिकाओं को जुटाया। पुणे के राष्ट्रीय फ़िल्म अभिलेखागार से ही मुझे उन दुलर्भ फ़िल्मों की सूची भी मिली जिन्हें प्राप्त कर, मैंने उनका अध्ययन–मनन किया तथा निष्कर्ष जुटाये।

दूसरी पहल थी इस अवधि की सभी फ़िल्मों के निर्माता–निर्देशकों तथा विशेष रूप से संगीतकार–गीतकार तथा गायकों के अतिरिक्त सम्पूर्ण गीतों की जानकारी जुटाना। इसके लिए सबसे पहले मैंने संगीत के जन्मदाता संगीतकारों तथा उनकी फ़िल्मों की तालिका बनायी। इस तालिका को बनाने में भी पुणे के राष्ट्रीय फ़िल्म अभिलेखागार तथा सेंसर बोर्ड ने मेरी मदद की।

इन संगीतकारों को मैंने कई वर्गों में बांट दिया। 1931 से 1940 के बीच आये संगीतकार, 1941 से 1950 के बीच आये संगीतकार, 1951 से 1960 के बीच आये संगीतकार तथा 1960 से 1970–75 के बीच आये संगीतकार। निर्माता–निर्देशकों के नाम तो मुझे फ़िल्मों वाली जानकारी से प्राप्त हो ही गये थे। गीतकार तथा गीतों की जानकारी मुझे कई खण्डों में विभक्त दो ग्रन्थों से प्राप्त हुई। सन्दर्भ ग्रन्थों में इन ग्रन्थों का विवरण है। ये तालिकाएँ बनाने के बाद मैंने कई निर्माता–निर्देशकों, संगीत निर्देशक, गीतकारों, गायक–गायिकाओं पर या तो शोधपूर्ण प्रामाणिक लेख पढ़े जिनमें मुझे पुणे के भारतीय फ़िल्म तथा टी.वी. संस्थान के पुस्तकालय तथा इतर ग्रन्थों एवं पत्र–पत्रिकाओं से बड़ी सहायता मिली। इसके अतिरिक्त मैंने विविध फ़िल्म

कर्मियों तथा उनसे जुड़ी हुई विधाओं के कई विद्वानों के रेडियो अथवा रिकॉडेड साक्षात्कार भी प्राप्त किये जो काफ़ी उपयोगी साबित हुए। ये साक्षात्कार हैं, सुश्री लता मंगेशकर, मदनमोहन, संगीतकार नौशाद, ग़ज़ल गायक मेहदी हसन, संगीतकार जयदेव, गीतकार पं. नरेन्द्र शर्मा, बी.आर. फ़िल्म्स के मुख्य ध्वनि प्रबन्धक (Chief Sound Recordist) बी.के. चतुर्वेदी, संगीतकार रवीन्द्र जैन तथा गायिका साधना सरगम।

हिन्दी फ़िल्म संगीत की रूहानियत को सापेक्ष रूप से दिखाने के लिए मैंने लगभग 21 फ़िल्म–गीतों की स्वर–लिपियाँ तैयार कीं तथा उनका विश्लेषण भी किया।

मेरे लिए तो विषयानुसार चुनी गयी फ़िल्में भी सन्दर्भ ग्रन्थों के ही समान थीं, जिनका अध्ययन कर मैंने उनको स्थापित किया। अतः उन फ़िल्मों के नाम भी सन्दर्भ ग्रन्थों की सूची में ही शामिल किये गये हैं।

समस्त सामग्री जुटाकर मनन करने के बाद मैंने इस पुस्तक को पाँच अध्यायों में बाँट दिया :

अध्याय 1 : संगीत और भारतीय जनमानस

अध्याय 2 : हिन्दी फ़िल्म संगीत : संरचना तथा घटक

अध्याय 3 : वर्ष 1931 से 1950 तक के शास्त्रीय संगीत पर आधारित हिन्दी फ़िल्म–संगीत का गहन विश्लेषण

अध्याय 4 : हिन्दी फ़िल्मों के संगीत का स्वर्णकाल (1951–60)

अध्याय 5 : शास्त्रीय राग तथा हिन्दी फ़िल्म संगीत

तथा सभी अध्यायों के बाद उपसंहार आयेगा। इन सभी अध्यायों में फ़िल्म संगीत के शास्त्रीय संगीत पर आधारित होने का विस्तृत विवरण प्रस्तुत किया गया है।

इन सब उपादानों को जुटाकर, निरीक्षण, परीक्षण तथा पर्यवेक्षण के बाद सूक्ष्म अध्ययन के साथ कुछ निष्कर्ष निकाले गये हैं जिनसे हिन्दी फ़िल्मों के संगीत की इस अनोखी धरोहर का संवर्धन तथा संरक्षण किया जा सके।

अन्त में मैं यही निवेदन करना चाहूँगी कि यह एक ऐसी सतत प्रक्रिया है जिसकी मैं एक केवल कड़ी भर हूँ। ऐसी भी कई जानकारियाँ होंगी जो मेरी दृष्टि से चूक गयी हों; आशा है भविष्य में उन पर काम हो सकेगा। यों तो मैंने भरसक प्रयत्न किया है कि विषय के लिए उपयुक्त सामग्री जुटाकर उसका विधिवत आंकलन तथा गहन अध्ययन करके यथोचित निष्कर्ष ही निकाले जाये जिससे यह एक प्रामाणिक पुस्तक बन सके। फिर भी त्रुटियाँ रह सकती हैं जिसके लिए मैं अपने गुरुजनों, सुधीजनों से सविनय क्षमाप्रार्थी हूँ।

अध्याय–1

संगीत और भारतीय जनमानस

ललित कलाएँ

'किस–किस रागिनी में कौन–कौन से स्वर लगते हैं या नहीं लगते हैं यह तो अति प्राचीनकाल से स्थिर कर दिया गया है। उसे लेकर अधिक श्रम की ज़रूरत नहीं। अब तो संगीतवेत्ता यदि इस बात का पता लगाने का प्रयास करें कि किस–किस रागिनी में कौन–कौन से भाव हैं तो अधिक अच्छा है।[1]

हमारे देश में संगीत इतना शास्त्र, अनुष्ठानगत हो गया है कि स्वाभाविकता से दूर हो गया है।

हमारे मत से राग–रागिनी विश्वसृष्टि में नित्य हैं, इसीलिए हमारा शास्त्रीय गान ठीक जैसे मानव का गान नहीं, वह जैसे समस्त जगत् का गान है। भैरव जैसे भोर के आकाश का प्रथम जागरण है, परज जैसे अवसन्न रात्रिशेष की निद्राविह्वलता है, कान्हड़ा जैसे घनान्धकार में अभिसारिका निशीथिनी की पथविस्मृति है, भैरवी जैसे संगविहीन असीम की चिर विरह–वेदना है, मुलतानी जैसे रौद्रतप्त दिनान्त का क्लान्ति–निश्वास है, पूरबी जैसे शून्य गृहचारिणी विधवा का अश्रुमोचन है। भारतवर्ष के संगीत ने मानव के मन में विशेष भाव से इस विश्वास को ही बिठाने का भार लिया है। सांगीतिक चरक संहिता के मत से उसे ही संगीत कहा जाता है, जिससे गीत–रस मिले।

गुरुदेव रवीन्द्रनाथ टैगोर के उपरोक्त कथन से इस पुस्तक को बल भी मिलता है और प्रेरणा भी। वह संगीत जिससे गीत–रस मिले, उसी का सही तथा बहुरूपी अध्ययन ही का उद्देश्य है जिसको हम अपने शास्त्रीय संगीत के आंकलन से प्रारम्भ करके उन रोचक तथा महत्त्वपूर्ण तथ्यों का अनावरण करेंगे जो अन्त में इस अध्ययन का अभीष्ट बनेंगे किन्तु संगीत की महत्ता जानने से पूर्व यदि ललित कलाओं के बारे में संक्षेप से विचार कर लिया जाये तो श्रेयस्कर होगा।

ललित कलाएँ एवं उनमें संगीत का स्थान

मानव जीवन में संस्कृति सृजन का प्रतीक है। ज्यों–ज्यों मानव सुसंस्कृत होता गया, ललित कलाएँ जन्म लेती गयी। मनुष्य की प्राथमिक आवश्यकताएँ तीन हैं–भोजन, वसन तथा निवास। एक बार ये तीनों आवश्यकताएँ पूरी हुईं तो मनुष्य सन्तुष्ट होकर अपने चारों ओर नज़र दौड़ाता है। प्रकृति के विविध रंग–रूप यथा–आकाश, धरती, नदियाँ, पहाड़, वृक्ष, लताएँ, सूर्य, चन्द्र, तारागण, ऋतुओं का आवागमन, पल–पल बदलते रंग, सभी उस पर प्रभाव डालते हैं, प्रकृति के सारे रंग नवरसों में बदलकर मनुष्य का आह्वान करते हैं, उसे प्रेरित करते हैं और प्रस्फुटन होता है ललित कलाओं का; कहीं नृत्य तो कहीं संगीत, कहीं शिल्प तो कहीं चित्र, कहीं साहित्य तो कहीं मूर्ति, मनुष्य किसी–न–किसी कला से सम्बद्ध होकर ही सुख पाता है। अव्यक्त से व्यक्त होकर व्यक्ति अपनी अभिव्यक्ति में लग जाता है, फिर चाहे वह किसी ललित कला की सृष्टि करे अथवा किसी और द्वारा की गयी सृष्टि में रस लेकर उसकी सराहना करे।

"'संगीत विशारद' के अनुसार, 'ललित कला के लिए आवश्यक है कि उसमें सौन्दर्य, माधुर्य, सहजता, सरलता, प्रसाद, प्रवाह और ओज हो। लयात्मकता लालित्य का प्रमुख गुण है।"[2]

विभिन्न विशेषताओं के आधार पर ललित कलाओं का निर्दिष्ट वर्गीकरण भी किया गया है। फ़िल्म एवं टेलीविज़न संस्थान, पुणे के भूतपूर्व फ़िल्म मूल्यांकन (Film Appreciation) प्रोफ़ेसर श्री सतीश बहादुर के अनुसार यह वर्गीकरण निम्न प्रकार है :

ललित कलाओं का वर्गीकरण

1. सादा (Simple) : गायन जिसमें गायक के अतिरिक्त और किसी उपादान की आवश्यकता नहीं है।

2. यौगिक (Compound) : गायन के साथ यदि वादन भी शामिल हो तो यह अन्य उपादान हो गया तथा ऐसी ललित कला यौगिक हो गयी।

3. जटिल–मिश्रित (Complex) : जब गायन समूह नृत्य के साथ अथवा नाटक तथा फ़िल्म आदि का अंग बनकर प्रदर्शन कला के रूप में प्रस्तुत हो तो उसे जटिल, दुरूह अथवा मिश्रित कहेंगे।

ललित कलाएँ अपने मूल रूप में स्वान्तःसुखाय होती हैं किन्तु जब कलाकार उन्हें दर्शकों अथवा श्रोताओं तक पहुँचाकर अपना अनुभव उनके साथ बाँटना चाहता है, अपनी कला को प्रदर्शित कर जनमानस के जीवन में

अच्छे सांस्कृतिक मूल्यों को प्रतिष्ठापित करना चाहता है तो मंच पर आकर यही ललित कलाएँ प्रदर्शन कला का रूप ले लेती हैं। प्रदर्शन के समय ललित कला को उसके मूल रूप में भी प्रस्तुत किया जा सकता है तथा यदि चाहें तो जनसामान्य (गण) में लोकप्रिय बनाने के लिए उसका सरलीकरण भी किया जा सकता है। प्रबुद्ध संगीत शास्त्री श्री भास्कर चन्दावरकर के अनुसार, इस वर्गीकरण को अमूर्त (Abstract) तथा मूर्त (Formal) कह सकते हैं। संगीत के सन्दर्भ में हम इसी का परम/परिपूर्ण/परिशुद्ध संगीत (Abstract Music) तथा प्रयुक्त/व्यावहारिक संगीत (Applied Music) कह सकते हैं।

इस तथ्य को प्रतिपादित करने के लिए भी हमें फिर से ललित कलाओं पर ही नज़र डालनी होगी। यद्यपि स्थूल रूप से ललित कलाएँ एक–दूसरे से अलग ही हैं किन्तु एक स्तर ऐसा भी है जहाँ पहुँचकर सारी ललित कलाएँ मूलतः एक–दूसरे से जुड़ी हुई तथा एक–दूसरे जैसी ही अनुभूत होने लगती हैं। उदाहरणार्थ, किसी कविता के भाव को अधिक बोधगम्य बनाने के लिए संगीत का सहारा लेना पड़ता है। राग–रागिनियों को आकार देने के लिए चित्रकला का सहारा लेना पड़ता है; इनमें रागिनियों से सम्बद्ध वातावरण, दृश्य, विषय, रस, काल और भाव को अभिव्यक्त करते हुए ऐसा चित्र बनता है कि देखते ही रागिनी के स्वरूप, प्रकृति, रस और समय आदि का सम्यक् ज्ञान होता है। कहना न होगा कि सभी चौंसठ ललित कलाएँ एक–दूसरे की पूरक हैं तथा सभी अपने आप में महत्त्वपूर्ण भी हैं फिर भी यों तो कुल 64 ललित कलाएँ मानी गयी हैं किन्तु संगीत रत्नाकर (शारंगदेव) के अनुसार, उनमें संगीत ही सर्वोपरि है जो गायन, वादन तथा नृत्य की विधाओं को मिलाकर बनता है :

गीतं वाद्यं तथा नृत्तं, त्रयं संगीत मुच्यते[3] (संगीत रत्नाकर, 1/21)

गुरु शारंगदेव ने इसके आगे यह भी कहा है कि संगीत में भी सर्वोच्च 'गायन' ही है क्योंकि गायन किसी और उपादान पर आश्रित नहीं है :

नृत्तं वाद्यानुगम् प्रोक्तम्, वाद्यम् गीतानुवर्ति च।
अतो गीतं प्रधानत्वादत्रादावभिदीयते।[4] (संगीत रत्नाकर, 1–24)

नृत्य, वाद्य पर तथा वाद्य गीत पर आश्रित है अतः गीत (गान/गायन) ही प्रधान अथवा सर्वोच्च है।

संगीत : महत्त्व, परिभाषा एवं व्याख्याएँ

"'संगीत विशारद' में संगीत का महत्त्व बताते हुए शोपनहावर के सन्दर्भ से कहा गया है, 'कुछ विद्वानों ने संगीत, काव्य और चित्रकला तीनों को एक समान माना है जबकि अधिकांश विद्वानों के मत से संगीत ही सर्वश्रेष्ठ कला है।

वास्तव में कलाओं का लक्ष्य मनुष्य को भौतिक सुख–दुःख से ऊपर उठाकर, अलौकिक आनन्द प्राप्त कराना है। उसी को रसानुभूति की चरम अवस्था कहा जाता है। सभी कलाएँ मन को शान्ति, आनन्द और प्रेरणा प्रदान करती हैं किन्तु संगीत कला में एक विशेष गुण और भी है कि वह मनुष्य के अतिरिक्त पशु–पक्षियों को भी आकर्षित करती है! अन्य ललित कलाओं में यह सामर्थ्य नहीं होती क्योंकि काव्य, चित्र, वास्तुकला एवं शिल्प कला आदि बुद्धि के संयोग से ही भावों को उत्कर्ष कराने में सफल होती है।"[5]

आगे, शापेनहावर का कहना है, "केवल संगीत ही ऐसी कला है जो श्रोताओं से सीधा सम्बन्ध रखती है; इसे किसी भी माध्यम की आवश्यकता नहीं होती।"[6]

संगीत हमारे यहाँ सर्वोपरि इसलिए भी माना जाता रहा, क्योंकि सामवेद के अनुसार, "अभिव्यक्ति के तीन माध्यमों : 1. गद्य, 2. पद्य, और 3. गायन में; गायन को भाव विद्या में सबसे अग्रणी देखकर, उसे विशेष महत्त्व दिया गया।"

"शब्दों द्वारा अभिव्यक्ति की तीन धाराएं हैं, मान्यता यह है कि जब वेद के पद्यबद्ध मन्त्रों को गान विद्या से अनुप्राणित किया गया तो सामवेद बन गया।[7]"

बात भी सही है, पद्य, गद्य और गायन में से मन पर 'गायन' का विशेष प्रभाव पड़ता है। इसका अनुभव हम सबको सामान्य जीवन क्रम में भी होता रहता है। गायन से, पीड़ित हृदय को शान्ति और सन्तोष मिलता है। इससे मनुष्य की सृजन शक्ति का विकास और आत्मिक प्रफुल्लता बढ़ती है। सच कहें, गायन की अमूल्य निधि देकर परमात्मा ने मनुष्य की पीड़ा को कम किया है। मानवीय गुणों में प्रेम और प्रसन्नता को बढ़ाया है।

'ऋग्वेद' के आठवें अध्याय, मण्डल 33 (तैंतीस), तथा दूसरी ऋचा में बताया है कि–'स्वरन्ति त्वा सुते नरो बसो निरेक उक्थिन' (ऋ, 8.33.2) अर्थात हे शिष्य! तुम अपने आत्मिक उत्थान की इच्छा से मेरे पास आये हो। मैं तुम्हें ईश्वर का उपदेश देता हूँ। तुम उसे प्राप्त करने के लिए संगीत के साथ उसे पुकारोगे तो वह तुम्हारी हृदय गुहा में प्रकट होकर अपना प्यार प्रदान करेगा।[8]

यही कारण था कि ऋषियों ने विशिष्ट मन्त्रों का संकलन कर गायन की पद्धति विकसित की। आधुनिक विज्ञान भी इस तथ्य को स्वीकार करने लगा है कि समस्त स्वर, ताल, लय, छन्द, गति, मन्त्र, स्वर–चिकित्सा राग, नृत्य, मुद्रा, भाव आदि सामवेद से ही निकले हैं।

संगीत की विविध व्याख्याएँ

विद्वानों ने आदिकाल से संगीत की परिभाषा, व्याख्या, भेद, उपभेद तथा वर्गीकरण को लेकर अनेक सिद्धान्त प्रतिपादित किये हैं, गूढ़ तत्त्वों की बातें कही हैं,

उन्हीं में से हम कुछ बातों पर ध्यानाकर्षित करना चाहेंगे। पाश्चात्य विद्वान, फ्रायड के अनुसार "संगीत का जन्म मनोविज्ञान पर आधारित है। जैसे, बालक रोना, चिल्लाना, हँसना आदि आवश्यकतानुसार फ़ौरन सीख जाता है उसी प्रकार संगीत का जन्म मनोविज्ञान के आधार पर स्वयं हुआ।"[9]

सुप्रसिद्ध इतिहासकार अलेन्टाइन के अनुसार, "समाज ने जब भाषा, रहन–सहन, सामाजिक व्यवहार आदि में विकसित अवस्था प्राप्त कर ली होगी तभी उसका ध्यान संगीत की ओर गया होगा। ज्यों–ज्यों सभ्यता का विकास हुआ होगा त्यों–त्यों संगीत का भी विकास होता गया होगा।"[10]

इतिहासकार जॉन एलो का कहना है कि, "संगीत बहुत प्राचीन है। खुदाई में प्राप्त पत्थर की मूर्तियों के अध्ययन से यह बात सिद्ध होती है कि भारतीय संगीत का जन्म ईसा से 15–20 हज़ार वर्ष पूर्व हुआ होगा। अतः भारत ने ही विश्व को संगीत का उपहार दिया है; जबकि मिस्टर जॉर्ज फॉक्स के अनुसार सृष्टि के जन्म के साथ ही संगीत का जन्म हुआ। बालक जन्म लेने के बाद रोता है। उसकी अभिव्यक्ति का यह माध्यम संगीत का ही एक रूप है।"[11]

उपरोक्त मतों से यह स्थापित होता है कि संगीत सदा से ही अभिव्यक्ति का सबसे सशक्त माध्यम रहा है। हमारे संगीत की ऐतिहासिक निरन्तरता भी ऐसे ही तथ्यों का निरुपण करती है।

पौराणिक संगीत

पुराणों से ही संगीत का उद्देश्य सामाजिक, सांस्कृतिक एवं धार्मिक रहा है। विष्णुपुराण में अठारह विद्याओं के अन्तर्गत 'गान्धर्व' को स्थान प्रदान कर उसे उपवेद के रूप में सम्मान दिया गया है...'विष्णुपुराण के प्रथम अंश, अध्याय 22, श्लोक 84 में काव्य चर्चा, गीत आदि को भगवान विष्णु का शरीर कहा गया है–

काव्यालापाश्च ये केचिद् गीतकान्यखिलानि च।
शब्दमूर्तिधरस्यैतद्वपुर्विष्णोर्महात्मनः ।।85।।[12]

'पद्मपुराण के अध्याय 61 श्लोक 93–102 में ज़ोर देकर कहा गया है कि "यदि मनुष्य में बल हो तो उसे व्यर्थ नष्ट न करके, आलस्य छोड़कर भगवान के सामने गीत गाए और नाचे।'[13]

वर्तमान में प्रातःकालीन रागों में गाये जाने वाले, जागो मोहन प्यारे, जागिए गोपाल लाल, जागिए रघुनाथ कुँवर जैसे गीतों की पूर्व परम्परा, एकादशी वृत्त प्रसंग में रात्रि जागरण के पश्चात गाये जाने वाले पदों यथा "उत्तिष्ठोत्तिष्ठ गोविन्द उत्तिष्ठ गरुड़ध्वज। उत्तिष्ठ कमलाकान्त त्रैलोक्य मंगलं कुरु।।

(स्क. पुराण वैष्णव खं, पृष्ठ 338) में मिलती है, 'हे गोविन्द, हे गरुड़ध्वज जागिए! हे कमलकान्त जागकर त्रैलोक्य का कल्याण कीजिए।"[14]

सूरदास, तुलसीदास आदि भक्त कवियों के द्वारा प्रातः काल में जगाने के भाव को लेकर लिखे गये गीत इसी पूर्व परम्परा पर आधारित हैं।

रामायण काल में संगीत

भारतीय आदिकवि महर्षि वाल्मीकि कृत 'रामायण' एक गेय रचना है जिसे वाल्मीकि के परम शिष्य तथा राजा राम के पुत्र लव तथा कुश ने अपने पिता की यज्ञ सभा में 'गान्धर्व' के नियमानुसार गाकर प्रस्तुत किया था। निश्चित है कि आदिकवि की यह रचना सांगीतिक थी। कवि ने रामायण की रचना करते–करते ही उसकी धुन की कल्पना भी कर ली होगी अर्थात पहले कवि के हृदय को भाव अनुभव हुए फिर उनकी अभिव्यक्ति के रूप में कविता बनी तथा अभिव्यक्ति को घनीभूत रूप में प्रकट करने के लिए ही संगीत का निर्माण हुआ। तथ्य यह है कि भारतीय सन्दर्भ में काव्य और संगीत का प्रारम्भ से ही घनिष्ठ सम्बन्ध है।

'वाल्मीकि रामायण' में बालसर्ग–4, श्लोक 8–9 के अनुसार, "यह महाकाव्य पढ़ने और गाने दोनों में मधुर तीन प्रमाणों से युक्त, सप्त जातियों में निबद्ध कर वीणा के साथ स्वर एवं ताल में गाने योग्य, नवरसों–श्रृंगार, करुणा, हास्य, रौद्र, भयानक, वीर, वीभत्स, अद्भुत और शान्त आदि से युक्त है।" 'जैमिनीयाश्वमेध' के अनुसार, "कुमार लव गान के साथ ताल दे रहे थे, वीणावादन कुश कर रहे थे।" (जैमिनीयाश्वमेध, अध्याय 29 श्लोक 33)'

लवकुश के रामायण गान का उल्लेख उनके पिता श्रीराम द्वारा आयोजित किये गये अश्वमेध यज्ञ के अवसर पर, विभिन्न विषयों के विशेषज्ञों के समक्ष किये जाने को लेकर किया गया है। वाल्मीकि रामायण, लंकाकाण्ड, सर्ग 94 में कहा गया है कि ये विभिन्न तालों–लयों में निबद्ध तथा वीणा के साथ कौतूहल उत्पन्न करने वाला रामायण गान हुआ। रामायण गान में दिये गये पारिभाषिक शब्दों के उल्लेख से यह प्रमाणित हो जाता है कि रामायण गान, गान्धर्व के गान एवं वादन के नियमों से नियमित गान था।'

किष्किन्धापुरी हो कि रावण की राजधानी लंका, सब जगह गान्धर्व गायन होता था। लक्ष्मण ने जब किष्किन्धापुरी में प्रवेश किया तब उन्हें–"वीणा के साथ किसी के द्वारा कोमल कण्ठ से सम, ताल व पदाक्षरों से युक्त गाये गये गीतों की मधुर ध्वनि सुनाई पड़ी।" (वाल्मीकि रामायण, किष्किन्धाकाण्ड, सर्ग 33/21)'[15]

अतः निष्कर्ष यह निकलता है कि–

1. महर्षि वाल्मीकि कृत रामायण महाकाव्य की रचना गेय रूप में ही की गयी थी। स्वयं महर्षि रचित उसकी गान शैली भी थी जिसकी शिक्षा उन्होंने श्रीराम के दोनों पुत्रों कुश–लव को दी थी।
2. रामायण का गेय रूप 'गान्धर्व' के सिद्धान्तानुकूल था।
3. पुरुषों के साथ स्त्रियाँ भी गीत, वाद्य, नृत्याभिनय कला से पूर्ण परिचित थीं तथा केवल स्त्रियों के द्वारा संचालित नाटक मण्डलियाँ भी उस काल में कार्यरत थीं।
4. उस समय सांस्कृतिक, सामाजिक, धार्मिक, मांगलिक सभी प्रकार के कार्यों में संगीत का प्रयोग प्रचुरता से दिखाई देता है।
5. सामगान के साथ गाथागान एवं विविध गीत विधाओं का उल्लेख संक्षिप्त रूप में मिलता है। रामायण गान तो विशुद्ध गान्धर्व था। परन्तु अन्य कार्यों में, जैसे किसी को सम्मोहित या आकर्षित करने के लिए प्रयुक्त संगीत, केवल मनोरंजन के लिए रावण के अन्तःपुर में प्रयुक्त संगीत, एवं नाटकों–नृत्यों में प्रयुक्त संगीत में सामगान से आगे देशी संगीत के तत्त्वों की प्रयोग–प्रचुरता को अस्वीकार नहीं किया जा सकता।
6. अतिथि आगमन के समय, स्वागतार्थ, अतिथि के मनोरंजन के लिए, विवाहादि सामाजिक सांस्कृतिक आयोजनों के समय, युद्ध के अवसरों पर, सैनिकों में उत्साहवर्द्धन के लिए प्रयुक्त संगीत में लक्ष्य भिन्नता की दृष्टि से रूप भिन्नता का होना आवश्यक है।

निष्कर्षतः उपर्युक्त विवेचना से यह निश्चित होता है, कि "रामायण काल का 'रामराज्य' जिस प्रकार 'सर्वजनहिताय' सर्वजनसुखाय कल्याणकारी राज्य था उसी प्रकार उस काल का सांगीतिक इतिहास भी महत्त्वपूर्ण व शिक्षाप्रद है।"[16]

महाभारत काल में संगीत

'व्यासपुत्र महायोगी शुकदेव जी के जन्म समय में गन्धर्वों के द्वारा गान करने का उल्लेख है (महाभारत शा. पर्व 324 / 15–15) अभिमन्यु के पुत्र परीक्षित के जन्म काल में भी गायकों के द्वारा गान का उल्लेख है। (महाभारत आश्वमेधिक पर्व, अध्याय–70)

उपरोक्त प्रसंगों से यह ज्ञात होता है कि उस समय पुत्र जन्मोत्सव जैसे मंगलकार्यों में गायन के आयोजन की परम्परा थी। उसी परम्परानुकूल भारतीय समाज में आज भी संगीतायोजन किये जाते हैं। सामान्य परिवारों में स्त्रियाँ सोहर, बधाई आदि मंगलगान गाकर इस परम्परा का निर्वाह करती हैं।

'मध्यकालीन तुलसी, सूरदास आदि अष्टछाप के कवियों द्वारा रचित पुत्र जन्मोत्सव गीत, महर्षि व्यास के शिष्य, जैमिनी द्वारा रचित 'जैमिनीयाष्वमेध' में कुश–लव के जन्म के समय मुनि पत्नियों द्वारा गाये गये *गायन्तिगीतं हर्षेण सीतेयं सुषुवे यमौ* बधाई गीत पर अक्षरशः आधारित है–

सखी री सीता ने इस काल, जन्म दिये जुड़वाँ दो लाल

इससे निष्कर्ष निकलता है कि सोहर आदि मांगलिक गीत, महाभारत, रामायण काल से भी पहले जाकर वैदिक संस्कारों के प्रारम्भिक काल तक पहुँच जाते हैं।[17]

इस प्रकार गन्धर्वों व अप्सराओं द्वारा गाये गये गीतों को हम लोकगीत तो नहीं कह सकते किन्तु रामायण और महाभारत काल का गायन ही भक्त कवियों द्वारा अनूदित होकर बाद में लोकगीतों की परम्परा बनी। यही लोक गीत आगे चलकर फ़िल्मों में प्रवेश पा गये और फिर से लोग गीतों की परम्परा से जुड़ गये। उदाहरणार्थ–

आजा री निंदिया तू आ क्यों न आय, मुन्ने की आँखों में छा क्यों न जाय
सोजा राजकुमारी सो जा सोजा मैं बलिहारी सो जा
(राग–मिश्र काफ़ी, गायक–के.एल. सहगल, फ़िल्म–प्रेसीडेंट)

'शवयात्रा में गायन

उस काल में प्रसिद्ध जनों एवं राजपुरुषों की शवयात्रा में भी गायन–वादन का उल्लेख है। चिता में आग लगाते समय साम गायकों द्वारा साम गायन का भी उल्लेख है।[18] इसी परम्परा के अनुसार शव यात्राओं में आज भी हरि कीर्तन किया जाता है, जैस–'राम नाम सत्य है', 'हरि बोल–हरि बोल'।

प्रभाती गायन

द्वारिकापुरी में निवास करते समय अर्जुन को प्रातःकाल मधुर गीत, स्तुति और मंगलपाठ के द्वारा जगाये जाने का उल्लेख मिलता है (महाभारत, आदिपर्व, अध्याय 257 / 14)।

प्रातःकाल श्रीकृष्ण व युधिष्ठिर के भवन में मगन बन्दीजन गान के साथ वादन कर रहे थे। (महाभारत, शान्तिपर्व, अध्याय 53 / 3–6)

और भी इसी प्रकार के बहुत से उल्लेख हैं जिनमें प्रभात के समय गायन–वादन का उल्लेख हैं।[19]

राजसभा का संगीत वातावरण

उस समय की राजसभाओं में गायकों को महत्त्वपूर्ण स्थान प्राप्त था, जिसके द्वारा समय–समय पर गीतों के कार्यक्रम प्रस्तुत किये जाते थे।

ऋषियों के आश्रम में संगीत

"दानवों के गुरु शुक्राचार्य, महर्षि कण्व का आश्रम, उपमन्यु का आश्रम तथा कदली वन सरीखे स्थानों पर सामगायन, आनन्दगायन, दिव्यरमणियों के मधुर गीत तथा किन्नरों द्वारा उदार गीत आदि होते थे। दानवों के गुरु शुक्राचार्य के आश्रम में कच और देवयानी के मनोरंजन के लिए संगीत का उपयोग होता था जो उनकी कलात्मक सुरुचि का परिचायक था।"[20]

निष्कर्ष यही निकलता है कि:

1. महाभारत काल संगीत के त्रिविध (गीत, वाद्य, नृत्य) उपयोग की दृष्टि से महत्त्वपूर्ण है। जन्म से लेकर मृत्यु तक किसी–न–किसी रूप में संगीत का प्रयोग किया जाना तत्कालीन समाज की कलाप्रियता का द्योतक है। अतः उस काल को 'सांगीतिक काल' कहना अतिशयोक्ति नहीं है।
2. वैदिक संगीत के अन्तर्गत सामगान की विविध शाखाओं का गान, गन्धर्व के अन्तर्गत गीत, वाद्य, नृत्य के अन्तर्गत ताण्डव लास्यादि, गीत के विविध प्रकारों के अन्तर्गत स्तुतिगान, मंगलगान, गाथागान, नृत्यगान आदि तथा समाज में परस्पर मनोरंजनार्थ देशीगान के रूप में बालकों, गोपालकों, गोप स्त्रियों व अन्य वर्गों की स्त्रियों में प्रचलित अनेक प्रकार के गीतों का प्रचलन उस समय था।
3. ताली देकर गाने की प्रथा भी उस समय प्रचलित थी–शम्या, समताल जैसे परिभाषिक शब्दों के उल्लेख से यह पता चलता है कि नाट्यशास्त्र में उल्लिखित ताल सिद्धान्तों का उस समय पर्याप्त प्रचार था।
4. "उस काल के दो सर्वश्रेष्ठ पुरुष, गीत, वाद्य और नृत्य तीनों विधाओं में पारंगत थे; श्रीकृष्ण और अर्जुन! दोनों का इस विद्या के ऊपर पूर्ण अधिकार था।"[21]

मध्यकाल में संगीत

मध्यकाल में भी ऐसे बहुत से संगीतकारों के नाम हैं जिनका संगीत शास्त्रीय संगीत से प्रभावित होकर लोकप्रिय बना, लोक तक पहुँचा तथा आज भी जनमानस में उसी तरह समाया हुआ है जैसे अपनी उत्पत्ति के समय रहा होगा। भक्त कवियों के समय में भक्ति संगीत अपने चरम पर था। इन्हीं में से एक नाम जयदेव का है जिनका संगीत–ग्रन्थ 'गीतगोविन्द' आज भी उतना ही जाना जाता है। 'गीतगोविन्द' के मधुर एवं रोचक गेय पद अनेक प्रकार के छन्दों में लिखे एवं गाये जाते हैं। भाषा, सरल संस्कृत होने से समस्त

भारतवासियों के अनुकूल पड़ती है। इसके कोमल और ललित पद अत्यन्त सरस, मधुर और लोकप्रिय हैं तथा ये नृत्य तथा अभिनय में भी प्रयुक्त होते हैं।

फ़ारसी तथा उर्दू के उद्‌भट विद्वान एवं मुम्बई विश्वविद्यालय के भूतपूर्व फ़ारसी एवं उर्दू विभागाध्यक्ष स्वर्गीय जनाब ज़ोए अंसारी ने अपने एक रेडियो साक्षात्कार में कहा था कि "तेरहवीं शताब्दी में मध्य एशिया से सांस्कृतिक आदान–प्रदान के दौरान अद्‌भुत संगीत क्रान्ति हुई। पहले तो प्रचलित जातिगायन तथा मध्यकालीन रागों के बीच ध्रुपद, धमार का आगमन हुआ। यदि ये गायन शैलियाँ लोकप्रिय न होतीं तो अपनायी ही क्यों जाती!"

उसी सदी में ईरान से आकर हिन्दुस्तान में बस जाने वाला एक महान राष्ट्रभक्त, विचारक, गणितज्ञ, ज्योतिषी, योद्धा, चित्रकार, कवि तथा संगीतज्ञ भी भारत को मिला जो भारत में आने के बाद मृत्युपर्यन्त भी भारतीय ही रहा तथा अपने बेटे से भी कहकर गया कि आम, पान, मोर, ऋतुओं, संगीत तथा हिन्दी (हिन्दी भाषा) के लिए वह हिन्दुस्तान न छोड़े। इस महान दार्शनिक, विचारक, संगीतज्ञ किन्तु हृदय से जन–गण का प्रतिनिधित्व करने वाले महान व्यक्ति का नाम था–अमीर खुसरो। इस व्यक्ति ने भारत की राष्ट्रभाषा के बीज सबसे पहले डाले। अमीर ख़ुसरो की हिन्दवी ही आज की हिन्दी है और हिन्दी में लिखे गये उनके लोकगीत आज भी लोक समुदाय से होते हुए फ़िल्मों में गाये जाते हैं। उदाहरणार्थ– *'काहे को ब्याही विदेस रे, सुन बाबुल मोरे*[22]

इस लोकगीत की धुन भी खुसरो ने बनायी है जो आज गाँव–गाँव में गाया जाता है। कहने की आवश्यकता नहीं कि इसे कई फ़िल्मों में प्रयुक्त किया गया है तथा प्रसिद्ध शास्त्रीय गायिका लक्ष्मीशंकर ने भी गाया है। इस प्रकार अमीर ख़ुसरो एक ऐसे संगीतज्ञ थे जो विद्वानों से लेकर अत्यन्त ग़रीब तक प्रसिद्ध हुए। खुसरो ने ख़्याल तथा क़व्वाली की विधा का भी आविष्कार किया। ख़्याल यदि उस समय की लोकप्रिय विधा है तो अर्द्धशास्त्रीय संगीत की एक और लोकप्रिय विधा, ग़ज़ल, भी उसी सदी में ईरान से भारत आयी थी। डॉ. ज़ोए अंसारी ने अपने साक्षात्कार में यह भी बताया कि, "आते ही ग़ज़ल, हैदराबाद, गुजरात और मालवा से होते हुए दिल्ली और लखनऊ तक पहुँची तथा उत्तर भारतीय अर्द्धशास्त्रीय संगीत की ऐसी लोकप्रिय विधा बन गयी जो भारत के हर कोने में गायी और सराही जाती है तथा कम ही फ़िल्में होंगी जिनमें एक ग़ज़ल न होती हो।"

उसके बाद तो मुग़लकाल से लेकर आज तक ध्रुपद, धमार, ख़्याल, तराना, टप्पा, ठुमरी, दादरा, ग़ज़ल, क़व्वाली, भजन एवं गीत समान रूप से जनमानस में रचे–बसे हैं तथा लगता है मानो जो आज से हज़ार वर्ष पूर्व लोकप्रिय था वही थोड़ा–बहुत बदलाव के साथ आज भी है।

संगीत की उपयोगिता

उपरोक्त तथ्यों से निर्विवादित रूप से यह प्रमाणित होता है कि लोकप्रिय गायन सदा ही शास्त्रीय संगीत से प्रभावित होकर समाज में अपना स्थान बनाता रहा है तथा कालान्तर में लोक तथा लोकप्रिय संगीत में बदलता रहा है।

सिनेमा संगीत में भी ऐसा ही हुआ है। काव्य, संगीत तथा चित्र, तीनों एक–दूसरे को सहारा भी देते हैं और बल भी। फिर भी जैसा कि शोपेनहावर ने भी कहा कि, 'संगीत कला और उसमें भी गायन का स्थान सर्वश्रेष्ठ है'। यही कारण है कि भारतीय जनमानस की रुचि के अनुसार हिन्दी फ़िल्मों में गीतों को विशेष स्थान मिला। यही नहीं दृश्यों की स्थितियाँ, संवाद तथा मनोभावों को रेखांकित करने के लिए पार्श्व संगीत की आवश्यकता भी पड़ी। यहाँ यह कहना भी उचित होगा कि पार्श्व संगीत के बिना दृश्य वैसे ही हो सकते हैं जैसे आत्मा के बिना शरीर। अतएव, एक बात अपने आप सिद्ध हो जाती है कि फ़िल्म जो कि चित्रकला का ही एक रूप है, तभी प्रभावित करती है जब उसमें काव्य भी हो तथा गायन और वादन भी; इसीलिए फ़िल्म निर्माताओं ने भी वही संगीत आधार की भाँति चुना जिसे हम शास्त्रीय संगीत कहते हैं। यही कारण है कि इसे जटिल ललित कला कहा गया है जो अपने आप में विविध कलाएँ, विज्ञान, तकनीक, साहित्य, लोक कला, हस्त कला तथा शिल्प को भी समेटे हुए है जिन्हें एक सूत्र में माला की तरह पिरोता है केवल संगीत! इसकी मैं और भी विशद व्याख्या करना चाहूँगी।

उद्भट संगीत शास्त्री हर्बर्ट स्पेंसर ने अपनी पुस्तक 'दि ओरिजिनल म्यूज़िक' में संगीत की उत्पत्ति के बारे में बताते हुए कहा है, "हमारा कण्ठ स्वर कुछ विशेष मांसपेशियों द्वारा उत्पन्न होता है। वे सब मांसपेशियाँ शरीर के अन्यान्य पेशी–समूह के साथ–साथ मनोभाव के उद्रेक से संकुचित हो जाती हैं। इसलिए जब हम हँसते हैं, तब अधर की समीपवर्ती मांसपेशी संकुचित हो जाती है एवं हास्य का वेग गुरुतर होने पर उसके साथ ही कण्ठ से भी एक प्रकार का शब्द निकलता है। रुदन में भी ऐसी ही स्थिति होती है। संक्षेप में, विशेष मनोभाव उद्रेक के साथ–साथ शरीर की नाना मांसपेशियों और कण्ठ की शब्द–निस्सारक मांसपेशियों में उत्तेजना का आविर्भाव होता है। मनोभाव के विशेषत्व और परिमाण के अनुसार कण्ठ स्थित मांसपेशी समूह का संकुचन होता है, उनके विभिन्न प्रकार के संकुचन के अनुसार हमारा शब्द यन्त्र विभिन्न आकार धारण करता है; एवं इन्हीं विभिन्न आकारों के अनुसार शब्द की विभिन्नता सम्पादित होती है। अतएव, देखा जाता है कि हमारे कण्ठ से निःसृत विभिन्न स्वर विभिन्न मनोवृत्तियों का ही शरीरगत विकास है।"[23]

हर्बर्ट स्पेंसर की बात को आगे बढ़ाते हुए गुरुदेव रवीन्द्रनाथ टैगोर का कहना है, "उत्तेजित अवस्था की बातचीत के जो लक्षण हैं, संगीत के भी वे ही लक्षण हैं। सुख–दुःख प्रभृति की उत्तेजना से हमारे कण्ठ स्वर में जो परिवर्तन होते हैं, संगीत में उनकी पराकाष्ठा मात्र है। पहले कहा गया है कि उत्तेजित मनोवृत्ति की अवस्था में हमारे कथोपकथन का स्वर उच्च होता है, स्वर में 'सुर' का आभास रहता है, सचराचर की अपेक्षा स्वर का 'सुर' ऊँचा अथवा नीचा हो जाता है, स्वर में सुर कभी ऊँचा कभी नीचा रहता है। गान का स्वर भी उच्च है, गान, समस्त ही सुर है; गान का सुर सचराचर कथोपकथन के सुर से काफ़ी कुछ ऊँचा अथवा नीचा हो जाता है एवं गान के सुर में ऊँचा–नीचा रूप खेलता रहता है। अतएव, देखा जाता है कि उत्तेजित मनोवृति का सुर संगीत में यथासम्भव पूर्णता प्राप्त करता है। तीव्र सुख–दुःख के, कण्ठ से अभिव्यक्ति के जो लक्षण हैं, संगीत के भी वही लक्षण हैं।"[24]

बाद में स्पेंसर ने संगीत की उपयोगिता के बारे में भी कहा है कि "आमतौर पर लगता है जैसे संगीत सुनकर, जो अव्यवहृत सुख प्राप्त होता है, उसी का साधन करना संगीत का कार्य है। किन्तु सचराचर देखा जाता है कि जिससे हम अव्यवहृत सुख पाते हैं वही उसका चरम फल नहीं है। आहार करने पर क्षुधानिवृत्ति का सुख प्राप्त होता है, किन्तु उसका चरम फल शरीर पोषण है, माता स्नेहवश आत्मसुख–साधन के लिए जो करती है उससे सन्तान का मंगलसाधन होता है, यश का सुख पाने के लिए हम जो कुछ करते हैं उससे समाज के विविध कार्य सम्पन्न होते हैं–इत्यादि। संगीत से क्या केवल आमोद मात्र ही होता है? कोई अलक्षित उद्देश्य साधित नहीं होता।"[25]

स्पेंसर के इस कथन से सहमत होते हुए गुरुदेव रवीन्द्रनाथ टैगोर ने अपना मत इस प्रकार व्यक्त किया है, "स्पेंसर के मत को और एक क़दम आगे बढ़ाने पर ऐसा लगता हे कि ऐसे दिन भी आ रहे हैं जब हम संगीत में ही बातचीत करेंगे। सभ्यता की जब इतनी उन्नति होगी कि हमारे हृदय की अंगहीन, रुग्ण, मलिन वृत्तियों को फिर सशंकित भाव से छुपाकर नहीं चलना पड़ेगा। वे परिपूर्ण, स्वस्थ और सुमार्जित हो उठेगी–जब संवेदना की इतनी वृद्धि होगी कि हम एक–दूसरे के निकट हमारे हृदय के सभी अनुभव निःसंकोच और सानन्द प्रकट करेंगे, तब अनुभव–प्रकाश करने का अनुशीलन बहुत बढ़ जायेगा, तब संगीत ही हमारे अनुभव–प्रकाश की भाषा हो उठेगा।"[26]

रवीन्द्रनाथ टैगोर की बात को ही आगे बढ़ाते हुए हम यह भी कहेंगे कि उन्होंने जो सपना देखा था वह कम–से–कम हमारी प्रदर्शन कलाओं में तो प्रारम्भ से ही साकार होता रहा। संस्कृत नाटक, नृत्य और गीति नाट्य, लोक नाट्य तथा पारसी थियेटर आदि में आपस के संवाद गाकर अथवा लयबद्ध

कविता में ही आये हैं अतः आवश्यक है कि प्रदर्शन कलाओं में संगीत के महत्त्व पर भी एक दृष्टि डाल ली जाये।

प्रदर्शन कलाओं में संगीत का महत्त्व

जैसा कि पहले भी कहा गया है कि सामवेद ही प्रदर्शन कलाओं का मूल स्रोत है तो सामगायन से लेकर मन्दिरों में मन्त्र गायन तक गायक, भाव, मुद्राओं और रसानुभूतियों के आधार पर अपने अन्तर की शक्तियाँ जगाते थे और अपने सम्पर्क में आने वाले प्राणी की वेदना हरते थे। इस प्रकार गायन और नृत्य, भक्ति से प्रारम्भ हुआ; मन्दिर जिनके आश्रय थे। बाद में नाट्यकला के साथ नृत, नृत्य तथा गीत–संगीत, सामाजिक और सांस्कृतिक रूप से भी फले–फूले। भद्रलोक अथवा विशिष्ट वर्गों को यही संगीत श्रेयस्कर लगा जब कि साधारण लोक अपने मनोरंजन के लिए गम्भीरता नहीं ओढ़ सकता था। उन्हें भाषा, भाव, रस तथा प्रस्तुति सभी आम तरीक़े के चाहिए थे जिससे संगीत के सौन्दर्य–रस का निष्पादन हो, देखने–सुनने में आनन्द आये और प्रदर्शनकारी कलाकार अथवा कलाकारों के समूह को तुरन्त दाद (वाहवाही) मिल सके। इसीलिए लोक परम्परा का मंचन प्रारम्भ हुआ। यही परम्परा कालान्तर में बहुरूप, भगत, स्वाँग, ढोला, आल्हा तथा ख़यालबाज़ी जैसी विधाओं की उत्पत्ति का कारण बनी। बाद में, इन कलाओं में परिमार्जन हुआ तथा स्वाँग ने नौटंकी का रूप लिया और धार्मिक प्रभाव से प्रेरित होकर रासलीला तथा रामलीला जैसे लोक मंचों का जन्म हुआ। उन्नीसवीं सदी के अन्त में नौटंकी, रासलीला और रामलीला जैसे लोक नाट्य में साहित्य तथा सुरुचि का योगदान कर ऐसी प्रदर्शन कलाएँ भी सामने आयीं जो सम्भ्रान्त लोगों को भी पसन्द आतीं और लोक समाज को भी। उदाहरणार्थ, सम्भ्रान्त रंगमंच तथा पारसी रंगमंच, जिसके लेखकों में मुंशी आग़ा हश्र कश्मीरी तथा पं. राधेश्याम कथावाचक का नाम शामिल है। अपनी बात को हम निम्न प्रकार से समझाना चाहेंगे–

मंचन/प्रदर्शन कलाओं में संगीत

(फ़िल्मों और फ़िल्मी संगीत का दिशा निर्देशन)

1. साहित्यिक / सम्भ्रान्त
2. लोक मंच
   - सामाजिक
   - धार्मिक
   - स्वाँग
   - नौटंकी
   - रासलीला
   - रामलीला
   - उत्तर भारत के इतर लोक नाट्य

1. शास्त्रीय/साहित्यिक/सम्भ्रान्त

यह ऐसी मंच कलाएँ हैं जिन्हें केवल उच्च वर्ग के गिने–चुने लोग ही पसन्द करते आये हैं। उन्हीं के लिए इनका मंचन किया जाता रहा है। वैदिक काल से हमारे यहाँ यही परम्परा रही है।

संस्कृत नाटकों के लेखक यथा महाकवि कालिदास तथा बाणभट्ट आदि से लेकर हिन्दी के आधुनिक कवि जयशंकर प्रसाद, जगदीशचन्द्र माथुर तथा डॉ. रामकुमार वर्मा तक इसी श्रेणी में आते हैं। इन्हें सदा साहित्यप्रेमी, सम्भ्रान्त तथा सुसंस्कृत लोगों द्वारा ही सराहा गया। जनमानस की अभिरुचि के अनुसार सस्ता मनोरंजन जुटाना न इनका ध्येय था न मन्तव्य। फिर भी पिछली सदी के आरम्भ में स्व. भारतेन्दु हरिश्चन्द्र ने "अँधेर नगरी", जैसे नाटक भी लिखे जो सम्भ्रान्त तथा 'लोक' दोनों वर्गों द्वारा सराहे गये। इसका कारण था ऐसी पुस्तकों का संगीतमय संवाद। यथा–

अँधेर नगरी अनबूझ राजा
टका सेर भाजी, टका सेर खाजा

बीसवीं सदी के प्रारम्भ में लोक नाट्य तथा सम्भ्रान्त लेखन में एक सामंजस्य बिठाकर कथावाचक पण्डित राधेश्याम शर्मा, ने भी 'राधेश्याम रामायण', 'भक्त प्रहलाद', 'भक्त ध्रुव' तथा 'राजा हरिश्चन्द्र' जैसे नाटक लिखकर, धार्मिक मनोरंजन में अपनी ऐसी पैठ बनायी जो लोकप्रिय तो हुईं ही, साथ ही साथ शिक्षित और सम्भ्रान्त वर्ग भी इनसे प्रभावित रहा।

दूसरी ओर, 'आग़ा हश्र काश्मीरी' जिन्हें भारत का शेक्सपियर भी कहा जाता है, एक उद्भट एवं विलक्षण प्रतिभाशाली लेखक थे, उन्होंने तथा इतर नाटककारों ने पारसी रंगमंच के साथ जुड़कर ऐसे सामाजिक, ऐतिहासिक तथा विनोदी नाटकों का मंचन करवाया कि दोनों ही वर्गों के प्रिय हो गये, इनके नाटकों में भाषा का लालित्य इनके कवित्वपूर्ण संवादों में परिलक्षित होता था। इनके ललित गीत साहित्य का अंग भी बने और लोकप्रियता का भी। उदाहरणार्थ–

तुम्हारा ग़म है ग़म, हमारा गम, कहानी है
तुम्हारा ख़ून है ख़ून, हमारा ख़ून पानी है[27]

राधेश्याम कथावाचक की रामायण तो आज भी उत्तर भारत में साहित्य के लोकप्रिय काव्य की तरह जानी जाती है–

हे राम तुम्हारे कहने से, मैं पम्पापुर को जाता हूँ
बाली के बेटे अंगद को, मैं अभी पकड़ कर लाता हूँ[28]

यों साहित्यिक नाटकों में भी गीत होते थे जैसे जयशंकर प्रसाद अथवा

मैथिलीशरण गुप्त के नाटक किन्तु इन गीतों को भाषा की क्लिष्टता के कारण जन–गण की लोकप्रियता नहीं मिल सकी।

अरुण यह मधुमय देश हमारा
जहाँ पहुँच अनजान क्षितिज को मिलता एक सहारा[29]

2. लोकमंच

इसमें वह सब शामिल रहा है जिसे जनगण अथवा आम व्यक्ति पसन्द करता हो। मन्दिरों से उपजा संगीत, नाट्य कला के साथ रंगमंच पर भी चढ़ा। इसमें भाषा, भाव तथा प्रस्तुति सभी आम ही चाहिए थे अर्थात जिससे ऐसे रस का निष्पादन हो, जिसे देखते–सुनते ही आनन्द की सृष्टि हो तथा कलाकार को तुरन्त ही वाहवाही भी मिल सके। उदाहरणार्थ–

"जहाँगीर : आपको रानी, धोबन के शौहर के ख़ून से इक़बाल है?
नूरजहाँ : इक़बाल है।
जहाँगीर : इक़बाल है?
नूरजहाँ : इक़बाल है।
जहाँगीर : इक़बाल है?
नूरजहाँ : इक़बाल है।

जहाँगीर : दावा सही है (धोबिन से) धोबन। तुम्हारे मुकद्दमे में इन जानिब की अदालत से ये फ़ैसला सादिर होता है कि जिस तरीक़े से मलिका–ए–नूरजहाँ ने तुम्हारे शौहर को तीर का निशाना बनाया; तुम्हारा सुहाग मिटाकर तुम्हें हमेशा के लिए तड़पाया, इसी तरीक़े से नूरजहाँ के शौहर को तुम भी तीर का निशाना बनाओ और इनका सुहाग मिटाकर इनको भी हमेशा के लिए तड़पाओ...

इस परम्परा का मंचन बहुरूपिया, भगत, स्वाँग, ढोला, आल्हा, ख़्याल जैसी विधाओं से परिमार्जित होकर मनोरंजक, सामाजिक तथा ऐतिहासिक विषयों के साथ नौटंकी बन गया तथा धार्मिकता के साथ रामलीला एवं रासलीला बन गया। धार्मिक विषयों पर भी नाटक आये जो नौटंकी का अंग बने जैसे–'राजा हरिश्चन्द्र'।

यहाँ, क्योंकि, हिन्दी फ़िल्मों के संगीत को लेकर ही अपने सन्दर्भ तथा तथ्य तलाशे जा रहे हैं अतः उन्हीं विधाओं का ज़िक्र किया जायेगा जिनका हिन्दी फ़िल्मों तथा उनके संगीत पर प्रभाव पड़ा। फ़िल्मों से भी पूर्व इनमें से अधिकांश लोकमंचीय कलाओं के संगीत का पारसी थियेटर पर भी प्रभाव पड़ा था।

अतः फ़िल्म–संगीत को समझाने के लिए पहले लोक कलाओं से लेकर पारसी थियेटर की विस्तृत व्याख्या करनी होगी क्योंकि हिन्दी फ़िल्मों तथा उनके सम्पूर्ण संगीत पर पारसी रंगमंच का न केवल प्रभाव पड़ा बल्कि फ़िल्म की विधा के सम्यक् विकास के लिए हिन्दी फ़िल्में इस थियेटर की चिर ऋणी रहेंगी। पारसी थियेटर हिन्दी फ़िल्मों का दिशा निर्देशक (Trend Setter) भी रहा।

पारसी रंगमंच, उसका महत्त्व एवं योगदान

पारसी रंगमंच में वे सभी तत्त्व मौजूद हैं जिन्हें हिन्दी सिनेमा का जनक अथवा कर्टेन रेज़र (Curtain raiser) भी कहा जा सकता है। उस समय पारसी थियेटर को सस्ता, अश्लील और व्यापारिक कहकर तत्कालीन आलोचक और रंगकर्मी उसका मज़ाक़ उड़ाया करते थे। महत्त्वपूर्ण बात यह है कि बाद में उसी परम्परा का प्रयोग अच्छे–अच्छे राष्ट्रीय नाट्य विद्यालयों ने किया। प्रसंगवश यहाँ 'राष्ट्रीय नाट्य विद्यालय' का नाम लेना आवश्यक है क्योंकि इस परम्परा का मूल्यांकन और विश्लेषण करके उन्होंने पारसी नाटक और रंगमंच को अपने पाठ्यक्रम का एक निश्चित अंग बनाया किन्तु पारसी थियेटर ने भी स्वाँग और नौटंकी से होते हुए ही एक लम्बी छलाँग मारी। अतः आवश्यक है कि संक्षेप में पहले यह भी जान लिया जाये कि स्वाँग और नौटंकी क्या हैं?

स्वाँग बनाम नौटंकी

हमने इस विषय में कई लोगों के मत जाने–

पं. राम नारायण शर्मा जो नौटंकी की हाथरस शैली के विशेषज्ञ हैं तथा कई वर्षों से राष्ट्रीय नाट्य विद्यालय में अल्पकालिक अधिवक्ता के रूप में यही विषय पढ़ाते भी हैं तथा इनके परिवार में नौटंकी मंचन की यह पाँचवीं पीढ़ी है; उन्होंने एक खास बात बताई, "स्वाँग से भी पहले अर्थात उन्नीसवीं शताब्दी के मध्य से काफ़ी पहले हुआ करती थी–'भगत'। इसमें तरह–तरह के रूप सजते थे जैसे राम, कृष्ण, कोई पुरुष अथवा नारी चरित्र और इनका प्रदर्शन गली कूचों, बाज़ारों में होता था। इन्हीं स्वरूपों को बाद में स्वाँग कहने लगे। इसका कारण यह रहा होगा कि ये स्वरूप, कृष्ण, राम, थानेदार तथा मालिन जैसे स्वरूपों का स्वाँग ही तो भरते थे। बाद में इन्हीं भगत वालों ने गायकी शैली में कई कहानियाँ भी लिखीं, इनमें एक निश्चित प्रारम्भ और अन्त होता था, चरमोत्कर्ष (Climax) तथा गेय कथोपकथन भी। ये सारी गेयता शास्त्रीय तथा लोक संगीत पर ही आधारित होती थी। ये प्रदर्शन बाक़ायदा स्वाँग कहलाने लगे। यह लगभग उन्नीसवीं सदी के अन्तिम दशक की बात रही होगी।

बाद में इन्हीं स्वाँगों में एक रचना लिखी गयी 'नौटंकी शहज़ादी'। यह हाथरस के संगीत शिरोमणि पं. नथाराम शर्मा 'गौड़' ने लिखी थी। यह रचना इतनी प्रसिद्ध हुई कि बाद में स्वाँग का नाम ही 'नौटंकी' पड़ गया।" कालान्तर में पर्दो, टिकट, तड़क–भड़क वाली पोशाकें तथा अन्य सामान के साथ होने वाले मंचीय प्रदर्शन को नौटंकी कहने लगे तो गाँवों में होने वाले सादा मंच, 'स्वाँग' ही पुकारे जाते रहे। स्वाँग हो कि नौटंकी इनका सबसे मज़बूत और मुख्य आधार गायन, वादन ही है। आज भी गाँव में जब गोधूलि–वेला समाप्त होती है तो अचानक किसी ओर से नगाड़े की आवाज़ गूँजने लगती है, हारमोनियम पर लहरा दिया जाता है, विविध तालों में निबद्ध कई रचनाएँ नक्कारची, नक्कारे पर बजाता है। मूलतः यह वादन इस बात की घोषणा होती है कि आसपास कहीं स्वाँग होने वाला है जिससे दर्शक खिंचे चले आयें। यही वादन द्रुत से द्रुततर होता जाता है और एक–डेढ़ घण्टे तक जारी रहता है। द्रुतता के हिसाब से यह सन्देश भी मिलता रहता है कि स्वाँग प्रारम्भ होने में अभी लगभग कितनी देर होगी। इस नक्कारा वादन में शास्त्रीयता का कोई भी अभाव नहीं होता। कला किसी का कुल, जाति, वर्ग तथा शिक्षा देखकर नहीं आती; वह तो सरस्वती का ऐसा प्रसाद है जो जिसको भी मिलता है बिना माँगे मिलता है। इन्हीं नक्कारा बजाने वालों में ऐसे–ऐसे निष्णात कलाकार भी हुए हैं जिनका ज्ञान किसी शास्त्रीय वादक से कम नहीं। शास्त्रीय गुरु ही इनकी प्रेरणा के स्रोत हैं। अब एक तीसरे वाद्य की बात की जायेगी; नक्कारे का साथ देती है ढोलक। इसे बजाने वाले भी अपने फ़न के माहिर होते हैं और वादन में निष्णात। स्वाँग तथा नौटंकी में कई तरह के छन्द प्रयुक्त होते हैं। इनमें से कुछ तो शास्त्रीय अथवा अर्धशास्त्रीय गायन से प्रभावित होते हैं, जैसे–दोहा, ग़ज़ल, ख़मसा, क़व्वाली। किन्तु इसके अतिरिक्त इन लोगों ने अपनी विधा की आवश्यकताओं के अनुसार कई इतर छन्दों की रचना भी की है जैसे–चौबोला, दौड़, कहरवा, डेढ़तुकी, बहर तवील, लावणी, रसिया, मल्हार, कविन्त और आल्हा आदि। इन सभी के लिए विभिन्न तालों की आवश्यकता होती है। अतएव तीनताल, झपताल, रूपक, दादरा, एकताल, कहरवा, खेमटा आदि सभी वहाँ सुनने को मिलती हैं। इन तालों के साथ विशिष्ट गायन तथा सही तरह से सम पर आने के लिए कलाकारों को दिन में उस्तादों के साथ नियमित रियाज़ करना पड़ता है और कभी–कभी तो इसमें निपुणता लाने के लिए पूरा जीवन ही बीत जाता है। इनमें चुने जाने वाले लड़के, लड़कियाँ अधिकतर निम्न जातियों तथा परिवारों के ही होते हैं किन्तु संगीत तथा नाटक का शौक़ उच्च जातियों के कलाकारों को भी इस

ओर खींच लाता है। इनके लेखक थे नथाराम शर्मा गौड़, राधेश्याम शर्मा और श्रीकृष्ण पहलवान जो मूलतः खत्री थे। इन सभी को छन्द का व्याकरण, भाषा की शुद्धता, खाँटी उच्चारण तथा चरित्रों के अनुरूप कलाकार का व्यवहार आदि बातें अति कुशलता से आती थीं। उदाहरणार्थ प्रस्तुत है एक लावणी। मृत रोहित के शरीर को तारामती जब शमशान में अपने पति राजा हरिश्चन्द्र के पास ले जाती है और वह शवदाह के लिए कर माँगते हैं तो पत्नी पति से कहती है–

तारामती–

प्रीतम क्या तुम कह रहे, मन में करो विचार।
ये बेटा है आपका, रोहित प्राणाधार।। (दोहा)
बेटा को छाती से लगाकर, प्यार लो, पुचकार लो
छौना, पिरौना लाल की, सूरत को आज निहार लो
तब का तो बिछड़ा मिल गया, अब का न बिछड़ा मिलन का
उठ अन्न–जल जग से गया, प्रीतम तिहारे लाल का
क्या खड़े देखो हो, करो, सुत आपने की शव क्रिया
अफ़सोस है, अफ़सोस सद, बेटा पे कर माँगो पिया (लावणी)

हरिश्चन्द्र–

बेसूद है, तुम्हारा, रो–रो के दिल जलाना।
दुनिया में जो भी आया, उसको अदम है जाना
जाता है जो यहाँ से, वापस न कोई आता,
होता है जीते जी का भाई–बहन का नाता,
नहिं बाप है किसी का, कोई नहीं है माता,
ख़ाली ये तन है अपना और सर पे है विधाता,
जारी यूँ ही रहेगा, दुनिया का कारखाना।
जारी यूँ ही रहेगा, दुनिया का कारखाना।। (नौहा)

एक अलभ्य छन्द, 'डेढ़ तुकी'–

तो प्यारी, तू मेरे साथ से, अब तक सफ़र कर,
मत मेरी फ़िकर कर,
माँ–बाप के घर ले जाके, बच्चों की गुज़र कर,
बस दिल में कर सबर

स्वाँग में कोई पर्दा नहीं होता। न स्टेज, न वेशभूषा, न सेट का सामान; गाँव का कोई भी चबूतरा स्टेज बन जाता है। तीनों तरफ़ लोग बैठते हैं। खड़िया, लाल रंग, काजल आदि मेकअप का सामान, बैठने के लायक सिर्फ़

एक कुर्सी जो राजा, श्रीमन्त, सेठ, साहूकार तथा सरकारी अफ़सर के काम आ सकती है। एक सादा डण्डा, जो तलवार, बन्दूक़ और लाठी किसी का भी काम कर सकता है; इसी तरह एक अकेला अँगोछा, न जाने कितने कमाल दिखाता है! सिर पर बाँधें तो ज़मींदार या श्रीमन्त, सिर से ओढ़ लें तो चुनरी, कन्धे पर डाल लें तो महाजन या पण्डित, गले के दोनों ओर डाल लें तो पुजारी और कमर पर फेंटे की तरह कस लें तो घरेलू नौकर तथा फ़ौज का सिपाही। इस निहायत सादगी में भी उनके पास दो ही भण्डार होते हैं, एक शब्द और उनके उच्चारण का तथा दूसरा गीत और संगीत जिनके माध्यम से वह नवरस का निरूपण करते हैं, दर्शक को हँसाते–रुलाते हैं, यहाँ तक कि राजा हरिश्चन्द्र बनने वाला पात्र यदि अगले ही दृश्य में मामूली–सा दरबान भी बनकर आ जाये तो दर्शक कोई प्रश्न नहीं खड़ा करते। स्वाँग में किसी के अभिनय पर प्रसन्न होकर इनाम में रुपये देने की प्रथा है। बदले में इनाम पाने वाला आभार प्रदर्शन करता है। एक पात्र कोई अच्छा–सा चौबोला गाकर मरा और चबूतरे पर गिर गया। इनाम देने वालों का ताँता लग गया। मरने वाला कलाकार बार–बार उठेगा, इनाम के प्रति आभार प्रदर्शन करेगा और फिर से वही चौबाला गाकर दोबारा मर जायेगा। इसमें किसी को कुछ भी अस्वाभाविक नहीं लगता। 'एलिनेशन' के सिद्धान्त वाले 'ब्रेख़्त' की शैली के थियेटर का इससे अधिक सम्पन्न उदाहरण और कहाँ मिलेगा! कहने का तात्पर्य है, "स्वाँग में गायन द्वारा दर्शक पर अमिट प्रभाव पड़ता है।"

नौटंकी

स्वाँग के एक बेहद सफल खेल का नाम 'नौटंकी शहजादी' होने के कारण इस विधा का नाम ही नौटंकी पड़ गया, ऐसा मैंने जाना। स्वाँग के बारे में हमारे मत को यह तथ्य और भी पुष्ट करता है कि यह संगीतमय विद्या कितनी लोकप्रिय रही होगी! इसका पता इसी बात से चलता है कि अलग–अलग लोगों ने नौटंकी की अलग–अलग परिभाषा दी है।

नौटंकी की 'सम्राज्ञी स्वर्गीया पद्मश्री गुलाब बाई की मान्यता थी, "नौटंकी उसे कहते हैं जिसमें नौ राग हों, इसमें गाना भी है, बजाना भी है, नाचना भी है, ज़बान भी और अच्छा ड्रामा भी...हमसे तो बहुत पहले की है नौटंकी...हम तो आज ही बीच में आये हैं तो इसमें क्या है, लावणी है, चौगोला (चौबोला) भी है, बहरतवील भी है, क़व्वाली भी है, इसमें अलग–अलग राग हैं।"

गुलाब बाई जो 'बेड़िया' जनजाति से थीं, उन्होंने नौटंकी में नौ साल की उम्र से प्रवेश किया था; काला अक्षर भैंस बराबर किन्तु ज़बान अच्छे–अच्छे

ज़बानदान से कहीं अधिक बेहतर और गायन में उनकी तानों, खटकों और मुरकियों का प्रभाव अभी भी रिकॉर्ड्स में सुना जा सकता है। अपने अनुभव के आधार पर जो उन्हें लगा उन्होंने कह दिया। छन्दों के विविध प्रकारों को ही उन्होंने राग समझा सो बता दिया। किन्तु सुर तथा ताल की उनकी समझ किसी शास्त्रीय संगीत के गुरु से कम न थी।

उत्तर प्रदेश अकादमी के भूतपूर्व सदस्य सत्येन्द्र अवस्थी का मत जबकि कोरी कल्पना पर ही आधारित था। उन्होंने एक अजीब–सी बात कही। 'राजस्थानी में 'टंकी' शब्द 'रत्ती' के लिए इस्तेमाल हुआ है सो नवरसों का टंकी–टंकी (रत्ती–रत्ती) भर, समान अनुपात में लेकर जो लोक नाट्य बनता है उसे 'नौटंकी' कहते हैं।

गुलाब बाई की छोटी बेटी मधु ने अपनी ही परिभाषा दी, "नौटंकी के नगाड़े में नौ तरह की टंकार होती है; इसी से इसका नाम नौटंकी है।"

सभी मतों को समझकर नौटंकी के विद्वान, पं. राधेश्याम शर्मा जी का मत ही अधिक सही लगता है।

नौटंकी की दो शैलियाँ हैं–कानपुर शैली और हाथरस शैली। कानपुर शैली में नाटक पर अधिक ज़ोर होता है, तुर्की–बतुर्की संवाद होते हैं। ये लोग गायकी में भी अधिक तानों–आलापों का प्रयोग नहीं करते जबकि हाथरस शैली में गायकी पर अधिक ध्यान दिया जाता है। टीप की गरारीदार आवाज़ें जिनमें तानें, खटके और मुरकियाँ समायी होती हैं तथा गायन का भाव ही अलग होता है।

नौटंकी के नाटकों में, जिन्हें लोकभाषा में 'खेल' कहा जाता था, पौराणिक, ऐतिहासिक, सामाजिक तथा राष्ट्रीय चेतना जैसे विषय शामिल होते थे जैसे–लैला–मजनूँ, राजा हरिश्चन्द्र, रूप वसन्त, सुल्ताना डाकू, बहादुर लड़की और अमर सिंह राठौर वग़ैरह। साहित्य, इतिहास, संगीत, नृत्य तथा नाट्य विधा से भरपूर होते हुए भी नौटंकी अपने अशिष्ट हास्य के कारण ग्रामीण वर्गों तक ही सीमित रही। अधिक–से–अधिक क़स्बों तथा छोटे नगरों में ही इसका मंचन होता रहा। शहरी दर्शकों के विशिष्ट मनोरंजन के लिए पारसी थियेटर ने ही अपनी जगह बनायी।

पारसी थियेटर

साहित्यिक, सम्भ्रान्त और कुलीन वर्ग में जो सामाजिक और धार्मिक आयोजन होते थे तथा जिनमें गीत–संगीत का पूरा आयोजन रहता था उनमें जगह पाने के लिए पारसी रंगमंच प्रदर्शन कला के क्षितिज पर उभरा।

पारसी सदा से धनवान रहे हैं किन्तु उनकी धार्मिक आस्था के विस्तरण की भारत में कोई सम्भावना नहीं थी। भारत में गुजरात की ओर से प्रवेश के समय ही इन्होंने वचन दिया था कि वे अपनी धार्मिक मान्यताएँ किसी पर थोपेंगे नहीं। अतः गुजराती, उर्दू तथा अंग्रेज़ी ही इनकी भाषाएँ हो गयीं। थियेटर भी इन्हें ऐसा चाहिए था जो देशभर में सामान्य शहरी दर्शक द्वारा समझा जा सके तथा उसका भरपूर रसास्वादन किया जा सके। इसीलिए धर्म, सामाजिक व्यवस्था, हास्य–व्यंग, पौराणिक आख्यान, तत्कालीन सामाजिक तथा राजनीतिक समस्याएँ और सबसे ऊपर गीत–संगीत तथा नृत्य इनके थियेटर के अंग बने, जिससे दर्शक टिकट खिड़की तक आ सकें। कई नाटक, बाद में पुस्तकाकार में बाद में छपे भी जैसे–'राजा हरिश्चन्द्र', 'यहूदी की लड़की' (रोमनो और यहूदियों का अन्तर्कलह) 'सुल्ताना डाकू' और 'आँख का नशा' वग़ैरह। सच कहा जाये तो हिन्दी फ़िल्मों की दाग़बेल यहीं से डल चुकी थी। बाद में इन नाटकों का केवल फ़िल्मीकरण करना ही बाक़ी रह गया था।[30]

पारसी थियेटर में नौटंकी की कानपुर और हाथरस शैली के बीच एक सन्तुलन लाकर गीत–संगीत और नाटक को सही अनुपात दे दिया गया। ग़ज़ल, भजन, क़व्वाली, शेरो–शायरी तथा दोहे जैसे छन्द ही रह गये। संवादों में भी तुकान्त छन्दों के अलावा कुछ लम्बे ओजस्वी संवाद भी आ गये। इस थियेटर के लेखक तो पढ़े–लिखे थे ही जैसे कि आग़ा हश्र कश्मीरी, बेताब कानपुरी तथा राधेश्याम कथावाचक आदि; उनके साथ ही साथ कलाकार मण्डली भी पढ़ी–लिखी और हुनरमन्द होने लगी। इनके नाम से कई कम्पनियाँ भी बनी, जिनमें सबसे विख्यात रही 'अलफ्रेड थियेटर्स' जिन्होंने बाद में फ़िल्में भी बनायीं। पारसी थियेटर के नाटक पूरे भारत में हुआ करते थे। इनका प्रारम्भ सदा ईश वन्दना से होता था जिसके गायन का आधार ध्रुपद शैली होती थी। शास्त्रीय संगीत की बन्दिशें, उन पर आधारित गाने, दोगाने, भजन, क़व्वाली, ग़ज़ल और ख़मसे इनकी जान होते थे। बाद में इनकी शैली का गायन फ़िल्मों के प्रारम्भिक वर्षों में भी होता रहा।

रामलीला और रासलीला

रामलीला और रासलीला का इतिहास तो और भी पुराना है। रामलीला तो गोस्वामी तुलसीदास ने स्वयं ही बनारस के घाटों पर प्रारम्भ करवायी। रासलीला भी वृन्दावन की कुंज गलियों में सदियों से होती चली आ रही है। इनमें वही स्वरूप इस्तेमाल होते थे जिनका ज़िक्र पीछे हम नौटंकी विशेषज्ञ पं. रामनारायण शर्मा के माध्यम से कर आये हैं। उन्होंने जिस 'भगत' शब्द

का प्रयोग किया था वह भक्ति का ही अपभ्रंश है। इसलिए प्रारम्भ में भगवानों के स्वरूप ही बनाये जाते थे। प्रसंगवश बता दें कि जो कलाकार राम और कृष्ण का अभिनय करते हैं उन्हें आज भी 'स्वरूप' ही कहा जाता है। इनके सहयोगी पात्रों को भी स्वरूप ही कहा जा सकता है। स्वरूप धरने के बाद ऐसा समझा जाता है कि इनमें देवत्व गुण आ जाता है और इन्हें मंच के अलावा ज़मीन पर पाँव भी नहीं रखने दिया जाता। ऐसी रासलीला, रामलीला, जन्माष्टमी और दशहरे के दिनों में क्रमशः दस–पन्द्रह दिनों तक चलती हैं। इनके कई अन्तरालों में पौराणिक, ऐतिहासिक तथा देशभक्ति के नाटक भी होते हैं जैसे भक्त प्रहलाद, वीर अभिमन्यु, रानी दुर्गावती, शहीद भगतसिंह, चन्द्रशेखर आजाद आदि। कुछ ही वर्षों पूर्व तक ये नाटक साधारणतः तीन अंकों के होते थे तथा इन नाटकों के दृश्यों के बीच, प्रत्येक अंक के प्रारम्भ में प्रहसन भी होते थे जो मुख्य कहानी से अलग अतिरिक्त कहानी का रूप ले लेते थे। इनमें जोकर या हास्य कलाकार आदि काम करते थे। उनके अपने अलग ही गीत भी होते थे, जैसे भारतेन्दु हरिश्चन्द्र के अद्वितीय नाटक, 'अँधेर नगरी' से उठाया गया यह गीत–

चना ज़ोर गरम बाबू मैं लाया मज़ेदार चना ज़ोर गरम
मेरा चना बड़ा है आला,
जिसको खाते मोटे लाला,
बाबू मिस्टर जीजा–साला
चना ज़ोर गरम[31]

यह दूसरी बात कि इसमें अन्तरों के शब्द बदल दिये गये थे। इन लोगों के संवाद भी बहुत हँसी के होते थे। जैसे–किसी प्रहसन के एक दृश्य में जज और अभियुक्त के बीच सवाल–जवाब सुनिए। ये सवाल–जवाब नौटंकी की मलिका गुलाब बाई से किये गये एक साक्षात्कार से उद्धृत हैं :

जज : तुम्हारा नाम?
अभियुक्त : काग़ज़।
जज : बाप का नाम?
अभियुक्त : क़लम।
जज : तो लाज़िम है तुम्हारी माँ का नाम दवात होगा।

प्रहसन : शायर और मायर।

एक शायर को एक जनाब रास्ते में मिले और टकरा गये, अब इन दोनों के बीच सवाल–जवाब पढ़िए–

शायर : आप कौन?
जनाब : और आप कौन?

शायर : मैं शायर।

जनाब : मैं मायर।

शायर : ये मायर कौन?

मायर : और ये शायर कौन?

शायर : शायर वो जो शेर कहे।

मायर : मायर वो जो मेर कहे।

शायर : मेर क्या होता है?

मायर : और ये शेर क्या होता है?

शायर : अर्ज़ किया है–'रात को अण्डा पकाया वो भी कच्चा रह गया।'

मायर : मर गये शायर फक़त पागल का बच्चा रह गया।

यह सभी संवाद लगभग एक ही लय में बँधे होते थे तथा बीच–बीच में तबले अथवा ढोलक की थाप से उन्हें गीत जैसा स्वरूप दे दिया जाता था।

अब इन नाटकों की मुख्य कथा की बात करें। राम के लिए तुलसी तथा कृष्ण के लिए सूर इतना लिख गये हैं कि उन्हें गाते–कहते और अभिनय करते वर्ष, जन्म और युग भी बीत जायें तो भी ओछे पड़े। रासलीला में बाललीला के समय 'मइया मोरी कबहुँ बढ़ैगी चोटी', 'मइया मोहे दाऊ बहुत खिजायो' जैसे पद हम सब जानते हैं। और गोपी विरह के समय जब उद्धव कहते हैं, 'गोपियों, ईश की आराधना करो', तो गोपियाँ उत्तर देती हैं–

ऊधौ, मन नाहीं दस–बीस।
एक हुतौ, सो गयौ स्याम संग को आराधै ईस।।

इस पर उद्धव तर्क प्रस्तुत करते हैं, 'तो कृष्ण को मन से निकाल फेंको और ईश को बिठा लो।' तिस पर गोपियों का उत्तर, जिसने उद्धव को भी निरुत्तर कर दिया–

उर में माखन चोर गड़े,
अब ऊधौ ये निकसत नाहीं, तिरछे है जु अड़े।
गोपियाँ मधुबन से पूछती हैं,
मधुबन तुम कस रहत हरे?
विरह वियोग स्याम सुन्दर के ठाड़े क्यों न जरे!

उधर रामचरितमानस, जो सदा से ही रामलीला का प्राण रहा है, उसमें अपना परिचय देते हुए राम कहते हैं–

कौसलेस दसरथ के जाये,
हम पितु वचन मान बन आये।

नाम राम, लक्ष्मण दोउ भाई,
संग नारि सुकुमार सुहाई।
इहाँ हरी निसिचर वैदेही,
खोजत बिप्र फिरहिं हम तेही।

वन में राम का सीता–विरह–

हा मम सीते प्रान पिरीते,
तुम बिन जियत बहुत दिन बीते।
हे खग–मृग, हे मधुकर श्रेणी,
तुम देखीं सीता मृगनयनी?

यह सब गीत–काव्य और नाट्य ही तो है।

इस प्रकार कुलीन हो कि लोक मनोरंजन, वह सदा ही संगीत से जुड़ा रहा यही संगीत नाटक से जुड़ा रहा। और नाटक हमारी फ़िल्मों से। इन नाटकों में मराठी नाटक, बंगाली नाटक तथा पृथ्वीराज कपूर के नाटक भी शामिल थे, कहना न होगा कि भविष्य में आने वाली फ़िल्मों के संगीत का इतिहास इन्हीं रंगमंचीय कलाओं की कलम से लिखा जाना था। रंगमंच की इन्हीं लोक तथा सम्भ्रान्त परम्पराओं ने हिन्दी फ़िल्मों का दिशा–निर्देश समग्रता से किया, जिसमें गीत–संगीत अपने आप शामिल हो जाते हैं। अतः काल के गर्भ से जन्म लेने को आतुर फ़िल्म कला पर इन रंगमंचीय कलाओं का सर्वांगीण प्रभाव पड़ा।[32]

फ़िल्मों का जन्म

फ़िल्म, पिछली सदी की एक सबसे करिश्माई कला है। ललित कलाओं का वर्गीकरण करते समय कहा गया था कि कलाएँ तीन प्रकार की होती हैं : मिश्रित अथवा जटिल कलाओं में फ़िल्म को सर्वोपरि कहा जा सकता है। विद्वानों द्वारा कदाचित फ़िल्मों को हेय दृष्टि से देखने के कारण इन्हें ललित कला न कहकर केवल प्रदर्शन कला की संज्ञा दी गयी क्योंकि कई फ़िल्में वास्तव में बड़ी भौंडी बनती रहीं किन्तु ऐसा तो किसी भी ललित कला के साथ हो सकता है, जब वह प्रदर्शन हेतु मंच पर लायी जाती है। निर्वस्त्रता तथा नग्नता में अन्तर होता है। हमारे देश की सांस्कृतिक परम्परा लगभग छह हज़ार साल पुरानी है, ढाई–तीन हज़ार वर्ष पूर्व या उसके बाद भी खुदाई में मिले भित्ति चित्र तथा प्रस्तर प्रतिमाएँ (अजन्ता, एलोरा, कोणार्क तथा खजुराहो) निर्वस्त्र भले ही हों, किन्तु कुत्सित परम्परा की परिचायक नहीं। खिड़की एक ही होती है, फिर भी किसी को उसमें से निरभ्र नीला आकाश दिखता है,

तो दूसरे को नीचे की गन्दी दलदल। फ़िल्मों का भी लगभग सौ वर्ष का अपना ही इतिहास है, जिनमें ऐसी फ़िल्में ही अधिक आयीं जो सेल्युलाइड पर कविता के समान लगती थीं। हिन्दी फ़िल्मों के सन्दर्भ में कहें तो बिमल रॉय, गुरुदत्त, राज कपूर, व्ही.शान्ताराम तथा ऋषिकेश मुखर्जी यदि फ़िल्माकाश पर सूर्य, चन्द्र नक्षत्रों के समान हैं तो ऐसे अन्य देदीप्यमान अनगिनत सितारे भी हैं जिन्होंने हिन्दी फ़िल्मों को रोज़ी–रोटी का ज़रिया भर नहीं समझा। वे ऐसे परिवारों से इस विधा तक खिंचे चले आये जिनमें राजा, ज़मींदार, व्यवसायी, इंजीनियर, वैज्ञानिक, चार्टर्ड एकाउंटेंट, पत्रकार, लेखक, शास्त्रीय संगीतज्ञ और नृत्य गुरु तथा शिक्षाविद् भी शामिल रहे। यह दूसरी बात है कि इनमें से बहुतों ने केवल अपना काम छोड़ा है, नाम नहीं छोड़ा। उससे भी अधिक कष्टकर बात यह है कि उनमें निस्सीम प्रतिभा होते हुए भी कुछ तथाकथित स्वयंभू उनका नाम लेने से कतराते हैं क्योंकि सदा ही उन्हें फ़िल्मों का स्थूल रूप तो दिखाई देता है, सूक्ष्म नहीं। सच भी है, शरीर को सब अपने–अपने कोणों से देखते हैं, जी भर कर उसकी आलोचना करते हैं किन्तु आत्मा तक पहुँचने के लिए प्रयास करना पड़ता है। वही प्रयास करके, उसमें से गीत–संगीत के मोती निकालकर, इस पुस्तक द्वारा यह स्थापित करना है कि फ़िल्में हमारी छह हज़ार साल पुरानी संस्कृति और परम्परा की सबसे प्रबल कड़ी हैं तथा इन्होंने अपने गीत–संगीत और नृत्य से भारत की ललित कलाओं का पोषण भी किया है, प्रदर्शन और संवरण भी तथा जिस तरह पिछली सदी का दूत बनकर फ़िल्मों ने भारत के सांस्कृतिक मंच पर दस्तक दी है उसी तरह सदी–दर–सदी, आने वाले समय में स्वयं ही यह अपना संग्रहालय भी बनेंगी, तथा संग्रहपाल भी (Museum and Curator)। यह कहने का एक कारण यह भी है कि विश्व के नोबल पुरस्कार विजेता और इंग्लैंड में बसे भारत के अन्तरराष्ट्रीय ख्याति प्राप्त अर्थशास्त्री श्री अमर्त्य सेन ने कहा है, "ऐसे किसी और देश के बारे में सोचना आसान नहीं है, जिसमें इतनी सारी भाषाएँ और साहित्य फल–फूल रहे हों। हाँ, हमारी आज की उथल–पुथल का मुख्य कारण है धार्मिक विविधता किन्तु इसमें भी हमारी स्थिति ख़ासी अद्‌भुत है। भारतीयों में अधिकतम भले ही हिन्दू क्यों न हों किन्तु हमारे यहाँ दस करोड़ से अधिक मुसलमान भी हैं। भारत में विश्व की तीसरी सबसे बड़ी मुस्लिम जनसंख्या निवास करती है। हमारे यहाँ किसी भी देश से अधिक सिक्ख हैं, जैन भी, साथ ही साथ पारसी भी; पन्द्रह सौ वर्षों से भी पहले ईसाई यहाँ पर थे (ब्रिटेन में किसी के होने से भी बहुत पहले) तथा यह सही है कि भारत में बौद्धों की जनसंख्या आज बहुत छोटी है किन्तु

हमारा भारत बौद्धधर्म का जन्म स्थान है। मैं विश्वास नहीं कर सकता कि कोई और देश भी होगा जो धार्मिक विविधता में हमारे समान हो।"[33]

भारतीय मूल के लोग पाकिस्तान, बांग्लादेश, श्रीलंका, नेपाल, मलेशिया, सिंगापुर, इंडोनेशिया, पूर्वी तथा दक्षिण अफ्रीका, मॉरिशस, द कैरीबियन तथा ऑस्ट्रेलिया, यूरोप तथा उत्तरी अमरीका में निवास करते हैं। यद्यपि अधिकतम प्रवासी भारतीय जो दूर देश जा बसे हैं वे अपने बसने वाले देश को ही अपना घर मानते हैं किन्तु साथ ही साथ भारत को निश्चित रूप से वे अपना आध्यात्मिक तथा सांस्कृतिक घर भी बताते हैं। फिर भी जैसा कि "इनसाइक्लोपीडिया ऑफ़ इंडियन सिनेमा (राजाध्यक्ष तथा विलीमैन 1994; 10) में भी कहा गया है, "सुदूर देशों में बसे लाखों भारतीयों के लिए भारत का बहुत बड़ा भाग यहाँ की फ़िल्मों द्वारा पहुँचता है।" यही कुछ विशेष कारण हैं कि क्यों हमें भारतीय सिनेमा का अध्ययन करना चाहिए और कदाचित भारतीय संस्कृति को समझने के लिए उसके विशिष्ट सांस्कृतिक सिनेमा से बेहतर माध्यम और कुछ हो ही नहीं सकता।[34]

फ्राँस देश के पेरिस शहर में ल्युमिएर भाइयों ने (Lumiere Brothers) सन् 1885 में फ़िल्म का पहला प्रदर्शन किया। कुछ ही महीनों बाद यह भारत में भी आ गये। पहला भारतीय फ़िल्म शो 7 जुलाई, सन् 1896 में सम्पन्न हुआ। 'टाइम्स ऑफ़ इंडिया' अख़बार ने चमचमाते शब्दों में इसे 'सदी का चमत्कार' (Miracle of the Century) बताया।[35]

1886 और 1893 के बीच बहुत सारी छोटी–छोटी फ़िल्में बनीं तथा बम्बई और कलकत्ता में दिखायीं गयीं। 1892 में मूक फ़िल्म बनी–सावित्री। इसी साल रामायण का एक हिस्सा भी फ़िल्माया गया। फिर हिन्दी फ़िल्मों के आकाश में उतरे भारतीय फ़िल्मों के पितामह 'धुन्डीराज गोविन्द फालके' जिन्हें भारत ही नहीं समूचा विश्व फ़िल्म जगत् दादा साहब फालके के नाम से जानता है। दादा साहब फालके अपनी किशोरावस्था से ही कविता, नाटक तथा जादू के करतब दिखाने में आनन्द लेते थे। 1870 में जन्मे दादा साहब फालके ने 1913 में एक फ़िल्म देखी 'लाइफ़ ऑफ़ क्राइस्ट' (Life of Christ)। इस समय तक वह पिता बन चुके थे। बड़े–बड़े बच्चे थे। यह मराठी ब्राह्मणों का घर था, उस पर भी कर्मकाण्डी पण्डितों का; धार्मिक आस्थाएँ जिनके साथ गहरी होकर जुड़ी होती हैं। 'Life of Christ', फ़िल्म देखकर इन्होंने भगवान कृष्ण पर एक फ़िल्म बनाने की सोची किन्तु बनाते–बनाते योजना बदली और फ़िल्म बनी 'राजा हरिश्चन्द्र'।[36]

त्यागी और तपस्वी वनवास के बाद ही नहीं होते; सद्गृहस्थ और कर्मकाण्डी ब्राह्मण होते हुए तथा फ़िल्मों के बारे में सोचकर भी, त्यागी और तपस्वी हुआ जा सकता है। उसकी एक मिसाल हैं, हमारे दादा साहब फालके। 'राजा हरिश्चन्द्र' बनाने के लिए इन्होंने अपनी पत्नी के गहने तक बेच दिये, जिससे उन्होंने वेशभूषा तथा सेट की स्तर सामग्री सहित फ़िल्म का कैमरा भी ख़रीदा। फ़िल्म की प्रोसेसिंग के लिए इनके घर के आगे लॉन में बने फ़व्वारे का हौज ही 'डेवलपिंग' तथा 'प्रिंटिंग' की 'ट्रे' बन गया। जिसके पानी में रसायन मिलाकर वह अपनी फ़िल्मों की रीलें धोते। यह काम रात में ही हो सकता था क्योंकि इसके लिए सम्पूर्ण अन्धकार की आवश्यकता होती है। इसलिए दिन में शूटिंग होती और रात को प्रोसेसिंग तथा कैमरे पर देख–देख कर ही एडिटिंग। फ़िल्मों में फालके ने स्वयं राजा हरिश्चन्द्र, पत्नी ने रानी तारामती तथा सन्तान ने रोहिताश्व का अभिनय किया। इस फ़िल्म के निर्माता, निर्देशक, नायक, कहानीकार, सिनेमेटोग्राफ़र, सम्पादक, फाइनेंसर तथा डिस्ट्रीब्यूटर सभी कुछ दादा साहब थे। ऐसे कर्मयोगी विरले ही नज़र आते हैं जो अपने साथ अपनी पत्नी और बच्चों का भविष्य भी ताक पर रखकर, इतिहास का निर्माण कर जाते हैं। किन्तु नियति का यह कैसा अजीब खेल है कि वृक्ष कभी अपने फल नहीं खाता तथा नदी कभी अपना जल नहीं पीती। मँझोली (Middle Class) हैसियत के एक साधारण से मराठी सद्गृहस्थ ने भविष्यदृष्टा की तरह फ़िल्म विधा की सम्भावनाएँ देखीं, उनके माध्यम से अपनी संस्कृति के प्रचार और प्रसार की राह खुलती दिखाई दी और उस विधा में अपना सब कुछ झोंक दिया। एक अकेले सामान्य से व्यक्ति ने विश्व में सबसे बड़ी फ़िल्म इंडस्ट्री की नींव डाल दी और बदले में उस इंडस्ट्री से कभी कुछ नहीं माँगा। इंडस्ट्री के फलने–फूलने तक वह ज़िन्दा थे। भारतीय फ़िल्म निर्माण के लोगों ने बाद में दादा साहब फालके के सम्मान में मुम्बई की चौपाटी पर एक समारोह किया था, जिसमें उस समय के स्टार तथा कलाकार सभी आये थे; सभी ने एक–एक कर दादा साहब की स्तुति में अपने–अपने भाषण दिये। अन्त में बारी आयी दादा साहब फालके के भाषण की। चमचमाते थ्री पीस सूट पहनकर आये सितारों के बीच लम्बी सूती कमीज़, वैसी ही धोती, कमीज़ के ऊपर मराठी सूती कोट, सिर पर गोल टोपी तथा आँखों पर मोटे चश्मे के साथ दादा साहब किसी ऋषि जैसे लग रहे थे। ऋषि के अनुरूप ही उन्होंने अपना भाषण भी दिया, उन्होंने कहा, "फ़िल्म मेरे लिए मेरी शकुन्तला है, दीन–हीन कण्व ऋषि के आश्रम से निकल कर अब यह राजप्रसादों में आप जैसे राजकुमारों के पास पहुँची है। इसका ख्याल रखिएगा।"[37]

ऐसे त्यागी और तपस्वी की आध्यात्मिक और सार्वभौमिक कल्याणकारी भावना से ओत–प्रोत होकर फ़िल्म विधा का जन्म हुआ है, यह कल्याण ही कर सकती है। विश्व की सबसे धनवान और विस्तृत फ़िल्म इंडस्ट्री के जनक दादा साहब फालके के वंशज भले ही आज गहन निर्धनता में दिन काट रहे हैं किन्तु कभी उन्होंने किसी से मदद नहीं माँगी। हो सकता है कि यह विधा छोटे–बड़े अन्तरालों में अपने आदर्शों से डिग जाती हो किन्तु दादा साहब फालके अपने पीछे एक ऐसी परम्परा छोड़ गये हैं कि कोई–न–कोई कृष्ण, अर्जुन को उपदेश दे ही देता है और अच्छाई तथा बुराई के महाभारत में जीत अच्छाई की ही हो जाती है।

एक बार फिर फ़िल्मों के इतिहास पर ही वापस लौटते हैं। हम सभी जानते हैं कि फ़िल्मों को दिखाने के लिए थियेटरों की आवश्यकता होती है। अतः एक दृष्टि थियेटरों के इतिहास पर भी डाल लेते हैं।

थियेटरों की कहानी

मुम्बई में ग्रांट रोड के प्ले हाउस इलाक़े में सन् 1913 के मई महीने की तीन तारीख़ को भारत की पहली फ़ीचर फ़िल्म, जिसे दादा साहब फ़ालके ने बनाया था, 'राजा हरिश्चन्द्र' प्रदर्शित की गयी। इसकी अवधि पचास मिनट के लगभग थी। वास्तव में, यह ऐसा इलाक़ा था जहाँ जनता के लिए मनोरंजन के साधन पहले से ही उपलब्ध थे। जिस प्ले हाउस की बात हम कर रहे हैं, उसे बाद में जनसाधारण की भाषा में पीला हाउस भी कहा गया। इसमें द्वितीय विश्व युद्ध के समय से नाचने–गाने वालियाँ रहने लगी थीं। प्रसिद्ध गायिका मुबारक बेगम यहीं की देन थीं। (प्रसिद्ध गीत : *कभी तन्हाइयों में हमारी याद आयेगी, वो ना आयेंगे पलट कर, उन्हें लाख हम बुलाये'*, देवदास) बाद में इसी इलाक़े में मधुमक्खी के छत्तों की तरह बहुत सारे सिनेमाघर बनाये गये। ये सिनेमाघर पहले कभी थियेटर होते थे और इनमें पारसी थियेटर के नाटक दिखाये जाते थे। सन् 1940 में मुम्बई के सम्भ्रान्त नागरिकों की ओर से तत्कालीन गर्वनर को एक सामूहिक प्रार्थना पत्र दिया गया था कि मुम्बईवासियों के लिए एक थियेटर की व्यवस्था होनी चाहिए। सन् 1846 में ग्रांट रोड थियेटर की स्थापना हुई फिर उसके लगभग पचास वर्षों बाद सन् 1895 में ग्रांट रोड के पास प्ले हाउस एरिया को इस कार्य के लिए रेखांकित किया गया। इस एरिया में कई थियेटर खुले जैसे अल्फ्रेड, न्यू रौशन, एलफिंस्टन, मदन थियेटर्स, निशात, जो पहले कोरोनेशन के नाम से जाना गया, रॉयल तथा सिल्वर।[38]

इन सब में पहले पारसी थियेटर चलते थे जिनमें उत्तर भारतीय शास्त्रीय संगीत पर आधारित अर्द्धशास्त्रीय संगीत जैसे गीत, ग़ज़ल, भजन, क़व्वाली, दादरा से लेकर शास्त्रीय बन्दिशें और ध्रुपद तक गूँजते थे। किसी भी लोकप्रिय, जनप्रिय तथा नयी चीज़ को गुणी लोग हमेशा स्तरहीन बताते रहे हैं। पारसी थियेटर को भी उस समय मनोरंजन के निम्न स्तर से लेकर अश्लील तक कहा जाता था। शायद लोकप्रिय मनोरंजन की यही नियति है।

फ़िल्मों का प्रारम्भिक प्रदर्शन

1913 में 'राजा हरिश्चन्द्र' फ़िल्म के प्रदर्शन के बाद फ़िल्मों की बाढ़–सी आ गयी, जिनमें भक्त विदुर, भक्त सुदामा, भक्त प्रहलाद और 'भारत रमणी' जैसी फ़िल्में थीं तो सती अनुसूया, सती मदालसा, सती सावित्री और सती तुलसीवृन्दा जैसी फ़िल्में भी थीं। बालाजी पर फ़िल्में थीं तो ज्ञानेश्वर पर भी। कृष्ण अवतार, कृष्ण जन्म, कृष्ण लीला, कृष्ण माया तथा कृष्ण–सत्यभामा जैसे विषय भी थे। रामायण, राम–रावण युद्ध तथा श्रीराम जन्म और राजा हरिश्चन्द्र तो तीन बार बनी। वीर केसरी, वीर कुणाल, वीर राजपूत, वीर अभिमन्यु तथा दुर्गादास भी। कहने को, इन्हीं के साथ 'द डासिंग गर्ल', 'वैडिंग नाइट' और 'वेजेज़ ऑफ़ सिन' जैसी फ़िल्में भी आयीं। किन्तु इस काल की 1279 फ़िल्मों में से कुछ एक फ़िल्में ही यदि निम्न स्तर की थीं भी तो क्या अच्छी फ़िल्में बनाने वाले फ़िल्मकारों की निष्ठा को नकार दिया जाये? किन्तु फ़िल्मों की नियति सदैव यही रही कि उन पर निम्न स्तर या अश्लीलता का ठप्पा लगा दिया गया। आर्यसमाज तथा कुछ पुरातनपन्थी गुट इस नयी विधा की लोकप्रियता को सह नहीं सके। इसीलिए फ़िल्मों के शुरू होते ही उनका विरोध भी शुरू हो गया जो कि एक ऐसी लहर को रोकने के समान था जिसे दो–चार हाथों से नहीं रोका जा सकता था। बहरहाल, धीरेन्द्र गांगुली, हिमांशु रॉय, जे.जे. मदन, दादा साहब फालके, होमी मास्टर, चन्दूलाल शाह, बाबूराव पेंटर, व्ही.शान्ताराम, धीरुभाई देसाई, ए. आर. कारदार तथा देवकी बोस जैसे फ़िल्मकार ताने सहकर भी अपना काम करते रहे और देवकी बोस की 'लाइट ऑफ़ एशिया' जैसी अन्तरराष्ट्रीय ख्यातिप्राप्त फ़िल्म इसी अवधि में बनी। याद रहे कि सन् 1913 से लेकर सन् 1931 तक का ज़माना मूक फ़िल्मों का ज़माना था। तब तक फ़िल्मों को वाणी नहीं मिली थी। निशब्द होने की नीरसता को भंग करने के लिए तथा दृश्यों को जीवन्त करने के लिए, उस समय भी, तत्कालीन फ़िल्मकारों को संगीत के महत्त्व का आभास हो गया था। अतः संगीत के प्रयोग की योजना बनायी गयी।[39]

मूक फ़िल्मों में संगीत का प्रारम्भ तथा उसमें शास्त्रीय संगीत का महत्त्व

प्रारम्भ में जब सिनेमाहॉल में मूक फ़िल्में दिखाई जातीं तो दर्शक परेशान हो जाते। उन्हें थियेटर में नाटक के साथ संगीत सुनने की आदत थी। लम्बे समय तक भला चुप कौन रह सकता था तथा चुप्पी सह भी कैसे सकता था! यह सन् 1920 के दशक की बात है। सिनेमा मालिकों को थियेटर के साथ प्रतियोगिता करनी थी। उन्होंने मूक फ़िल्मों से संगीत को जोड़ते का ज़रिया ढूँढ़ निकाला। उन्होंने परदे के आगे दो वाद्यकार बिठाकर मूक दृश्यों को संगीत से भरने की शुरुआत की। किन्तु प्रथम दर्जे के महान संगीतकार जो थियेटरों में अपनी कला के प्रदर्शन के लिए जाते थे और वहाँ मिलने वाली गुणग्राहकता को भी समझते थे, उन्हें उस्ताद और पण्डित होने के कारण फ़िल्मों में गाना–बजाना बड़ा घटिया स्तर का लगता था। कुछ नौसिखिये पैसा कमाने के लिए आ जाते थे। तबला और हारमोनियम मुख्य वाद्य थे। विख्यात तबलावादक पं. सामता प्रसाद जो गुदई महाराज के नाम से भी जाने जाते हैं, उन्होंने एक बार बताया था कि उनके गुरु बनारस के एक सिनेमाहॉल में तबला बजाने के लिए हर रोज़ आठ आने पाते थे। बाद में दृश्य की माँग के अनुसार आर्केस्ट्रा बढ़ता गया, यहाँ तक कि पर्दे पर मुजरे अथवा गीत के दृश्य के लिए गायकी भी होती रही। शायद परोक्ष रूप से इसी विधि ने पार्श्वगायन की विधा को जन्म दिया होगा।

यहाँ इस बात का ज़िक्र करना अनुचित न होगा कि 'चार्ली चैपलिन' तथा 'लॉरेल एंड हार्डी' जैसे चरित्रों की अन्तरराष्ट्रीय फ़िल्में पहले मूक ही थीं। बाद में और अधिक प्रभावशाली बनाने के लिए इन्हें पार्श्वसंगीत से सजाया गया। भारत में मूक फ़िल्मों को लेकर ऐसा कोई प्रयास तो नहीं किया गया किन्तु जैसा कि ऊपर कहा गया, फ़िल्मों के प्रदर्शन के समय ही यह तरीक़ा अपनाया जाता था। यह सारे ही वादक मूलतः पारसी थियेटर से होकर, फ़िल्मों के पर्दे के सामने आये थे क्योंकि अधिकतर पारसी थियेटरों के मालिक, निर्माता और निर्देशक ही फ़िल्मों के निर्माण से, उस समय जुड़े थे उदाहरणार्थ–मदन थियेटर्स, एलफिंस्टन, पाटकर, कोहिनूर, ओरिएंटल, स्टार, हिन्दुस्तान, मैजेस्टिक, एक्सेलसियर और इम्पीरियल आदि। इन्हीं लोगों ने अपने थियेटर भी बना रखे थे। इसीलिए इस संगीत पर प्रारम्भ में पारसी थियेटर का ही प्रभाव रहा।[40]

और गूँगा बोल पड़ा

सन् 1931 में 14 मार्च को ख़ान बहादुर अर्देशिर ईरानी साहब ने एक और नयी क्रान्ति का सूत्रपात किया। वह एक बोलती हुई फ़िल्म लेकर आये

जिसका टाइटिल था 'आलमआरा'। ज़ुबैदा और मास्टर विट्ठल इसके मुख्य कलाकार थे। "यूँ तो मूक फ़िल्में भी सन् 1934 तक बनती रहीं और उन्होंने सवाक् फ़िल्मों से अच्छी टक्कर ली किन्तु यह उनकी हारी हुई लड़ाई थी।"[41]

इतिहास गवाह है तथा यह एक शाश्वत सत्य भी है कि बाक़ी वही बचता है जिसकी आवश्यकता हो। इसलिए जो चला गया उसकी यादें तो मन में रखी जा सकती हैं, उसे समय के दस्तावेज़ के रूप में सहेजकर भी रखा जा सकता है किन्तु माँ के गर्भ से निकलकर विकसित होता हुआ शिशु, माँ के गर्भ में दोबारा नहीं लौट सकता; भले ही वह कोख कितनी भी सुखदायी तथा ऊष्मा से भरी हुई क्यों न हो! समय एक स्थान पर कभी खड़ा ही नहीं रह सकता और जो समय के साथ नहीं चल सकता वह पीछे रह ही जाता है। जब भी कोई संस्कृति अथवा परम्परा नष्ट होती है तो उसमें से कोई–न–कोई नयी संस्कृति अथवा परम्परा उपजती है जो पिछली वाली से कहीं अधिक विराट होती है। इसी नियम के अधीन फ़िल्मों का वाक् युग आया और मूक फ़िल्मों ने सन् 1934 में पूरी तरह दम तोड़ दिया। इसलिए अब सवाक् 'आलमआरा' के बारे में जानते हैं।

1931 का साल देश में बहुत बड़ी उथल--पुथल के साथ शुरू हुआ। साल के पहले हफ़्ते में ही तीन जनवरी को ख़िलाफ़त मूवमेंट के अगुआ मौलाना मोहम्मद अली नहीं रहे। छह फ़रवरी को पं. मोतीलाल नेहरू चल बसे। फिर आया राष्ट्रीय शोक का दिन 13 मार्च! इसी दिन लाहौर जेल में अंग्रेज़ों ने देश की आज़ादी के लिए क्रान्ति का बिगुल फूँकने वाले नौजवानो, भगतसिंह, राजगुरु और सुखदेव को फाँसी दी। इससे ठीक नौ दिन पहले देश की पहली सवाक् फ़िल्म 'आलमआरा' का प्रदर्शन हुआ। अवसान, अभाव एवं राष्ट्रीय क्षति के उस चक्के के बीच भी जब 'आलमआरा' दिखाई गयी तो पहला शो शुरू होने के पहले सड़कों पर 'जाम' और भयंकर शोर मचा हुआ था। हर कोई इस बोलते सिनेमा के अजूबे को देखना चाहता था। किन्तु इस पहले शो की समाप्ति के बाद शोर की आवाज़ें समूहगान में बदल गयीं। सिनेमाहॉल से बाहर आने वाले लोग गा रहे थे, ''दे दे.........देने की'' खुदा के नाम पे प्यारे गर ताक़त है देने की या फिर एक दूसरा गीत--

बदला दिलवायेगा या रब तू सितम गारों से,
तू मदद पर है तो क्या ख़ौफ़ ज़फ़ाकारों से।[42]

ध्यान देने योग्य बात है यह गीत उस समय के सामाजिक तथा राजनीतिक वातावरण में कितना उत्साहवर्धक रहा होगा। अस्तु, ये दो गीत हिन्दुस्तानी फ़िल्म संगीत के सबसे पहले वे गीत थे जिन्होंने देशभर में धूम मचायी और

आलमआरा की कामयाबी में सबसे महत्त्वपूर्ण भूमिका निभायी। दे दे *ख़ुदा के नाम पर* गाकर इस फ़िल्म के कलाकार वज़ीर मुहम्मद ख़ान हिन्दी सिनेमा के सबसे पहले गायक बने और फ़िल्म की नायिका मिस ज़ुबैदा पहली महिला गायिका बनीं। 'आलमआरा' के संगीतकार थे फ़िरोज़शाह मिस्त्री और बी. ईरानी। बाद में इस फ़िल्म का मास्टर प्रिंट एक आग के हवाले हो गया और आज ये गीत सुनने को भी उपलब्ध नहीं है।

विश्व के परिप्रेक्ष्य में यदि देखें तो 1927 में हॉलीवुड की महान फ़िल्म–निर्माण कम्पनी वार्नर ब्रदर्स द्वारा निर्मित 'द जैज़ सिंगर' को विश्व की पहली बोलती फ़िल्म माना गया। फ़िल्म तो प्रसिद्ध न हुई किन्तु एक ही वर्ष में फ़िल्म के हीरो अल जोल्सन द्वारा गाये गये गीत इतने प्रसिद्ध हो गये कि जो फ़िल्म अपने प्रथम प्रदर्शन में बिल्कुल भीड़ न जुटा सकी थी वही जब एक वर्ष बाद 1928 में न्यूयार्क में दुबारा प्रदर्शित की गयी तो टिकट खिड़की पर भीड़ खत्म ही नहीं होने पायी। इसका कारण था, एक वर्ष में अल जोल्सन द्वारा गाये गीतों का बेहद प्रसिद्ध हो जाना। तीन साल बाद सन् 1931 में 'आलमआरा' को प्रदर्शित करते समय अर्देशिर ईरानी के दिमाग़ में भी यही बात रही होगी कि संगीत का जादू फ़िल्म में होना अत्यन्त आवश्यक है। वैसे भी फ़िल्मों में गाने न हों, यह तो भारतीय परम्परा में हो ही नहीं सकता था। स्वाँग, रास, रामलीला, नौटंकी तथा पारसी थियेटर्स, ये सारी प्रदर्शन विधाएं अपने गानों के कारण ही प्रसिद्ध होती रही थीं। अतः इस नये आविष्कार के पहले ही दशक में हिन्दुस्तानी सिनेमा के दूरद्रष्टा निर्माताओं ने गीत–संगीत की ऐसी मज़बूत नींव डाली जिस पर आने वाले वर्षों में संसार का सबसे बड़ा फ़िल्म उद्योग खड़ा हो गया। सबसे ज़्यादा फ़िल्म निर्माण करने वाले इस देश की कामयाबी का राज़ भले ही हॉलीवुड की तरह जटिल कथानक तथा अछूती फ़िल्म तकनीकें न हों किन्तु प्रारम्भ से ही इसकी सफलता में गीत–संगीत ने सबसे महत्त्वपूर्ण भूमिका अदा की है। इसमें भी कोई सन्देह नहीं कि अन्य उपादानों के अतिरिक्त हॉलीवुड का भी हमारी फ़िल्मों तथा उनके गीतों पर विशेष प्रभाव रहा। आने वाले वर्षों में एकदम मामूली फ़िल्मों ने भी अपने संगीत के बल पर अभूतपूर्व व्यावसायिक सफलता प्राप्त की। उदाहरण के लिए, 1963 की फ़िल्म 'पारसमणि' तथा 1975 में बनी 'जय सन्तोषी माँ'। अस्तु, 'आलमआरा' के नायक मास्टर विट्ठल विनायक प्रसिद्ध नायिका नन्दा के पिता थे, खलनायक थे पृथ्वीराज कपूर, जिन्होंने पहली बोलती फ़िल्म से लेकर 1972 तक लगभग बयालीस साल फ़िल्मों में काम किया किन्तु 'आलमआरा' के नायक या खलनायक दोनों को

ही एक भी गाना गाने के लिए नहीं मिला क्योंकि ये दोनों गायक नहीं थे, यद्यपि फ़िल्म में सात गाने थे। कारण यह कि उस समय पार्श्वगायन की विधा विकसित नहीं हुई थी और अभिनय करने वाले कलाकारों को ही अपने गीत गाने पड़ते थे। बाद में तो इस बात का ध्यान रखा जाने लगा कि वही लोग नायक या नायिका के लिए चुने जायें जिन्हें गाना आता हो। फ़िल्मों में गायन का महत्त्व इसी से समझा जा सकता है।'

यहाँ यह भी उल्लेखनीय है कि इम्पीरियल मूवीटोन के अर्देशिर ईरानी से पहले ही मदन थियेटर्स के मालिक जमशेद जी मदान बोलती फ़िल्म बनाने की तैयारियों में जुट गये थे। मदन थियेटर्स का ज़िक्र हम पहले भी कर चुके हैं। सम्भ्रान्त लोगों में इसे 'मैडन', या 'मदान' थियेटर्स के नाम से भी जाना जाता था। इसके मालिक जमशेद जी मदान, हालाँकि पारसी थे, किन्तु सुविधा के लिए आम दर्शकों ने इसे मदन थियेटर्स ही पुकारना प्रारम्भ किया। जैसा कि हमने पहले भी कहा कि उस समय हिन्दी थियेटर को भी पारसी थियेटर के नाम से इसलिए पुकारा जाता था क्योंकि उन थियेटरों के मालिक धनवान पारसी ही हुआ करते थे। पारसियों का थियेटर प्रेम तथा उसमें भी हास्य अभिनय की परम्परा प्रारम्भ से ही चली आयी है। इसलिए बाद में भी रंगमंच और फ़िल्मों में भी बहुत से प्रसिद्ध पारसी अभिनेता, निर्माता और निर्देशक रहे जैसे होमी वाडिया, पीलू वाडिया, पर्ल पद्मसी, सोहराब मोदी, महताब तथा हाल ही के प्रसिद्ध चरित्र अभिनेता बोमन ईरानी। इनके अतिरिक्त दो बहनों डेज़ी और हनी ईरानी का हिन्दी फ़िल्मों में महत्त्वपूर्ण योगदान तो सब जानते ही हैं। यही नहीं ये लोग शास्त्रीय गायक, वादक तथा संगीत निर्देशक भी रहे हैं, उदाहरणार्थ, पं. फ़िरोज़ दस्तूर (शास्त्रीय गायक), सरस्वती देवी (फ़िल्मों की पहली महिला संगीत निर्देशक) तथा ज़रीन दारूवाला (प्रसिद्ध शास्त्रीय सरोदवादिका) जिन्होंने फ़िल्मों के क्षेत्र में अभूतपूर्व योगदान किया। अस्तु, हम मदन थियेटर्स के बारे में ही आगे बढ़ते हैं।

फ़िल्म 'आलमआरा' की रिलीज़ से लगभग एक महीने पहले मदन थियेटर्स ने मुम्बई के एम्पायर थियेटर में 'चूँ चूँ का मुरब्बा' नाम का एक लघु चित्र रिलीज़ किया। यह नाच–गानों और नौटंकी का मिला–जुला प्रदर्शन था। अतः एक तरह से यह भी कहा जा सकता है कि फ़िल्मों में नाच के साथ गाने तो आलमआरा से भी पहले आ गये थे। हिन्दी फ़िल्मों ने देश में दूसरी भाषाओं की भी अगुवाई की। 1931 में ही बंगाली तथा दक्षिण भारतीय भाषाओं में भी बोलती फ़िल्में बननी प्रारम्भ हो गयीं, 1931 में कुल 24 बोलती फ़िल्में बनी और रिलीज़ हुई। लगभग सभी ने अच्छा व्यवसाय भी किया।

इन सभी भाषाई फ़िल्मों की विशेषता थी, इनके गीत। हिन्दी की 'लैला मजनूँ' में 24, 'सत्यवादी राजा हरिश्चन्द्र' में 27 तथा 'शीरीं फ़रहाद' में 18 गीत थे।

अगले ही साल अर्थात 1932 में एक ही फ़िल्म में गीतों की गिनती अविश्वसनीयता तक पहुँच गयी। 'मुफ़लिस आशिक़' में बहुत से गाने थे किन्तु अभी तक का न टूटने वाला रिकॉर्ड बनाया मदन थियेटर्स कलकत्ता की ही फ़िल्म, 'इन्दरसभा' ने जिसमें 71 गीत थे। ये सभी गीत शास्त्रीय संगीत, महफ़िल गायकी अथवा अर्धशास्त्रीय संगीत के ही उदाहरण थे क्योंकि 'इन्दर सभा' नवाब वाजिद अली शाह के ज़माने में लिखा गया एक नाटक था जिसमें वाजिद अली शाह स्वयं अभिनय करते थे तथा सब्ज़, लाल, नीली और पीली परियों के रूप में नृत्यांगनाएँ जो अपने नाच–गाने से 'इन्दर सभा' सजाती थीं।'[55] आग का शिकार हो जाने से आज ये फ़िल्में पुणे के राष्ट्रीय फ़िल्म अभिलेखागार में भी नहीं हैं। वैसे इन फ़िल्मों में इतने सारे गीत होने का कारण हमारे हिन्दू समाज की वही उत्सवधर्मिता है जिसके बारे में सुश्री लता मंगेशकर ने अपने एक साक्षात्कार में कहा है : "संगीत मेरी ज़िन्दगी का एक अहम हिस्सा है...हम भारतीयों के जीवन में सुबह से लेकर शाम तक आठों पहर किसी–न–किसी रूप में संगीत ही होता है। सुबह–सुबह मुँह अँधेरे चक्की की घुरघुर पर गीत गाती गाँव की पीसनहारी, पनघट पर पनिहारिन, खेत में काम करते किसान, बोझा ढोते मज़दूर, नाव खेते माँझी, बच्चे को लोरी सुनाती माँ, शादी–ब्याह, तीज–त्यौहार, मन्दिर में गूँजते भजन के स्वर, सब में संगीत ही तो समाया हुआ है।

अभी तक हमने देखा कि हिन्दी फ़िल्मों पर मूलतः पाँच घटकों का प्रभाव रहा–

1. संसार के दो सबसे बड़े महाकाव्य–रामायण और महाभारत,
2. प्राचीन संस्कृत नाटक,
3. लोक रंगमंच,
4. उन्नीसवीं शताब्दी का पारसी थियेटर,
5. हॉलीवुड।

1. रामायण और महाभारत

ये दो शास्त्रीय महाकाव्य, भारतीय कविता, नाटक, कला तथा मूर्तिकला के हृदय समान हैं। इन्होंने भारतीय समाज के जनसाधारण के विचार, कल्पना, दृष्टिकोण तथा भावनाओं को मूल रूप से प्रभावित किया है इसलिए जनमानस की आत्मा को जगाने, उन्हें इन महाकाव्यों से प्रेरित करने का काम कलाकारों ने प्रारम्भ से ही बारम्बार किया। इस अद्भुत भारतीय पहचान ने ही भारतीय

सिनेमा के विकास को भी प्रभावित किया है। इस प्रभाव को चार तरीक़ों से आँका जा सकता है–1. फ़िल्मों का विषय (Theme), 2. कथन (Narrative) 3. आदर्श (Ideology), तथा 4. अभिव्यक्ति (Communication)।

फ़िल्मों के प्रारम्भ से लेकर आज तक इन महाकाव्यों ने फ़िल्मकारों को कथानक (plot) और विषय (theme) दिये हैं। सबसे पहली भारतीय फ़िल्म 'राजा हरिश्चन्द्र' (1913) रामायण पर ही आधारित थी और तब से रामायण तथा महाभारत पर आधारित अनेकों कथानक और विषय प्रस्तुत किये जा चुके हैं। नाम, समय और स्थान भले ही बदले हों, पात्र इन्हीं महाकाव्यों के अनुरूप रहते आये हैं। दूसरी ओर श्रवण कुमार जैसी मातृभक्ति, भीष्म जैसी पितृभक्ति, कर्ण जैसा उपेक्षित बेटा आदि पात्र फ़िल्मों में भरपूर मिल जायेंगे जैसे कि 'मदर इंडिया' (1957) 'आवारा' (1951) और 'सौतेला भाई (1962)।'[43]

विषयों के निर्वहन के समय हमारी फ़िल्मों में कोई बात सीधे–सीधे नहीं कहीं जाती। उनमें क्षेपक की तरह और बहुत से पात्र होते हैं और उन सबकी अपनी–अपनी रामकहानी भी, यह भी इन महाकाव्यों का ही प्रभाव है। बहरहाल, इन महाकाव्यों की गीतात्मकता और काव्यात्मकता ही बाद में फ़िल्मों का प्राण बनी तथा तरह–तरह के गीत और काव्य की स्थितियाँ फ़िल्मों में आती ही रहीं।

2. संस्कृत नाटक

भारत के संस्कृत नाटक को भारतीय संस्कृति की सबसे बहुमूल्य, परिष्कृत तथा गरिमापूर्ण अभिव्यक्ति कह सकते हैं। संस्कृत नाटक चमकीली वेशभूषाओं, चकाचौंध कर देने वाले दृश्यों तथा चमत्कृत कर देने वाले नृत्यों से सजी नाटिकाओं जैसे होते थे। इनमें परम्परागत नाटकीय अभिव्यक्ति होती थी जो गीत, संगीत और नृत्य द्वारा ही व्यक्त की जाती थी। इसलिए कोई आश्चर्य नहीं कि फ़िल्म निर्माता सदा ही शास्त्रीय नृत्य, गायन और वादन से बँधे रहे। पौराणिक फ़िल्मों के स्थान पर आधुनिक परिवेश की फ़िल्में ही क्यों न हों, उनमें भी संस्कृत नृत्य नाटिका के नाम पर शास्त्रीयता पर आधारित गीत और नृत्य होते ही रहे हैं। जैसे–मोहन सहगल की फ़िल्म 'नयी दिल्ली' और उसमें भरतनाट्यम तथा कथक पर आधारित राधा–कृष्ण नृत्य की प्रस्तुति, जिसमें निम्नलिखित गीत पर प्रयोग किया गया था–

मुरली बैरन भई
ओ कन्हैया तोरी मुरली बैरन भई (मिश्र पीलू)

इस गीत के संगीत निर्देशक शंकर–जयकिशन थे जिन्होंने भरतनाट्यम के ठीक बीच में से उत्तर भारतीय राग पीलू पर आधारित यह गीत प्रारम्भ किया।

नृत्य का आधार भी भरतनाट्यम से कथक हो गया, गायन शैली भी बदल गयी किन्तु आश्चर्य यह है कि ताल दक्षिण की ही रही तथा वाद्य संगीत भी दक्षिणी पद्धति का ही रहा। गीत की समाप्ति पर फिर से सहजतापूर्वक भरतनाट्यम प्रारम्भ हो गया।

राष्ट्रीय एकता का इससे सुन्दर उदाहरण और क्या होगा! ऐसे अनेक प्रयोग हिन्दी में बार–बार होते रहे हैं।

3. लोक रंगमंच

उत्तर प्रदेश की रासलीला, रामलीला, स्वाँग तथा नौटंकी आदि सभी गीत, संगीत और नृत्य से परिपूर्ण हैं, इनमें शास्त्रीय संगीत का समावेश भी है। फलतः फ़िल्मों पर भी यह प्रभाव पड़ता ही।

फ़िल्मों में ऐसे गीतों की भरमार है जो सीधे–सीधे लोकमंच से लिए गये हैं अथवा उससे प्रभावित हैं। शास्त्रीय संगीत का प्रयोग जो इन गीतों में प्रचुरता से होता था वही इन विधाओं से छन कर फ़िल्मों में भी आ गया। अतः फ़िल्मों के गीत इनके रंग में भी रंगे जैसे 'मुझे जीने दो' फ़िल्म के दो गीत–*मोको पीहर में मत छेड़े बालम धर ले धीर जिगरिया में,* तथा *नदी–नारे न जाओ श्याम पइयाँ पड़ूँ* या कि फ़िल्म 'मधुमती' का गीत–ओ दैया रे दैया, चढ़ गयो पापी बिछुआ।

लोक भी कहा जाता है कि आगे जाकर शास्त्र का ही रूप ले लेता है यथा, लोक से ही कई दादरा, ठुमरी और अन्य बन्दिशें बनी हैं जैसे–*लट उलझी सुलझा जा रे बालम* या *बता दे कोई कौन गली गये श्याम*। इस प्रकार लोक से शास्त्र, शास्त्र से लोकप्रिय और लोकप्रिय से लोक...काल चक्र का यही शाश्वत सत्य है!

4. पारसी थियेटर

पारसी थियेटर उन्नीसवीं शताब्दी में प्रारम्भ हुआ। पारसी लोग साधारणः धनवान, गुणवान तथा बहुरंगी होते हैं, इसका एक कारण तो यह भी हो सकता है कि भारत की भूमि में उनकी अपनी सांस्कृतिक परम्परा की कोई गहरी जड़ें नहीं हैं इसलिए उन्होंने हिन्दुस्तानी तथा गुजराती में नाटक अपनाये। उन्नीसवी शताब्दी में ऐसे पारसी हुए जिन्होंने प्रतिभाशाली नाटककार तथा कुशल टेक्नीशियनों की तरह बहुत नाम कमाया। इन्होंने उत्तर तथा दक्षिण के नाटकों में अपनी ख़ूब धाक जमायी। उस समय बहुत सारी पारसी थियेटर कम्पनियाँ थीं जो पूरे देश के चक्कर लगा–लगाकर नाटक करती थीं और उन्हें ख़ूब सराहा जाता था। उनमें से कई कम्पनियाँ जैसे 'एलफिंस्टन ड्रामेटिक कम्पनी'

पड़ोस के देशों में जाकर भी शो करती थी और वाहवाही लूटती थी। ये लोग पूरी तरह से व्यावसायिक लोग थे जिन्हें ऐतिहासिक और सामाजिक विषयों पर महारथ हासिल थी। इनमें बाक़ी चीज़ों के अलावा संगीत भी होता था, यह हम पहले भी कह चुके हैं। सम्भ्रान्त वर्ग के लोग इनके लिए छिछला, अभद्र, अतिनाटकीय, कामुक तथा घटिया जैसे विशेषण इस्तेमाल करते थे क्योंकि पारसी थियेटर मनोरंजन का भारतीय तथा पाश्चात्य तरीक़ा अपनाता था, जिससे वह सस्ते से सस्ता टिकट ख़रीदने वाले निम्नतर आदमी की समझ में भी आ सके। फ़िल्मों ने अपने स्वरूप के लिए अधिकतम मसाला इन्हीं पारसी थियेटर्स से लिया क्योंकि उन्हें भी आगे की सीटों पर बैठने वाले, निम्न दर का टिकट ख़रीदने वाले, ग़रीब से ग़रीब इन्सान को भी बार–बार टिकट खिड़की पर बुलाना था। इस प्रकार यदि लोक रंगमंच ने गाँव के लोगों की शब्दावली और अभिव्यक्ति हिन्दी फ़िल्मों को दी तो पारसी थियेटर ने शहरी दर्शकों के लिए पाश्चात्य रंग में, पाश्चात्य रंग से सजा मनोरंजन और मौज–मस्ती के तरीक़े दिये। यह एक पारसी सोहराब मोदी ही थे, जिन्होंने 1953 में 'झाँसी की रानी' फ़िल्म बनायी जो इस देश की सबसे पहली 'टेक्निकलर फ़िल्म' थी। यदि सूक्ष्मता से विश्लेषण किया जाये तो पारसी नाटक तथा हिन्दी लोकप्रिय फ़िल्मों में विषयवस्तु, कथासंवहन, मनोभावों का उत्सर्जन, शैली तथा प्रस्तुति में एक आश्चर्यजनक साम्य मिलेगा।

इसीलिए पारसी परम्परा का गीत–संगीत भी शास्त्रीयता के पुट के साथ भारतीय फ़िल्मों का अंग बना। इसमें शास्त्रीय, उपशास्त्रीय, अर्धशास्त्रीय यथा, ध्रुपद, ख़्याल से लेकर, ठुमरी, दादरा, ग़ज़ल, भजन तथा नग़्मे सभी शामिल थे। एक बानगी–*उड़ गया सुअना, पिंजरा ख़ाली* अथवा *शम्भो महादेव, शंकर त्रैलोचन वामदेव* (ध्रुपद)

5. हॉलीवुड

सारे विश्व में Hollywood Musicals मशहूर हैं। ये सारी की सारी फ़िल्में नृत्य, गीत, नाटकों (Ballet) की तरह होती थीं। संवाद भी गीतात्मक होते थे, जैसे 'माइ फेयर लेडी' तथा 'साउंड ऑफ़ म्यूज़िक'। भारतीय सिनेमा उनसे ख़ूब प्रभावित हुआ। भारतीय सिनेमा ने पूरी की पूरी फ़िल्में तो गीतात्मक नहीं कीं किन्तु गीत, नृत्य और चमत्कारों के ज़रिये फंतासी का भरपूर प्रदर्शन किया। इस तरह हॉलीवुड से इन्होंने गीत और नृत्य लिए तो सही किन्तु अपनी फ़िल्मों को नौटंकी बनने से रोक दिया। वैसे कुछ फ़िल्में सम्पूर्णतया गीति नाट्य की तरह भी थीं जैसे चेतन आनन्द की 'हीर–राँझा' (1970)।

सन्दर्भ सूची

1. ठाकुर रवीन्द्रनाथ *संगीत चिन्तन* वाणी प्रकाशन, नयी दिल्ली, 1988, कवर फ़्लैप से।
2. वसन्त, *संगीत विशारद* संगीत कार्यालय, हाथरस (उ. प्र.) 1998, पृ. 559
3. वही, पृ. 33
4. वही, पृ. 33
5. वसन्त, *संगीत विशारद* संगीत कार्यालय, हाथरस (उ. प्र.) 1998, पृ. 560
6. वही।
7. शर्मा, आचार्य श्रीराम, *सामवेद संहिता,* ब्रह्मावर्चस् शान्तिकुंज, हरिद्वार, 1993, पृ. 7
8. वही।
9. जोशी, उमेश, *भारतीय संगीत का इतिहास* मानसरोवर प्रकाशन प्रतिष्ठान, फ़िरोज़ाबाद, 1998, पृ. 6
10. वही, पृ. 23–24
11. वही।
12. देवाँगन, तुलसीराम, *भारतीय संगीत शास्त्र* मध्यप्रदेश हिन्दी ग्रन्थ अकादमी, भोपाल, 1997, पृ. 48
13. वही, पृ. 49
14. वही, पृ. 50
15. वही, पृ. 59–66
16. वही, पृ. 66–67
17. वही, पृ. 69
18. वही, पृ. 70
19. वही।
20. वही, पृ. 72
21. वही, पृ. 79–81
22. तिवारी, भोलानाथ, *अमीर खुसरो,* प्रभात प्रकाशन, दिल्ली, 2004, पृ. 10–53
23. ठाकुर, रवीन्द्रनाथ, *संगीत चिन्तन* वाणी प्रकाशन, नयी दिल्ली, 1998, पृ. 17, 18
24. वही, पृ. 18, 19
25. वही, पृ. 19
26. वही, पृ. 21, 22
27. कश्मीरी, आग़ा हश्र, *यहूदी की लड़की,* अल्फ्रेड प. हा., मुम्बई, 1953, पृ. 74
28. शर्मा, पं. राधेश्याम *राधेश्याम रामायण,* श्री राधेश्याम पुस्तकालय, बरेली सुन्दर काण्ड, पृ. 23
29. प्रसाद, जयशंकर, *चन्द्रगुप्त,* लोकभारती प्रकाशन, इलाहाबाद, 2000 पृ. 72
30. Anand, Mulkraj, Article : Performing Arts, *At The Turn of The Century*, Cinema Vision India, Mumbai, January 1980, pp. 9-11

31. हरिश्चन्द्र, भारतेन्दु 'अँधेर नगरी' रवि पाकेट बुक्स, मेरठ, 2004, पृ. 47–48
32. Anand, Mulkraj, Article : Performing Arts, *At the Turn of The Century*, Cinema Vision India, Mumbai, January 1980, p. 11
33. Gokulsingh. K. Moti and Wimal Dissanayake, Indian Popular Cinema "Orient Longman, New Delhi, 1998, p. 7
34. ibid, p.11
35. ibid, p.12
36. Amaladi Parag R. *Birth of Film Industry*, Cinema Vision India, Mumbai, January 1980, pp. 16-20
37. As Above.
38. Joseph, Anjali, *Of Dargahs Drama and Action Fluks*, Times of India, 19 April 2005 Mumbai, p. 6
39. Ojha, Rajendra, *80 Glorious years of Indian Cinema,* Screen World Publication,Mumbai, 1995, pp. 3-61
40. Dharap, B.V., *Some Important film Makers of the Silent Era*, Cinema Vision India, Mumbai, Jan. 1980
41. Ojha, Rajendra, *80 Glorious Years of Indian Cinema*, Screen World Publication, Mumbai 1995, p.71
42. केसवानी, राजकुमार, *संगीत का सफ़र (1931–40)*, कथाचित्र, याह्यागंज लखनऊ, जनवरी–मार्च, 2003, पृ. 165
43. Gokulsingh, K. Moti and Wimal Dissanayake, Indian Popular Cinema, Orient Longman, New Delhi, 1998, p. 17

अध्याय–2

हिन्दी फ़िल्म संगीत : संरचना तथा घटक

इस पुस्तक के प्रारम्भ में ही रवीन्द्रनाथ टैगोर की इस उक्ति का सहारा लिया गया था कि, ''सांगीतिक चरक संहिता के मत से उसे ही संगीत कहा जाता है, जिससे गीत–रस मिले।''[1] जीवन का कोई भी अवसर ऐसा नहीं है (मृत्यु समेत) जिसके अनुकूल हमारे देश में गीत न हों। फ़िल्मों के गीत भी हमारे जीवन से ही, जीवन के द्वारा, जीवन के ही लिए, एक–एक कर आते रहे हैं। साहित्य और शास्त्रीय संगीत के सांस्कृतिक–सामाजिक संगम से जो फ़िल्म संगीत उत्पन्न होता है वही 'संगीत का सौन्दर्य–बोध' है जिसके बारे में डॉ. उमा गर्ग ने अपनी इसी नाम की पुस्तक में बहुत ही सटीक लिखा है, ''कलात्मक सौन्दर्य–बोध का सम्बन्ध जीवन और समाज से होता है। सामाजिक प्राणी होने के नाते कलाकार, जाने–अनजाने, तमाम सामग्री, समाज से जुटाता है। जैसा समाज होगा, कला भी कम–ज़्यादा वैसी ही होगी। युग की उपलब्धियाँ और सीमाएँ दोनों ही कला में उभरती हैं। हमारा हिन्दी फ़िल्म संगीत क्योंकि एक और कथानक यानी (साहित्य से और दूसरी) ओर दृश्य से जुड़ा रहा है इसलिए उसमें जितनी तेज़ी से सौन्दर्यबोधात्मक परिवर्तन आये वैसे भारतीय संगीत के समूचे इतिहास में दिखाई नहीं देते। हिन्दी फ़िल्म गीतों की विकास यात्रा इसकी साक्षी है। आज का फ़िल्म संगीत हमारे समाज की वास्तविक स्थितियों का ही परिणाम है।''[2]

अमूर्त (Abstract) संगीत को मूर्त (Formal) करके उसे लोकप्रिय बनाने की प्रक्रिया का ही एक रूप है, 'फ़िल्म संगीत', जिसे इस प्रदर्शन कला के मर्मज्ञ पं. भास्कर चन्दावरकर के अनुसार 'व्यावहारिक संगीत' (Applied Music) भी कहते हैं क्योंकि इस संगीत की आवश्यकता फ़िल्म के विषय, दृश्य, पात्र तथा चरित्र की माँग के अनुसार पड़ती है साथ ही इसे सामान्य दर्शक की समझ के अनुसार सरस तथा बोधगम्य भी होना चाहिए। इस संगीत में शास्त्रीय संगीत की भाँति गायक अथवा वादक के अनुसार गायन, बहर, आलाप, तान,

जोड़ तथा झाले में समय की छूट नहीं दी जा सकती। बँधे–टँके समयानुसार, निश्चित बहर में, धुन के अनुसार गाना भी होता है तथा गायन की बारीकियों को भी दिखाना होता है, इसीलिए फ़िल्म गायन की आवाज़ों को एक विशेष अनुशासन में ही अपने आप को तैयार करना पड़ता है।

ये सारी बातें प्रारम्भिक निर्माता, निर्देशक, गीतकार, गायक तथा विशेष रूप से संगीतकारों के सतत शोध, प्रयास तथा निरन्तर विकास की धारा में प्रवहमान रहने के कारण ही सम्भव हो पायीं। कैसे होती है इस संगीत की संरचना तथा कौन–कौन से हैं इसके घटक, अब इन्हीं का ब्योरेवार वर्णन किया जायेगा।

फ़िल्म-गीत की संरचना

फ़िल्म–गीतों के बारे में सुश्री लता मंगेशकर से अधिक और कौन जान सकता है! उन्होंने लगभग इसकी परिभाषा देते हुए कहा है, "फ़िल्मी संगीत में एक तो समय बहुत थोड़ा होता है, दूसरे फ़िल्म की सिचुएशन (स्थिति), कौन कैरेक्टर (चरित्र) गा रहा है, उस वक़्त फ़िल्म में उसकी क्या हालत है ये सब हमको दिया जाता है और देखा जाता है; क्योंकि जब हम गाना गाते हैं तो उस कैरेक्टर को सामने रखकर ही हमें गाना गाना पड़ता है।" यही कारण है कि फ़िल्म संगीत का फ़िल्मों में बहुआयामी महत्त्व है।

फ़िल्म के गीतों की संरचना में मुखड़ा जिसे स्थाई भी कहा जाता है, अतिरिक्त दो–तीन भाग और भी होते हैं जो अन्तरा कहलाते हैं। ये लगभग वैसे ही होते हैं जैसे हिन्दुस्तानी संगीत के स्थाई, अन्तरा, संचारी तथा आभोग इत्यादि अथवा कर्नाटक संगीत के पल्लवी, अनुपल्लवी तथा चरणम् इत्यादि। इनकी संरचना में फ़िल्म माध्यम की वे सीमाएँ भी ध्यान में रखी जाती हैं जिनके अनुसार फ़िल्म को छोटे–छोटे शॉट्स में फिल्माने के कारण गीत को भी ऐसी छोटी–छोटी पदावलियों में रखना पड़ता है जिससे शूटिंग में आसानी होती हो। फ़िल्म के गीत का काम केवल गायन ही नहीं, चरित्र के भाव एवं स्थिति को कथा की आवश्यकतानुसार आगे बढ़ाना होता है। अतः निर्देशक, संगीत निर्देशक, गीतकार और गायक सभी मिलकर यह ध्यान भी रखते हैं कि गीत, गायन से अधिक फ़िल्म के एक चरित्र की जगह पा ले। विदेशी फ़िल्मों में ऐसा नहीं होता है। वहाँ गीत कहानी को आगे नहीं बढ़ाते। इसलिए उनकी फ़िल्मों में 5, 7 अथवा 11 गीत होते भी नहीं किन्तु भारतीय फ़िल्मों में गीतों को कहीं बड़ी भूमिका अदा करनी होती है।[3]

हमारी फ़िल्मों में फ़िल्म के गीत को थोड़े से समय में बहुत सारी बातें कहनी होती हैं। उदाहरण के लिए–फ़िल्म 'छाया' में एक गीत

'इतना न मुझसे तू प्यार बढ़ा कि मैं एक बादल आवारा' अन्तरराष्ट्रीय ख्यातिप्राप्त संगीत शास्त्री मोज़ार्ट की 'जी माइनर' में चालीसवीं सिम्फनी पर आधारित है। हम में से कम ही लोग जानते होंगे कि मोज़ार्ट की ये सिम्फनी ही उत्तर भारतीय शास्त्रीय संगीत का 'राग–आसावरी' भी है। इस प्रकार यह गीत राग आसावरी में द्रुत लय का गीत भी कहा जा सकता है। मोज़ार्ट की सिम्फनी होते हुए भी इसमें भारतीय पारम्परिक संगीत के सभी लक्षण हैं जैसे यह 'सा' से जुड़ा हुआ भी है। सापेक्षता, लय, गति, ताल के अतिरिक्त भाषा के अनुसार यह एक हिन्दी गीत है। यह सुनने वालों के मनोरंजन के लिए भी है जिसमें कई अलंकार जैसे मींड, मुर्की, खटके आदि भी हैं और गीत के अन्तरे बार–बार इसे मुखड़े अथवा स्थाई पर वापस भी लाते हैं। ताल भी स्वतन्त्र रूप से स्वरों का साथ देती रहती है किन्तु इन सबके अतिरिक्त यह गीत फ़िल्म की कहानी की गति को भी आगे बढ़ाता है।[4]

नायक यदि नायिका से यह कहना चाहता है कि तुम मुझसे सम्बन्ध न बढ़ाओ, क्योंकि मैं तो बादल की तरह आज यहाँ, कल वहाँ तो जवाब में नायिका कहती है कि– *जनम–जनम से हूँ साथ तेरे, है नाम मेरा जल की धारा* अर्थात बादल जहाँ होगा जल की धारा तो वहाँ होगी ही। यही संगीत का सौन्दर्य–बोध है; साथ ही साहित्य और संगीत के संगम से नाटकीय स्थिति के निर्वहन में अपेक्षित सहयोग भी अर्थात नायक और नायिका के सम्बन्धों को समझने में यह गीत, दर्शकों के लिए अहम भूमिका भी निबाहता है।

अब हम हिन्दी फ़िल्म संगीत के क्रमिक विकास का अध्ययन करेंगे :

गायक आवाज़ों का वर्गीकरण

हिन्दी ही नहीं, किसी भी भारतीय भाषा के फ़िल्म संगीत में, गाने वाली आवाज़ के बारे में जब भी कोई टिप्पणी करता है तो निम्न प्रतिक्रियाएँ सामने आती हैं–

1. बेसुरी, फ्लैट (Flat) आवाज़
2. मीठी और सुरीली
3. भारी अथवा तीखी
4. कंपायमान (Vibrating)
5. आवाज़ में वज़न (Body)
6. बेहद पतली आवाज़ (धागे जैसी)
7. रेशम जैसी मुलायम
8. चिड़चिड़ी (खुरदरी), आदि–आदि...

'हो सकता है कि आवाज़ के ये गुण अथवा दुर्गुण किसी की आवाज़ में हू–ब–हू एक जैसे न पाये जायें किन्तु इनमें से एक अथवा कई गुण/

दुर्गुण किसी–किसी गायक के गायन का चरित्र बन जाते हैं। प्रयास करने पर गायक अथवा गायिका, जिसमें उदात्त संस्कार एवं भावनाएँ प्रस्फुटित होने लगती हैं, वह अपने आसपास के वातावरण, अन्य गायकों तथा ध्वनियों के अनुकूल प्रभाव की अनुभूति तथा व्यक्तिगत अनुभवों के आधार पर धीरे–धीरे अपनी आवाज़ को सुधारता जाता है तथा गायन में ऐसी अभिव्यक्ति आती जाती है जो श्रोताओं को अभिभूत कर सके। अपने आसपास के वातावरण के अनुभवों तथा उनके प्रभाव को, अपनी आवाज़ द्वारा, सबसे अलग प्रभाव डालने के लिए भी इस्तेमाल किया जा सकता है या फिर दूसरी सुनी हुई आवाज़ों की नक़ल करके औसत दर्जे का गायक भी कहलाया जा सकता है। वह गायक, जो किसी दूसरे की तरह ही गाना चाहता है, उसे अपना स्वर तथा स्वरशैली (Pitch & Tone) छोड़कर, वही सब कुछ अपनाना पड़ता है जो उस दूसरे गायक का है तथा ऐसा करना उसके लिए स्वाभाविक नहीं अपितु बनावटी होता है। इसलिए स्वयं की विकसित की गयी आवाज़ का एक अपना ही अस्तित्व होता है जिसमें प्राकृतिक तथा अर्जित (acquired) गुण होते हैं तथा वही आवाज़ें सफल भी होती हैं। लोकप्रिय माध्यम में ऐसी ही आवाज़ों का वर्चस्व होता है। फ़िल्म संगीत में शब्दों पर अधिक ज़ोर होता है। धुन का ऐसा भावनात्मक प्रभाव, जो शब्दों को अर्थ दे सके, उन्हें और मुखर कर सके, यही इस माध्यम की आवश्यकता होती है। दूसरे शब्दों में, यह शब्द और संगीत का सही तालमेल होता है जिससे श्रोता पर वांछित प्रभाव डाला जा सके। अतः यह हिन्दुस्तानी शास्त्रीय संगीत से एकदम उल्टा है जहाँ गायन की प्रतिभा, रियाज़ तथा शैली ही प्रधान होते हैं। हम सभी जानते हैं कि शास्त्रीय संगीत में विविध कारणों से शब्द इस तरह तोड़–मरोड़ दिया जाता है कि कभी–कभी अर्थ का अनर्थ ही हो जाता है जबकि लोकप्रिय संगीत शब्द को साथ लेकर चलता है। उसे अपने मधुर स्वरों से नये अर्थ प्रदान करता है। अतः लोकप्रिय (फ़िल्म) संगीत में मधुर आवाज़ ही सबसे बड़ी आवश्यकता होती है।[5]

प्रारम्भिक आवाज़ों का मूल्यांकन

पण्डित रघुनाथ सेठ के अनुसार, ''बीस से तीस के दशक का संगीत देखें तो इस समय शास्त्रीय संगीत ही प्रधान था जो महाराजाओं, नवाबों तथा धनाढ्य वर्ग तक ही सीमित था। दूसरे लोकप्रिय गाने, बैठकी संगीत की तरह स्वाभाविक स्वर में नहीं गाये जाते थे। उन्हें टीप की आवाज़ों में ही गाया जाता था तथा कोरस की आवश्यकता भी पड़ती थी, जैसे–क़व्वाली, कीर्तन, भजन,

लोकगीत तथा इतर सुगम संगीत इत्यादि। उस समय, क्योंकि, माइक्रोफ़ोन अथवा लाउडस्पीकर आसानी से उपलब्ध नहीं थे इसलिए श्रोताओं की भीड़ तक ऊँची तथा साफ़ आवाज़ में बोल पहुँचाने के कारण टीपदार आवाज़ें ही सफल हो पाती थीं। अपने शैशवकाल में, क्योंकि सिनेमा ने थियेटर की ही नक़ल की थी, इसलिए गाने की आवाज़ें भी थियेटरों से ही आयीं। थियेटरों में उस समय औरतों की भूमिका भी पुरुष ही करते थे जो कि सिनेमा माध्यम के अनुकूल न था। सिनेमा का माध्यम वास्तविकता के अति निकट (virtual reality) होने के कारण स्त्री पात्र के लिए स्त्री की ही आवश्यकता थी। उस समय भले घरानों की बहू–बेटियाँ इस ओर उन्मुख नहीं हो सकती थीं अतः जिन महिलाओं ने शुरुआती फ़िल्मों में गाया, वे अलग ही वर्ग से थीं। ये वही महिलाएँ थीं, जिनका पेशा ही गाने का था या वे जो कोठेवाली कहलाती थीं। ये स्त्रियाँ महफ़िलों, शादियों, पुत्रजन्म तथा मुण्डन आदि के समारोहों पर गाने–नाचने जाया करती थीं। उनकी शैली शास्त्रीय संगीत पर ही आधारित थी जो बाद में अर्धशास्त्रीय शैली के नाम से विख्यात हुई किन्तु ऐसी गायकी के बोल सस्ते, उत्तेजना जगाने वाले तथा कामुक हुआ करते थे क्योंकि धनिक वर्ग को रिझाना और उनकी जेब से पैसा ऐंठना ही उनका अभिप्राय होता था।"[5A] इसीलिए ऐसे बोलों की परम्परा प्रारम्भिक तथा बाद की फ़िल्मों में भी आ गयी जैसे *मोको पीहर में मत छेड़े बालम धर ले धीर जिगरिया में* (फ़िल्म : मुझे जीने दो)।

फिर भी इतिहास गवाह है कि हमारे यहाँ शृंगार के मामले में पहले से ही खुलापन रहा है। खजुराहो तथा कोणार्क की तर्ज पर शास्त्रीय गायन के बोल भी अधिकतर शृंगारिक ही रहे हैं। बहुत ही कम ऐसा हुआ है कि इस रीति को लाँधकर भक्ति अथवा किसी अन्य रस तक पहुँचे हों।

फ़िल्म संगीत के बोल बनाम शास्त्रीय संगीत की बन्दिशें

हम भले ही फ़िल्मों में अति शृंगारिकता और अश्लीलता की बात करें किन्तु यह भी सत्य है कि शास्त्रीय संगीत में ख़्याल, ठुमरी, दादरा आदि की बन्दिशें भी नायिका भेद ही बताती हुई–सी लगती हैं। किसी बन्दिश में पिया मिलन के रास्ते पर सास और ननद बैरन हो जाती हैं तो कहीं पायल बोल पड़ती है; कहीं बालम के बिना सेज अधूरी है तो कहीं जोबन। 19वीं सदी का सामन्तवादी वातावरण अपनी बहुत–सी कमियों के बावजूद ललित कलाओं, प्रमुखतः संगीत, नृत्य तथा चित्रकला को प्रश्रय देता था किन्तु इन सभी कलाओं के माध्यम से उन सभी श्रीमन्तों की वासनाएँ भी उभारी तथा तुष्ट की जाती थीं।

एक अध्ययन के अनुसार, "सत्ताधारी पुरुष दम्भी होता है। उसके अहम् को इससे बेहद तुष्टि मिलती है कि अनगनित महिलाएँ अथवा लड़कियाँ उस पर आसक्त हैं। इसलिए ख़्याल की बन्दिशों, ठुमरियों तथा दादरा इत्यादि के बोल, उन्हें रिझाने के लिए वैसे ही होते आये जिनको सुनकर राजा–महाराजा, ज़मींदार तथा नवाब आदि को यह भ्रम हो कि अमुक गायिका, गायन के माध्यम से अपनी श्रृंगारिकता को उनके समक्ष व्यक्त कर रही है। इसी से पिछली सदी के अधिकतम बोल श्रृंगारिक रहे और वह भी ऐसे एकपक्षीय जिनमें स्त्री पात्र की ही लालसा, इच्छा, चाह, विवशता तथा उलाहने आदि व्यक्त किये गये।"[6] प्रस्तुत हैं कुछ ऐसी ही बन्दिशें :

राग शुद्ध सारंग–

स्थाई– *माने न बलमा मोरा*
पकरत बइयाँ मोरी, ढीठ लंगरवा
करत मोसे बरजोरी

अन्तरा– *ऐसो नटखट मोरी एक न माने*
विनती करत हूँ, पइयाँ परत हूँ
बार–बार समझावत हारी

राग सोनी– मारवा

स्थाई– *सुन–सुन बतियाँ सगरी रतियाँ*
उचट जिया मोरा डरपावे

अन्तरा– *रहत अकेली थर–थर काँपे*
जियरा उन बिन लरजत मोरा
कासे कहूँ सगरो दुःख पावे

राग भोपाली–

स्थाई– *तुम हम संग जी न बोलो पिहरवा*
औरन सो नैन मिलावत हो
हमसे करो तुम रार

राग भैरव–

स्थाई– *बालमवा मोरे सइयाँ सदा रंगीले*

अन्तरा– *हूँ तो तुम बिन तरस गयी जी*
दरस कब दोगे बतावो तो
लैहौं बलइयाँ

राग छायानट–

स्थाई– *बार–बार कहि हारी तुमसों*
काहे न मानो हमरी बतियाँ

अन्तरा– जावो जावो तुम संग हम नहीं बोलें
यूँ ही गँवाई हमरी रतियाँ

राग मुलतानी–

स्थाई– रुनक झुनक मोरी पायल बाजे
बिछुआ छुम–छुम छननन साजे

अन्तरा– सेज चढ़त मोरी झाँझर हाले
सास ननद की लाज लागे

राग मधुवन्ती–

स्थाई– तुम संग प्रीत लगा मैं हारी
बलमा अनारी

अन्तरा– जाओ जी जाओ तुम हमसे न बोलो
तुम हो बड़े हरजाई

राग मध्यमादि सारंग–

स्थाई– पिहू पिहू बोले पपीहा बन में
पी से मिलन को उठत हूक मन में

अन्तरा– कवन जतन करूँ ऐ सखी मोरी
विरहा की आग लगत मोरे तन में

राग मधुकौंस–

स्थाई– ऐ सखी मोरे कैसे पिहरवा
परत नाही चैन मोरे जियरवा

अन्तरा– उन बिन मोहे नींद न आये
सगरी रैन गँवाई सँवरिया

राग पूरिया–

स्थाई– उन बिन कल ना परत मोहे आली
कब देखूँ मोरे मन है सुरतिया

अन्तरा– घड़ि घड़ि पल पल कछु न सुहावे
तरपत बीतत सगरी रतियाँ

खमाच (दादरा)–

स्थाई– सुध न लीनी जब से गये
नैनवा मिलाय के
नैनवा मिलाय के मोरा जियरा चुराय के

अन्तरा– तरपत हूँ रैनदिन, चैन नहीं उन बिन
अजब पिया बैठ गये सौतन घर जाय के

अल्हैया बिलावल–

स्थाई– *लट उलझी सुलझा जा रे बालम*
मोरे हाथ में मेहँदी लगी है
अपने हाथ छुड़ा जा रे बालम

अन्तरा– *माथे की बिन्दिया बिखर गयी है*
अपने हाथ लगा जा रे बालम

ऐसा कभी नहीं हुआ अथवा ऐसी कोई भी बन्दिश देखने को नहीं मिली जिसमें पुरुष किसी नारी के लिए बेचैन अथवा विवश हो। एक नारी होने के नाते, क्षमापूर्वक मैं अपने बड़ों से विचार करने के लिए, यह शिकायत दर्ज कराना चाहूँगी। तो इस प्रकार यही शृंगारिकता यदि शास्त्रीय गायन से होते हुए पहले थियेटर और बाद में फ़िल्मों में अपनायी गयी तो अश्लील क्यों मानी गयी? कदाचित इसीलिए कि इन रचनाओं को गाने वाली औरतें बाज़ारू थीं। मेरे विचार से संगीत के बारे में ऐसी सोच को बदलना चाहिए। कोई यहाँ का हो या वहाँ का, इसका हो या उसका, हल्का हो या भारी, इसने गाया हो या उसने; संगीत, संगीत है, तथा सच्चा स्वर, सच्चे बोल कहीं से भी आयें, किसी के भी गले से आयें, प्रभावित करते हैं! उल्लेखनीय है कि फ़िल्म संगीत ने यह भेदभाव नहीं रखा तथा जो भी आवाज़ें उस समय उपलब्ध थीं उन्हीं से प्रारम्भ करके, उन्हें तथा अन्य आने वाली आवाज़ों को फ़िल्मों के अनुकूल बनाया।

संगीत रिकॉर्डिंग का इतिहास

टीपदार आवाज़ों के प्रयोग का कारण मुख्यतः यही था कि तब तक महफ़िल अथवा बड़े मजमों की ही गायकी थी तथा माइक्रोफ़ोन अथवा ध्वन्याकन (recording) की व्यवस्था उपलब्ध नहीं थी। अतः दूर तक आवाज़ पहुँचाने के लिए टीपदार आवाज़ों का ही सहारा था। फ़िल्मों में भी एक ही माइक्रोफ़ोन होता था जिससे शूटिंग के साथ–साथ गानों की भी रिकॉर्डिंग होती थी, यद्यपि कुछ ग्रामोफ़ोन कम्पनियों के पास अपनी निजी ध्वन्यांकन की सुविधा थी। अतः फ़िल्में आने से पहले ही 1928–29 में 78RPM के रिकॉर्ड बाज़ार में आ गये थे। हर सम्पन्न घर में एक फ़ोनोग्राफ़ होना आवश्यक था।[8] 1930 आते–आते रिकॉर्डिंग स्टूडियो में गायकों तथा वाद्ययन्त्रों की आवाज़ों को नियन्त्रित करके यथोचित रूप से सन्तुलित (balance) किया जा सकता था किन्तु फ़िल्मों में तब तक न तो रिकॉर्डिंग स्टूडियो थे, न ध्वनि नियन्त्रक (acoustics) और न उनके इंजीनियर। उस समय की रिकॉर्डिंग तथा उससे

सम्बन्धित कठिनाइयों के बारे में स्वर्गीय नौशाद साहब का साक्षात्कार रिकॉर्ड किया था। नौशाद साहब के शब्द अक्षरशः उसी प्रकार दिये गये हैं :

"पहले डायरेक्ट रिकॉर्डिंग होती थी। डायरेक्ट से मतलब कि अगर हीरो या हीरोइन डायरेक्ट गाना गा रहे हैं तो साथ–साथ कैमरा भी चल रहा है, शूटिंग भी होती थी, तो म्यूज़िशियनों को कैमरे से छिपाकर बैठाया जाता था कि कैमरे में नज़र ना आयें और आउटडोर में कहीं गये हैं तो आउटडोर में ऐसी जगह देखी जाती थी कि कहाँ–कहाँ म्यूज़िशियनों को लटकाया जाये तो कैमरे में ना आयें, तो किसी को पेड़ पर लटकाया हुआ है तो किसी को पत्थर के पीछे छिपाया गया है कि कैमरे में नज़र न आयें तो एक गाना हो रहा था, उस समय मैं भी म्यूज़िशियन की हैसियत से था तो तबले की आवाज़ गाने वाले को नहीं मिल रही थी, लय नहीं मिल रही थी। उसने शिकायत की कि लय मुझे नहीं मिल रही है तो तबला आगे लाओ तो एक दरख़्त का टहना काट के तबले वाले की कमर में बाँधा गया और उसको कैमरे के सामने बैठाया गया जिससे गाने वाले को तबले की आवाज़ मिले और अगर ये लगे कि वो बजा रहा है, हिल रहा है तो लगेगा हवा से दरख़्त हिल रहा है। तो साहब, उस वक़्त म्यूज़िशियन जब जाते थे कि आज जा रहे हैं शूटिंग पर कि आज रिकॉर्डिंग है तो घर से विदा लेकर जाते थे कि दुआ करना कि बचकर आ जायें, पता नहीं कहाँ लटकाये जायेंगे! क्या हश्र होगा! तो एक दफ़ा 'मिर्ज़ा साहिबान' का एक गाना हम कर रहे थे, घोड़ों का अस्तबल था और मिर्ज़ा जो फ़िल्म का हीरो था वो घोड़ों के अस्तबल के सामने खड़ा हुआ है, रात का वक़्त है और हीरोइन का इन्तज़ार कर रहा है तो गाना बड़ा Soft और इन्तज़ार का गाना था कि 'यार न आया'। तो हाँ मैं ये भी बता दूँ कि रिकॉर्डिस्ट का बूथ दूर होता था, वो 'टॉक बैक' से बात करता था कि, 'हाँ भई शुरू करो या बन्द करो'। वो देखता नहीं था स्टूडियो में, कि क्या हो रहा है तो रिकॉर्डिस्ट ने वहाँ से कहा कि शुरू कीजिए। ये गाना हो रहा था कि 'यार न आया' तो किसी तबले की थाप से घोड़ा भड़क गया। अब साहब उसने जो रस्सी तुड़ाई, उस घोड़े ने, और सारे स्टूडियो में जो भागना शुरू किया; दरवाज़े बन्द, तबले को जो ठोकर मारी हारमोनियम उधर किया, कोई रस्सी से लटका हुआ है, कोई पर्दे के पीछे छिपा हुआ है, बवाल मच गया, स्टूडियो में। बड़ी मुश्किल से घोड़ेवाले ने क़ाबू किया और लोगों ने सुकून की साँस ली। उसके बाद में रिकॉर्डिस्ट आवाज़ देता है; उसने मशीन चालू रखी थी। उसके बाद वो कहता है–'ओ.के., ओ.के.'। रिकॉर्डिस्ट ये समझा था कि ये सब कुछ भी होगा उस गाने में। ये तमाशे होते थे उस

वक़्त और एक माइक्रोफ़ोन पर म्यूज़िशियन भी, सिंगर भी, और उस वक़्त एक भशीन होती थी 'फिडलटोन' (Fidletone) उसका नाम होता था उसका बड़ा–सा माइक होता था, सफ़ेद, तो वो आग से गरम किया जाता था, आग से सेंका जाता था, तो Sensitive होता था, आवाज़ Catch करने के क़ाबिल होता था। तो साहब एक माइक लगाया जाता था। अब फ़र्ज़ कीजिए कि किसी का सोलो पीस है तो हम लोग रिहर्सल में वो भी बताते थे कि तुम आना, पीछे चप्पल उतार के और सिंगर के कन्धे पर तुम अपना साज़ रख के और बजा के चुप से लौट जाना और इधर से तुम आ जाना कि सोलो पीस सुनाई दे। तो इस तरह से उसको ट्रैफ़िक वग़ैरह बन्द हो जाये, मोटरों की आवाज़ वग़ैरह न हो और सुबह होने तक वो रिकॉर्डिंग चलती थी और रिकॉर्डिंग खुले में होती थी। उस वक़्त ये एकॉस्टिक (acoustic), ये सब नहीं था तो आज हमने तरक़्क़ी की नयी–नयी चीज़ें हमारे पास आ गयीं, प्लेबैक सिस्टम आ गया, ये रिवर्बरेशन चैम्बर, संसेटिव माइक्रोफ़ोन और फोर्टीन चैनल, ये तमाम हमने तरक़्क़ी कर ली है टैक्निकली। लेकिन जहाँ तक फन का ताल्लुक़ है, जिसके ज़रिये या इस माइक्रोफ़ोन या इस मशीन के ज़रिये जो चीज़ हम रिकॉर्ड कर रहे हैं जैसे संगीत; हम तो संगीत के क्षेत्र की ही बात करेंगे, उसी फ़ील्ड की बात करेंगे, तो वो संगीत की टेक्नीक या संगीत का सुरीलापन वो घटता गया है, जो उस वक़्त हम एक माइक से रिकॉर्ड करते थे, वो आज भी आप सुन लीजिए distinct आपको वो सुनाई देगा कि ये सितार बजा, ये Flute बजा और आवाज़ Natural होती थी। आपको एक बात बताऊँ जिस वक़्त मैं फ़िल्म 'उड़नखटोला' बना रहा था, वो फ़िल्म प्रोड्यूस भी मैंने ही की थी तो acoustic नहीं था। रॉबिन चटर्जी साहब रिकॉर्डिस्ट थे तो बोले कि इस स्टूडियो में रिकॉर्डिंग करेंगे तो टीन के पतरे की आवाज़ आयेगी तो इसके लिए क्या करना चाहिए तो मैं एक मिल में गया वहाँ से कम्बल ख़रीदे मैंने। वो मामूली कम्बल और उसका एक तम्बू बनाया। तम्बू बना के स्टूडियो की साइज़ का एक तम्बू फिट किया। उस तम्बू के अन्दर सब म्यूज़िशियन और सिंगर सबको बिठाकर मैंने वो रिकॉर्डिंग की है आज भी वो रिकॉर्डिंग सुन लीजिए। मदर इंडिया की रिकॉर्डिंग भी उसमें की है और मुग़ले आज़म की रिकॉर्डिंग भी उसमें की है आज भी वो गाने सुनिए आप!"

"ये रंगमहल स्टूडियो जिसका आज नाम रूपतारा है वो हमारे पास था, तो उसमें हमने ये रिकॉर्डिंग की है और मदर इंडिया की भी आधी से ज़्यादा रिकॉर्डिंग हमने इसी सिस्टम में महबूब स्टूडियो में की है और कौशिक साहब ने रिकॉर्डिंग की है तो आप उसके तबले की चाँट, बायें की गाँठ और दाँव जो

होती है सुनिए आज आप! उसमें एक Punch मिलता है, Presence मिलती है।"

रिकॉर्डिंग की ये कठिनाइयाँ आगे चलकर लगभग 1956–57 में दूर हुईं जब साउंड–स्टूडियो बनने लगे जिनमें 'एकॉस्टिक्स का वैज्ञानिक विधि से ध्यान रखना प्रारम्भ हुआ। इसकी चर्चा आगे चलकर, 1951 से 60 के संगीत खण्ड में की जायेगी।

जिस तरह संगीत की संरचना में ध्वन्यांकन का महत्त्व किसी भी अन्य घटक से कम नहीं आँका जा सकता उसी प्रकार ध्वन्यांकन करने वाले ध्वनि नियन्त्रक तथा इंजीनियर (Sound Recordist and Sound Engineer) न हों तो हमें गीत–संगीत की वह निर्दोष गुणवत्ता न मिले जो हम सुनते आये हैं। मशहूर फ़िल्म घराना बी. आर. फ़िल्म जिसके जनक वयोवृद्ध फ़िल्मकार पद्मश्री बी. आर. चोपड़ा हैं उनके चीफ़म्स् साउंड रिकॉर्डिस्ट तथा FTII, Pune के भूतपूर्व स्नातक श्री बी. एन. चतुर्वेदी ने बताया कि ध्वनि नियन्त्रक (Sound Recordist) पहले यह जानकारी लेते हैं कि अमुक गीत अथवा संगीत कहाँ गाया–बजाया जा रहा है। वह, छोटा/बड़ा कमरा, हॉल, बैंक्वेट हॉल/मैदान, पार्क, वन, नदी, समुद्र, पहाड़ आदि तरह–तरह के स्थलों (Locations) में से कहाँ सुनाई देगा। उसी स्थल के अनुसार उस गीत–संगीत की गूँज–अनुगूँज (echo-reverb) मशीनों के द्वारा उत्पन्न करनी होती है जिससे वास्तविकता का आभास (virtual reality) हो।

गायक की आवाज़ के स्वर, स्वरतारता, स्वर–यन्त्र, ध्वनि रूप, फेंक (tone, pitch, vocal cords, timbre, throw) आदि की पहचान करके, उसके लिए उसी प्रकार की ध्वन्यांकन–व्यवस्था की जाती है। ये सभी काम संगीत रिकॉर्डिस्ट के ही होते हैं। इसके लिए ऐसे व्यक्ति को केवल तकनीक तथा इंजीनियरिंग में पटु होना ही काफ़ी नहीं होता, उसका कान भी सुरीला होना चाहिए, सच्चे स्वर तथा मधुरता का सम्यक् ज्ञान होना चाहिए तथा लय एवं ताल का बृहत अनुभव।

इसके अतिरिक्त गीत–संगीत में बजने वाले वाद्ययन्त्रों को लेकर भी उनके बारे में tone, pitch तथा timbre जैसी सभी जानकारियाँ रिकॉर्डिस्ट को होनी चाहिए जिससे वाद्यकारों को बिठाते समय, उचित दूरी, सीन तथा समूह का निर्धारण किया जा सके।

प्रारम्भिक फ़िल्मों में तो वाद्ययन्त्र पाँच–छह ही होते थे तथा एक ही माइक्रोफ़ोन पर सभी को रिकॉर्ड करना पड़ता था किन्तु संगीत के स्वर्णकाल अर्थात 1951 से 60 के बीच तो ऐसा समय भी आया जब वाद्यकारों की संख्या दो सौ तक थी। अकेले वायलिन वाद्ययन्त्र की संख्या एक सौ तक पहुँच जाती थी।

ऐसे में सभी वाद्यों के साथ गायक, गायिका, गायक समूह आदि सभी का मशीनों द्वारा सम्यक् सन्तुलन (Proper Balance) देना रिकॉर्डिस्ट का ही काम होता है। यही कारण है कि Sound Recordist and Sound Engineer का सहयोग फ़िल्म संगीत में किसी से भी कम नहीं आँका जा सकता।

हिन्दी फ़िल्म संगीत के दो सबसे प्रमुख घटकों में एक है 'गीत'। फ़िल्म के गीतों को लिखना एक विशिष्ट अनुशासन है तथा इस परम्परा का लम्बा इतिहास है। जिसे सरलता से समझने के लिए हिन्दी फ़िल्मों की गीत परम्परा को समझना आवश्यक है।

हिन्दी फ़िल्मों की गीत-संरचना का इतिहास

महान संगीतकार गुलज़ार के अनुसार "परम्परागत फ़िल्मों में जो गीत हम सुनते हैं उन्हें प्रारम्भ से (lyric) कहा गया है। यह शब्द हमने अंग्रेज़ी फ़िल्मों से उधार लिया है। इसका शाब्दिक अर्थ है गीतात्मक, प्रगीत, गीतकाव्य जिसे गीत भी कहते हैं। इनके दो मुख्य उद्गम हैं–राम की लीला (रामलीला) और महाभारत की कथा। हिन्दी फ़िल्मों के गीत इन्हीं प्रार्थनाओं, कथाओं तथा नौटंकी (लोक विधा) की देन हैं।"[9]

सच कहें तो ये गीत उपजे हैं–घुमक्कड़ सूफ़ियों, फ़क़ीरों और साधुओं के ईश्वर गुणगान से। फेरी लगाते–लगाते ये लोग गाते भी जाते थे और आत्मा भी जगाते जाते थे। दूसरा स्रोत भी इन्हीं से मिलता–जुलता है। सदियों से दरगाहों में गूँजती हुई क़व्वालियाँ, मन्दिरों में गूँजते हुए भजन और आरतियाँ तथा मजलिस और सत्संग। भारत के सांस्कृतिक जीवन की जड़ें अपनी ही मिट्टी में नीचे दूर–दूर तक फैली हुई हैं। नाव खेता माँझी हो या कि गाड़ीवान, गाँव–घाट के लम्बे सफ़र पर निकलता है तो मुँह से अपने आप किसी–न–किसी गीत के बोल फूट पड़ते हैं। इसी तरह के रंग–बिरंगे भावनात्मक आधार से बहुआयामी प्रेरणा लेकर फ़िल्म का गीत एक ही उद्देश्य की तलाश करता है, 'लोकप्रिय मनोरंजन'। फ़िल्में इसलिए प्रारम्भ से ही गीतों से जुड़ी रहीं। और कोई रास्ता हो भी नहीं सकता था क्योंकि लोक नाट्य अथवा पारसी थियेटर में गीत ही होते थे जो एक दृश्य से दूसरे दृश्य को जोड़ते थे।[9]

इसीलिए मूक सिनेमा में भी पहले से पार्श्वसंगीत का चलन रहा। सिनेमा के पर्दे के आगे एक लम्बा–चौड़ा गड्ढा बना दिया जाता था जिसमें वे साजिन्दे बैठते थे जो नौटंकी, मुजरों और महफ़िलों से सीखे थे। इन्हीं संगीतज्ञों को फ़िल्मों के सबसे पहले संगीत निर्देशक कहा जाना चाहिए।

केवल हारमोनियम और तबला किसी action या chase sequence (मारामारी अथवा भागदौड़ के दृश्य) को रेखांकित करने के लिए काफ़ी होते थे। इन तरह–तरह के पार्श्वसंगीतों के लिए शास्त्रीय रागों और लोकधुनों को ही बार–बार दोहराया जाता था। *जल में चमके जल की मछरिया, उँगली मरोरी मोरी, राम कसम शरमा गयी मैं* तथा *मत बोलो बहार की बतियाँ* जैसे लोकगीत जो उस समय बेहद प्रचलित थे उन्हें भी ख़ूब गाया जाता था। ऐसे गाये जाने वाले गीत श्रृंगारिक भी होते थे, हँसोड़ भी। मशहूर पदावली जैसे *मोहे पनघट पे नन्दलाल छेड़ गयो रे*, जिसे नवाब वाजिद अली शाह के दरबार में भी गाया गया था, ऐसे गीतों को भी सुना जा सकता था। इसके अलावा घर–घर की कहानी बन चुके सूफ़ी सन्त कवि अमीर ख़ुसरो, तानसेन, उनके शिष्य सदारंग तथा ठुमरी और कथक नृत्य के जन्मदाता बिन्दादीन महाराज आदि की रचनाएँ तब की मूक फ़िल्मों के साथ सुनायी जाती थीं। यहाँ तक कि दर्शक गड्ढे में बैठे हुए ऑर्केस्ट्रा वालों के पास पर्ची पर लिखकर अपनी फ़रमाइशें भी भेजते थे। यह मज़े की बात है कि इन फ़रमाइशों का फ़िल्म की घटनाओं से कोई सम्बन्ध नहीं होता था। इस तरह शुरुआत हुई फ़िल्म के गीतों की। कुछ लोग जो ऐसा सोचते हैं कि गीतों का आगमन बोलती फ़िल्मों के साथ हुआ, उन्हें पता चलना चाहिए कि गीत तो मूक फ़िल्मों से ही प्रारम्भ हो गये थे। यहाँ तक कि फ़िल्मों के वितरक और प्रदर्शक (जो कि अधिकतर एक ही होते थे) उन्होंने गीतकार चुनने भी प्रारम्भ कर दिये थे जो उन्हें ऐसे लोकप्रिय गीत लिखकर देते थे जिन्हें दर्शक पसन्द करें। यही शुरुआत थी, भारतीय सिनेमा में गीत लेखक की। ये लोग ऐसे गीत लिखते जिन्हें दर्शक साथ–साथ गा, गुनगुना सकें और ताल दें सकें।[10]

1931 में 'आलमआरा' के साथ फ़िल्मों ने बोलना शुरू किया और रसूलनबाई, मलिका पुखराज, जद्दनबाई और बेगम अख़्तर ने अभिनय भी किया और गाया भी क्योंकि तब तक पार्श्वगायन प्रारम्भ नहीं हुआ था तथा अभिनय करने वाले को ही गाना पड़ता था। साज़ कैमरा की रेंज से बाहर रखे जाते थे या किसी चीज़ के पीछे छिपा दिये जाते थे तथा सारा गाना एक ही शॉट में फ़िल्माया जाता था। आलमआरा' के निर्माता, निर्देशक अर्देशिर ईरानी ने प्रसिद्ध फ़िल्म शास्त्री बी.डी. गर्ग को एक साक्षात्कार के दौरान बताया था कि आलमआरा के बेहद प्रसिद्ध गीत *दे दे ख़ुदा के नाम पे प्यारे, ताक़त है ग़र देने की* को उन्होंने खुद चुना था और यह गीत किसी जाने माने शायर का नहीं बल्कि गलियों से गुज़रने वाले एक फ़क़ीर की सदा थी जिसे उन्होंने अपनी फ़िल्म के लिए चुना था।[11]

1935 में पार्श्वगायन आ गया तो गाने फ़िल्मों की सफलता का मुख्य कारण बन गये। इसलिए फ़िल्मों में इनकी गिनती बढ़ने लगी। 1932 में आयी फ़िल्म 'इन्दरसभा' में तो पूरे इकहत्तर (71) गाने थे। जल्द ही गीत देश की धड़कन बन गये। भारत के शेक्सपियर कहे जाने वाले मुंशी आगा हश्र कश्मीरी ने 'चंडीदास' (1936) में एक गीत लिखा, *प्रेम नगर में बनाऊँगी घर मैं, तज के सब संसार* केदार शर्मा ने पी.सी. बरुआ की 'देवदास' के लिए उसी वर्ष लिखे, *बालम आय बसो मोरे मन में* तथा *दुःख के दिन अब बीतत नाहीं।* इन सभी गीतों को के.एल. सहगल ने गाया और एक गायक स्टार पैदा हो गया। ये वो समय था जब साहित्यकारों तथा प्रतिष्ठित कवियों को भी सिनेमा में अभिव्यक्ति का एक नया आयाम नज़र आने लगा। एक ऐसा माध्यम जिसके द्वारा उनकी रचनाएँ दूर–दूर तक पहुँच सकती थीं। इसीलिए डॉ. सफ़दर आह, पं. मधोक, पं. इन्द्र और पं. बेताब जैसे साहित्यिक नाम सामने आये। फ़िल्म संगीत को लोकप्रिय बनाने में डी. एन. मधोक का बहुत बड़ा हाथ है। संगीतकार नौशाद के अनुसार मधोक फ़िल्म गीतों में लोक गीतों की महक लाये, लोकगीतों से प्रेरित मधोक साहब के गीतों के दो मुखड़े हैं, *मत बोलो बहार की बतियाँ* (प्रेमनगर 1937) और *जादूगर हमरी नगरिया में आये* (नमस्ते, 1938)

1935 आते–आते गीतों का लेखन फ़िल्म के सन्देश से मेल खाने के लिए होने लगा, जैसे–व्ही. शान्ताराम की 'दुनिया न माने' (1937), बाद में सोहराब मोदी की 'पुकार', शान्ताराम की ही 'आदमी', महबूब की 'औरत' और केदार शर्मा की 'औलाद' आदि।

1940 के दशक में गीत–संगीत की परम्परा ने दर्शकों पर अपनी पकड़ मज़बूती से जमा ली। आरज़ू लखनवी, पी.एल. सन्तोषी और पं. प्रदीप, डी.एन. मधोक की क़तार में आकर खड़े हो गये। 1941 में बनी 'डॉक्टर' जिसके संगीत निर्देशक पंकज मलिक थे, उनके गीतों को आरज़ू लखनवी ने लिखा था जिन्हें आज तक दोहराया जाता है, जैसे जग में चले पवन की चाल (रागः मिश्र खमाच) और *महक रही फुलवारी हमरी* (राग : झिंझोटी)

1941 में भारत की सबसे पहली महिला संगीत–निर्देशक सरस्वती देवी के लिए पं. प्रदीप ने 'झूला' फ़िल्म के गीत लिखे जिन्हें अशोक कुमार और लीला चिटनिस ने गाया। जिनमें से एक था–*न जाने किधर आज मेरी नाव चली रे।* एक दूसरा गीत *मेरे बिछड़े हुए साथी तेरी याद सताये* को पं. प्रदीप ने ही गाया था। बाद में वे एक आदरणीय गीतकार और पार्श्वगायक बने। उनके गीतों में भारतीय दर्शन, सुधारवाद तथा राष्ट्रीयता की महक रहती थी।

इसी रौ में इन्होंने निम्नलिखित गीत लिखे– *दूर हटो ऐ दुनिया वालो हिन्दुस्तान हमारा है* (राग : शुद्ध बिलावल), (क़िस्मत, 1943), *देख तेरे संसार की हालत क्या हो गयी भगवान, कितना बदल गया इन्सान,* (राग : शुद्ध बिलावल) (नास्तिक 1954) और 'आओ बच्चों तुम्हें दिखाये झाँकी हिन्दुस्तान की' (राग : शुद्ध बिलावल) (जागृति 1954)। 1964 में लता मंगेशकर द्वारा गाया इनका एक गीत *ऐ मेरे वतन के लोगों,* जो किसी फ़िल्म के लिए नहीं लिखा गया था, आज ऐतिहासिक बन गया है क्योंकि उसे सुनकर पं. नेहरू की आँखों में भी आँसू आ गये थे। प्रसिद्ध साहित्यकार अमृतलाल नागर ने भी दो फ़िल्मों के लिए गीत लिखे, जिनके नाम हैं–संगम (1941), और कुँवारा बाप (1942)। 1942 में डी. एन. मधोक ने 'भक्त सूरदास' फ़िल्म के लिए तीन ऐसे गीत लिखे जिन्हें तुरन्त और बेहद प्रसिद्धि मिली। इन्हें संगीतकार ज्ञानदत्त ने संगीतबद्ध किया तथा के. एल. सहगल ने गाया, *मधुकर श्याम हमारे चोर,* (राग : भैरवी) *पंछी बावरा चाँद से प्रीत लगाए* (राग : मारू केदार) और तीसरा गीत *सर पे कदम की छइयाँ, मुरलिया बाज रही* (राग : मिश्र भैरवी) यह भी काफ़ी लोकप्रिय हुआ जिसे सहगल और राजकुमारी ने गाया था।

क़ाज़ी नज़रूल इस्लाम जो बाद में बांग्लादेश के राष्ट्रीय कवि बने, उन्होंने भी हिन्दी फ़िल्मों के लिए गीत लिखे। उनकी एक लोरी आज भी घर–घर माताएँ गाती हैं, *आजा री निंदिया तू आ क्यों न आये* (राग : गारा)। फिर आये कमर जलालाबादी, पं. भूषण, तनवीर नकवी और पं. नरेन्द्र शर्मा। चालीस के दशक के पहले भाग में जब संसार द्वितीय विश्व युद्ध की विभीषिका में झुलस रहा था उस समय भारत अपने स्वाधीनता आन्दोलन से जूझ रहा था। हिन्दी फ़िल्म के गीतकारों ने अपने गीतों से इस आन्दोलन में अपनी आहुति दी। पं. प्रदीप के गीत दूर *हटो ऐ दुनिया वालो* के अतिरिक्त कमर जलालाबादी का *वतन से चला है वतन का सिपाही* (चाँद, 1944), पं. इन्द्र का *है पाँव में ज़ंजीर* (पगली दुनिया, 1940), डी. एन. मधोक का *हिन्दोस्ताँ के हम हैं हिन्दोस्ताँ हमारा* (पहले आप, 1944) और ज़िया सरहदी का *जननी जन्म भूमि तुम माँ हो बड़ी माँ* (बड़ी माँ, 1945)। 1945 में के.एल. सहगल और नूरजहाँ, दोनों ने ही फ़िल्म गायकी का मर्म समझ लिया। शब्द, धुन तथा पार्श्वगायन के बीच के आपसी सम्बन्ध की महीन से महीन बारीकियाँ पूरी तरह आत्मसात कर लीं। उस समय डी.एन. मधोक चोटी के गीतकार बन गये थे क्योंकि उनके द्वारा लिखे गये गीतों की फ़िल्में जैसे रतन, क़ानून, पहले आप (संगीत–नौशाद), तानसेन (संगीत–खेमचन्द्र प्रकाश) और दासी (संगीत–पं. अमरनाथ) ने बुलन्दियों के झण्डे गाड़ दिये थे।

'रतन' के गीतों को ऐसी सफलता मिली जिसे कोई नहीं लाँघ पाया। इस फ़िल्म के गीत *जब तुम ही चले परदेस, लगा के ठेस, ओ प्रीतम प्यारा, दुनिया में कौन हमारा* (राग : काफ़ी) *अँखियाँ मिलाके जिया भरमाके चले नहीं जाना;* और *मिलके बिछड़ गयी अखियाँ, हाय राम मिलके बिछड़ गयी अखियाँ* (राग : गावथी, बनारसी अंग पूरबी) हिन्दी के जनमानस में रक्त की तरह व्याप्त हो गये तथा इन्होंने लोकगीतों का दर्जा पा लिया।

'यही वह समय था कि जब मधोक और नौशाद की सफलतम जोड़ी बन गयी। इस जोड़ी को फ़िल्म 'शाहजहाँ' में मजरुह सुल्तानपुरी ने तोड़ा, जिनके जादुई गीतों ने तुरन्त असर दिखाया जैसे *ग़म दिये मुस्तकिल कितना नाजुक है दिल ये न जाना* (राग : मिश्र काफ़ी) और *जब दिल ही टूट गया, हम जी के क्या करेंगे* (राग : मिश्र भैरवी)। तभी एक और शायर आये खुमार बाराबंकवी। उनके गीतों ने भी चारों ओर धूम मचायी। *चाह बर्बाद करेगी हमें मालूम न था* (राग : बागेश्वरी) और *ऐ दिले बेकरार झूम* (राग : मिश्र भैरवी)। आज़ादी आयी तो देशभक्ति के गीतों से अंग्रेज़ों का सेंसर भी हट गया। तुरन्त 'आनन्द मठ' फ़िल्म में बंकिम चन्द्र चट्टोपाध्याय का 'वन्दे मातरम' गूँजा। 'मानसरोवर' फ़िल्म में सरस्वती कुमार दीपक का *जय हिन्द, जय हिन्द* सुनाई दिया। 'अहिंसा' फ़िल्म के लिए गोपाल सिंह नेपाली ने लिखा : *आज़ाद हैं हम, आज से जेलों के ताले तोड़ दो* किन्तु ये उत्साह अधिक दिनों तक बना न रह सका। आज़ादी अपने साथ बँटवारे की बर्बादी भी लायी। दर्द के आँसू, हिंसा और दुःख फ़िज़ाओं में फैल गये। पता नहीं क्यों हिन्दी सिनेमा ने इस त्रासदी को आईने की तरह दिखाने के बजाय रोमांटिक फ़िल्मों की अफ़ीम दे–देकर देश की मुसीबतों और दुःखड़ों को तहख़ानों में दबा दिया; प्रेम कहानियों के लॉलीपॉप दे–देकर दर्शक को विश्वास दिला दिया कि भारत ही नहीं सारी दुनिया में सब कुछ ठीक–ठाक है। आज़ादी से पैदा हुए बँटवारे की भयानक त्रासदी ने हिन्दी फ़िल्मों पर भी बहुत असर डाला। बहुत सारे निर्माता, निर्देशक, तकनीशियन, कलाकार, गायक, लेखक, संगीत–निर्देशक, सब ने सीमाएँ तोड़ीं। कुछ लोग उधर गये बाक़ी इधर आये। नूरजहाँ और खुर्शीद पाकिस्तान चलीं गयीं, सहगल अगले ही साल दुनिया से चले गये। नयी आवाज़ें आयीं, नये लिखने वाले भी। सुरैया और उमा देवी जैसी गायिकाओं के लिए एक नये गीतकार शकील बदायूँनी ने गीत लिखे, जिन्हें आज भी गुनगुनाया जाता है यथा–*बेताब है दिल दर्द–ए–मुहब्बत के असर से* और *अफसाना लिख रही हूँ दिले बेक़रार का*। ऐसे 'गीतों की सफलता के बाद नौशाद और शकील बदायुँनी की जोड़ी अटूट हो गयी।

तभी नरेन्द्र शर्मा और भरत व्यास आये। उर्दू के कुछ और शायर भी आये लेकिन जल्द ही साहित्य की दुनिया में ही वापस भी चले गये जैसे जिगर मुरादाबादी, अख़्तर शरानी, नियाज़ हैदर और फ़ैज़ अहमद फ़ैज़। नरगिस की माँ जद्दनबाई ने एक फ़िल्म बनायी थी–'रोमियो और जूलियट' जिसमें फ़ैज़ साहब की यह ग़ज़ल थी : *दोनों जहान तेरी मुहब्बत में हार के, वो जा रहा है कोई शबे ग़म गुज़ार के* इसे जोहराबाई के साथ प्रसिद्ध संगीत निर्देशक ख़य्याम ने गाया था और हुस्नलाल–भगतराम की जोड़ी ने संगीत दिया था। 1947 का अन्त आते–आते सबसे महत्त्वपूर्ण गीतकार का नाम हिन्दी फ़िल्मों के पर्दे पर उभरा राजेन्द्र कृष्ण, जिन्होंने तीस साल से भी अधिक समय तक एक से बढ़कर एक गीत, ग़ज़ल, नग़्मे और भजन दिये और मद्रास में बनने वाली हिन्दी फ़िल्मों पर तो एकछत्र राज्य किया।[12]

धीरे–धीरे अच्छे गीतकार और लेखक निर्माण और निर्देशन के क्षेत्र में बढ़ते चले गये। 1950 से लेकर 1960 तक का समय बदलाव का आया। एक वैचारिक क्रान्ति फ़िल्मों में भी खलबली मचाने लगी। एक से बढ़कर एक विचारवान निर्माता–निर्देशक स्वतन्त्र भारत की समस्यामूलक फ़िल्में बना रहे थे जैसे–बॉम्बे टॉकीज़ और प्रभातचित्र आदि। प्रभातचित्र से अलग होकर व्ही. शान्ताराम ने राजकमल कला मन्दिर खोला तो बॉम्बे टॉकीज़ से फ़िल्मिस्तान और फ़िल्मालय जैसी संस्थाएँ सामने आयीं। किन्तु सबसे बड़ा अन्तरराष्ट्रीय नाम जो बॉम्बे टॉकीज़ से भी आगे जाकर फ़िल्म निर्माता और निर्देशकों के सिरमौर की तरह छा गया, वह था बिमल रॉय। बिमल रॉय अपने आप में एक घराना थे, एक स्कूल अथवा सम्पूर्ण विश्वविद्यालय, जहाँ से ऋषिकेश मुखर्जी, नवेन्द्र घोष, मोनी भट्टाचार्य, बासु भट्टाचार्य, बासु चटर्जी तथा गुलज़ार जैसे फ़िल्मकार निकले। देश के सर्वोत्तम गीतकार शैलेन्द्र, साहिर लुधियानवी और गुलज़ार जैसे नाम यहीं परवान चढ़े क्योंकि यहाँ की विचारवान फ़िल्मों में उन्हें अच्छे से अच्छा लिखने के अवसर मिलते थे। बिमल रॉय के शिष्यों ने भी यही परम्परा जारी रखी और उनकी फ़िल्मों में भी लगभग यही नाम छाये रहे जिनमें आगे चलकर योगेश और इन्दीवर जैसे नाम और जुड़ गये। इनमें भी कविराज शैलेन्द्र के गीतों का स्तर अपनी सरलता किन्तु सारगर्भिता के कारण सबसे ऊपर रहा।

बिमल रॉय के अलावा राज कपूर, देवानन्द, गुरुदत्त, बी. आर. चोपड़ा, रमेश और नरेश सहगल, महबूब, विजय भट्ट, सोहराब मोदी आदि नाम ऐसे रहे, जिन्होंने गीत–संगीत की ऊँचाइयों को आकाश तक पहुँचा दिया। कमाल अमरोही तो स्वयं ही अपनी फ़िल्मों के लिए लिखते थे।

के. आसिफ़ भी ऐसे ही गुणग्राहक थे। यद्यपि अच्छे गीतों का यह काल लगभग 1974 तक रहा किन्तु गीतकारों में जो थोड़े से ही और सफल नाम जुड़े उनमें कैफ़ी आज़मी, आनन्द बख्शी और हसरत जयपुरी शामिल हुए किन्तु जिन लोगों ने वास्तव में स्तम्भों की तरह इस गीत महल को गगनचुम्बी बनाया उनमें शैलेन्द्र, साहिर लुधियानवी, शकील बदायूँनी, मजरूह सुल्तानपुरी, भरत व्यास, राजेन्द्र कृष्ण, गुलज़ार और आनन्द बख्शी जैसे नाम लिए जा सकते हैं।

वर्ष 1945 बड़े महत्त्व का है। इसी वर्ष बहुत से नये गीतकार आये : भरत व्यास, जोश मलीहाबादी, अख़्तर–उल–ईमान, मजाज़ लखनवी, मुखराम शर्मा और तनवीर नक़वी जिन्होंने फ़िल्म 'अनमोल घड़ी' के गीत लिखे थे। इन सभी गीतकारों में एक बात साझे की थी कि इन सभी की जड़ें साहित्य से जुड़ी हुई थीं। और ये सभी प्रगतिशील लेखक संघ के नाम से जाने जाते थे। आज़ादी के बाद तो और भी वामपन्थी विचारधारा के लोग आये जो 'इप्टा' (इंडियन पीपुल थियेटर एसोसिएशन) से जुड़े हुए थे। इन दमकते सितारों के नाम हैं–प्रेम धवन, अली सरदार जाफ़री, विश्वामित्र आदिल, मजरूह सुल्तानपुरी, गोपाल सिंह नेपाली, मनमोहन आनन्द और ज़िया सरहदी। 1945 से 1947 के बीच और भी कई अद्वितीय नाम फ़िल्मों के गीत लेखन से जुड़े। 'हमराही' फ़िल्म में रवीन्द्रनाथ टैगोर की कविताएँ गीत बनीं। उस समय डॉ. सफदर आह ने वह प्रसिद्ध गीत लिखा जिसे मुकेश ने गाकर अमर कर दिया, *दिल जलता है तो जलने दे आँसू न बहा, फ़रियाद न कर* (राग : दरबारी)। ऐसी ही एक क़व्वाली जिसकी नक़ल आज तक की जाती है उसे नक्शब ने लिखा था *आहें न भरीं, शिकवे न किये, कुछ भी न ज़बाँ से काम लिया* (राग : दरबारी) किन्तु क्या आज किसी को भी इन दो गीतकारों के नाम याद हैं?

ये उन गीतकारों के नाम हैं जो लगभग प्रारम्भ से लेकर अन्त तक गीतकार के रूप में ही फ़िल्मों के क्षितिज पर छाये रहे किन्तु बीच–बीच में जो नाम छिप भी गये, उनका योगदान भी किसी से कम नहीं था क्योंकि इन्हीं सब नामों ने 'भाषानुगामी संगीत' बनाया है इन महान गीतकारों की रचनाओं के दृष्टान्त अलग से देने की कोई आवश्यकता नहीं क्योंकि यह समूची पुस्तक ऐसी ही रचनाओं से ओतप्रोत है।

गीतकारों के अतिरिक्त हिन्दी–फ़िल्म संगीत का एक और घटक है, 'पार्श्वसंगीत'। इस संगीत के बारे में जानकारी दिये बिना आगे बढ़ना ठीक नहीं होगा।

हिन्दी फ़िल्मों में पार्श्व संगीत (Background Music) का महत्त्व

फ़िल्मों के प्रारम्भ में, पार्श्वसंगीत केवल रिक्त स्थानों की पूर्ति के काम ही आता था। फ़िल्म विधा तब नयी–नयी आयी थी। स्थिर चित्रों में जैसे आत्मा डाल दी गयी हो। कितने आश्चर्य की बात है कि चलती–फिरती तस्वीरों को पहली बार पर्दे पर देखने का अचम्भा ही काफ़ी नहीं था, उसमें प्राण भरने के लिए संगीत की आवश्यकता भी पड़ती थी। कोई केले से रपट कर गिरे और तबले के बायें पर हथेली के पिछले भाग को घसीटकर गमक पैदा की जाये तो अपने आप प्रभाव दस गुना हो जाता था। उसी प्रकार यदि कोई रो रहा हो तो आवाज़ आये या न आये किन्तु दृश्य में, हारमोनियम, 'तोड़ी' का रोता–सा आलाप शुरू कर दे तो दृश्य में जान पड़ जाती थी। फिर जब आवाज़ आयी तो संवाद आवश्यक हो गये। हर कोई पात्र की आवाज़ सुनना चाहता था। शीघ्र ही पता चला कि संगीत का प्रभाव उस संवाद को भी कई तरह से सजा देगा तो पार्श्वसंगीत के बारे में गम्भीरता से सोच--विचार प्रारम्भ हुआ।

पार्श्वसंगीत की आवश्यकता मुख्यतः तीन कारणों से होती है :

1. जहाँ कोई आवाज़ न हो वहाँ रस–निष्पादन के लिए संगीत का उपयोग।
2. सम्पूर्ण फ़िल्म में तारतम्य लाकर उसे अधिक सुरुचिपूर्ण बनाने के लिए।
3. विविध दृश्यों तथा संवादों को रेखांकित करने के लिए, उन पर सम्यक् ध्यानाकर्षण के लिए।

शब्द तथा इतर ध्वनियों की अनुपस्थिति में संगीत का प्रयोग

जैसा कि ऊपर कहा गया, जब संवाद आये तो उनको अधिक महत्त्व दिया गया किन्तु फ़िल्म में हर जगह संवाद नहीं हो सकते। रात में कोई सो रहा है तो क्या संवाद होंगे! अथवा जंगल में घोड़ा दौड़ रहा है तो वहाँ क्या संवाद होंगे। ऐसे स्थानों पर संगीत ही दृश्य में उत्सुकता भरता है, उत्सुकता ही नहीं भरता बल्कि दृश्य को, कहानी की आवश्यकतानुसार, उपयुक्त अर्थ भी देता है। जैसे यदि कोई यों ही सो रहा है तो संगीत निष्क्रिय (passive) होगा किन्तु यदि उसके सोने के साथ कोई और भाव जुड़ा है जैसे दुःख–सुख, जीवन–मृत्यु या कोई अन्य रहस्य तो संगीत का राग, लय, ताल तथा आवर्तन सब आवश्यकतानुसार बदलते जायेगे। किन्तु यह तो पार्श्वसंगीत का बहुत छोटा–सा काम है, पार्श्वसंगीत का फ़िल्मों में योगदान इससे कहीं अधिक बड़ा है।

पार्श्वसंगीत द्वारा फ़िल्मों में तारतम्य

फ़िल्में ज्यों–ज्यों आगे बढ़ती गयीं, प्रभावोत्पादन के लिए पार्श्वसंगीत में भी नये–नये प्रयोग होने लगे। संगीत ने विभिन्न दृश्यों में अधिक तारतम्य लाने का दायित्व सँभाला। यह काम कभी–कभी तो नामावली (title) संगीत से ही प्रारम्भ हो जाता था।

उदाहरणार्थ–पहले की फ़िल्मों में तो नामावली के पीछे कोई भी संगीत डाल दिया जाता था किन्तु बाद में फ़िल्मों के विषयानुसार टाइटिल संगीत की रचनाएँ हुईं जैसे कि फ़िल्म 'चलती का नाम गाड़ी' हास्य–फ़िल्म है तो संगीत हास्य का निर्माण करेगा। दूसरी ओर फ़िल्म का विषय यदि 'साहिब, बीबी और गुलाम' जैसा हो तो उससे गम्भीर विषय की प्रभावोत्पादकता को बढ़ाने का काम लिया जायेगा। इसके अतिरिक्त भी, पार्श्वसंगीत के ये छोटे–छोटे अंश, फ़िल्म के बदलते रस–निष्पादन को और भी प्रभावी बनाकर, दृश्यों को एक सूत्र में पिरोते हुए, पूरी फ़िल्म को संगीतमय तारतम्यता प्रदान करने का काम करते थे। विषय गम्भीर है तो ऐसे गम्भीर राग में टाइटिल संगीत की रचना होगी कि प्रारम्भ से ही एक ओर तो फ़िल्म का वातावरण बन जाये तथा दूसरी ओर फ़िल्म के बीच–बीच में अलग–अलग वाद्ययन्त्रों पर उसका कुछ अंश बार–बार बजाया जाये जिससे कि विषय की तारतम्यता बनी रहे। राज कपूर, बिमल रॉय तथा गुरुदत्त की फ़िल्मों में ऐसा अक्सर होता था। यहाँ हो सकता है कि टाइटिल संगीत में से संगीत का कोई ऐसा अंश (music piece) चुन लिया जाये जिसको बाद में फ़िल्म का विषय (theme) रेखांकित करने के लिए, विशेष अवसरों पर, तदनुरूप वाद्यों में बजाया जाये जैसे भक्ति अथवा पुकार के लिए बाँसुरी, सुखद अनुभव पर सितार, गम्भीर अवसर पर सरोद, करुणा के अवसर पर सारंगी अथवा शहनाई आदि। इस प्रकार टाइटिल संगीत के टुकड़े ही, बार–बार बजाये जाने पर, प्रारम्भ से लेकर अन्त तक फ़िल्म को एक सूत्र में बाँधे रहते थे।

पार्श्वसंगीत में ऐसा भी देखा गया है कि फ़िल्म के अलग–अलग गानों को एक सूत्र में बाँधकर, अलग–अलग वाद्यों द्वारा वाद्यवृन्द के रूप में भी बजवाया जाता था जिससे सारी फ़िल्म का पूर्वाभास जैसा हो जाता था। कभी–कभी मुख्य गीत चुनकर उसी पर सारे टाइटिल दे दिये जाते थे जैसे–फ़िल्म 'अनुराधा' में टाइटिल गीत *साँवरे–साँवरे* तथा फ़िल्म 'झनक–झनक पायल बाजे' में *झनक–झनक पायल बाजे* (संगीतकार : वसन्त देसाई, राग : अड़ाना) ऐसा ही एक और टाइटिल गीत है। निष्कर्ष यह निकलता है कि टाइटिल गीत अथवा संगीत से ही दर्शक को आने वाले संगीत एवं फ़िल्म की प्रकृति का पूर्वाभास करा दिया जाता था।

हमारी फ़िल्मों में पार्श्वगीत से प्रभाव पैदा करने वाले एक प्रमुख संगीतकार रहे हैं–सलिल चौधरी। अतः उन्हीं के विचारों के माध्यम से पार्श्व संगीत को जानने का प्रयास करते हैं।

सलिल चौधरी ने ऐसी फ़िल्मों में भी संगीत दिया है जिनमें एक भी गाना नहीं था जैसे–'क़ानून' और 'इत्तिफ़ाक'। फिर भी इन फ़िल्मों के पार्श्व संगीत ने इस हद तक रोचकता बढ़ाई थी कि गानों की कमी महसूस ही नहीं हुई। सलिल दा का कहना था कि, ''पार्श्वसंगीत, फ़िल्मों में कई तरह से काम करता है; एक ओर जहाँ यह एक चरित्र के संवादों को दूसरे चरित्र के संवादों से जोड़ता है वहीं, एक शॉट को दृश्य (Scene) से, दृश्य को दृश्यसमूह (Sequence) से, तथा इन दृश्य समूहों को आपस में एक–दूसरे से जोड़कर पूरी फ़िल्म के प्रभाव को एक सूत्र में बाँधता है।'' कभी–कभी तो यह एक फ़िल्म की सीमा को पार करके कई फ़िल्मों को आपस में एक धारावाहिक की तरह जोड़ता है और अगली फ़िल्म देखते समय पिछली फ़िल्म का सन्दर्भ मस्तिष्क में ला बिठाता है, जैसे–महान फ़िल्म शिल्पी सत्यजीत रे की तीन फ़िल्में 'पाथेर पांचाली', 'अपराजितो' और 'अपूर संसार'। इन तीनों ही फ़िल्मों का संगीत पं. रविशंकर ने दिया। 'पथेर पांचाली' के थीम संगीत का विस्तार 'अपराजितो' में किया गया तथा उन दोनों के विस्तार को 'अपूर संसार' में और भी विस्तारित किया गया। तीसरी फ़िल्म के अन्त तक भी संगीत, पहली फ़िल्म 'पाथेर पांचाली' के थीम संगीत की याद दिलाते हुए, दर्शक को तद्नुसार उस फ़िल्म की घटनाओं एवं पात्रों से भी जोड़ता रहा तथा अपूर्व नामक चरित्र का सम्पूर्ण जीवन संगीत के ज़रिये एक सूत्र में बँध गया।'

ऐसा ही कई हिन्दी फ़िल्मों में भी हुआ है। स्वर्गीय राज कपूर की फ़िल्मों को देखें तो एक फ़िल्म में प्रयोग किये गये पार्श्वसंगीत के छोटे–छोटे टुकड़े (musical pieces) अगली फ़िल्मों में या तो गीत की धुन बन जाते थे या उसी संगीत खण्ड का विस्तार बनकर नयी फ़िल्म में भी उस पुरानी फ़िल्म की याद दिलाते थे। इसका एक उदाहरण है फ़िल्म 'आवारा' का एक पार्श्व संगीत जो फ़िल्म 'जिस देश में गंगा बहती है' में एक गीत बन गया–*ओ बसन्ती पवन पागल, ना जा रे ना जा, रोको कोई* (राग : जोगिया–कलिंगड़ा) फ़िल्म 'प्यासा' में स्वर्गीय एस.डी. बर्मन ने ऐसा ही एक छोटा–सा पार्श्व संगीत का टुकड़ा रखा है जो संवेदनशील जगहों पर फ़िल्म में बार–बार प्रयुक्त होता है। सलिल दा ने आगे बताते हुए कहा, ''पार्श्व संगीत का दूसरा काम है दृश्यों, संवादों तथा मुख्य घटनाओं को रेखांकित करना। 'रात' भले ही एक हो किन्तु पार्श्व संगीत के प्रयोग से यह रेखांकित हो उठता है कि वह सुखदायी है कि

दुःखदायी; असमंजस भरी कि कौतूहल से पूर्ण। विशेष ध्वनि प्रभाव (Musical Effect) द्वारा यह आने वाली घटनाओं का भी पूर्वाभास करा देता है जैसे किसी अवांछित बिम्ब के आने से पूर्व डरावना संगीत प्रभाव (Musical Bang)। फ़िल्म 'आँधियाँ' में उस्ताद अली अकबर ख़ाँ साहब का संगीत है। आँधी के दृश्य में उड़ते हुए पत्तों, धूल के कणों तथा आँधी का वेग दिखाने के लिए सरोद के झाले का प्रयोग किया गया है जिससे दृश्य सजीव हो उठता है। बरखा की बूँद जब गिरती है, तो उसके पीछे जलतरंग, सितार, सन्तूर, तबला अथवा पखावज सब अलग–अलग प्रभाव पैदा करते हैं। यह संगीतकार के ऊपर निर्भर करता है कि वह कौन–से वाद्य को प्रयोग में लाना चाहेगा।''

स्वर्गीय सलिल चौधरी ने ऐसा ही एक प्रयोग दूरदर्शन के धारावाहिक 'चरित्रहीन' में किया था, विषय–संगीत को (Theme Music) उन्होंने अलग–अलग बहुत सारे वाद्यों, में रिकॉर्ड किया जैसे सितार, सरोद, वायलिन, वायला, चैलो, बाँसुरी, शहनाई यहाँ तक कि मानव स्वर समूह (Chorus) में भी, और हर बार अलग प्रभाव पैदा हुआ। यह प्रभाव किरणमयी नामक चरित्र के विविध मनोभावों को दर्शाने में भरपूर सहायक होता है।

इसी तरह विभिन्न चरित्रों के अनुसार विभिन्न संगीत तैयार किये जा सकते हैं जो उनके प्रवेश के साथ उन्हीं के मनोभावानुसार बजाये जायें तथा चरित्र पर्दे पर न भी हो तो भी उसकी याद दिलाएं। इन सभी कामों में शास्त्रीय संगीत ही आधार बनता है क्योंकि विभिन्न राग, विभिन्न प्रभाव पैदा करते हैं, किन्तु ऐसा नहीं है कि एक राग में कोई एक ही प्रभाव पैदा करने की क्षमता हो। लय, ताल, आवर्तन तथा वादन का प्रकार बदलने से एक ही राग अलग–अलग प्रभाव पैदा कर सकता है। जैसे–आलाप में करुणा, गत में दैनिक कामकाज तथा झाला प्रस्तुत करके ख़ुशियों के पल जैसे कि मन–म्यूर नाच उठा हो। इसे एक उदाहरण द्वारा समझा जा सकता है। एक चरित्र पलंग पर उदास बैठा है उस समय भैरवी का आलाप बजना प्रारम्भ हुआ। वह चारपाई से उठा और चलने लगा तो गत प्रारम्भ हो गयी, आगे बढ़कर वह इधर–उधर कुछ ढूँढ़ने लगा तो जोड़ और तानें बजनी प्रारम्भ हुईं, ज्यों ज्यों उसकी उत्सुकता बढ़ती गयी संगीत के स्वर भी जोड़ और तानों से उत्सुकता बढ़ाने लगे तभी अचानक यदि चरित्र को वह वस्तु मिल गयी जिसे वह ढूँढ़ रहा था, तो इधर वह ख़ुशी से भर उठा और उधर सितार ने भैरवी में झाला बजाना प्रारम्भ किया। इस प्रकार हमने देखा कि एक ही राग से कई विपरीत प्रभाव पैदा हो गये। इसी प्रकार संवादों के बीच भी होता है। संवादों में कई शब्द बोलने के बीच बार–बार छोटे या बड़े अन्तराल (Pause)

आते हैं जिनमें उचित प्रभावोत्पादकता उत्पन्न करने के लिए विभिन्न संगीत अंशों का प्रयोग होता है। यदि ऐसा न हो तो दृश्य एकदम ख़ाली–ख़ाली और नीरस लगेगा। कभी–कभी पार्श्वसंगीत के लिए मानव स्वरों में आलाप, समवेत स्वर (Choir), तानें, बन्दिश अथवा केवल स्वरों का प्रयोग होता है जो राग पर आधारित ही नहीं, शुद्ध राग होता है। इस प्रकार यह सिद्ध होता है कि केवल गीतों में ही नहीं, अपितु पार्श्वसंगीत में तो शास्त्रीय संगीत का और भी अधिक इस्तेमाल होता है। इसे एक उदाहरण द्वारा व्यक्त किया जा सकता है–

स्व. राज कपूर की एक क्रान्तिकारी फ़िल्म है, 'जागते रहो' (1956)। शंकर और शम्भु मित्र इस फ़िल्म के निर्देशक हैं। गाँव का एक निरीह, बेरोज़गार जवान पानी पीने के लिए रात्रि के समय किसी बड़ी बिल्डिंग में प्रवेश करता है। उस बिल्डिंग में रहने वाले उसे चोर समझ बैठते हैं। जिसके कारण, वह उसी बिल्डिंग में अलग–अलग घरों में छिपता रहता है यहाँ उसे ढेर सारे काले कारनामे दिखाई देते हैं। भोर होते ही, पुलिस वालों को वह सारे कारनामे पकड़वा कर स्वयं निर्दोष साबित हो जाता है। इस दृश्य के अन्तरंग भावों को उभारने के लिए या कि तमाम फ़िल्म के गूढ़ार्थ को समझाने हेतु, दृश्य का संयोजन इस प्रकार किया गया कि उषा की लाली के साथ–साथ पार्श्व में अहीर भैरव के स्वर उभरते हैं। युवक एक पाँच बरस के बच्चे के घर पर है। बच्चा उसे उठकर जाने को कहता है, उसे बताता है कि उसने कोई अपराध नहीं किया। बच्चा मानो 'बाल रवि' है जो अपनी भोली 'विवेक' किरणों से उससे जागने (उठने) का उद्‌बोधन कर रहा है। ग्रामीण युवक उठता है। दीवार पर लगे टैगोर, गाँधी, विवेकानन्द तथा नेहरू के चित्र देखता है। अनुप्राणित होता है तथा पार्श्व में इस दृश्य के सर्वथा अनुकूल गीत प्रारम्भ होता है, *जागो मोहन प्यारे*। वह चल पड़ता है। ज्यों–ज्यों सूरज की किरणें मुखर होती हैं त्यों–त्यों स्वर मुखर होते हैं। युवक जैसे–जैसे बिल्डिंग से निकल कर मन्दिर की ओर बढ़ता है अहीर भैरव में निबद्ध गायन दिशाओं में फैलता जाता है। कई समवेत स्वर उसमें मिल जाते हैं जैसे दसों दिशाएँ जाग कर गाने लगी हों। ज्यों ही मन्दिर दिख पड़ता है, उसे पानी की गागर लिए एक भक्तन दिख पड़ती है जो अपनी गागर के पानी से उसकी प्यास बुझाती है।

इस स्थिति तथा समय हेतु, इस प्रेरणात्मक गीत में रचे–बसे अहीर भैरव राग से उत्तम और क्या हो सकता था! इस गीत को दिवंगत शैलेन्द्र ने लिखा था, सलिल चौधरी का संगीत था और इसे सुश्री लता मंगेशकर ने गाया था।

कुछ विशेष संगीत निर्देशक तो फ़िल्मों के विषय को सोच–समझकर उसके अनुरूप पार्श्वसंगीत देने में निष्णात थे। तिमिर बरन, भास्कर चन्दावरकर तथा वनराज भाटिया आदि ऐसे ही संगीतकार हैं।

सलिल चौधरी की गीत विहीन फ़िल्म, 'क़ानून' (1960), वसन्त देसाई की 'दो आँखें बारह हाथ' (1957) तथा उस्ताद अली अकबर ख़ाँ की 'आँधियाँ' (1952) पार्श्वसंगीत की दृष्टि से विलक्षण फ़िल्में हैं।[13]

पार्श्व संगीत की संरचना तथा महत्त्व के विषय में बताने के बाद सबसे अधिक महत्त्वपूर्ण घटक बचता है; फ़िल्मों के संगीतकारों का योगदान! संगीतकारों के बिना तो संगीत की संरचना की कल्पना ही नहीं की जा सकती। ये ही वे संगीतकर्मी हैं जो निर्देशक द्वारा सम्पूर्ण फ़िल्म की कथा, संवाद, स्थितियाँ तथा चरित्रों को समझकर तद्नुसार रस–भाव, शब्द, गायन तथा वादन की कल्पना करके, बाक़ी के सारे घटकों के साथ रियाज़ (Rehearsal) करते/कराते हैं तथा अन्त में गीत रिकॉर्ड होता है। अतः किसी भी गीत के यश अथवा अपयश के लिए सबसे बड़े उत्तरदायी ये ही होते हैं। यह पुस्तक आद्योपान्त इन्हीं की सर्जनात्मक संगीत रचनाओं पर आधारित है। अगले अध्याय से इन्हीं संगीत–निर्देशकों तथा इनके कृतित्व का ब्यौरा प्रस्तुत किया जायेगा।

सन्दर्भ सूची

1. ठाकुर, रवीन्द्रनाथ, *संगीत चिन्तन* वाणी प्रकाशन, नयी दिल्ली, 1988, कवर फ़्लैप से।
2. गर्ग, डॉ. उमा, *संगीत का सौन्दर्य बोध* संजय प्रकाशन, दिल्ली, 2000, कवर फ़्लैप से।
3. Chandavarkar, Bhaskar, *The Great Film Song Controversy,* Cinema Vision India, Mumbai, October 1980, p. 73
4. ibid, p. 74
5. Seth, Raghunath, *The Sound of Magic* Cinema Vision India, Mumbai, October 1980, p. 51

5A. ibid, pp. 52-53

6. वसन्त, *संगीत विशारद* संगीत कार्यालय, हाथरस (उ. प्र.), 1998, पृ. 23–26
7. भातखण्डे, पं. विष्णु नारायण, *क्रमिक पुस्तक मालिका* संगीत कार्यालय, हाथरस (उ. प्र.), भाग–2, 3, 4, 5 तथा 6, संस्करण 1999, 2000, 2001 तथा 2002, पृ. 295, 34, 184–185, 123–124, 752–753, 457–458, 128–130, 438–439, 177–178, 398–399, 156–157

8. Joshi, G.N. *The Phonograph Comes to India* Cinema Vision India, December 1980, p. 14
9. Gulzar, *In The Trail of Hindi Film Lyric* Cinema Vision India, December 1980, p. 14.
10. ibid, pp. 14-15
11. ibid, p. 15.
12. ibid, pp. 18-19
13. Ojha, Rajendra, *80 Glorious years of Indian Cinema* Screen World Publication, Mumbai, 1994, p. 274, 248 and 209

अध्याय–3

वर्ष 1931 से 1950 तक के उत्तरभारतीय शास्त्रीय संगीत पर आधारित हिन्दी फ़िल्म-संगीत का गहन विश्लेषण

लगभग बीस वर्षों का यह मधुर संगीतमय काल हिन्दी फ़िल्म संगीत के निष्ठावान, त्वरित तथा समर्पित रूप से किये गये क्रमिक विकास का काल है।

इस काल तथा इसके संगीतमय क्रमिक विकास को अध्ययन की दृष्टि से दो कालखण्डों में बाँटा गया है :

सन् 1931 से 1940 तक (विकासकाल)

सन् 1941 से 1950 तक (विकासशीलकाल)

इस काल में संगीत की धुरी मुख्यतः वे संगीतकार रहे जो इन दो दशकों में हिन्दी फ़िल्मों से जुड़े तथा अपना अभूतपूर्व योगदान देकर अमर हो गये। भारत के कोने–कोने से आये ये महारथी, अपने–अपने फन के उस्ताद थे। या तो इनको उत्तर भारतीय शास्त्रीय संगीत का सम्यक् ज्ञान था या ये शास्त्रीय संगीत के घरानों से ही थे। श्रेय उन पारखी फ़िल्म कम्पनियों तथा निर्माता–निर्देशकों को भी जाता है जिन्होंने इन्हें अपने प्रयोग करने की खुली छूट दी। संगीतकारों क साथ गायकों, वादकों, रिकॉर्डिस्ट एवं उनके स्टूडियो के योगदान का उल्लेख किये बिना यह जानकारी अधूरी ही मानी जायेगी। अतः 1931 से लेकर 1950 के दौरान के संगीत के सभी पक्षों पर ध्यान आवश्यक होगा।

1931 से 1940 के बीच का फ़िल्म-संगीत

1931 में ही पहली बोलती फ़िल्म, 'आलमआरा' आ गयी जिसमें कई गाने थे। ज़ाहिर है कि गाने पहली फ़िल्म से ही अनिवार्य बन गये। इसीलिए कोई आश्चर्य नहीं कि शुरुआती हिन्दी फ़िल्मों के गीतों को यदि सुना जाये तो उनमें थियेटर या महफ़िल जैसी शैली नज़र आती है। इस प्रकार का गायन

कुछ समय तक चला किन्तु यह फ़िल्म के पात्रों की सही भावनाओं को उभारने में सक्षम नहीं था। इस प्रकार के गायन को हम फ़िल्मों के पहले दौर का गायन कह सकते हैं। इस दौर के मुख्य गायक थे–बिब्बो, कज्जन, अमीरबाई, मुन्नीबाई, खुर्शीद, गुलाब और ज़ोहराबाई आदि।[1] इन सब ने अपने–अपने गीत स्वयं गाये तथा अभिनय भी किया। पुरुषों में डब्ल्यू. एम. ख़ान और मास्टर निसार दोनों स्टेज से थे। महिला गायिकाओं में जो व्यावसायिक पृष्ठभूमि से आयी थीं, उनकी ख़सख़सी आवाज़ें काली पाँच से लेकर काली पाँच तक ही थीं। वे नाक से ज़्यादा गाती थीं और शब्दों का उच्चारण एक ख़ास बनावटी तरीक़े से करती थीं किन्तु इन सभी पर उपशास्त्रीय संगीत का प्रभाव स्पष्ट देखा जा सकता था जो इनकी गायकी का मुख्य आधार था।[2]

जैसा कि पहले ही कहा गया, इस काल में अभिनय करने वाले कलाकार ही अपने गीत गाते थे क्योंकि पार्श्वगायन की कला का आविष्कार नहीं हुआ था। कलाकार को चुनते समय गायन से कहीं अधिक उसकी अभिनय प्रतिभा को ही महत्त्व दिया जाता था क्योंकि फ़िल्म में अभिनय उत्कृष्ट होना ही अधिक आवश्यक था।

फ़िल्म विधा नयी थी अतः संगीत निर्देशक या तो शास्त्रीय संगीत के क्षेत्र से आये अथवा थियेटर की दुनिया से। हालाँकि इनमें से कुछ बाद में फ़िल्म संगीत के लिए मील का पत्थर बन गये। उनके द्वारा बनायी गयी राह पर फ़िल्म संगीत लगभग सन् 1970 तक चला, बाद के कई संगीत–निर्देशक इन गुरुओं की शिष्य परम्परा में भी रहे। इन सभी संगीतकारों तथा इनकी फ़िल्मों की पूरी सूची तो परिशिष्ट में देखी जा सकती है किन्तु इनमें से कुछ महत्त्वपूर्ण नाम निम्न प्रकार हैं :

1931 से ही जुड़ने वाला नाम है; उस्ताद झण्डे खाँ,

1932 में आये आर.सी. (रायचन्द्र) बोराल और के. भोले

1933 में आये प्रसिद्ध गायक मन्नाडे के चाचा के.सी.डे और पंकज मलिक

1935 में अनिल बिस्वास, तिमिर बरन, सरस्वती देवी, बन्ने खाँ, गुलाम हैदर और जद्दनबाई।

1938 में शंकरराव व्यास तथा

1939 में खेमचन्द्र प्रकाश

इनमें से कलकत्ता के उस्ताद झण्डे ख़ाँ शास्त्रीय संगीत तथा थियेटर दोनों ही का अनुभव साथ लिए हुए थे किन्तु फ़िल्मों के अनुकूल न ढल सके तथा छह–सात वर्ष पश्चात ही उन्हें फ़िल्मों से किनारा करना पड़ा। उस्ताद बन्ने ख़ाँ तथा प्रसिद्ध अभिनेत्री नरगिस की माँ जद्दनबाई

(जो स्वयं कोठे–महफ़िल की दुनिया से फ़िल्मों तक पहुँची थीं) आदि अपनी महफ़िल–गायकी की शास्त्रीयता को फ़िल्मों के अनुरूप न ढाल सके तथा देखते–ही–देखते ओझल हो गये।

रायचन्द्र बोराल फ़िल्म संगीत के प्रपितामह कहे जाते हैं। एक तो उन्होंने फ़िल्मों के प्रारम्भिक काल में ही ऐसे सुरीले एवं सारगर्भित गीत दिये जो आज भी दोहराये जाते हैं जैसे–स्ट्रीट सिंगर' (1938) के लिए सहगल द्वारा गाया गया गीत, *बाबुल मोरा नैहर छूटो ही जाय* (राग : भैरवी) तथा 'चंडीदास' (1934) के लिए, *तरपत बीतें दिन–रैन*, (राग : भैरवी) गायक वही अमर सहगल तथा फ़िल्म 'प्रेसीडेंट' (1937) के लिए भी सहगल की ही सुरीली आवाज़ में, *एक बंगला बने न्यारा* (राग : काफ़ी बिलावल)।[3]।

'रेडियो सीलोन' हो कि हमारी 'विविध भारती' इन दोनों रेडियो स्टेशनों पर तो ये गीत हर दूसरे–तीसरे दिन सुनाई देते ही इसके अतिरिक्त फ़िल्म 'प्रेसीडेंट' में ही गाया गया एक गीत, *प्रेमनगर में बनाऊँगी घर मैं तजके सब संसार*, (राग : काफ़ी) तो घर–घर में गाया भी जाता। इसे उमा देवी तथा के.एल. सहगल ने गाया था। क्या कोई कह सकता है कि उपरोक्त गीत शास्त्रीय संगीत पर आधारित नहीं हैं। आगे चलकर सन् 1935 में रायचन्द्र बोराल ने कलकत्ता के 'न्यू थियेटर्स' के मालिक बी.एन. सरकार के साथ मिलकर पार्श्वगायन पद्धति का आविष्कार किया किन्तु ये प्रयोग सन् '40 के दशक के प्रारम्भ में ही सफल हो पाया।

इन्हीं के एक साथी, सहयोगी तथा सहकर्मी थे संगीत निर्देशक के.सी. डे जिन्हें आँखों से दिखाई नहीं देता था। देवकी बोस की जगत्प्रसिद्ध फ़िल्म 'सीता' (1934) का संगीत इन्हीं ने दिया था। इसके अतिरिक्त संगीतकार से भी कहीं अधिक अच्छे, यह गायक थे। फ़िल्म 'धूपछांह' (1935) के लिए आर. सी. बोराल तथा पंकज मलिक के संगीत निर्देशन में इन्होंने दो ऐसे गीत गाये जो अमर हो गये बल्कि यों कहें तो ठीक रहेगा कि आज ये दोनों गीत लोकगीतों का दर्जा रखते हैं। ऐसे लोकगीत जो घुमन्तू भिक्षुओं की परम्परा में हैं तथा रवीन्द्र संगीत का प्रभाव भी इन पर झलकता है। ये गीत हैं–

बाबा मन की आँखें खोल (राग : बिलावल)

तेरी गठरी में लागा चोर, मुसाफ़िर, जाग ज़रा (राग : खमाच)

आर. सी. बोराल के साथ उनके सहयोगी संगीतकार पंकज मलिक का नाम लेना भी ज़रूरी है जिन पर रवीन्द्र संगीत का स्पष्ट प्रभाव दिखाई देता है। 1937 में बनी फ़िल्म, 'प्रेसीडेंट' जिसका उल्लेख ऊपर किया जा चुका है, उसमें भी आर. सी. बोराल के साथ, फ़िल्म, 'धूपछाँह' की तरह ही पंकज मलिक ने ही संगीत रचना की थी।

1938 में एक फ़िल्म आयी, 'धरती माता' जिसके संगीतकार भी पंकज मलिक ही थे परिणामतः एक ऐसे गीत की रचना हुई जो भारतीय अध्यात्म में गले तक डूबा हुआ है–

दुनिया रंग रंगीली बाबा दुनिया रंग रंगीली (राग : आरभी)

इस गीत को यों तो अमर सहगल तथा के.सी. डे ने गाया था किन्तु तब सहगल साहब 'हिन्दुस्तान रिकॉर्डिंग कम्पनी' के 'कॉन्ट्रैक्ट' पर नहीं थे अतः जहाँ फ़िल्म में हम सहगल साहब की आवाज़ सुनते हैं वही 78RPM वाले रिकॉर्ड पर उनकी जगह पंकज मलिक की आवाज़ है। दोनों जगह इनका साथ दिया है, के.सी. डे ने। उस समय ऐसा बहुत से गानों के साथ होता था। अतः बहुधा एक गाने की रिकॉर्डिंग दो बार होती थी, एक फ़िल्म के लिए तथा दूसरी रिकॉर्ड के लिए तथा फ़िल्म कलाकार से कॉन्ट्रैक्ट न होने के कारण उससे मिलती–जुलती आवाज़ का प्रयोग किया जाता था।[4]

पंकज मलिक संगीतकार तथा गायक के रूप में काफ़ी आगे गये। उनसे भी आगे गये उन्हीं के एक सहयोगी जिन्हें आर.सी. बोराल ही लाये थे। उनको फ़िल्म–संगीत के हिसाब से शास्त्रीय संगीत के अनुकूलन का श्रेय दिया जाना चाहिए। यों भी कहा जा सकता है कि रायचन्द बोराल यदि हिंन्दी फ़िल्म संगीत के प्रपितामह हैं तो अनिल बिस्वास पितामह...ग़ज़ल, भजन, बन्दिशें, रागमाला, गीत तथा नग़में यही नहीं नज़्में तक भी...सबको कैसे 'कम्पोज़ (Compose) करना चाहिए अथवा उन्हें सुरों से कैसे सजाना चाहिए, अनिल बिस्वास इस सबके लिए पाठ्यपुस्तक के समान हैं, इसीलिए 1935 से प्रारम्भ हुआ इनका रचनात्मक सफ़र 1965 तक सफलतापूर्वक चला।

अनिल बिस्वास जिन्हें आदर से उनके साथी अनिल दा कहकर पुकारते थे, उन्होंने 1937 में मनमोहन से गवाया, *पुजारी मोरे मन्दिर में आया*, 1938 में फ़िल्म 'ग्रामोफ़ोन सिंगर' में सुरेन्द्र ने गाया, *काहे अकेला डोलत बादल*, 1940 की, 'अली बाबा' फ़िल्म में सुरेन्द्र ने ही वहीदन बाई के साथ मिलकर गाया, *हम और तुम और ये ख़ुशी...* 1940 की ही एक और फ़िल्म, 'औरत' से उन्होंने उभरना प्रारम्भ किया।' यही फ़िल्म बाद में, 'मदर इंडिया' के नाम से बनी थी। इसका एक गीत, *उठ सजनी खोल किवाड़े* बहुत प्रसिद्ध हुआ किन्तु 1940 तक के अनिल बिस्वास वह संगीतज्ञ नहीं थे जो आज जाने जाते हैं; फ़िल्में भी उनके पास सलीके की नहीं थीं। एक, 'औरत' को ही उल्लेखनीय कहा जा सकता है किन्तु अनिल बिस्वास को तो आगे चलकर पूरी संगीत इंडस्ट्री की रहनुमाई करनी थी।

दो विशेष संगीतज्ञ जो इसी दौर में आये और आज तक उनकी चमक फीकी नहीं पड़ी, उनका ज़िक्र तो करना ही पड़ेगा। उनमें एक थे, मैहर वाले उस्ताद बाबा उलाउद्दीन ख़ाँ के शिष्य, श्री तिमिर बरन। इन्हें जीवित रखने के लिए एक ही फ़िल्म काफ़ी है, 1935 में आयी, कुन्दनलाल सहगल और जमुना द्वारा अभिनीत, 'देवदास'। तिमिर बरन के उल्लेख के द्वारा मैं यह भी स्पष्ट करना चाहती हूँ कि फ़िल्मों की शुरुआत से ही शास्त्रीय संगीतज्ञ इनसे जुड़े रहे तथा इन्हीं के कारण वह पुख़्ता नींव डाली जिस पर बाद में फ़िल्म संगीत का गगनचुम्बी विजय स्तम्भ खड़ा हुआ।

एक और अभूतपूर्व क्रान्ति सन् 1935 में ही हो गयी थी जब एक 23 वर्षीय पारसी महिला ने फ़िल्म संगीत में प्रवेश करना चाहा। इनका पारसी नाम था ख़ुर्शीद होमजी। पारसी लोग यह अपमान सह नहीं पाये कि उनके धर्म की एक भद्र महिला जो लखनऊ के 'मौरिस संगीत विद्यालय' में शास्त्रीय संगीत की शिक्षिका थीं, वह सब कुछ छोड़–छाड़कर 'बॉम्बे' चली आयें और उन हिन्दी फ़िल्मों में संगीत दें जिन्हें तब भद्रलोक 'अछूत' समझता था किन्तु उनमें कला के ऐसे अंकुर फूट रहे थे जिन्हें धरती की मिट्टी रोक नहीं पाती। पारसियों के विरोध के कारण उनका नाम बदलकर 'सरस्वती देवी' रख दिया गया और, 'जवानी की हवा' उनकी पहली फ़िल्म बनी। यह फ़िल्म, 'बॉम्बे टॉकीज़' ने बनायी थी और उसके बाद तो वह इससे जुड़ ही गयीं। फिर 1936 में एक क्रान्तिकारी फ़िल्म बनी, 'अछूत कन्या'। यह फ़िल्म 'अछूत' समस्या पर आधारित थी। आज भी हम इस फ़िल्म का एक गीत सुनते रहते हैं जिसे देविका रानी तथा अशोक कुमार ने गाया था, *मैं बन की चिड़िया बन के, बन बन डोलूँ रे*।

यह एक ही गीत जब भी बजता है अथवा टी.वी. के परदे पर दिखाया जाता है तो जाति समस्या पर कुठाराघात करता नज़र आता है।

सरस्वती देवी ने 15 वर्ष तक फ़िल्मों में संगीत दिया। अपने शास्त्रीय गायन के ज्ञान का भरपूर इस्तेमाल करके इन्होंने हिन्दी फ़िल्म संगीत को नयी दिशा दी। उस समय क्योंकि पार्श्वगायन की प्रथा नहीं थी सो गायक संगीत में माहिर नहीं होते थे। अतः इन्होंने अपनी धुनों को छोटी–छोटी बहर (मीटर) में तोड़कर अत्यन्त सरल रूप दे दिया; गायकों ने जिन्हें बालगीतों की तरह सरलता से गाया।

'पहले दशक के गीतों को, रंगमंच के ही प्रसिद्ध कलाकार जैसे कज्जनबाई, मास्टर निसार, मास्टर मोहन फ़िदा हुसैन, अशरफ़ ख़ान, जी.एम. लोधी, ए.आर. काबुल अपने अभिनय के साथ–साथ गाते भी रहे। जो नाम प्रसिद्ध हुए उनमें

से कुछ हैं—वी. पगनिस, स्नेहप्रभा, सितारा (बाद की जगत्प्रसिद्ध कथक गुरू), ज़ोहराबाई, छाया देवी, पहाड़ी सान्याल, बालगन्धर्व, रतन बाई, सविता देवी, आशालता, माया बनर्जी तथा रफ़ीक़ ग़ज़नवी। इनके अतिरिक्त वे नाम जो अगले दशक में पार्श्वगायन के आने के बाद तक भी गाते रहे उनमें से उल्लेखनीय हैं—राजकुमारी, कानन देवी, के.सी. डे, पंकज मलिक, ज़ोहराबाई, अमीरबाई कर्नाटकी, सुरेन्द्र, ख़ुर्शीद, अशोक कुमार तथा सबसे बढ़कर कुन्दन लाल सहगल।'

संगीतकारों की भूमिका में ऊपर जो नाम दिये गये उनके अतिरिक्त प्रारम्भ में मास्टर नागरदास नायक, मास्टर मुहम्मद, मास्टर कृष्णाराव, मास्टर छैला, लल्लूभाई नायक जैसे थियेटरों के धुरंधर संगीत निर्देशक भी शामिल रहे।'

1931 से 40 के बीच कुल 931 फ़िल्में आयीं जिनमें 9000 गीत थे यानी प्रति फ़िल्म लगभग 10 गीतों का औसत रहा। इन्हें बनाने वाले संगीतकारों की संख्या रही लगभग 125। थियेटर के कलाकारों के अतिरिक्त शास्त्रीय संगीत के जिन महान गायकों/संगीतज्ञों ने इस दौर में संगीतकार अथवा गायक की तरह अपना योगदान दिया उनके नाम हैं—शंकर राव व्यास व उनके भाई नारायण राव व्यास, फ़िरोज़ दस्तूर, डॉ. बी.आर. देवधर, विनायक राव पटवर्धन तथा राम मराठे आदि। इसी समय में महान संगीतकार एस. डी. वर्मन ने के.सी.डे के साथ, देवकी बोस की फ़िल्म 'सीता' में कुछ गीत गाकर अपना संगीत जीवन (करियर) प्रारम्भ कर दिया था। इसी वर्ष मास्टर मोहम्मद के संगीत निर्देशन में एक गायक जयदेव मलिक गायक की तरह गीत गा रहे थे। फ़िल्म थी 'वीर भरत' तथा गीत *पराई पीर जो जाने*। यही जयदेव मलिक आगे चलकर महान संगीतकार जयदेव बने जिनका संगीत आद्योपान्त शास्त्रीय संगीत से ही प्रभावित रहा।

गीतकार के रूप में केदार शर्मा (देवदास, 1935), पण्डित प्रदीप (कंगन, 1935) तथा प्रमुख शायर साहिर लुधियानवी जो प्रेम बन्धन (1935) से ही फ़िल्मों में आ गये थे।

1935 में ही बी.एन. सरकार के साथ मिलकर आर. सी. बोराल तथा पंकज मलिक ने पार्श्वगायन की विधा पर प्रयोग करने भी प्रारम्भ किये किन्तु इस वर्ष वह सफलता की सीढ़ी न चढ़ सके। अतः इस काल में अभिनय कलाकार ही अपने गीत गाते रहे।

उस समय जैसे कलकत्ता के 'न्यू थियेटर्स' में प्रयोग हो रहे थे उसी प्रकार पुणे में 'प्रभात चित्र' तथा मुम्बई के बॉम्बे टॉकीज़ में भी प्रयोग हो रहे थे। सरस्वती देवी के अतिरिक्त रामचन्द्र पाल तथा कालजयी संगीतकार

अनिल बिस्वास की संगीत परम्परा ही आगे तक चलती आयी। ये परम गुणी लोग कम–से–कम साज़ों का इस्तेमाल करते थे क्योंकि तब रिकॉर्डिंग के लिए माइक्रोफ़ोन एक ही होता था। इनमें लोकप्रिय थे हारमोनियम, तबला और सारंगी, बाद में अनिल बिस्वास की पहल के साथ सितार, वायलिन तथा क्लारनेट भी आ गये। फिर बाँसुरी भी शामिल हो गयी। सरस्वती देवी ने काष्ठ तरंग (साइक्लोफ़ोन) का प्रयोग प्रारम्भ किया।

नये माध्यम का स्वीकार तथा विस्तार

फ़िल्मों के रूप में जन मनोरंजन (Mass Entertainment) की लोकप्रियता बढ़ाने के लिए फ़िल्मों के निर्देशकों ने नये–नये विषयों की तलाश की। उन्नीस सौ तीस के दशक में ऐसे सामाजिक विषय तलाशे गये जो दिन–प्रतिदिन के जीवन से सरोकार रखते थे। उदाहरणार्थ–1934 में व्ही. शान्ताराम ने 'अमृत मन्थन' बनाकर कर्मकाण्ड के नाम पर समाज में जो ज़्यादती फैली हुई थी उसका मन्थन करके समाज को झकझोरा।[17] 1935 में बंगाल के अमर कथाशिल्पी स्वर्गीय शरतचन्द चट्टोपाध्याय के उपन्यास पर आधारित फ़िल्म 'देवदास' आयी। उस समय भारत के समाज में 'हार' की मानसिकता ज़ोरों पर थी, उर्दू का शायर कुर्ते के बटन तोड़कर, पायजामे का पाँयचा फाड़कर, उलझे हुए बाल और बढ़ी हुई दाढ़ी के साथ उँगलियों में सिगरेट फँसाये घूमता था, मुँह से शराब के भभके छूट रहे होते थे और यह बताकर बेहद खुश होता था कि उसने अमुक दिनों से खाना नहीं खाया। ज़माने से सताये हुए लोगों में अपना नाम शामिल करवाना शायरों को ही नहीं फ़िल्म के दर्शकों को भी अच्छा लगने लगा। क्योंकि उनके दुःख की नुमाइन्दगी करने 'देवदास' फ़िल्म का हीरो देवदास आ गया था। शरारत में भी अगर किसी को देवदास पुकारा जाता तो उसे मन–ही–मन बहुत ख़ुशी होती। देवदास नाम के, हर शहर में मयख़ाने खुल गये। शराब पीकर देवदास के संवाद बोलना अपना धर्म समझा जाने लगा। जाने कितनी पारो इन देवदासों पर मर मिटीं, कोठों पर बैठी चन्द्रमुखियों की पौ बारह हो गयी। उनके कोठों पर देवदासों की क़तार लग गयी। देवदास का चरित्र बाद में वर्षों तक तरह–तरह से नयी–नयी फ़िल्मों में दोहराया गया जैसे–मैं नशे में हूँ, गुनाहों का देवता, दाग़, छलिया, शराबी, दिल एक मन्दिर आदि–आदि। दासगुप्ता ने अपनी पुस्तक 'द पेटेंट फेस' (1991; 29) में लिखा है–''जीवन के दुःखों का शराब की शरण में आकर समर्पण कर देना और अपनी प्रेमिका अथवा माँ में प्यार और ममता की तलाश करना या फिर सबको ठुकरा कर गली–गली दर–ब–दर घूमना यह रिवाज़ हो गया था।''

ऐसी ही एक और फ़िल्म 1942 में आयी 'जीवननाटक', जिसमें आधुनिकता के अन्धाधुन्ध ग़लत परिणामों का विषय उठाया गया था। यह एक ऐसा प्रेम त्रिकोण था जिसमें मुख्य पात्र मोहन, हीरोइन के मोह में पड़कर शराबी हो जाता है। अन्त में उसकी पत्नी आत्महत्या कर लेती है। ज़ाहिर है गाने भी उसी प्रकार के होने चाहिए थे इसलिए उस समय जो गाने प्रसिद्ध हुए–*बाबुल मोरा नैहर छूटो ही जाय, जब दिल ही टूट गया, बालम आये बसों मोरे मन में, तू कौन सी बदली में मेरे चाँद है आजा, उठाए जा उनके सितम और जिए जा, मेरी कहानी भूलने वाले तेरा जहाँ आबाद रहे, मेरा दिल तोड़ने वाले मेरे दिल की दुआ लेना,* आदि।

उसके बाद तो परम्परा और आधुनिकता के बीच का द्वन्द्व तरह–तरह से दिखाया जाने लगा। 1936 में ऐसी दो फ़िल्में आयीं 'माया' और 'मंज़िले'।

फिर ऐसी फ़िल्में बनाने का दौर आया जिन्हें सभी पसन्द कर सकें। इनमें महबूब ख़ान की 'मनमोहन' जैसी फ़िल्में शामिल हैं। यह फ़िल्म महिलाओं को केन्द्रित करके बनायी गयी थी जो सामन्तशाही परिवारों में पितृसत्तात्मक पहलुओं पर प्रश्नचिह्न लगाती है।

इसी के साथ–साथ हिन्दी फ़िल्मों के निर्माता–निर्देशक भव्यता तथा तकनीकी तरीक़ों के अनुसन्धान में भी लगे हुए थे। फ़िल्मों की अन्तहीन सम्भावनाएँ ढूँढ़ने और उन्हें इस्तेमाल करने की होड़–सी लगी हुई थी। कल्पना की इस उड़ान को उस समय पुणे में स्थित 'प्रभात स्टूडियो' ने ख़ूब इस्तेमाल किया। ऐसी फ़िल्में थीं, व्ही. शान्ताराम की 'दुनिया ना माने' (1937) और महबूब ख़ान की 'जागीरदार' (1937)। उदाहरण के लिए, 'दुनिया न माने' फ़िल्म में व्ही. शान्ताराम ने ध्वनि के माध्यम का बहुत ही कल्पनाशील प्रयोग किया। जिस तरह चित्रों (Visual) को अपने नियन्त्रण में रखा जाता है उसी तरह ध्वनि को भी नियन्त्रित किया गया। पूरी फ़िल्म में पार्श्वसंगीत नहीं था। केवल वातावरण की ध्वनियाँ तथा आवाज़ें ही इस्तेमाल की गयीं। फ़िल्म में जो गाने थे उनके साथ भी किसी साज़ का इस्तेमाल नहीं किया गया।

1940 का अन्त होते–होते छाया–चित्रण की कला, लोकप्रिय मनोरंजन तथा आनन्द का एक अति विशेष साधन बन गयी थी। सिनेमा की कला, जिसे पश्चिम से आयात किया गया था, उसे बहुत ही तेज़ी से भारतीय अनुभवों, मनोभावों तथा परम्पराओं के अनुसार ढाल दिया गया। पश्चिम ने भारत को केवल तकनीकी मदद दी, सांस्कृतिक रूप में सिनेमा सम्पूर्णतः भारतीय हो गया, हालाँकि फीयरलेस नादिया (fearless Nadia) ने पश्चिम के प्रभाव वाली फ़िल्मों में ज़ोरो, टार्जन और जॉन वेन तीनों को समेट लिया, लेकिन उनकी फ़िल्मों में साफ़ सन्देश होता था कि औरत को ताक़तवर, आज़ाद और हिम्मत वाली होना चाहिए।

सन् 1940 आते–आते सफल फ़िल्मों का एक फॉर्मूला हाथ आ गया जिसमें बॉक्स–ऑफ़िस पर फ़िल्मों को सफल करने के लिए चमत्कारपूर्ण दृश्य, संवाद, फंतासी, नृत्य तथा गाने आवश्यक अंग माने गये। गानों का प्रयोग कहानी को आगे बढ़ाने के लिए होता था। अतः गाने संगीत के अलावा एक चरित्र की भूमिका भी निभाते थे, उदाहरण के लिए, एक गीत गाने के दौरान, उसके गायक की दाढ़ी और मूँछें यदि पहले अन्तरे से तीसरे अन्तरे के बीच काली से सफ़ेद होती गयीं तो उससे परिलक्षित होता था कि लगभग तीस साल का समय बीत चुका।

तीस के दशक वाले हिन्दी फ़िल्म संगीत द्वारा भविष्य के लिए दिशा-निर्देशन (Trend Setting)

इस लक्ष्य को अर्जित करने के लिए वर्षों तक एक क्रमबद्ध अभियान चलता रहा। 1931 से 40 तक के संगीतकारों तथा अन्य सहयोगियों ने नींव के पत्थर की तरह काम किया। महफ़िल तथा थियेटर की शैली से छुटकारा दिलाकर इस संगीत को नयी और छोटी–छोटी मधुर बन्दिशों में बाँधा। इस काम में पंकज मलिक सबसे आगे रहे। कमलदास गुप्ता जैसे संगीतकारों ने रेल की गति को ही ताल में बदल दिया। ऐसे नये प्रयोग जनसाधारण को ख़ूब भाये। 1937 में बनी फ़िल्म 'प्रेसीडेंट' में आर.सी. बोराल तथा पंकज मलिक ने सहगल से एक गीत गवाया, *एक राजे का बेटा लेकर उड़ने वाला घोड़ा*। इस गीत ने गानों द्वारा कहानी कहने की परम्परा का सूत्रपात किया जिसे आगे चलकर निरन्तर दोहराया गया।

इस प्रकार गायक तथा गीत की बाल–श्रोताओं में पैठ बढ़ी। सुगम तथा सरस शैली भी गीत तथा बातचीत का मिश्रण जैसी बनी। जनसाधारण की रुचि ऐसे गीतों की ओर और भी बढ़ी। इसके अतिरिक्त तिमिर बरन द्वारा स्वरबद्ध तथा सहगल द्वारा गाये गये देवदास के गीतों ने तो धूम ही मचा दी।

फ़िल्म रूपी पूत के पैर पालने में ही दिखाई पड़ गये। किन्तु अभी तक तो इस संगीत ने केवल घुटनों चलना ही सीखा था। अभी तो इसे अपने पैरों पर खड़े होकर आकाश छूना था। बढ़ते हैं सन् 1940 के दशक की ओर...

1941 से 1950 तक का हिन्दी फ़िल्म-संगीत

इस कालखण्ड मे ऐसे संगीतकार, गीतकार एवं गायकों का आगमन हुआ जिन्होंने हिन्दी–फ़िल्म संगीत को इसके स्वर्णकाल की देहरी पर लाकर खड़ा कर दिया। इनके अतिरिक्त वे पुराने सफल संगीतकार तो थे ही जो

पिछले दशक से ही चल रहे थे किन्तु उनमें से अनिल बिस्वास, गुलाम हैदर, शंकरराव व्यास तथा खेमचन्द्र प्रकाश ही अधिक सफल हुए। पंकज मलिक ने ही 1941 में एक गीत दिया था, फ़िल्म का नाम था, 'डॉक्टर'। उन्होंने स्वयं ही इसे गाया भी था। गीत के बोल थे *जग में चले पवन की चाल* तो इसी गीत के अनुसार जो पवन की चाल के अनुरूप चल सके, वे टिक गये तथा दूसरों को धीरे–धीरे हिन्दी फ़िल्मों ने स्वयं ही छोड़ दिया।

हिन्दी फ़िल्मों में लोक संगीत का समावेश तथा लोक संगीत का फ़िल्मानुकूलन

इस मामले में सबसे बड़े प्रयोग की शुरुआत पंकज मलिक ने की। पंकज मलिक जहाँ एक ओर रवीन्द्र संगीत तथा बंगाली लोकधुनों का प्रयोग कर रहे थे तो पंजाब से आये गुलाम हैदर पंजाबी लोकधुनों का प्रसार करने में लगे थे। उधर पुणे में व्ही. शान्ताराम ने मराठी नाट्य संगीत का प्रयोग प्रारम्भ कर दिया था। आगे चलकर इन सभी अलग–अलग प्रयोगों ने एकाकार होना प्रारम्भ कर दिया, जैसे–गुलाम हैदर द्वारा पंजाबी लोकधुनों के इस्तेमाल से उनकी लोकप्रियता इतनी बढ़ गयी कि उससे प्रभावित होकर आगे के दशक में संगीतकार नौशाद ने उत्तर प्रदेश की लोकधुनों का प्रयोग प्रारम्भ कर दिया जो अत्यन्त सफल हुआ। तभी इनके सहायक बने गुलाम मोहम्मद जो राजस्थान से थे। सो इनके संगीत में राजस्थानी लोकगीत का प्रवेश हुआ। विभिन्न हिन्दीभाषी प्रान्तों के ये लोकगीत धीरे–धीरे विविध फ़िल्मों में बहुतायत से सुनाई पड़ने लगे। कारण यह कि फ़िल्मों के दर्शक प्रत्येक प्रान्त से होते थे तथा दर्शक को टिकट खिड़की तक लाने के लिए फ़िल्म संगीत को ऐसा राष्ट्रीय स्वरूप देने का प्रयास किया जाता था जिसमें सभी की पसन्द का कुछ–न–कुछ अवश्य शामिल हो। राष्ट्रीय स्वरूप देने में भी ऐसे ही लोक संगीत का प्रयोग किया गया जिसका स्वरूप शास्त्रीय संगीत में भी दिख पड़ता हो क्योंकि भाषा कोई भी क्यों न हो, उत्तर भारतीय शास्त्रीय संगीत तो सभी प्रान्तों में एक जैसा ही सुना जाता था।

इस कालखण्ड में भारत के आज़ाद होने के आसपास संगीत में बहुत भारी बदलाव आये। सबसे बड़ा बदलाव था वे आवाज़ें जो इस फ़िल्म संगीत को अमर कर देने के लिए आज़ादी से कुछ ही वर्ष पूर्व आना प्रारम्भ हो गयी थीं तथा उनके साथ संगीतकार, गीतकार एवं निर्माता–निर्देशक भी। तात्कालिक संगीत निर्देशकों में उस समय गुरु–शिष्य परम्परा जैसा वातावरण भी चल रहा था, अर्थात पुरानी पीढ़ी यदि जा रही थी तो नयी पीढ़ी उनसे सीखने के बाद और भी समर्थ होकर सामने आ रही थी।

यह रिवाज़ भी शास्त्रीय संगीत के घरानों से ही प्रभावित था जिसके अनुसार आगे चलकर एक गुरु के गुण उसके शिष्यों द्वारा श्रोताओं तक पहुँचते रहते हैं। इनमें से कुछ नाम जो प्रमुख हैं–

1. तिमिर बरन (1935) के शिष्य खेमचन्द्र प्रकाश (1939),
2. खेमचन्द्र प्रकाश (1939) के शिष्य नौशाद (1940)
3. सरस्वती देवी (1935) के शिष्य एस.एन. त्रिपाठी (1941),
4. अनिल बिस्वास (1935) के शिष्य सी. रामचन्द्र (1942),
5. अनिल बिस्वास (1935) के शिष्य रौशन (1949),
6. श्यामसुन्दर (1945) के शिष्य मदनमोहन (1950), एस.एन.त्रिपाठी (1941) के शिष्य चित्रगुप्त (1947)[5]

इस गुरु–शिष्य परम्परा के अतिरिक्त शास्त्रीय संगीत को समझकर उसे फ़िल्म संगीत के अनुरूप ढालने, जो अन्य संगीतकार इस काल में आये उनके नाम हैंः–

- 1941 : पं. पन्नालाल घोष (प्रसिद्ध बाँसुरी गुरु)
- 1942 : वसन्त देसाई
- 1943 : उस्ताद अल्लाह रक्खा ख़ाँ (प्रसिद्ध तबला गुरु एवं उस्ताद ज़ाकिर हुसैन के पिता), पं. अमरनाथ, अविनाश व्यास, गुलाम मोहम्मद, पं. श्याम सुन्दर
- 1944 : पं. हुस्नलाल–भगत राम तथा मास्टर सज्जाद हुसैन
- 1945 : बुलू सी. रानी तथा उस्ताद हफ़ीज़ ख़ाँ (उस्ताद अमज़द अली ख़ाँ के पिता)

1946 : हंसराज बहल, पं. लच्छीराम, पं. रविशंकर (विश्वविख्यात सितार गुरु) राम गांगुली, एस.डी.बर्मन, सुधीर फड़के, विनोद

1947 : दत्ता डावजेकर

1948 : नाशाद (नौशाद नहीं)

1949 : शंकर–जयकिशन[6]

उपरोक्त तालिका देखने पर स्वयं पता चल जाता है कि विशुद्ध शास्त्रीय संगीत के क्षेत्र में आगे चलकर जो इतिहास बनने वाले थे (उस्ताद हफ़ीज़ ख़ाँ, पं. रविशंकर, उ. अल्लाह रक्खा ख़ाँ, पं. अमरनाथ तथा पं. पन्नालाल घोष) वे सभी फ़िल्म संगीत में अपना ऐतिहासिक योगदान देने के बाद ही आगे बढ़े थे। इनके अतिरिक्त और दूसरे नाम भी जो ऊपर उल्लिखित किये गये तथा जिन्होंने शास्त्रीय संगीत पर आधारित फ़िल्म संगीत की रचना करके हिन्दी फ़िल्म संगीत को अमर कर दिया, ऐसे लगभग सारे ही

नाम इसी काल में जुड़ गये थे, यथा–एस.एन.त्रिपाठी, नौशाद, मदन मोहन, सी. रामचन्द्र, रौशन, वसन्त देसाई, गुलाम मोहम्मद, सुधीर फड़के, एस.डी. बर्मन तथा शंकर–जयकिशन।

कुछेक नाम ही ऐसे बाक़ी बच रहे जो इस कालखण्ड में जुड़ने से रह गये किन्तु वे वर्ष दो वर्ष बाद, अर्थात अगले कालखण्ड में, इन्हीं में शामिल हो गये। इस संगीत से सम्बन्धित केवल एक ही घटक ऐसा रहा है जो प्रारम्भ से अन्त तक लगभग एक जैसा ही रहा तथा 1935 से लेकर 1970 तक भी उनमें कोई विशेष परिवर्तन नहीं आया। ये थे हमारे गीतकार! मुट्ठी भर गीतकारों ने ही लगभग 35–40 साल तक हिन्दी फ़िल्मों के गीतों की रचना की तथा उन्होंने धुन के अनुसार लिखने में भी कोई कसर नहीं छोड़ी; यद्यपि धुन पर गीत लिखना कोई सरल कार्य नहीं है किन्तु शंकर–जयकिशन, एस.डी. बर्मन तथा सलिल चौधरी सरीखे संगीतकार सदा ही धुन पहले बनाते थे तथा गीत बाद में लिखवाते थे। अस्तु हमारे गीतकारों में कुछ गौरवशाली नाम इस प्रकार हैं–

पं. प्रदीप, डी. एन. मधोक, कमर जलालाबादी, पँ. नरेन्द्र शर्मा, पी.एल. सन्तोषी तथा साहिर लुधियानवी। ये सभी लगभग इसी दशक के हैं किन्तु साहिर साहब शायद एक बार आकर चुप बैठ गये और दिल्ली वापस चले गये थे किन्तु कुछ अर्से बाद फिर लौट कर आये तथा विश्वविख्यात हो गये।

मजरूह सुल्तानपुरी, राजेन्द्र कृष्ण, प्रेम धवन तथा इन्दीवर 1947–48 के बीच आये।

शैलेन्द्र, हसरत जयपुरी तथा भरत व्यास 1949 के आसपास आये।

आइए अब इस दशक के गायकों के बदलाव पर भी एक निगाह डालें। 1941 से 47 के बीच सुरेन्द्रनाथ, कानन बाला, ज़ोहराबाई, खुर्शीद, अमीरबाई, तथा राजकुमारी, धीरे–धीरे सुबह के दीपक की तरह फीके पड़ते जा रहे थे। ये आवाज़ें तथा इनके अन्दाज़ वाले गीत धीरे–धीरे बनने बन्द हो रहे थे फिर भी राजकुमारी 'महल' (1949) तक अपनी आभा बिखेरती रहीं। इसका कारण था कि नयी सधी हुई मीठी आवाज़ें जो माइक्रोफ़ोन के अनुकूल थीं, वे आनी प्रारम्भ हो गयी थीं जैसे मुकेश (निर्दोष) और शमशाद बेगम (खजांची) 1941 में आये सुरैया, (शारदा) तथा नूरजहाँ (ख़ानदान) सन् '42 में आ गयीं। मन्ना डे (रामराज्य) 1943 में तथा तलत महमूद (आरज़ू) 1944 में प्रकाश में आये। मुकेश, मन्ना डे तथा तलत महमूद, अनिल बिस्वास की ही खोज थे। मोहम्मद रफ़ी (गाँव की गोरी) सन् 45 में आये। गीता दत्त (भक्त प्रहलाद) सन् 46 में आयी। हाँ, सहगल साहब अभी भी थे तथा सभी के आदर्श बने हुए थे।

वर्ष 1947

वर्ष 1947 का भारत के इतिहास में बड़ा महत्त्व है इसीलिए जैसी फ़िल्में 1947 से पहले बन रही थीं और जैसी 1947 के बाद बननी शुरू हुईं उनमें वैचारिक दृष्टिकोण का भी महत्त्व था। 1947 से पूर्व फ़िल्मों के विषय ऐसे ही होते थे जिससे अंग्रेज़ सरकार नाराज़ न हो। 1943 में, फिर भी, 'बॉम्बे टॉकीज़' की फ़िल्म, 'क़िस्मत' आयी जिसमें पं. प्रदीप द्वारा लिखित तथा अनिल बिस्वास द्वारा रचित प्रयाणगीत, *आज हिमालय की चोटी से, फिर हमने ललकारा है, दूर हटो ऐ दुनिया वालों, हिन्दुस्तान हमारा है* अंग्रेज़ों का कोपभाजन बना। बड़ी मुश्किल से, कोई बहाना करके उन्हें समझाया गया तो यह फ़िल्म सेंसर के चंगुल से निकली और अकेले कलकत्ता के हॉल में लगातार तीन साल यह फ़िल्म चली और इतने ही समय तक यह गीत केवल हॉल में ही नहीं गूँजता रहा बल्कि स्वाधीनता संग्राम का हिस्सा भी बना तथा हर भारतीय ने इसे जुलूस तथा रैलियों में साथ–साथ गाया। आज भी राष्ट्रीय पर्वों पर यह गीत श्रद्धासहित सुना जाता है।

किन्तु उपरोक्त गीत 1947 से पूर्व एक अपवाद था। 1947 के बाद विषय बदले, फ़िल्में बदलीं तथा गीत–संगीत का स्वरूप भी। 'समाधि' तथा 'शहीद जैसी फ़िल्मों में–*अब डरने की कोई बात नहीं अंग्रेज़ी छोरा चला गया* तथा *वतन की राह में वतन के नौजवाँ शहीद हो* जैसे गीत आने प्रारम्भ हो गये। 'डा कोटनीस की अमर कहानी' जैसी फ़िल्में बननी प्रारम्भ हो गयीं, ईश्वर प्रसन्न हुआ तो स्वतन्त्रता प्राप्ति के साथ–साथ उसने कई और वरदान भी दिये।

1947 में ही आयी इस युग की सबसे मधुर आवाज़–कोकिलाकण्ठी लता मंगेशकर। फ़िल्म थी 'आपकी सेवा में' (यह नाम भी क्या सोच कर रखा गया होगा) तथा संगीतकार थे दत्ता डावजेकर। भारतीय सिनेमा जगत् पर यह उनका सबसे बड़ा एहसान था तथा सबसे बड़ी खोज।

इसके बाद 1948 में आये, किशोर कुमार (ज़िद्दी) तथा आशा भोसले (चुन्दरिया)।

ध्यान से देखें तो अपने आप स्पष्ट हो जायेगा कि इन दस वर्षों में ही लगभग वह सब हो गया जिसे शास्त्रीय संगीत पर आधारित हिन्दी फ़िल्म संगीत कह सकते है अथवा उसका विकास एवं चरमोत्कर्ष भी। 1947 के बाद का ही समय था। जब तीन महानायक भी अपने पूरे क़द पर पहुँचने को आतुर हो रहे थे। ये थे, राज कपूर, देवानन्द तथा दिलीप कुमार। अब वह समय आने ही वाला था जब ये कलाकार या तो अपनी पसन्द की फ़िल्में बनाने वाले थे अथवा उनमें काम करने वाले थे तथा विभिन्न सहयोगियों को

लेकर इनकी अपनी पसन्द धीरे–धीरे सामने आने वाली थी। फिर भी अभी थोड़ा समय था, हाँ, नौशाद ने अवश्य कारदार, के. आसिफ़ तथा महबूब के साथ मिलकर एक गुट बनाना प्रारम्भ कर दिया था। कुछ समय ऐसा भी रहा जब मुसलमान कलाकर्मी यदि अपने गुटों में काम करने लगे तो उसी प्रकार बंगाली, पंजाबी, मराठी तथा गुजराती भी सब अपने–अपने गुटों में ही सिमट जाने का प्रयास करते रहे किन्तु प्रश्न गुणवत्ता का था तथा अपने आपको दूसरों से बेहतर सिद्ध करने का भी। अतः इक्का–दुक्का उदाहरणों को छोड़, गुट केवल अपनी–अपनी रचनात्मक पसन्द पर ही आधारित होने लगे तथा फ़िल्म व्यवसाय धर्मनिरपेक्षता तथा राष्ट्रीय एकता का प्रतीक बनकर उभरने लगी। इस वातावरण का प्रभाव गीतों पर भी पड़ा। बहुत सोच–समझकर संगीतकारों, निर्माता–निर्देशकों तथा अन्य कलाकर्मियों ने शास्त्रीय संगीत पर आधारित संगीत को प्रधानता इसलिए भी दी कि शब्द समझने में चाहे थोड़ी–सी कठिनाई ही क्यों न हो, शास्त्रीय संगीत के स्वर तो सबके कानों में अमृत घोलेंगे ही। वे तो सब जगह एक जैसे ही हैं।

1950 आते–आते पुरानी आवाज़ें बिल्कुल ही अस्तित्वहीन हो गयी थीं, नयी आवाज़ों तथा संगीतकारों ने पूरी तरह इस विधा पर अधिकार जमा लिया था तथा हमारा फ़िल्म संगीत स्वर्णकाल के क़गार पर पहुँच गया जिसे हम 1951 से 1960 तक का हिन्दी फ़िल्म संगीत कहते हैं किन्तु उसके बारे में बात करने से पूर्व हम इस काल को निम्न दो खण्डों में बाँट कर गहन समालोचनात्मक दृष्टि डालेंगे :

अ) 1941 से 1947 (स्वतन्त्रता पूर्व)

ब) 1947 से 1950 (स्वतन्त्रता पश्चात)

1941 से 1947 (स्वतन्त्रता पूर्व) तक का कालखण्ड

इस समय के कुछ विशेष गानों में से ज़ोहराबाई 'रतन' फ़िल्म में, अमीरबाई 'सिन्दूर' में, ख़ुर्शीद 'परदेशी' के लिए और बेगम अख्तर 'रोटी' में प्रसिद्ध हुईं। 'शीरी फरहाद' और 'लैला मजनूँ' के लिए मिस कज्जन का गायन भी इसी परम्परा में था। मास्टर निसार इस वक़्त सबसे ज़्यादा मशहूर हुए। उनमें शास्त्रीय रियाज़ साफ़–साफ़ झलकता था। बिना किसी कठिनाई के तान और मुर्कियाँ ले सकते थे। इनका स्वर साधारणतः सफ़ेद चार रहता था। अख़्तरी बाई फ़ैज़ाबादी (बेगम अख़्तर) तथा दक्षिण की एम.एस. सुब्बलक्ष्मी इन्हीं आवाज़ों में से रहीं और शास्त्रीय संगीत के आधार ने उन्हें, उनके क्षेत्र में आने वाले समय की महानतम गायिकाएँ बना दिया।

बेगम अख़्तर को ठुमरी, दादरा तथा ग़ज़लों तथा एम.एस. सुब्बलक्ष्मी के भजनों के लिए कभी भी नहीं भुलाया जा सकता।

इसी कालखण्ड में फ़िल्मी गायन को अपनी शैली विकसित करने में भी अधिक देर नहीं लगी। महिला गायिकाओं ने महफ़िल जैसी गायकी के बजाय ऐसी गायकी अपनायी जो माइक्रोफ़ोन के अनुरूप हो। फ़िल्म में कोई स्टेज नहीं होता। यह एक ऐसी विधा है जिसमें चारों ओर अँधेरा होता है और दर्शक के सामने होता है एक पर्दा, जो फ़िल्म के प्रारम्भ होते ही एक नया संसार बन जाता है जिसकी हर चीज़ वास्तविकता का आभास (Virtual Reality) कराती है। समुद्र किनारे यदि कोई प्रेमी युगल बैठा है तो लगता है कि हम चुपचाप उन्हें केवल 20–25 मीटर की दूरी पर बैठे देख रहे हैं। प्रेमी वहाँ जो बातें करेंगे, वे भी फुसफुसाहट में करेंगे क्योंकि वे आपस में बातें कर रहे हैं किसी को बताने के लिए नहीं। यह दूसरी बात है कि हम उनसे थोड़ी ही दूर पर बैठे चुपचाप उनकी बातें सुन रहे हैं। कुछ ऐसी ही वास्तविकता का एहसास दिलाता है सिनेमा। इसलिए इस विधा का गायन भी ऐसी ही मधुरता, कोमलता तथा सहज आवाज़ों के साथ चाहिए था, चिल्ला कर नहीं। इसीलिए ऐसी आवाज़ें चुनी गयीं जो माइक्रोफ़ोन पर मधुर लगती हों। इनमें Tone की मधुरता चाहिए थी, Volume की अधिकता नहीं। इस नयी शैली की गायिकाओं में कानन बाला का गीत *दुनिया ये दुनिया तूफ़ान मेल* (जवाब) उमा देवी द्वारा 'बसन्त' फ़िल्म के गाने तथा स्नेहप्रभा प्रधान का गीत *नाचो–नाचो प्यारे मन के मोर* (पुर्नमिलन), आज भी उल्लेखनीय हैं। सहगल साहब की आवाज़ फ़िल्म शैली में एकदम फ़िट बैठती थी।

इस कालखण्ड के प्रारम्भ में, फ़िल्मों के दो स्कूल, अनुशासन या घराने मशहूर हुए। इन्होंने थियेटर्स का अन्दाज़ छोड़कर फ़िल्म की विधा को पहचाना और उसी के अनुरूप काम किया। ये दो अनुशासन थे–पुणे में प्रभात चित्र तथा कलकत्ता में न्यू थियेटर्स। पुणे में इस अनुशासन की नींव जमायी फत्ते लाल, दामले तथा बाद में वणकुद्रे शान्ताराम ने। न्यू थियेटर्स के संस्थापक थे–बी.एन.सरकार। यह पेशे से इंजीनियर थे। इनके साथ संगीत को आगे बढ़ाया रायचन्द्र बोराल ने। न्यू थियेटर्स का हिन्दी फ़िल्मों के संगीत को सबसे पहला योगदान है 'रवीन्द्र संगीत' का समावेश। आर.सी. बोराल प्रारम्भिक काल के ही संगीत निर्देशक थे तथा उन्होंने रवीन्द्र संगीत के प्रयोग स्वयं तो किये ही बाद के संगीत निर्देशकों के लिए भी उसके द्वार खोल दिये। उस समय की प्रसिद्ध गायिका 'जूथिका राय', गायकों में 'मन्ना डे' के चाचा 'के. सी. डे', तथा 'पंकज मलिक' आदि बंगाल स्कूल के गायक ही माने गये।

उसी समय के एक और गुणी गायक थे–लाहौर के 'शिव दयाल बातिश', जो बाद में एस.डी. बातिश के नाम से जाने गये तथा बहुत बाद की एक संगीतमय फ़िल्म 'बरसात की रात' में उन्होंने बड़ी ख़ूबसूरती के साथ मुहम्मद रफ़ी तथा मन्ना डे जैसे गायक कलाकारों के साथ क़व्वालियाँ गायीं। इनका, उस ज़माने की एक फ़िल्म 'दासी' का एक गीत *ख़ामोश निगाहें ये सुनाती हैं कहानी* बहुत ही सराहा और गुनगुनाया गया।

पार्श्वगायन की खोज तथा इस विधा का फ़िल्म संगीत में योगदान

प्रारम्भ में दो–तीन चीज़ें साथ–साथ चल रही थीं, रवीन्द्र संगीत का प्रभाव तथा शास्त्रीय संगीत का सम्पूर्ण आधार। फिर भी, तानों, मुरकियों और छोटे–छोटे खटकों के स्थान पर अधिकतर सपाट गाने ही रखने पड़ते थे, क्योंकि एक ही व्यक्ति में कुशल गायक और उतने ही कुशल कलाकार का मिलना असम्भव जैसा था। फ़िल्म के कलाकारों द्वारा गीत गाये जाने से बड़ा नुकसान हो रहा था। FTII Pune, के भूतपूर्व प्रोफ़ेसर श्री सतीश बहादुर के अनुसार, "1935 में आर. सी. बोराल ने बी. एन. सरकार के कहने पर अच्छे गायन के लिए पार्श्वगायन की विधा पर असफल अनुसन्धान किया भी था किन्तु इस बार 40 का दशक प्रारम्भ होने के तुरन्त बाद सन् 41–42 के बीच न्यू थियेटर्स कलकत्ता ने विश्व सिनेमा को ऐसा योगदान दिया जो सिनेमा के इतिहास में सदा अमर रहेगा। न्यू थियेटर्स के मालिक श्री बी. एन. सरकार और रायचन्द्र बोराल ने मिलकर ऐसा तरीक़ा निकाल ही लिया कि गाना पहले गा लिया जाये और भी ऐसी आवाज़ में जो सुरीली हो तथा बाद में उस गाने पर अभिनय करने वाले कलाकार केवल होंठ हिलायें जिसकी बाद में अलग से शूटिंग कर ली जाये। इस तरह जिस विधा का जन्म हुआ उसे ही पार्श्वगायन (Playback Singing) कहा गया।"

न्यू थियेटर्स के द्वारा भारतवर्ष की ओर से संसार के सम्पूर्ण सिनेमा जगत् को यह अछूती, अमूल्य तथा इकलौती भेंट थी। विश्व सिनेमा इसके लिए भारतीय सिनेमा को सदा याद रखेगा।

इस विधा ने सुरीले तथा गुणी गायकों के लिए सफलता के द्वार खोल दिये। इस प्रकार तीस के दशक के गायक–के. एल. सहगल, पहाड़ी सान्याल, शान्ता आप्टे, साहू मोदक, गोविन्दराव टेम्बे और विष्णुपन्त पगनीस, इत्यादि में से सहगल ही बाद में गाने के लिए बच रहे, क्योंकि उनकी आवाज़ में वह सब कुछ था जो पार्श्वगायन के लिए चाहिए। यही नहीं, वह लगभग सभी गायकों के आदर्श भी बने जैसे भविष्य में आने वाले मुकेश, किशोर कुमार तथा

लता मंगेशकर जैसों के लिए भी। यही वह समय था जब कलकत्ता और पूना को पीछे छोड़ बम्बई ने भारत के हॉलीवुड की जगह ले ली। कुकुरमुत्तों की तरह फ़िल्म कम्पनियाँ पैदा होने लगीं, जिनमें से कुछ प्रसिद्ध नाम हैं—बॉम्बे टॉकिज़, फ़िल्मिस्तान, प्रकाश, रणजीत, सागर, कारदार, महबूब और मिनर्वा आदि। इनके कारण नयी आवाज़ों का बाज़ार पैदा हुआ। पार्श्वगायन, की विधा आ जाने के कारण बहुत से गायक भाग्य आज़माने आ गये। कुछ ऐसे अपवाद अवश्य रहे जो गाते भी थे और अभिनय भी करते थे। अमर सहगल के अतिरिक्त इनमें नूरजहाँ, सुरैया तथा उमा देवी भी थीं। इनके अतिरिक्त पार्श्वगायन में वे सितारे उभरने प्रारम्भ हुए जिनका वर्णन पीछे किया गया है गीत का महत्त्व बढ़ा तो अच्छे गीत और संगीतकार भी आये। इनका वर्णन भी हम पीछे कर आये हैं। नयी–नयी प्रतिभाएँ आयीं तो फ़िल्मों की गायन विधा त्वरित गति से विकसित होने लगी।

फ़िल्म गायन में परिवर्तन तथा नये पार्श्व गायक

फ़िल्म के गायन की कुछ अपनी ही विशेषताओं तथा सीमाओं के अनुसार उस समय के हिन्दी फ़िल्म गायन में भी परिवर्तन हुए, जैसे :

1. फ़िल्मों में गीत की एक निश्चित अवधि होने लगी, साधारणतः 3 से लेकर 5 मिनट तक। शास्त्रीय संगीत की जानकारी यदि दिखानी भी होती तो इसी अवधि में। कई बन्दिशें भी इसी अवधि की आयीं। शास्त्रीय गायन को भी सीमाओं में बँधना पड़ा।
2. गाने को लोकप्रिय बनाने के लिए चलती हुई तालों तथा विविध वाद्यवृन्दों का प्रयोग होने लगा। धीर–गम्भीर, मन्द्र तथा विलम्बित लय की तालों से समय अधिक लगता।
3. गीत के बोल छोटे–छोटे छन्दों में लिखे गये।
4. सामान्य जन तक पहुँच बनाने के लिए गीत के बोलों का महत्त्व धुन से कम नहीं आँका गया।
5. फ़िल्म बड़ा ख़र्चीला माध्यम है, लागत वसूल होना सबसे आवश्यक है इसलिए धुन तथा बोल बनाते समय देश के विभिन्न प्रदेशों, भाषा--भाषियों, बोलियों तथा लोकप्रिय रुचियों का ध्यान रखा जाने लगा जिससे उन्हें देशभर में अधिकाधिक पसन्द किया जाये।

विधा निखरी तो आदर्श भी बनने प्रारम्भ हो गये। महिलाओं में नूरजहाँ, बाद में आने वाली लता मंगेशकर तक की आदर्श थीं। उनकी आवाज़ में महफ़िल की गायकी का अन्दाज़ था फिर भी वह परिपक्व तथा आकर्षक थी।

बहुत ही कठिन मुरकियों को लेते हुए भी शब्दों का निर्वहन करते समय वह अपनी आवाज़ का नियन्त्रण नहीं खोती थीं। उनकी आवाज़ में तीन सप्तकों का समावेश था तथा जो भी उन्होंने गाया, वह मानो झरने की तरह उनके गले से स्वतःस्फूर्त ही निकलता था। उनकी रेंज कठिनतम शास्त्रीय गायन की मुरकियों से लेकर सादा सुगम संगीत तक सटीक रहती थी। फ़िल्म 'दिल' (1946) में सज्जाद साहब ने संगीत दिया था; उसमें एक नग़्मा था *आज की रात साजे दिल पुरदर्द ना छेड़* जिसमें उन्होंने शास्त्रीय संगीत की सभी बारीकियाँ दिखायीं, जबकि नौशाद साहब के लिए फ़िल्म 'अनमोल घड़ी' (1946) में बहुत सादगी से गाया था, *आवाज़ दे कहाँ है, दुनिया मेरी जवाँ है*। यह गीत राग पहाड़ी में निबद्ध था।

दूसरी ओर सुरैया की आवाज़ में एकदम सादगी थी। लगता था जैसे पड़ोस की कोई गृहस्थ औरत गा रही हो। उन्होंने कभी तान, मुरकी या खटके की बात नहीं की। उनकी आवाज़ में ये बातें थीं ही नहीं। हाँ, शास्त्रीय संगीत का आधार अवश्य था। भला इस रचना को कौन भूल सकता है जिसे एस.डी.बर्मन ने फ़िल्म 'अफ़सर' के लिए राग मल्हार में निबद्ध किया था, *मन मोर हुआ मतवाला, ये किसने जादू डाला।* किन्तु ऐसी धुनों को बनाने का सेहरा तब के संगीतकारों को भी जाता है जो आवाज़ की तैयारी के अनुसार ही रागों पर आधारित धुनें बनाने की क्षमता रखते थे। उस समय पुरुष गायकों में सबसे सशक्त तथा प्रभावशाली आवाज़ थी, कुन्दनलाल सहगल की। वह शायद पहले ऐसे गायक थे जिन्होंने अपने गायन से लोगों को दीवाना बना दिया था। संगीत निर्देशक आर.सी. बोराल, उन्हें खुले हुए गले से उसी तरह गवाना चाहते थे जैसा उस समय चलन था किन्तु सहगल साहब की आवाज़ ऊँचे पिच तक पहुँचते ही फट जाती थी। बाद में नितिन बोस ने उन्हें राय दी कि वह मधुर तथा सामान्य स्वर में गायें। जब उन्हें मुलायम आवाज़ में रिकॉर्ड किया गया तो एक अजीब आकर्षक मधुरता पायी गयी जिसने नयी शैली के लोकप्रिय संगीत को जन्म दिया। उनकी 'रेंज' बहुत बड़ी थी और वह तरह–तरह के गाने गा सकते थे। सहगल साहब की महारथ और आवाज़ पर नियन्त्रण, उनके गानों में सदा झलकता जैसे, *ग़म दिये मुस्तकिल कितना नाजुक है दिल ये न जाना,* (शाहजहाँ, 1946)। उस समय की शैली के अनुसार वह कभी–कभी नाक से भी गाते थे और बोलों को भी अप्राकृतिक रूप से अदा कर देते थे लेकिन बाद में वही पहले ऐसे लोकप्रिय गायक बने जो शब्दों को सही अर्थ देते थे, सही अन्तराल और वज़न (Pause and Stress) भी।

सन् 1947 (स्वतन्त्रता पश्चात) से 1950 तक का संगीत

चालीस के दशक के आख़िरी वर्षों में माइक्रोफ़ोन भी बदले, साथ में उनकी संवेदनशीलता और ध्वन्यात्मकता भी। गायकों ने भी माइक्रोफ़ोन के सामने गाने की कला को विकसित किया। रिकॉर्डिंग के उपकरण भी बड़े ऊँचे दर्जे के आने शुरू हो गये तथा गायन में शालीनता का प्रवेश भी हुआ। अब टीप की आवाज़ में गाने की आवश्यकता न थी। माइक्रोफ़ोन में गीत से लेकर गुनगुनाना तथा फुसफुसाना भी रिकॉर्ड हो सकता था। इसलिए आवाज़ों का साम्राज्य बदला। यों भी, सहगल का ज़माना जा चुका था, (सन् 48 में वह स्वर्गवासी हुए) नूरजहाँ पाकिस्तान जाने की तैयारी में थीं, शमशाद बेगम के तीखेपन को सन्तुलित करने के लिए लता मंगेश्कर आ गयी थीं। मुहम्मद रफ़ी, मुकेश, हेमन्त कुमार, मन्ना डे, किशोर कुमार और तलत महमूद जैसी आवाज़ें भी आ चुकी थीं। मुहम्मद रफ़ी के आने से सुनने वालों ने मुग्ध होकर यह पाया कि अब एक ऐसी आवाज़ आ गयी थी, जो बिना अपने स्वर को भंग किये तीन सप्तकों में आराम से जा सकती थी। रफ़ी की आवाज़ की ऊँचाई और गहराई को समझते हुए संगीत निर्देशकों ने अपनी धुन बनाने के तरीक़ों में बहुत से बदलाव किये। 'जुगनू' (1947) का आसान सा गीत, *यहाँ बदला वफ़ा का बेवफ़ाई के सिवा क्या है* (राग : यमन बिलावल) या कि 'शहीद' फ़िल्म के गीत *वतन की राह में वतन के नौजवाँ शहीद हो* (1947) (राग : मिश्र खमाज) में शब्दों की भावनाएँ और स्वरों की ऊँचाइयों का सामंजस्य कमाल का है। उनके एक गीत ने महात्मा गाँधी की मृत्यु के बाद वर्षों तक सुनने वालों को बापू की याद में भिगोये रखा था, *सुनो–सुनो ऐ, दुनिया वालो, बापू की ये अमर कहानी* (1948)। आने वाले उनतालीस वर्षों तक वह अपने सुनने वालों को विविध गीतों का उपहार देते रहे। इनके बाद के गीतों की चर्चा हम बाद में करेंगे। उस समय के दूसरे गायक थे मुकेश, जो अपने गीतों में करुणा लेकर आये। प्रारम्भ में अपने आदर्श सहगल की तरह उन्होंने गीत गाया *दिल जलता है तो जलने दे, आँसू न बहा फ़रियाद न कर* (राग : सूहा–सुघरई)। आज भी इस गीत को सुनकर सहगल का भ्रम हो जाता है। यह गीत 'पहली नज़र' 1945 फ़िल्म से है। आश्चर्य की बात है कि सहगल हों अथवा मुकेश दोनों ने किसी से संगीत सीखा नहीं था। गुणीजनों से सुना, आत्मसात किया और अपने गायन में ढाल लिया। मुकेश की आवाज़ बहुत ही सादा, एकदम उनकी अपनी और भावनाओं से भरी हुई थी। कभी–कभी वह थोड़ा बेसुरा भी हो जाते थे किन्तु उनका भावनात्मक गायन इस कमी को पूरा कर देता था।

मुकेश की तरह ही उनके ज़माने में एक और गायक थे–तलत महमूद। इन्होंने भी किसी से संगीत की शिक्षा नहीं ली थी किन्तु शहद जैसी आवाज़ में थोड़ा ख़सख़सापन था और बड़ा ही आत्मीय कम्पन भी। उस समय के गुणी संगीत निर्देशक अनिल बिस्वास ने उनसे एक गीत गवाया था *'ऐ दिल मुझे ऐसी जगह ले चल जहाँ कोई न हो* (आरज़ू–1950) फिर तो तलत ने कभी मुड़कर नहीं देखा। उनके पास एक ऐसी आवाज़ थी जिसमें बड़ी नाज़ुक मुरकियाँ और खटके तो थे किन्तु पिच स्थिर नहीं रहता था। तलत साहब तब तक लोकप्रिय रहे जब तक हिन्दी फ़िल्मों की धुनें भारतीयता के आधार पर बनती रहीं। उनके जैसी ग़ज़लें गाने वाला गायक दोबारा नहीं आया। बाद में जब अमेरिका से प्रभावित धुनें लोकप्रिय हुईं तो वह अपनी आवाज़ को उनके अनुरूप न ढाल सके, और हिन्दी फ़िल्मों से विदा ले ली, किन्तु अर्द्धशास्त्रीय संगीत की गायन शैली ग़ज़ल को लोकप्रिय करने में उनका बहुत बड़ा हाथ रहा।

शास्त्रीय संगीत के कोमल स्वर, ग़ज़ल पर बहुत सजते हैं। इसके अतिरिक्त ग़ज़ल गायकी में शब्दों का ही अधिक महत्त्व होता है। कहने को बेगम अख़्तर ने ग़ज़ल के लिए महफ़िल गायकी ही अपनायी, किन्तु फ़िल्म ने शास्त्रीय संगीत की और विधाओं की तरह ग़ज़ल गायकी का भी सरलीकरण किया। फ़िल्मों में ग़ज़लें दृश्य की आवश्यकतानुसार ही हो सकती हैं, फिर भी ग़ज़ल कभी फ़िल्म के लिए लिखी गयी तो कभी फ़िल्मों ने पहले से लिखी ग़ज़लों को अपनाया जैसे कि फ़िल्म 'मिर्ज़ा ग़ालिब'। वैसे फ़िल्मों के लिए ग़ज़ल लिखते समय मतले (अस्थाई) के अलावा दो या तीन अश'आर (अन्तरे) ही रहते थे किन्तु मक्ते की तरफ़ कोई ख़ास ध्यान नहीं दिया गया क्योंकि फ़िल्मों के कथानक के अनुसार शायर का नाम नहीं दिया जा सकता था। इस गायन में छोटी–छोटी मुरकियाँ, तानें, खटके, आलाप और मींड दिखाये जाते थे। इन सब ने मिलकर दर्शकों एवं श्रोताओं का मन ख़ूब मोहा।

एक गायक जो भारत में अमेरिका से प्रभावित लोकप्रिय गीतों का पर्याय बन गया उसका नाम है 'किशोर कुमार'। प्रारम्भ में उन्होंने बंगाली स्कूल के अनुसार ही गाया किन्तु बाद में वह इस देश के सबसे पहले और सबसे बड़े पॉप सिंगर माने गये। 'यूडलिंग' का सफल तथा अभूतपूर्व प्रयोग केवल किशोर कुमार ही कर पाये हालाँकि उन्होंने सरल, संजीदा गीत भी गाये जिनमें शास्त्रीय रागों पर आधारित गीत भी शामिल हैं।

उस समय के जिन विशेष महिला स्वरों की बात हमने की अर्थात नूरजहाँ, शमशाद बेगम तथा सुरैया के अपने–अपने बहुत बड़े मुक़ाम थे,

लेकिन संगीताकाश पर जिसका स्थान अपनी गायन प्रतिभा से सदा–सदा के लिए निश्चित हो गया, उसका नाम है लता मंगेशकर! हिन्दी साहित्य में अलंकारों का वर्णन करते समय कहा जाता है कि उपमेय और उपमान जहाँ एक ही हो जाये उसे 'अनन्वय' अलंकार कहते हैं, उदाहरणार्थ–जब जटायु ने राम से पूछा कि सीता की कोई उपमा दें, तो राम ने कहा 'सीता तो सीता जैसी ही लगती हैं', उसी प्रकार लता तो केवल लता ही हो सकती हैं। तेरह वर्ष की कच्ची अवस्था से ही गायन के क्षेत्र में छा जाने वाली लता की आवाज़ में नारी के विविध रूप समाये हुए हैं–माँ, बहन, बेटी, पत्नी, प्रेमिका, मित्र, देवी, नर्तकी, दासी, रानी। गरज़ कि ऐसा कोई भी रुप, नारी का नहीं है, जिसकी लता की आवाज़ ने सही अभिव्यक्ति न दी हो। लता ने अपनी मेहनत से शास्त्रीय संगीत की बारीकियों को फ़िल्मी गीतों की धुनों के अनुरूप बनाया है। उस्ताद बड़े गुलाम अली खाँ, अमीर ख़ाँ, पं. भीमसेन जोशी, पं. ओंकारनाथ ठाकुर, पं. रविशंकर, उस्ताद बिसमिल्लाह ख़ाँ जैसे मूर्धन्य शास्त्रीय गायकों और वादकों ने भी लता मंगेशकर की प्रतिभा का लोहा माना तथा उनसे गवाया अथवा उनके साथ गाया भी। शास्त्रीयता के पुट को सरल कर, आम आदमी द्वारा आत्मसात कर देना, यह लता का ही काम है। इसमें कोई अतिशयोक्ति न होगी, यदि कहा जाये कि शास्त्रीय गायन की कठिन–से–कठिन बन्दिशें भी लता के गले में आकर सुगम फ़िल्म गीत का स्थान ले लेती हैं। स्वयं इन्दिरा कला–संगीत विश्वविद्यालय, खैरागढ़ (छ. ग.) ने भी लता जी को अपने यहाँ बुलाकर मानद डॉक्टरेट की उपाधि से सम्मानित किया है। केवल लता के सन्दर्भ से ही ऐसा कहा जा सकता है कि यह तो ठीक है कि फ़िल्मों ने अपने गायन का स्वरूप बनाने के लिए शास्त्रीय संगीत को ही आधार बनाया किन्तु यह भी सही है कि शास्त्रीय संगीत को अपनी सरल शैली में परिणत कर, फ़िल्म के गीतों ने, सामान्य जनता में शास्त्रीय संगीत के प्रति रुचि बढ़ायी। फ़िल्म के गीत एक ओर जहाँ शास्त्रीय गायन के मानो लक्षण गीत बने वहीं दूसरी ओर राग, स्वर, साज़, गायन तथा वादन से इन गीतों ने यह भी बताया कि शास्त्रीय राग–रागिनियों के उचित प्रयोग से किस तरह मनोदृश्य बनते हैं, उनमें रंग भरते हैं, भाव भरते हैं तथा श्रोता तथा दर्शक के मन तक फ़िल्म के विषय की समझ रेखांकित होती है। इन सभी बातों के उत्कृष्टतम उदाहरण यदि प्रस्तुत करने हों तो केवल लता की ही याद आती है। उनके आने से पहले किसी महिला का उच्च स्वर (High Pitch) में गाना एक ग़लती माना जाता था किन्तु लता की आवाज़ की ताज़गी और प्राकृतिक सौन्दर्य ने यह सोच बदल डाली। आज अगर किसी गायिका का

पिच (Pitch) लता के पिच तक नहीं पहुँच पाता तो उसे फ़िल्म गायन के लायक नहीं समझा जाता। लता ने अपनी मुलायम मधुर आवाज़ में तीनों सप्तकों में गाया है। उनको भगवान ने एक अद्‌भुत देन दी है कि हर शब्द पर सही उतार–चढ़ाव देकर वह अभिव्यक्ति का सबसे सटीक रूप दिखा देती हैं। माइक्रोफ़ोन भी उनके लिए संगीत के एक साज़ की तरह है, जिसका इस्तेमाल, वह रचनात्मक तरीक़े से, गायन के लिए करती हैं।

एक ओर गायिका गीता रॉय, लता मंगेशकर से एक वर्ष पूर्व, 1946 में ही फ़िल्म 'भक्त प्रहलाद' के द्वारा आ गयी थीं किन्तु उनकी कला 1947 के बाद में ही प्रकाश में आयी अतः उनका उल्लेख यहाँ हो रहा है। बाद में महान निर्माता–निर्देशक गुरुदत्त से विवाह कर, यह 'रॉय' से दत्त बनीं। इनकी आवाज़ जितनी भजनों के लिए उपयुक्त थी उतनी ही कोमल भावनाओं वाले गीतों के लिए भी। पहले यह भजन ही गाती थीं किन्तु संगीत निर्देशक एस.डी. बर्मन ने इनमें एक और सम्भावना भी खोज निकाली।

ये शोख़, सांकेतिक तथा प्रणयगीत थे, जिन्हें श्रृंगारिक गीतों की संज्ञा भी दी जा सकती है। शास्त्रीय गायन के सौन्दर्य–बोध में सलमा–सितारों की तरह जड़े हुए नायिका भेदों को अपने गायन से खोलना, नायक में उनके प्रति उन्माद जगाना, श्रृंगार की सांकेतिकता को अपने गायन से अभिव्यक्ति देना, ऐसे गीतों के लिए यह ख़सख़सी, नकचढ़ी, मादक आवाज़ गीता राय बहुत उपयुक्त थी। इस आवाज़ ने हल्के–फुल्के गीतों का बोझ भी अपने सिर पर ले लिया। शास्त्रीय गायन का पुट इनके गानों में इतना अधिक न था किन्तु इनका गायन अधिकांशतः भारतीयता से दूर भी नहीं था क्योंकि रवीन्द्र संगीत में यह पटु थीं तथा बंगाली लोकगीत इनकी आवाज़ में सजते थे।

आशा भोसले, लता जी के आगमन के एक साल बाद अर्थात् सन् 1948 में आयीं किन्तु गीता दत्त का देहावसान होने के बाद ही सबका ध्यान आशा भोसले की ओर जा सका। पहले तो श्रोताओं को यही लगा कि गीता दत्त की ख़ाली जगह ही आशा भोसले ने भरी है किन्तु केवल शोख़, चंचल तथा सांकेतिक गीत गाने में ही आशा भोसले ने उनका स्थान नहीं भरा बल्कि उनसे कई क़दम आगे भी गयीं क्योंकि आशा भोसले के पास अपनी बहन की ही तरह शास्त्रीय संगीत का रियाज़ काफ़ी तगड़ा था। इसलिए जहाँ तक शास्त्रीयता का सवाल है, उसकी आशा भोसले में कोई कमी नहीं रही। इसमें कोई सन्देह नहीं कि आशा भोसले ने शास्त्रीय संगीत की महीन बारीकियों के साथ ऐसे अनगिनत गीत गाये हैं जो उल्लेखनीय हैं।

चालीस और पचास के दशक में आये होनहार, होशियार तथा भावुक संगीतकारों की जमात ने फ़िल्मों की एक ऐसी गायन शैली विकसित की, जिसके अनुसार लोकप्रिय सिनेमा गायन के लिए शिष्ट आवाज़ (voice culture) तथा नरम और भावुक अन्दाज़ की आवश्यकता पड़ी। गायन में ऐसी सुसंस्कृत शैली जो मधुरता से अपनी सारी बात कह सके; छोटे से लेकर बड़े तक, ज्ञानी से अज्ञानी, ग़रीब से अमीर, बच्चे से बूढ़े, देश के उत्तर, दक्षिण, पूरब, पश्चिम अर्थात् समान रूप से अधिकाधिक सबका मन मोह सके, यही लक्ष्य साधने की प्रक्रिया फ़िल्म के गीतों की कला, सौन्दर्य तथा सौष्ठव कहलायी। जैसा कि प्रारम्भ से ही कहा गया, इसमें भारतीय संगीत के सभी अंगों का समय एवं स्थानानुसार समावेश था किन्तु फिर भी इस संगीत की पहचान अलग बन गयी जो कालान्तर में देश ही नहीं विदेशों तक भी जा पहुँची और अत्यन्त लोकप्रिय हुई।

1941 से 1947 (स्वतन्त्रता पूर्व) के बीच फ़िल्म संगीत की लोकप्रियता

इस काल की लोकप्रियता को दर्शाने के लिए हम केवल उन पाँच गीतों का उल्लेख करेंगे जो 1941 से 1944 के बीच ऐसे लोकप्रिय हुए कि परम्परावादी संगीत गुरुओं को भी इस लोकप्रियता को स्वीकारना पड़ा। ये पाँच गीत हैं–

- 1941 : फ़िल्म : डॉक्टर, संगीतकार व गायक : पंकज मलिक, गीत : *जग में चले पवन की चाल*।
- 1942 : फ़िल्म : जवाब, संगीतकार : कमल दास गुप्ता, गायिका : काननबाला, गीत : *दुनिया ये दुनिया तूफ़ान मेल*।
- 1943 : फ़िल्म : रामराज्य, संगीतकार : शंकरराव व्यास, गायक : कुमार गन्धर्व और साथी, गीत : *भारत की इक सन्नारी की हम कथा सुनाते हैं*।
- 1943: फ़िल्म : क़िस्मत, संगीतकार : अनिल बिस्वास, गायक : अमीरबाई कर्नाटकी, गीत : *आज हिमालय की चोटी से फिर हमने ललकारा है। दूर हटो ऐ दुनिया वालों हिन्दुस्तान हमारा है*।
- 1944 : फ़िल्म : रतन, संगीतकार : नौशाद, गायिका : अमीरबाई कर्नाटकी, गीत : *अँखियाँ मिला के, जिया भरमा के चले नहीं जाना*।[7]

अन्तिम गीत की लोकप्रियता तो ऐसी बढ़ी कि जहाँ इस गीत की फ़िल्म, 'रतन' के निर्माण की कुल लागत केवल दो लाख रुपये ही आयी थी वहीं इस फ़िल्म के गीतों की बिक्री पर निर्माता को रॉयल्टी ही दो करोड़ रुपये मिल गयी थी।

इसी समय के एक और संगीत गुरु अनिल बिस्वास ने पूर्व तथा पश्चिम के वाद्ययन्त्रों का आपस में तालमेल बिठाकर कई प्रयोग किये जिन्हें दर्शकों ने ख़ूब सराहा। इन्होंने शास्त्रीय रागों को फ़िल्म गीतों के अनुरूप ढाल कर लता मंगेशकर से बड़े ही मधुर गीत गवाये जिनसे जनता में उनकी पैठ बनी, किन्तु जहाँ तक लता जी के असली जादू का प्रश्न है उसे राजस्थान के एक ध्रुपद घराने से आये संगीतकार खेमचन्द्र प्रकाश ने जगाया।

हालाँकि ये ऐसे संगीतकार थे जो महफ़िल से लेकर फ़िल्म के गानों की विकसित शैली तक के माहिर थे किन्तु यह कहना अतिशयोक्ति न होगा कि इन्होंने ऐसे नये–नये प्रयोग किये, जो बाद में फ़िल्मी गीतों की व्याकरण बन गये। इनकी 'महल' (1949) फ़िल्म का एक ही गीत *आयेगा आने वाला* ऐसा दिशा निर्धारक (Trend Setter) है जिसने बाद में 'बीस साल बाद', 'मधुमती', 'मेरा साया', 'वो कौन थी', 'अनीता' जैसी फ़िल्मों के मुख गीतों (title songs) के लिए व्याकरण का काम किया। फिर भी *आयेगा आने वाला* गीत (रागः शुद्ध बिलावल) की ऊँचाइयों को कोई गीत न छू सका। इसे एक आश्चर्य ही माना जायेगा कि दौड़ती हुई ताल वाले युग के बीच में एक ऐसा गीत प्रस्तुत किया गया जिसमें सात मिनट तक कोई ताल ही नहीं है। किसी कविता की भाँति ये गीत हवा में लहराता है, आलाप की तरह गूँजता है, पुकार की तरह आह्वान करता है और विलाप की तरह रोता है। फिर भी सात मिनट तक कोई अपनी कुर्सी पर आराम से नहीं बैठ पाता। कुर्सी के अग्र भाग में अचक से बैठा दर्शक स्तब्ध–सा सुनता रहता है और यह गाना फ़िल्म के लिए ख़ाली गीत नहीं बल्कि एक चरित्र बन जाता है जो बार–बार फ़िल्म में प्रवेश करके बाहर होता है किन्तु अन्त में फ़िल्म इसी गाने के साथ समाप्त होती है। यह गाना पूर्णरूपेण शास्त्रीय संगीत पर आधारित है। गायकी भी उसी तरह की है तथा 1949 से लेकर आज तक यह गीत उतना ही लोकप्रिय है जितना कि पहले दिन था। इस गीत की गायिका थीं केवल 17–18 बरस की लता मंगेशकर! वैसे नये 'ट्रेंड' के साथ यदि पुरानी परम्परा का नमूना देखना हो तो उसी, 'महल' फ़िल्म के लिए राजकुमारी द्वारा गायी हुई एक ग़ज़ल सुनने से ही खेमचन्द्र प्रकाश की प्रतिभा का पता लग जाता है, ग़ज़ल के बोल हैं–

घबराके जो हम सर को, टकरायें तो अच्छा हो
इस जीने में सौ दुःख हैं, मर जायें तो अच्छा हो,

तबले के ठेके का शेर पढ़ने से पहले/अन्तरा गाने से पहले, रुकना और स्थाई आते ही फिर चलना, बैठक/महफ़िल गायकी के इस चलन को भी

खेमचन्द्र प्रकाश ने फ़िल्मी चलन की व्याकरण में ढाल कर लोकप्रिय बनाया; मानो वह एक ऐसे आचार्य थे जो बीसवीं सदी की नवोदित कला, फ़िल्म के गीतों की व्याकरण लिख रहे थे। ऐसे ही एक नग़मे के बोल हैं

दिल ने फिर याद किया बेवफ़ा लौट भी आ
दिल में एक हूक उट्ठी, दिल का फिर ख़ून किया

(राग–बिलावल)

कहरवा ताल में गायी गयी इस स्थाई के बाद अन्तरा आने से पहले ताल रुक जाती है और एडलिब (केवल आवाज़, कोई ताल नहीं) में आधा अन्तरा (दो पंक्तियाँ) गाया जाता है–

हाय एक ख़्वाब था, उल्फ़त का जो पूरा ना हुआ
हमको क़िस्मत से शिकायत है न दुनिया से गिला

इसके बाद ताल फिर से शुरू हो जाती है और अन्तरे को पूरा किया गया जाता है–

रुठने वाले मुहब्बत को मुसीबत न बना
बेवफ़ा लौट भी आ...

इस गीत को भी लता मंगेशकर ने ही गाया था।

बाद में ऐसे गानों का ख़ूब चलन भी हुआ। फ़िल्मी गानों में रागों के उचित इस्तेमाल के लिए खेमचन्द्र प्रकाश को कभी नहीं भूला जा सकता, बल्कि, हिन्दी फ़िल्म संगीत खेमचन्द्र प्रकाश का ऋणी है क्योंकि खेमचन्द्र प्रकाश को ही लता मंगेशकर को प्रसिद्धि के द्वार पर लाने का श्रेय जाता है (आयेगा आने वाला)। इसी प्रकार किशोर कुमार से भी फ़िल्म, 'ज़िद्दी' में पहली बार गीत गवाने वाले आप ही थे। अतः हिन्दी फ़िल्मों के दो शीर्षस्थ गायकों को प्रकाश में लाने का श्रेय खेमचन्द्र प्रकाश को ही जाता है। 'महल' से एक साल पहले ही इन्होंने अपने इरादे ज़ाहिर कर दिये थे और संगीत प्रेमियों को यह बता दिया था कि राग का इस्तेमाल गीत के लिए कैसे किया जा सकता है, यह गीत था–

चन्दा रे, जा रे जा रे
पिया से सन्देसा मेरा कहियो जा।
मोरा तुम बिन जिया ना लागे रे पिया,
मोहे तुम बिन चैन ना आये
चन्दा रे जा रे जा रे
घड़ियाँ गिन–गिन दिन बीतत हैं
आँखों में कट जाये रैना

तोरी आस लिए बैठे हैं
हँसते नैना, रोते नैना
याद में तेरी हमने प्रीतम,
पग पग पर हैं नैन बिछाये
चन्दा जा रे जा रे।

(राग :–यमन बिलावल)

फ़िल्म में इस गीत को कामिनी कौशल पर फ़िल्माया गया था, ज़िद्दी देवानन्द, नायिका के पास नहीं है, रात का समय है, नायिका अकेली है, गगन में चाँद सफ़र कर रहा है, क्या पता यह प्रियतम की ओर ही जा रहा हो! नायिका के हृदय से बोल फूट पड़ते हैं–

चन्दा रे, जा रे जा रे
पिया से सन्देसा मोरा कहियो जा।

अब इसके लिए एक ऐसे राग की आवश्यकता थी जो इन शब्दों को पंख दे दे, खेमचन्द्र प्रकाश ने राग यमन बिलावल को चुना जिसमें खमाज राग की झलक भी दिखती है। साथ में चन्द्रमा की गति का तरल आभास कराने के लिए उन्होंने जलतरंग जैसे वाद्य को चुना और जो नतीजा सामने आया वह आज तक अमर है।

ऐसे ही फ़िल्म गीतों के मोहजाल में पनघट पर पनिहारिन, घर की चक्की पर पिसनहारी, खेत पर किसान, सड़क पर मज़दूर, दफ़्तर में कर्मचारी और अधिकारी, व्यवसाय में व्यापारी, राजनीति में नेता तथा धार्मिक स्थलों में धर्मगुरु सब बँधे रहे क्योंकि फ़िल्में लोग अधिकतर इसीलिए देखने जाते थे कि जीवन की अलग–अलग परिस्थितियों में जो गीत पिरोये जाते उनसे अपने अनुसार तादात्म्य बिठा सकें। कहने का तात्पर्य है कि यद्यपि बोलती फ़िल्मों के आते ही घर के बड़े–बूढ़ों ने ग्रामोफ़ोन और रेडियो इसलिए नहीं ख़रीदे क्योंकि उनके हिसाब से युवा पीढ़ी फ़िल्मी गानों को सुनकर ख़राब होती थी किन्तु कितनी विचित्र बात है कि जितनी रोक लगाई गयी, उतनी ही, नयी पीढ़ी में हिन्दी फ़िल्मों के गानों की लोकप्रियता बढ़ी। इसी प्रकार का विरोध शास्त्रीय संगीत के कुछ तथाकथित आदरणीय गुरुओं ने भी किया किन्तु सार इसी उक्ति में छिपा है कि संस्कृति का एक 'नित्य' होता है जो बदलता रहता है।' ऐसा न होता तो हमारा शास्त्रीय संगीत आज भी 'सामगायन' पर ही टिका होता जब कि बैलगाड़ी तथा हवाई जहाज़ के सह–अस्तित्व की भाँति सामगायन से लेकर फ़िल्म संगीत तक सभी आज तक भी मौजूद हैं। प्रसंगवश पं. जवाहरलाल नेहरू के अनुसार हमारी संस्कृति वह गंगा है जिसमें सभी धाराएँ समा जाती हैं।

1950 तक आते–आते हिन्दी फ़िल्म संगीत अपना व्याकरण तैयार कर चुका था, संगीतकारों को विविध वाद्यवृन्द तथा गायकों की आवाज़ में शास्त्रीयता की लहक की जगह स्पष्टत मधुरता, शब्दों की स्पष्टता और भावप्रवणता दिखाई दे रही थी। आकाशवाणी से भी ऐसे ही समय में वे प्रतिभाशाली संगीतकार फ़िल्मों में आये जो भविष्यद्रष्टा थे। फलतः रेडियो से होते हुए पं. रविशंकर, उस्ताद अल्ला रक्खा खाँ, अली अकबर खाँ, पन्नालाल घोष, रौशन तथा मदन मोहन जैसे महान संगीतकारों ने फ़िल्मों का रुख़ किया। ज़ाहिर है उस समय यदि रेडियों न होता तो उनकी प्रतिभा कस्तूरी की तरह न फैलती। अब एक ऐसे युग का सूत्रपात होने जा रहा था जिसे बाद में हिन्दी फ़िल्म गीतों का 'स्वर्णयुग' कहा गया।

हिन्दी फ़िल्म-संगीत द्वारा सामाजिक सरोकारों का राष्ट्रीय स्तर पर निर्वहन

ज्यों ही हम हिन्दी फ़िल्म–संगीत की लोकप्रियता आँकने की बात करते हैं तो समाज में उसका बहुआयामी महत्त्व भी स्वतः ही प्रकट होता जाता है। हिन्दी सिनेमा के पूर्ववर्ती, नाटक, स्वाँग और नौटंकी वग़ैरह में तो अस्सी प्रतिशत से अधिक गाने ही होते थे। फ़िल्मों की शुरुआत हुई तो उनमें भी यही प्रारम्भ हुआ। अन्तर केवल इतना रहा कि जहाँ नाटक इत्यादि में अधिक–से–अधिक दो–तीन हज़ार लोगों तक ही लोकप्रियता पहुँच पाती है वहीं फ़िल्मों के द्वारा यह लोकप्रियता राष्ट्रीय हो जाती है। कारण यह कि नाटक, किसी एक हॉल में, किसी एक ही स्थान पर दिखाया जा रहा होता है वहीं फ़िल्म एक साथ पूरे देश के लगभग सभी हिस्सों में, थोड़ा ही आगे–पीछे 'रिलीज़' होती है। इस तरह, किसी भी फ़िल्म का, कोई भी गाना, एक साथ पूरे देश में लोकप्रिय हो उठता है। यह रुचि सँवारने का काम तो करता ही है, देश के विविध अंचलों को एक–दूसरे से जोड़ता भी है। उदाहरणार्थ–राखी के त्योहार पर उत्तर प्रदेश में बैठे हुए किसी भाई को यदि राखी भेजी जानी हो और 'छोटी बहन' फ़िल्म उसी समय रिलीज़ हुई हो तो राखी के साथ वह लिखकर भेजेगी, *भइया मेरे राखी के बन्धन को निभाना* (राग : झिंझोटी) (गाने की यह पंक्ति 'छोटी बहन' फ़िल्म से है) भाई इस राखी के साथ वाले पत्र को खोलकर जब पढ़ेगा तो यह गीत और फ़िल्म, उसके और उसकी बहन के बीच एक स्नेह की डोरी का काम करेंगे क्योंकि दूर रहते हुए भी दोनों ने यह फ़िल्म अपने–अपने शहर/क़स्बे में देख ली होगी। इस तरह दोनों के बीच की दूरियाँ घट जायेंगी और वे लोग पास न होते हुए भी भावनात्मक रूप से अपने आपको एक–दूसरे के पास महसूस करेंगे। समाज को क़रीब लाने,

भावनात्मक रूप से एक–दूसरे के साथ जोड़ने, दूरियों को घटाने तथा सुख–दुःख में साथी बनने का काम फ़िल्मों के गीत बरसों से करते आ रहे हैं। यह मनोविज्ञान कई तरह से काम करता है। कल्याणजी आनन्द जी का एक गीत है, *सुख के सब साथी दुःख में न कोई* (राग : दरबारी)। बम्बई से चला कोई व्यक्ति यदि प्रसंगवश कलकत्ता में किसी अजनबी के सामने भी यह पंक्ति दोहराता है तो वह कदाचित उसके दुःख को समझ सकेगा क्योंकि यह गीत शाश्वत मनोभावों का परिचायक है। कभी–न–कभी ऐसे ही अनुभवों से वह भी दो–चार हुआ होगा। यदि इस गीत की फ़िल्म भी उसने देख रखी होगी तो और भी असर होगा। इस प्रकार देखते–ही–देखते कोई भी अवसर अथवा मनोभाव ऐसा नहीं बचा जिसे व्यक्त करने के लिए फ़िल्मों के पास कोई गीत न हो! परिणामतः व्यक्तिगत रूप से जहाँ ये गीत एक श्रोता के साथी बने वहीं सामाजिक रूप से धर्म, जाति, वर्ग, प्रान्त आदि सबकी सीमाएँ तोड़कर, एक–दूसरे को निकट भी ले आये। मुम्बई के एक चर्च में राखी के अवसर पर सामाजिक सम्बोधन के समय बोलते हुए एक पादरी कह रहे थे, 'हिन्दुओं का त्योहार रक्षाबन्धन हमें बहुत कुछ सिखाता है यह लड़कों और लड़कियों में भाई–बहन के रिश्ते को मज़बूत करता है। आप लोगों ने ये गाना ज़रूर सुना होगा, *भइया मेरे राखी के बन्धन को निभाना!*

उपरोक्त उदाहरण आटे में नमक तुल्य है किन्तु जिस प्रकार एक चावल से ही पूरी हांडी में पके चावलों का पता चल जाता है उसी प्रकार यह सोचना कुछ कठिन नहीं है कि समाज के प्रत्येक वर्ग में फ़िल्मों के ऐसे गीत कितने लोकप्रिय हुए! इन गीतों ने अपनी लोकप्रियता के आधार पर शास्त्रीय गायन के प्राथमिक ज्ञान वहन का कार्य भी सम्पादित किया और दर्शकों व श्रोताओं की शास्त्रीय संगीत में अभिरुचि भी जगायी तथा उसके रस व आनन्द को जन साधारण तक पहुँचाया, वरना अभिजात्य वर्ग तो शास्त्रीय संगीत को अपने सिवाय और किसी के लायक ही न समझता था।

समग्रता में 1940 के दशक का महत्त्वपूर्ण योगदान

अब हम संक्षेप में इस काल का सार तथा उसकी सारगर्भिता प्रस्तुत करेंगे क्योंकि यह समय ऐसा निर्णायक था जिसने हिन्दी ही नहीं सम्पूर्ण भारत के फ़िल्म–संगीत की दिशा निर्धारित (Trend Setting) की।

आर.सी. बोराल, के.सी.डे, तिमिर बरन, पंकज मलिक, गुलाम हैदर, श्याम सुन्दर, हुस्नलाल–भगतराम, राम गांगुली, बुलू सी. रानी तथा वी. बलसारा आदि बुझते हुए दीपक की आख़िरी लौ की तरह भड़क कर बुझ गये किन्तु जाने

से पहले ये गुणीजन अपनी विरासत वाले वे गीत छोड़ गये जो शास्त्रीय/लोक/रवीन्द्र संगीत पर आधारित थे तथा आने वाली पीढ़ी ने उनके सद्‌गुणों का भरपूर अनुसरण किया। इनमें सर्वप्रमुख तो खेमचन्द्र प्रकाश ही थे जिनकी योग्यता, योगदान तथा गुरु–शिष्य परम्परा के बारे में हम पहले ही बता चुके हैं।

पिछले समय के जो संगीतकार अभी भी जीवन्त थे तथा आगे जाने के लिए भी कमर कस कर तैयार थे उनके नाम उनकी योग्यता एवं वरीयता अनुसार निम्नांकित हैं

1. अनिल बिस्वास जिन्होंने गायन की मधुरता में शास्त्रीयता को ऐसे पिरोया कि आम इन्सान का मन भी छू सके तथा उनमें से शास्त्रीयता भी परिलक्षित होती हो उदाहरणार्थ–कुछ गीत :
   - लाडली (1949) *आँखे कह गयी दिल की बात* (राग : बागेश्वरी)
   - आरज़ू (1950) *कहाँ तक हम, उठायें ग़म* (राग : काफ़ी)
2. नौशाद जो अपने गुरु खेमचन्द्र प्रकाश की परम्परा लेकर आगे बढ़े, इनकी उस समय की कुछ स्मरणीय फ़िल्में तथा गीत निम्नांकित हैं जो इतिहास भी बने तथा पथ–प्रदर्शक भी :
   - दर्द (1947) *अफ़साना लिख रही हूँ दिले बेक़रार का* (राग : मिश्र भैरवी)
   - मेला (1948) *ये ज़िन्दगी के मेले, ये ज़िन्दगी के मेले* (राग : भैरवी)
   - अन्दाज़ (1949) *उठाये जा उनके सितम और जिये जा* (राग : यमनी बिलावल)
   - बाबुल (1950) *मिलते ही आँखे दिल हुआ दीवाना किसी* (राग : आसावरी)
3. वसन्त देसाई आ तो गये थे, 'दहेज' जैसी फ़िल्में भी कर रहे थे किन्तु इतना उल्लेखनीय कुछ नहीं था।
4. सी. रामचन्द्र : एक ओर वह पश्चिम के Trend को आगे बढ़ाते थे तो दूसरी ओर शास्त्रीय संगीत में अपनी योग्यता दिखाते थे। इनके दोनों ही Trend आगे के संगीत निर्देशकों की प्रेरणा बने–
   - शहनाई (1947) *आना मेरी जान संडे के संडे* (पश्चिमी प्रभाव)
   - नदिया के पार (1948) *ओ मेरे राजा हो ले चल नदिया के पार* (राग : मिश्र पहाड़ी)
   - पतंगा (1949) *मेरे पिया गये रंगून, वहाँ से किया है टेलीफून* (पश्चिमी प्रभाव)

- समाधि (1950) *गोरे–गोरे ओ बाँके छोरे, कभी मेरे गली आया करो* (राग : मिश्र पहाड़ी)
- सरगम (1950) *जब दिल को सतावे ग़म, तू छेड़ सखी सरगम* (रागः जौनपुरी)

जो इसी दशक में आये बल्कि दशक के लगभग अन्त में आये तथा आगे जाकर अपनी अमिट छाप छोड़ गये उनका विवरण निम्न प्रकार है :

एस.डी. वर्मन : शबनम (1949) *क़िस्मत में बिछड़ना था, हुई क्यों उनसे मुलाक़ात रे* (राग : मिश्र काफ़ी)

रौशन : बावरे नयन (1950) *तेरी दुनिया में दिल लगता नहीं* (राग : दरबारी)

मदनमोहन : आँखें (1950) *मोरी अटरिया पे कागा बोले, मोरा जिया डोले, कोई आ रहा है।* (राग : पहाड़ी)

पं. रविशंकर, पं. अमरनाथ, पं. ओंकारनाथ ठाकुर, हफ़ीज़ ख़ान, उस्ताद अल्ला रक्खा ख़ाँ तथा पं. गोविन्द राम सरीखे शास्त्रीय संगीतज्ञ भी इसी दशक में फ़िल्म संगीत से जुड़े किन्तु आगे तक पं. रविशंकर ही गये तथा अपनी कुछेक फ़िल्मों से ही इतिहास में नाम बना गये।

इसी दशक में जुड़ने वाले बुलू सी. रानी अपनी फ़िल्म 'जोगन' (1950) के एक ही गीत के लिए प्रख्यात होकर खो गये–

घूँघट के पट खोल रे तोहे पिया मिलेंगे (राग : दरबारी)

हंसराज बहल का योगदान इस दशक में इतना ही कहा जा सकता है कि अपनी फ़िल्म 'चुनरिया' में उन्होंने आशा भोसले को पहली बार गाने का अवसर दिया।

हंसराज बहल, गुलाम मोहम्मद, सुधीर फड़के तथा चित्रगुप्त इसी दशक में आये और आगे तक भी गये किन्तु इस दशक में ऐसा कोई कमाल नहीं किया जो उल्लेखनीय हो। 'आख़िरी शमा' की तरह अपना प्रकाश छोड़ जाने वालों में उल्लेखनीय हैं–

श्याम सुन्दर : बाज़ार (1949) *साजन की गलियाँ छोड़ चले* (पहाड़ी)

हुस्नलाल–भगतराम की जोड़ी, के कुछ गीत :

- *ओ दूर जाने वाले वादा न भूल जाना* (राग : मिश्र पीलू)
- *चुप–चुप खड़े हो ज़रूर कोई बात है* (राग : मिश्र काफ़ी)
- *वो पास रहे या दूर रहें नज़रों में समायें रहते हैं* (राग : मिश्र खमाच)

गुलाम हैदर : मजबूर (1948) *अब डरने की कोई बात नहीं अंग्रेज़ी छोरा चला गया।* (रागः काफ़ी बिलावल)

एस.एन.त्रिपाठी जो सरस्वती देवी की शिष्य परम्परा में थे, इस दशक में उल्लेखनीय कुछ नहीं कर पाये।

अब हम इस दशक के अन्त में आयी उस संगीतकार जोड़ी की बात करके इस विश्लेषण का समापन करेंगे जिसे हिन्दी फ़िल्म संगीत का हीरा–पन्ना, चाँद–सूरज, गंगा–यमुना और तन–मन कहा जा सकता है। इस अमर जोड़ी का नाम है : शंकर–जयकिशन जिन्होंने आते ही सम्पूर्ण फ़िल्म संगीत की धारा ही मोड़ दी और वर्षों तक हिन्दी फ़िल्मों के साम्राज्य पर एकछत्र राज्य किया। 1949 में राम गांगुली को हटाकर राज कपूर ने इन्हें अपनी फ़िल्म 'बरसात' का संगीत सौंपा। यहीं से हिन्दी फ़िल्म संगीत की दिशा बदली। इस जोड़ी ने इसी फ़िल्म में एक ही राग, 'भैरवी' में छह गीत तथा दूसरे राग 'पहाड़ी' में चार गीत स्वरबद्ध किये और आश्चर्य! सबके सब एक से बढ़कर एक लोकप्रिय हुए। उदाहरणार्थ, केवल दो गीत–

- *बरसात में हम से मिले तुम* (राग : भैरवी)
- हवा में उड़ता जाये मेरा लाल दुपट्टा मलमल का (राग : पहाड़ी)

शंकर–जयकिशन का सबसे बड़ा योगदान रहा, चलती हुई ताल पर ऐसी धुनें जो लगती तो सरल हैं, जिन्हें कोई भी गा सकता है किन्तु ये सभी गीत किसी–न–किसी राग में ही निबद्ध होते हैं; यहाँ तक कि इनके दुःख भरे गीतों की चाल भी सदा द्रुत ही रही मानो आँखों में आँसू हों किन्तु होंठों पर मुस्कान, जैसे–

- *आँसू की आग ले के तेरी याद आयी*

(इस कालखण्ड के सभी संगीतकारों के नाम तथा उनकी फ़िल्मों की सूची परिशिष्ट–1 में उपलब्ध है।)

इस प्रकार इस सम्पूर्ण दशक का सबसे बड़ा योगदान यह रहा कि फ़िल्म–संगीत की एक व्याकरण तैयार हो गयी तथा अगले दशक का सामना करने के लिए हिन्दी फ़िल्म संगीत तैयार हो गया, फिर भी इस संगीत के सामने ऐसी बहुत–सी चुनौतियाँ थीं जिनका सामना करते हुए, दूरदृष्टि तथा कठिन परिश्रम के बल पर इसे समाज के सुख–दुःख, आशा–निराशा, सफलता–विफलता, कुण्ठा–प्रशंसा, राग–अनुराग, लगाव–वैराग्य तथा राष्ट्र धर्म की सच्ची प्रतिध्वनि बनना था।

अब हम हिन्दी फ़िल्म संगीत के 'स्वर्णकाल' के द्वार पर आ पहुँचे हैं। अगले अध्याय में उसी का वर्णन होगा।

सन्दर्भ सूची

1. Joshi, G.N. *The Phonograph Comes to India*, Cinema Vision India, Oct 1980, pp. 46-47

2. Seth, Raghunath, *Sound of Magic* Cinema Vision India, Oct 1980, pp. 52-53
3. Ojha, Rajendra, *80 Glorious Years of India Cinema*, Screen World Publication, Mumbai, 1994, pp. 80-118
4. Joshi, G.N, *The Phonograph Comes to India* Cinema Vision India, Oct. 1980, p. 47
5. Ojha, Rajendra, *80 Glorious years of Indian Cinema*, Screen World Publication, Mumbai, 1994, pp. 87-202
6. ibid
7. Seth, Raghunath, *The Sound of Magic*, Cinema Vision India, Mumbai, Oct. 1980, p.55

अध्याय–4

फ़िल्मों के संगीत का स्वर्णकाल

(1951–1960)

सन् 1950 का दशक फ़िल्म इतिहासकारों द्वारा भारतीय लोकप्रिय सिनेमा का 'स्वर्णयुग' माना गया है। अब तक इस सिनेमा ने अपने आपको कला, मनोरंजन तथा उद्योग की तरह पूरी तरह स्थापित कर लिया था।[1] सारे संसार में सिनेमा वस्तुतः एक नागरी कला है। स्वतन्त्रता के आगमन के बाद भारत उसी वर्ष गणराज्य भी बन चुका था। इसलिए भारत में भी नागरीकरण की चेतना जाग रही थी; ऐसी चेतना, जो पहले कभी नहीं जागी थी। इतिहास जानता है कि भारत कृषिप्रधान देश है और गाँवों में बसता है। धीरे–धीरे चालीस के दशक की फ़िल्मों के कारण गाँव भी शहर की ओर मुड़ा, बम्बई के प्रति लोगों में भयमिश्रित आकर्षण जागा क्योंकि फ़िल्मों में मुम्बई को एक मायानगरी की तरह दिखाया जाता था जहाँ पैसा ही पैसा है। भूख, अकाल और बेरोज़गारी के सताये हुए लोग गाँव से शहर पलायन करने लगे, बम्बई और कलकत्ता क्रमानुसार प्रमुख रहे। उसके बाद दिल्ली का नम्बर आया। तत्पश्चात जिसको, जहाँ छोटा–बड़ा शहर दिखाई दिया, भाग पड़ा। फ़िल्म इन लोगों के लिए अजूबा भी था, मनोरंजन तथा अच्छी–बुरी शिक्षा का कारण भी। घर से दूर आकर शहरों की छोटी–छोटी पिंजरों जैसे कोठरियों अथवा फुटपाथों पर बसे इन लोगों के लिए हिन्दी सिनेमा के गीत सुबह की प्रभाती, रात की लोरी, मेहनत और मज़दूरी में दोस्त का कन्धा, राहत की साँस और करुणा का सागर बन गये। इन सब तथ्यों ने मिलकर सिनेमा के विकास में सहयोग दिया। समाज के सभी वर्गों के लिए उनके दुःख–सुख, इच्छाओं, कामनाओं पर आधारित सबसे अच्छी फ़िल्में इसी काल में बनीं और सराही गयीं, इन फ़िल्मों ने विदेशों में भी अपना प्रभाव छोड़ा।

ये फ़िल्में, इनसे सम्बन्धित फ़िल्म कम्पनियाँ, निर्माता, निर्देशक, संगीत निर्देशक, गीतकार, गायक व रिकॉर्डिंग तकनीक सभी का यहाँ उल्लेख करना आवश्यक है। पहले प्रस्तुत हैं ऐसी फ़िल्मों तथा उनके निर्माता–निर्देशकों के नाम एवं उनके निर्माण का वर्ष : राज कपूर की 'आवारा' (1951), 'श्री चार सौ बीस' (1955), गुरुदत्त की 'प्यासा' (1957) 'कागज़ के फूल' (गुरुदत्त 1959), तथा बिमलराय की 'दो बीघा ज़मीन' (1953) इनके अतिरिक्त एक से बढ़कर एक अविस्मरणीय फ़िल्मों के गीतों ने इस युग को अद्वितीय बनाया, 'अल्बेला' (1951), 'आनन्दमठ' (1952), 'बैजू बावरा' (1952, प्रकाश पिक्चर्स), 'दाग' (1952, अमिय चक्रवती), 'मि. सम्पत' (1952, जैमिनी पिक्चर्स), 'अनारकली' (1953, फिल्मिस्तान), 'फुटपाथ' (1953 ज़िया सरहदी), 'पतिता' (1953, अमिय चक्रवर्ती), 'जागृति' (1954, सत्येन बोस), 'नागिन' (1954, फिल्मिस्तान), 'मिर्ज़ा–ग़ालिब' (1954, सोहराब मोदी), 'मुन्ना' (1954, ख़्वाजा अहमद अब्बास), 'नास्तिक' (1954 फिल्मिस्तान), 'शबाब' (1954, एम सादिक), 'आज़ाद' (1955), 'इन्सानियत' (1955, जैमिनी), 'कुन्दन' (1955, सोहराब मोदी), 'मुनीमजी' (1955, फिल्मिस्तान), 'रेलवे प्लेटफार्म' (1955, रमेश सहगल), 'सीमा' (1955, अमिय चक्रवती), 'उड़नखटोला' (1955, एस.यू.सनी), 'वसन्त बहार' (1956, राजा नवाथे, भाई भाई, (ए.वी.एम.), चोरी चोरी (1956 ए.वी.एम.), 'दुर्गेश–नन्दिगी' (1956, फिल्मिस्तान), 'एक ही रास्ता' (1956, बी.आर. फ़िल्मस), 'हातिमताई' (1956, होमी वाड़िया), 'हम सब चोर हैं' (1956, फिल्मिस्तान), 'नयी दिल्ली' (1956, मोहन सहगल), 'राजहठ' (1956, सोहराब मोदी), 'सती अनुसुइया' (1956, धीरुभाई देसाई), 'भाभी' (1957, ए.बी.एम), 'चम्पाकली' (1957, फिल्मिस्तान), 'गेटवे ऑफ़ इंडिया' (1957, ओमप्रकाश), 'देख कबीरा रोया' (1957, अमिय चक्रवर्ती), 'कठपुतली' (1957 अमिय चक्रवर्ती), 'मिस मैरी' (1957, प्रसाद), 'मदर इंडिया' (1957, महबूब), 'नया दौर' (1957, बी. आर. चोपड़ा), 'परदेशी' (1957, के.ए. अब्बास), 'पेइंग गेस्ट' (1957, फिल्मिस्तान), 'शारदा' (1957, प्रसाद प्रोडक्शन), 'तुमसा नहीं देखा' (1957, फिल्मिस्तान), 'आख़िरी दाँव' (1958, महेश कौल), 'अदालत' (1958, कालीदास), 'चलती का नाम गाड़ी' (1958, सत्येन बोस), 'दिल्ली का ठग' (1958, एस. डी. नारंग), 'हावड़ा ब्रिज' (1958, शक्ति सामन्त), 'परवरिश' (1958, एस. बनर्जी), 'फिर सुबह होगी' (1958, रमेश सहगल), 'साधना' (1958, बी.आर. फ़िल्म्स), 'सोने की चिड़िया' (1958, शाहिद लतीफ़), 'तलाक़' (1958, रमेश कौल), 'स्वर्ण सुन्दरी' (1958, अंजली पिक्चर्स), 'ज़िन्दगी या तूफ़ान' (1958, नक्शब, नाशाद), 'रागिनी' (अशोक कुमार, 1958), 'चाचा ज़िन्दाबाद' (1958, ओमप्रकाश),

'चार दिल चार राहें' (1959, ख़्वाजा अहमद अब्बास), 'छोटी बहन' (1959, फिल्मिस्तान), 'गूंज उठी शहनाई' (1959, विजय भट्ट), 'हीरा मोती' (1959, कृष्ण चोपड़ा), 'जाग उठा इन्सान' (1959, शक्ति सामन्त), 'पैगाम' (1959, जैमिनी, एस.एस.वासन), 'रानी रूपमती' (1959, एस. एन. त्रिपाठी), 'उजाला' (1959, नरेश सहगल), 'बरसात की रात' (1960, पी.एल. सन्तोषी), 'दिल अपना और प्रीत पराई' (1960, किशोर साहू), 'घूँघट' (1960, जैमिनी, रामानन्द सागर), 'हम हिन्दुस्तानी' (1960, फ़िल्मालय), 'क़ानून' (1960, बी. आर. चोपड़ा), 'कोहिनूर' (1960, एस. यू. सनी), 'मुग़ल–ए–आज़म' (1960, के. आसिफ़)।

वे सफलतम निर्देशक, जिनका संगीतमय काम भुलाया ही नहीं जा सकता तथा जिनकी फ़िल्मों में शास्त्रीयता पर आधारित संगीत चरित्र की भाँति प्रयुक्त होता था, निम्न प्रकार हैं :

बिमल रॉय :

'दो बीघा ज़मीन' (1953), 'परिणीता' (1953), 'बिराज बहू' (1954), 'नौकरी' (1954), 'देवदास' (1955), 'परिवार' (1956), 'यहूदी' (1958), 'मधुमती' (1958), 'सुजाता' (1959), तथा 'परख' (1960)।

गुरुदत्त :

जाल (1952) 'आर–पार' (1954), 'मिस्टर एण्ड मिसेज़ 55' (1955), सी.आई.डी. (1956), 'प्यासा' (1957), 'कागज़ के फूल' (1959), 'चौदहवी का चाँद' (1960)।

राज कपूर :

आवारा (1951), आह (1953), बूट पालिश (1954) श्री 420 (1955), 'जागते रहो' (1956), 'अब दिल्ली दूर नहीं' (1957), 'जिस देश में गंगा बहती हैं' (1960)।

नवकेतन

'आँधियाँ' (1951), 'टैक्सी ड्राइवर' (1954), 'हाउस नं–44' (1955), 'फंटूश' (1956), 'नौ दो ग्यारह' (1957), 'काला पानी' (1958), 'काला बाज़ार' (1960)।

इसके अतिरिक्त अपने गुरु आदरणीय बिमल राय की परम्परा में ऋषिकेश मुखर्जी ने अपना काम आगे बढ़ाया और ऐसी फ़िल्मों से शुरुआत की जिन्हें देखकर बिमल रॉय का भ्रम होने लगे। इस काल में उनकी तीन फ़िल्में शामिल हैं–'मुसाफ़िर' (1957), 'अनाड़ी' (1959), 'अनुराधा' (1960)।

भारतीयता की लीक पर अनवरत चलने वाले प्रभात चित्र के झण्डे को इस दशक में राजकमल कला मन्दिर के नाम से व्ही. शान्ताराम ने सँभाले रखा।

उनकी फ़िल्मों के नाम हैं–'तीन बत्ती चार रास्ता' (1953), 'सुबह का तारा' (1954), 'झनक–झनक पायल बाजे' (1955), 'तूफ़ान और दिया' (1956), 'दो आँखें बारह हाथ' (1957), और 'नवरंग' (1959)।

इसी तरह हिन्दी फ़िल्मों का एक घराना था, 'फिल्मिस्तान'। इनकी तो ऐसी कोई भी फ़िल्म न थी जो मधुर, कर्णप्रिय तथा शास्त्रीयता पर आधारित संगीत से ओत–प्रोत न हो।

इस तरह हम देखते हैं कि इस दशक ने कितने ही घराने, निर्माता, निर्देशक, संगीतकार तथा गायकों को अमरत्व के क्षितिज पर पहुँचा दिया। उल्लेखनीय नाम हैं–

फ़िल्म कम्पनियाँ / स्टूडियोज़–फ़िल्मिस्तान, महबूब प्रोडक्शंस, बॉम्बे टॉकीज़, राजकमल कला मन्दिर, नवकेतन, आर.के. फ़िल्म्स, बी.आर. फ़िल्म्स, जैमिनी, ए.वी.एम. तथा मिनर्वा।

निर्माता–निर्देशक–बिमल रॉय, गुरुदत्त, राज कपूर, व्ही. शान्ताराम, के. आसिफ़, महबूब, शक्ति सामन्त, चेतन आनन्द, विजय आनन्द, रमेश सहगल, महेश कौल, अमिय चक्रवर्ती, ऋषिकेश मुखर्जी, बी.आर. चोपड़ा, यश चोपड़ा, एल. बी. प्रसाद, सत्येन बोस, राज खोसला, विजय भट्ट तथा सोहराब मोदी आदि।

संगीत–निर्देशक–अनिल बिस्वास, नौशाद, वसन्त देसाई, सी. रामचन्द्र, पं. रविशंकर, एस.डी.बर्मन, चित्रगुप्त, सुधीर फड़के, गुलाम मुहम्मद, शंकर–जयकिशन, रौशन, मदन मोहन, हेमन्त कुमार, ओ. पी. नैय्यर, सलिल चौधरी, खय्याम, जयदेव, रवि आदि।

गायक–लता मंगेशकर, गीता रॉय दत्त, आशा भोसले, सुरैया, शमशाद बेगम, मुबारक बेगम, सुमन कल्याणपुर, मुहम्मद रफ़ी, मन्ना डे, मुकेश, तलत महमूद, किशोर कुमार, हेमन्त कुमार, चितलकर तथा पं. प्रदीप।

गीतकार–शैलेन्द्र, साहिर, भरत व्यास, पं. प्रदीप, राजेन्द्र कृष्ण, मजरूह सुल्तानपुरी, हसरत जयपुरी, अनजान, कैफ़ी आज़मी, प्रेम धवन, शकील बदायुँनी, कमाल अमरोही, पं. नरेन्द्र शर्मा, प्रेम धवन, नीरज तथा राजा मेहंदी अली ख़ाँ आदि।

रिकॉर्डिंग की उन्नत तकनीक का इतिहास

हमने इस बारे में जानने के लिए इस विद्या में निष्णात फ़िल्म एवं टी.वी. संस्थान के भूतपूर्व स्नातक तथा बी.आर. फ़िल्म्स के चीफ़ रिकॉर्डिस्ट श्री बी.एन. चतुर्वेदी से बात की।

अपने साक्षात्कार में चतुर्वेदी जी ने बताया कि 'तीस के दशक में तो रिकॉर्डिंग के लिए एक ही माइक होता था। इसे पहले आग पर गर्म किया जाता था, सभी साजिन्दों को भी उसी एक माइक से काम चलाना पड़ता था। गायक की आवाज़ ढंग से रिकॉर्ड होना मुख्य बात होती थी। किन्तु ऐसा नहीं था कि साज़ों की आवाज़ में कोई कमी पड़ जाये। साज़िन्दे समय पर माइक के पास आते अपना 'पीस' बजाते और पीछे चले जाते।[2]

उसके बाद "सन् 1950 से रिकॉर्डिंग की सुविधा धीरे–धीरे ठीक होने लगी।[2] कई स्टूडियो बन गये, साज़िन्दों और गायकों के लिए अलग–अलग माइक आ गये। साज़िन्दे अलग–अलग अपने प्रकोष्ठों में बैठते तथा गायक अपने बूथ में, सभी ध्वनियों का सही अनुपात में मिश्रण (mixing) करने के लिए मिक्सर भी आ गये। बम्बई के 'फेमस–स्टूडिये' ताड़देव, 'बॉम्बे लैब' दादर, तथा 'फ़िल्म सेंटर' जैसी जगहें रिकॉर्डिंग और मिक्सिंग के लिए जानी जाने लगीं। उधर 78RPM के रिकॉर्ड जिन्हें देसी भाषा में 'तवा' कहा जाता था उनकी जगह ई.पी. तथा एल.पी. रिकॉर्ड आ गये। फिर, रिकॉर्ड की जगह टेप ने ली, टेप भी पहले एक इंच के आये फिर आधा इंच के, चौथाई इंच के और फिर अन्त में कैसेट।

तात्पर्य यह है कि यही वह ज़माना था जब वह सब आ गया जिसने फ़िल्मों में उत्कृष्ट भावानात्मक, प्रेरणादायक, लोकप्रिय संगीत रचा तथा जिसकी बुनियाद शुद्ध शास्त्रीय संगीत पर थी। तक़नीकी रूप से गायन–वादन की बारीकियों को रिकॉर्ड करने के लिए उच्च तकनीकें (Analog) भी आ गयीं। यही संगीत, समाज का दर्पण भी बना तथा प्रेरणा भी। दुःखी मन की सान्त्वना, कवित्वमय न्याय (Poetic Justice) और सुख–दुःख का भागीदार बनकर इस कालखण्ड में ऐसी फ़िल्मों के बनने का कारण था वे सामाजिक बदलाव जो स्वतन्त्रता के बाद भारत में होने प्रारम्भ हो गये थे तथा जिनसे फ़िल्म निर्माता तथा निर्देशकों का जुड़ाव भी होता जा रहा था। इन बदलावों में शामिल थे वे सम्मिलित परिवार जो धीरे–धीरे विघटन की ओर बढ़ रहे थे। शिक्षा, बेरोज़गारी, साम्प्रदायिकता, ऊँच–नीच, छुआ–छूत तथा सबसे बढ़कर ग़रीबी और देश का आर्थिक विकास भी। एक ओर देश जहाँ इन समस्याओं से जूझ रहा था वहीं हिन्दी सिनेमा अपनी फ़िल्मों से इन समस्याओं का काव्यात्मक निराकरण करने में जुटा हुआ था। इसके अतिरिक्त देशभक्ति, राष्ट्र–धर्म, इतिहास, धर्म तथा पुराण जैसे विषय तो थे ही किन्तु स्वतन्त्रता आने के बाद धीरे–धीरे इन विषयों की जगह तात्कालिक, सामाजिक, आर्थिक, साम्प्रदायिक, राजनीतिक तथा प्रादेशिक समस्याएँ ही लेती जा रही थीं।[3]

इन सभी समस्याओं के बारे में सरलता एवं बोधगम्यता से समझाने, दुखः दर्द बाँटने तथा काव्यात्मक निराकरण के लिए फ़िल्मों के गीत ही सबसे बड़ा साधन थे तथा उपाय भी। इन गीतों को और भी बोधगम्य बनाने के लिए अधिकतर सहारा शास्त्रीय संगीत का ही लिया गया क्योंकि एक तो शास्त्रीय संगीत के स्वर सारे देश में एक जैसे ही थे। दूसरे, वह राग जो हिन्दी फ़िल्मों के गीतों में प्रयुक्त होते थे उनमें से अधिकतर, ऐसी लोकधुनों के आसपास होते थे जिन्हें सामान्य भारतीय अपने गाँव–घाट में सुनता ही रहता था जैसे भैरवी, पहाड़ी, पीलू, माँड और काफ़ी आदि। लय, ताल, चाल तथा वाद्यवृन्द भी मुख्यतः उसी प्रकार के थे। यही कारण था कि यह संगीत जनसाधारण के मन में जल्दी बैठता था।[4]

इस प्रकार जो सबसे महत् कार्य हिन्दी फ़िल्मों ने किया है उसे हम शास्त्रीय संगीत का वह सरलीकरण कह सकते हैं जिसके कारण जनसाधारण में शास्त्रीय संगीत के प्रति रुचि जागी। अब जनसाधारण रेडियो पर बजने वाले शास्त्रीय संगीत में अपने फ़िल्मी गीतों की जड़ों को तलाशने लगा। शास्त्रीय संगीत के प्रति रुचि बढ़ी तो स्कूलों और कॉलेजों में शास्त्रीय संगीत के प्राथमिक पाठों की शुरुआत हिन्दी फ़िल्मों के गीतों से ही होने लगी। निस्सन्देह कहा जा सकता है कि हिन्दी फ़िल्म संगीत ने शास्त्रीय संगीत को जनसाधारण में लोकप्रिय बनाया। हिन्दी फ़िल्मों के अनुरूप ही भारत की अन्य भाषाई फ़िल्मों का संगीत भी बनने लगा; केवल भाषा का ही अन्तर रहता था।

इसी रचनात्मक प्रक्रिया को हम 'शास्त्रीय संगीत का फ़िल्मों के लिए अनुकूलन' की संज्ञा भी दे सकते हैं। इस ओर प्रारम्भिक काम तो, अनिल बिस्वास तथा खेमचन्द्र प्रकाश ने '40 के दशक में ही प्रारम्भ कर दिया था किन्तु इसमें परिपक्वता लाने के कार्य में सर्वोपरि नाम आता है शंकर–जयकिशन का। उनके बाद हैं सदाबहार एस.डी. बर्मन जो स्वयं सत्तर वर्ष के थे किन्तु उनका संगीत सत्रह वर्ष की आयु से आगे बढ़ा ही नहीं। किसी ने उनके बारे में कितना उपयुक्त कहा है, "Sachin may hit centuries but Sachin Da will be hit for centuries" (सचिन तेन्दुलकर सेचुरी हिट कर सकते हैं किन्तु सचिन बर्मन तो सेंचुरीज़ (सदियों) तक हिट रहेंगे) सचिन दा के बाद सदा याद किया जायेगा सी. रामचन्द्र को जिन्होंने सीधे–सीधे रागों की बन्दिशें नहीं चुराईं बल्कि रागों के स्वरों को इतनी सरलता से प्रयोग में लाये कि राग का आभास तक नहीं हुआ। नौशाद साहब की यही एक कमी उन्हें उत्तर भारतीय शास्त्रीय संगीत का अच्छा–भला जानकार होने के बावजूद निचली पायदान पर खींच लाती है क्योंकि उन्होंने शास्त्र तो अपने संगीत में दिया

ही किन्तु एक ओर जहाँ वह सीधे–सीधे बन्दिशें उठाते रहे वहीं दूसरी ओर बार–बार उन्हीं बन्दिशों के बोल बदल–बदल कर उन्हें दोहराते भी रहे। रौशन, मदन मोहन तथा ख़य्याम ने इस दिशा में महत्त्वपूर्ण काम किया। पार्श्वसंगीत ने भी इस ओर कम महत्त्वपूर्ण काम नहीं किया तथा इस विधा के महारथी मुख्यतः दो ही रहे; वसन्त देसाई तथा सलिल चौधरी जिन्हें शास्त्रीय संगीत को फ़िल्म के दृश्यों के अनुकूल ढालकर उससे प्रभाव पैदा करने में महारथ हासिल थी।

अब यह आंकलन कर लेना भी आवश्यक है कि इस दशक में हिन्दी फ़िल्म गीत ने समाज के किन–किन अंगों पर प्रभाव डाला तथा अपनी मधुरता तथा कर्णप्रियता से समाज में कितनी महत्त्वपूर्ण भूमिका अदा की। इसके लिए हमें फ़िल्म–संगीत को विभिन्न वर्गों में बाँटना होगा। इस प्रकार तत्सम्बन्धित उदाहरणों से यह स्वयं सिद्ध हो जायेगा कि हिन्दी फ़िल्म के गीतों ने समाज से अपना तादात्म्य कैसे बिठाया।

समाज के विविध आयामों हेतु हिन्दी फ़िल्म-संगीत का सम्यक् प्रयोग

हमारी फ़िल्मों का प्रारम्भ ही धार्मिक फ़िल्मों से हुआ और उनमें संगीत समाया रहा। ऐसी फ़िल्मों के दृश्यों को प्रभावशाली बनाने के लिए ध्रुपद, धमार, ख़्याल, बन्दिशें, श्लोक, भजन आदि का प्रयोग भी हुआ। धार्मिकता से परिपूर्ण ऐसे बहुत सारे दृश्य दूसरी तरह की फ़िल्मों में भी होते हैं जिनमें ऐसे ही संगीत की प्रसंगानुसार आवश्यकता पड़ती है जैसे–

भय भंजना वन्दना सुन हमारी
दरस तेरा माँगे ये तेरा पुजारी (फ़िल्म–बसन्त–बहार, मल्हार अंग)

उन्हें शास्त्रीय संगीत की शरण में जाना ही पड़ता है, जैसे–

फ़िल्म–'शंकर पार्वती'–*जय शंकर गंगाधर* (ध्रुपद)

फ़िल्म–'बैजू बावरा'–आज गावत मन मेरो झूमके, तेरी तान भगवान रे (खयाल)

फ़िल्म–'प्रार्थना'–*हरि तुम हरो जन की पीर* (भजन)

भक्ति फ़िल्मों में बहुत सारे भक्त भी शामिल हैं जैसे–सन्त तुकाराम, गोस्वामी तुलसीदास, सूरदास, मीराबाई, सन्त ज्ञानेश्वर आदि। मीरा के पद भी जनसामान्य में बहुत लोकप्रिय हुए।

फ़िल्म–'मीराबाई'–*ए री मैं तो प्रेम दीवानी* (पद)

इसी प्रकार मुस्लिम धर्म, इतिहास तथा भक्ति की फ़िल्मों में उपशास्त्रीय संगीत के वे प्रकार भी शामिल हुए जो मध्य एशिया के देशों से सांस्कृतिक

आदान–प्रदान के बाद हमें मिले थे, जैसे–ठुमरी, दादरा, टप्पा, क़व्वाली तथा ग़ज़लें जैसे–

- *मदीने वाले से मेरा सलाम कह देना*

  (फ़िल्म–मेरा सलाम, 1957, नातिया कलाम, संगीत : हफ़ीज़ खाँ, गायक : उस्ताद बन्देहसन, अतरौली घराना तथा मो. रफ़ी)

- *जा जा रे जा बालमा*
  सौतन के संग रैन बिताई
  काहे करत अब झूटी बतियाँ

  (राग–माँज खमाज, ठुमरी अंग, फ़िल्म–बसन्त बहार)

- *ठाड़े रहियों ओ बाँके यार रे*

  (राग खमाज, दादरा–फ़िल्म : पाकीज़ा)

- *जुर्म–ए–उलफ़त पे हमें लोग सज़ा देते हैं*

  (राग : नट मल्हार, ग़ज़ल, फ़िल्म : ताजमहल)

- *झनक–झनक पायल बाजे*

  (राग : अड़ाना, ख़याल–फ़िल्म : झनक–झनक पायल बाजे)

बालोपयोगी गीत

चन्दा मामा दूर के पुए पकायें बूर के
आप खायें थाली में, मुन्ने को दें प्याली में

(राग : मिश्र शिवरंजनी, फ़िल्म : वचन)

उपरोक्त गीत, पुराने लोकगीतों को फ़िल्मों द्वारा अपनाये जाने का सटीक उदाहरण है। किन्तु फ़िल्मों में प्रयुक्त गीत कैसे बालगीत व साहित्य बन जाते हैं, उसके उदाहरण–

नन्हा मुन्ना राही हूँ देश का सिपाही हूँ
बोलो मेरे संग जय हिन्द, जय हिन्द, जयहिन्द

(राग : भूप बिलावल, फ़िल्म : सन ऑफ़ इंडिया)

ईचक दाना, बीचक दाना, दाने ऊपर दाना, ईचक दाना
छज्जे ऊपर लड़की नाचे, लड़का है दीवाना, ईचक दाना

(राग : गारा फ़िल्म : श्री 420)

तीतर के दो आगे तीतर, तीतर के दो पीछे तीतर,
आगे तीतर–पीछे तीतर, बोलो कितने तीतर?

(राग : भैरवी, फ़िल्म : मेरा नाम जोकर)

त्योहारों के गीत

मुझे मिल गया बहाना तेरी दीद का
ऐसी खुशी ले के आया चाँद ईद का

(राग : गारा फ़िल्म : बरसात की रात)

होली आई रे कन्हाई रंग छलके
सुना दे ज़रा बाँसुरी (राग : पीलू, फ़िल्म : मदर इंडिया)

उत्सवधर्मिता तो हमारी फ़िल्मों में भरी पड़ी है। लगभग पचास वर्ष पूर्व आया एक 'गोविन्दा गीत' पहले तो महाराष्ट्र में ही लोकप्रिय हुआ बाद में देखते ही देखते पूरे भारत का लोकगीत बन गया–

गोविन्दा आला रे आला
ज़रा मटकी सँभाल बृजबाला

(राग : मिश्र झिंझोटी, फ़िल्म : ब्लफ़ मास्टर)

शादी-ब्याह, के गीत

महलों का राजा मिला कि रानी बेटी राज करेगी
ख़ुशी–खुशी कर दो विदा, तुम्हारी बेटी राज करेगी

(राग : तिलक श्याम, फ़िल्म : अनोखी रात)

पी के घर आज प्यारी दुल्हनियाँ चली
रोएं माता–पिता, उनकी दुनिया चली

(राग : गारा, फ़िल्म : मदर इंडिया)

चल री सजनी, अब क्या सोचे
कजरा न बह जाये रोते रोते

(राग : झिंझोटी, फ़िल्म : बम्बई का बाबू)

भारतीय संस्कृति, दर्शन तथा अध्यात्म

होंठों पे सचाई रहती है, जहाँ दिल में सफ़ाई रहती है;
हम उस देश के वासी हैं, जिस देश में गंगा बहती है।

(राग : गारा भैरवी, फ़िल्म : जिस देश में गंगा बहती है)

बहुत दिया देने वाले ने तुझको, आँचल ही न समाये तो क्या कीजे!

(राग : भैरव, फ़िल्म : सूरत और सीरत)

ओह रे ताल मिले नदी के जल में, नदी मिले सागर में
सागर मिले कौन से जल में, कोई जाने ना।

(राग : रागेश्वरी, फ़िल्म : अनोखी रात)

मन रे, तू काहे कहो न धीर धरे, वो निर्मोही मोह न जाने, जिनका मोह करे

(फ़िल्म : चित्रलेखा राग : यमन कल्याण)

गंगा आये कहाँ से, गंगा जाये कहाँ रे
लहराए पानी में जैसे धूप–छाँव रे

(रागः भटियाली, फ़िल्म : काबुलीवाला)

आओ बच्चों तुम्हें दिखाये, झाँकी हिन्दुस्तान की
इस मिट्टी से तिलक करो ये धरती है बलिदान की

(राग : बिलावल, फ़िल्म : जागृति)

जब दिल में नहीं हैं खोट, तो फिर क्यों डरता है
नादान यहाँ जो करता है वो भरता है

(रागः सारंग, फ़िल्म : बैंक मैनेजर)

अल्ला तेरो नाम, ईश्वर तेरो नाम
सबको सन्मति दे भगवान

(राग : गौड़ सारंग, फ़िल्म : हम दोनों)

देशभक्ति तथा राष्ट्रधर्म

आ अब लौट चलें, नयन बिछाये, बाँहें पसारे
तुझको पुकारे, देश तेरा

(राग : कुकुम बिलावल, फ़िल्म : जिस देश में गंगा बहती है)

छोड़ो कल की बातें, कल की बात पुरानी
नये दौर में लिखेंगे, मिल कर नयी कहानी
हम हिन्दुस्तानी

(राग : माँज खमाज, फ़िल्म : हम हिन्दुस्तानी)

अपनी आज़ादी को हम हरगिज़ मिटा सकते नहीं
सर कटा सकते हैं लेकिन, सर झुका सकते नहीं।

(राग : खम्बावती फ़िल्म : लीडर)

आज हिमालय की चोटी से फिर हमने ललकारा है,
दूर हटो ऐ दुनिया वालो, हिन्दुस्तान हमारा है।

(राग : देवगिरि बिलावल फ़िल्म : क़िस्मत)

वतन की राह में वतन के नौजवां शहीद हो

(रागः काफ़ी, फ़िल्म–शहीद)

ऐ मेरे प्यारे वतन, ऐ मेरे बिछड़े चमन, तुझपे दिल कुर्बान

(राग : मिश्र गावथी, फ़िल्म : काबुलीवाला)

वन्दे मातरम् (राग : भैरवी–भैरव, फ़िल्म : आनन्दमठ)

आर्थिक

आमदनी अठन्नी, ख़र्चा रुपया रे भैया, ना पूछो ना पूछो हाल,
हाल नतीजा ठनठन गोपाल

(राग : काफ़ी, फ़िल्म : तीन बहूरानियाँ)

ना बीवी और ना बच्चा ना बाप बड़ा ना भैया,
द–होल थिंग इज़ दैट कि भैया सबसे बड़ा रुपैया

(राग : मिश्र धानी, फ़िल्म : सबसे बड़ा रुपया)

बदला ज़माना आहा बदला ज़माना
छै नये पैसे का पुराना इक आना

(राग : बिलावल, फ़िल्म : मिस इंडिया)

कुछ गाने, जिन्होंने रोज़गार करने में आम व्यक्ति की सहायता की–

सर जो तेरा चकराये या दिल डूबा जाये
आजा प्यारे, पास हमारे, काहे घबराये
मालिश, तेल मालिश,

(राग : मिश्र पहाड़ी, फ़िल्म : प्यासा)

सुरमा मेरा निराला, आँखों में जिसने डाला
जीवन हुआ उजाला, है कोई नज़र वाला

(राग : मिश्र पीलू, फ़िल्म : कभी अँधेरा–कभी उजाला)

मेरा नाम अब्दुल रहमान, पिस्ते वाला मैं हूँ पठान,
खाने वाले का दिल होता गुल गुल वाह रे–वाह रे वाह–वाह
अब्दुल रहमान की मैं अब्दुल रहमनियाँ

(राग : बिलावल, फ़िल्म : भाई–भाई)

पहले पैसा फिर भगवान, बाबू देते जाना दान
देते जाना, अठन्नी या दुअन्नी बाबू आना, दो आना

(राग : मिश्र पीलू, फ़िल्म : मिस मैरी)

ठहर ज़रा ओ जाने वाले, बाबू मिस्टर गोरे काले,
कब से बैठे आस लगाये, हम मतवाले पॉलिश वाले।

(राग : मिश्र बिलावल, फ़िल्म : बूट पालिश)

व्यंगात्मक संगीत

चीन–ओ–अरब हमारा, हिन्दोस्ताँ हमारा
रहने को घर नहीं है, सारा जहाँ हमारा

(राग : भैरव, फ़िल्म : फिर सुबह होगी)

आसमाँ पे है खुदा और ज़मी पे हम
आज कल वो इस तरफ़ देखता है कम

(राग : मधुवन्ती, फ़िल्म : फिर सुबह होगी)

सूरज ज़रा, आ पास आ, आज सपनों की रोटी पकायेंगे हम
ऐ आसमाँ, तू बड़ा मेहरबाँ, आज तुझको भी दावत खिलाएंगे हम

(राग : बिलावल, फ़िल्म : उजाला)

ये मर्द बड़े, दिलसर्द, बड़े बेदर्द न धोखा खाना
मीठी–मीठी बतियों में भूल के न आना

(राग : मांज खमाज, फ़िल्म : मिस मैरी)

संसार से भाग फिरते हो, भगवान को तुम क्या पाओगे

(राग : यमनी, फ़िल्म : चित्रलेखा)

ये महलों ये तख़्तों ये ताजों की दुनिया
ये इन्साँ के दुश्मन समाजों की दुनिया
ये दुनिया अगर मिल भी जाये तो क्या है!

(राग : दरबारी, फ़िल्म : प्यासा)

ये दुनिया ये दुनिया, हाय हमारी ये दुनिया
शैतानों की बस्ती है, यहाँ ज़िन्दगी सस्ती है

(राग : तोड़ी, फ़िल्म : यहूदी)

साहित्यिकता

हिन्दी–साहित्य ने हमेशा फ़िल्म को नकारा है, किन्तु फ़िल्म ने सदा साहित्य का साथ दिया है। हिन्दी के साथ एक बड़ी समस्या यह है कि इस भाषा ने गम्भीरता का बेहद मोटा लबादा ओढ़ रखा है। हल्की–फुल्की भाषा में की गयी अभिव्यक्ति को हिन्दी के मठाधीश साहित्य मानने के लिए तैयार नहीं है। यदि ऐसा न होता तो फ़िल्मों के बहुत से कवि, साहित्य द्वारा भी अपनाये गये होते।

दूसरी ओर उर्दू भाषा के सभी प्रतिष्ठित कवि उतनी ही प्रतिष्ठा के साथ फ़िल्मों में भी पीठासीन होते है। उर्दू के सभी शायर यथा–फ़ैज़ अहमद फ़ैज, अली सरदार जाफ़री, अख़्तर–उल–ईमान, जॉ निसार अख़्तर, क़तील शिफ़ाई, साहिर लुधियानवी, मजरूह सुल्तानपुरी, शकील बदायुँनी, हसरत जयपुरी, कैफ़ी–आज़मी, निदा–फ़ाज़ली तथा डॉ. राही मासूम रज़ा सभी प्रतिष्ठित शायर भी हैं तथा हिन्दी–फ़िल्मों के गीतकार भी। दूसरी ओर हिन्दी का हाल यह है कि कोई भी साहित्यकार, जो फ़िल्मों में लिखने लगा उसके लिये साहित्य

के पट बन्द हो गये। उदाहरणार्थ–पं. नरेन्द्र शर्मा, सरस्वती कुमार दीपक, पं. इन्द्रकुमार, पं. भरत व्यास, शैलेन्द्र, पं. प्रदीप, इन्दीवर, पं. मधुर आदि सभी को कभी साहित्य ने अंगीकार नहीं किया। किसी भी पाठ्यपुस्तक में कभी इनकी कोई रचना नहीं दिखी। जबकि अपने अधिकांश गीतों में ये साहित्य भी रचते रहे। यह स्वयंसिद्ध है कि साहित्य से नकारे जाने के भय से ही नीरज फ़िल्मों से वापस चले गये तथा हिन्दी के गीतकारों की संख्या उर्दू कवियों की तुलना में नगण्य ही रही, क्योंकि कदाचित साहित्य की सीमाओं को लाँघना उन्हें श्रेयस्कर न लगा हो।

हम कहना चाहेंगे, कि इन कवियों ने जो रचा है उनमें से अधिकांश को तो पाठ्यपुस्तकों में स्थान मिलना चाहिए। दुर्भाग्य हिन्दी का ही है क्योंकि अभी तक यह अधिकार चन्द मठाधीशों के हाथ में ही है। बहरहाल, हम हिन्दी और उर्दू के मिले–जुले गीतों के मुखड़े उद्धत कर रहे हैं जिनसे स्पष्ट होता है कि हिन्दी फ़िल्मों के गीतों में कितना साहित्य रचा गया, बानगी के तौर पर हम प्रत्येक शायर व कवि का एक–एक ही गीत देंगे।

प. प्रदीप–

दे दी हमें आज़ादी, बिना खड़ग बिना ढाल
साबरमती के सन्त तूने कर दिया कमाल

(राग : मिश्र पीलू, फ़िल्म : जागृति)

कैफ़ी–आज़मी–

आज सोचा तो आँसू भर आये
मुद्दतें हो गयीं मुस्कराये

(राग : मिश्र किरवानी, फ़िल्म : हँसते ज़ख़्म)

साहिर लुधियानवी–

कभी ख़ुद पे, कभी हालात पे रोना आया
बात निकली तो हरेक बात पे रोना आया

(राग : गारा, फ़िल्म : हम दोनों)

शकील बदायुँनी–

चौदहवीं का चाँद हो या आफ़ताब हो
जो भी हो तुम खुदा की कसम लाजवाब हो

(राग : पहाड़ी, फ़िल्म : चौदहवीं का चाँद)

मजरूह सुल्तानपुरी–

छुपा लो यूँ दिल मैं प्यार मेरा
कि जैसे मन्दिर में लौ दिये की

(राग : यमन, फ़िल्म : ममता)

पं. नरेन्द्र शर्मा–

ज्योति कलश छलके
हुए गुलाबी लाल सुनहले
रंग दल बादल के

(राग : भोपाली / देशकर, फ़िल्म : भाभी की चूड़ियाँ)

नोट–उपरोक्त गीत को दो रागों पर आधारित लिखने के पीछे कारण हैं कि जहाँ अधिकतर विद्वान इसे राग भोपाली की रचना ही मानते हैं वहीं अन्य का मानना है 'भोपाली' में 'ग' स्वर पर न्यास होता है जबकि 'देशकार' में 'रे' पर और क्योंकि इस गीत में 'रे' (ऋषभ) का अधिक प्रयोग किया गया है और यह उत्तरांगवादी भी हैं अतः यह देशकार पर ही आधारित है।

पं. भरत व्यास–

ऐ मालिक तेरे बन्दे हम
ऐसे हों हमारे करम
नेकी पर चलें और बदी से टलें
ताकि हँसते हुए निकले दम

(राग : जोगकौंस, फ़िल्म : दो आँखें बारह हाथ)

निम्नलिखित गीत तो रहस्यवाद व छायावाद को लेकर प्रसाद, पन्त तथा निराला की परम्परा में है अतः इसका उल्लेख यहाँ होना अति आवश्यक है।

भरत व्यास–

हरी भरी वसुन्धरा पे नीला नीला ये गगन
कि जिसपे बादलों की पालकी चला रहा पवन
दिशायें देखो रंग भरी, चहक रही उमंग भरी
ये किसने फूल–फूल पे किया सिंगार है
ये कौन चित्रकार है ये कौन चित्रकार!

(राग : मिश्र भैरवी, फ़िल्म : बूँद जो बन गई मोती)

कबीर की परम्परा में शैलेन्द्र ने अनेक गीत रचे। कभी–कभी छन्द

की दृष्टि से देखें तो हमें गद्य का आभास होता है, किन्तु उनमें कबीर का रहस्यवाद अनायास ही दीख पड़ता है तथा धुन बनने के बाद जब उन्हें गाया जाता है तो गद्यात्मकता गायक हो जाती है।

बोल री कठपुतली डोरी कौन संग बाँधी
सच बतला, तू नाचे, किसके लिए,
बावरी कठपुतली डोरी, पिया संग बाँधी
मैं नाचूँ अपने, पिया के लिये
जहाँ–जहाँ जिस ओर चलें वो संग चलूँ मैं छाया सी
वो हैं मेरे जादूगर मैं जादूगर की माया सी

(राग : भैरवी, फ़िल्म : कठपुतली)

फ़िल्मों में अधिकांशतः गीत कभी–कभी धुन पर लिखे जाते हैं तथा दृश्य की माँग के अनुसार बहर को छोटा या बड़ा करना पड़ता है। अतः विभिन्न प्रकार के छन्दों को गढ़ा जाता है। हिन्दी अथवा संस्कृत व्याकरण में इतने छन्दों का, कदाचित उल्लेख भी न हो। सलिल चौधरी की एक लम्बी बहर के रूप में एक अस्थाई तो इतनी लम्बी है कि अटपटी–सी ही लगती है–

रातों के साये घने, जब ज़ोर दिल पे बने
ना हो कोई साथी, ना तो जले बाती
फिर भी न डर, अगर बुझे दिये
सहर तो है तेरे लिए...

(राग : मिश्र काफ़ी, फ़िल्म : अन्नदाता)

इतनी बड़ी अस्थाई को जब लता मंगेशकर गाती हैं तो करुणा की वर्षा होती है।

इस रस में भीगी तीन लोरियाँ भी अमर हैं जिन्हें गा–गाकर माताएँ अपने घरों में बच्चों को सुलाती हैं–

अ) *धीरे से आ जारी अँखियन में निन्दिया*
आ जा री आजा, धीरे से आ जा

(फ़िल्म : अलबेला, रागः पीलू)

ब) *चन्दन का पलना, रेशम की डोरी*
झूला झुलाऊँ, निंदिया को तोरी

(फ़िल्म : शबाब, राग : पीलू)

स) *आजा री आ, निन्दिया तू आ*
संसार की रानी है तू राजा है मेरा लाड़ला

(फ़िल्म : दो बीघा ज़मीन, राग : खमाज)

यदि रसों की बात करें तो नाट्यशास्त्र के नव रसों के अतिरिक्त बाद में जोड़े गये; 'वात्सल्य रस' का भी हिन्दी फ़िल्मों के गीतों में बार–बार समावेश किया गया है।

यही बात अलंकारों के बारे में भी कही जा सकती है। रूपक, उपमा, उत्प्रेक्षा आदि ऐसा कौन–सा अलंकार है जिसका समावेश इन गीतों में न हो, उदाहरणार्थ–प्रस्तुत है निम्नलिखित गीत, जिसमें उपमा, अनुप्रास तथा उत्प्रेक्षा अलंकारों के साक्षात् दर्शन होते हैं–

चन्दन सा बदन, चंचल चितवन,
धीरे से तेरा ये मुस्काना
मुझे दोष न देना, जगवालो
हो जाऊँ अगर मैं दीवाना

(राग : यमन कल्याण, फ़िल्म : सरस्वतीचन्द्र)

बहरहाल कविता होगी तो रस, छन्द और अलंकार तो होंगे ही, भावपक्ष व कलापक्ष भी होगा, और इन्हें उभारने के लिये हमें संगीत की आवश्यकता भी होगी; संगीत भी ऐसा जो गीत की भावनाओं को उसी तरह दुलारे, जैसा उन्हें लिखा गया है अथवा जिस दृश्य हेतु उसे रचा गया है। इसीलिए इन भावप्रवण गीतों को शास्त्रीय संगीत की आवश्यकता पड़ी। क्योंकि, शास्त्रीय संगीत में रागों के भी भावानुकूल रस होते हैं, उन रसों का जब वर्णन (गायन) होता है, तो गायक व श्रोता दोनों के ही मानस में तदानुकूल रंग भरने लगते हैं, चित्र बनने लगते हैं और हृदय भावलोक में खो जाता है इसीलिए राग–रागिनियों को समय, ऋतु तथा काल के चक्र में बाँधा गया है। यही सब मिलकर जीवनचक्र बनता है। इसी जीवनचक्र को विविध रूपों में दर्शाने का कार्य हिन्दी फ़िल्म के गीतों ने किया।

सामाजिक

समाज को लेकर तो न जाने कितने प्रयोग किये गये जिनमें साम्प्रदायिक सद्भावना, ऊँच–नीच के भेदभाव पर टिप्पणी तथा कुरीतियों पर कुठाराघात शामिल हैं! ऐसे विषयों को समाज तक सटीक रूप से पहुँचाने के लिए संवादों से कहीं अधिक प्रभावशाली गीत होते थे और उन गीतों को प्रभावी बनाने के लिए शास्त्रीय संगीत के किसी–न–किसी रूप का सहारा लिया ही जाता रहा है, जैसे–

धरती कहे पुकार के, गीत सुनले प्यार के मौसम बीता जाये

(राग : भैरव, फ़िल्म : दो बीघा ज़मीन)

दुनिया में हम आये हैं तो जीना ही पड़ेगा

(राग : मिश्र शिवरंजनी, फ़िल्म : मदर इंडिया)

प्यार करि लै नहीं तो फाँसी चढ़ जाएगा

(राग : शुक्ल बिलावल, फ़िल्म : जिस देश में गंगा बहती है)

एक दिन बिक जाएगा माटी के मोल

जग में रह जायेंगे प्यारे तेरे बोल

(राग : बिलावल, फ़िल्म : कल आज और कल)

हम हैं राही प्यार के, हमसे कुछ न बोलिए

जो भी प्यार से मिला, हम उसी के हो लिये

(राग : देवगिरि बिलावल, फ़िल्म : नौ दो ग्यारह)

तू हिन्दू बनेगा न मुसलमान बनेगा, इन्सान की औलाद है, इंसान बनेगा

(राग : मिश्र भैरवी, फ़िल्म : धूल का फूल)

पारिवारिक–

सर्वविदित है कि भारतीय परिवारों में उथलेपन अथवा अश्लीलता की कोई जगह नहीं है। अतः जहाँ गहराई होगी, वहाँ गम्भीरता भी होगी। परिवार के गम्भीर सम्बन्ध उकेरने के लिए भी शास्त्रीय संगीत पर आधारित गीतों का ही प्रयोग किया गया। परिवारों के लिए अच्छे संस्कार भी फ़िल्मों ने समाज को दिये। वैसे तो फ़िल्में समाज का दर्पण रहीं किन्तु फ़िल्मों ने परिवारों में अच्छे संस्कार भरने का काम भी किया जिसके लिए शास्त्रीयता पर आधारित मधुर गीत ही काम आये–

मेरा छोटा सा देखो ये संसार है।

मेरा जीवन है, ये मेरा सिंगार है।

(राग : सूहा, सुघरई (अप्रचलित), फ़िल्म : भाई–भाई)

छोटा सा घर होगा बादलों की छाँव में

आशा दीवानी मन में बँसुरी बजाये

मेरा क्या मैं पड़ा रहूँगा अम्मी जी के पाँव में

(राग : शुद्ध बिलावल, फ़िल्म : नौकरी)

तुमसे ही घर, घर कहलाया

(राग : दरबारी, फिल्म : भाभी की चूड़ियाँ)

रोमांटिक/शृंगारिक–

जहाँ बात शृंगार और रोमांस की आती है वहाँ हमारे देश के संस्कृत नाटक जैसे–अभिज्ञानशाकुन्तलम्, कुमारसम्भव आदि से होते हुए खजुराहो और कोणार्क के शिल्प तथा कृष्ण और राधा तथा रति और कामदेव तक पहुँच ही जाती है। शृंगार को जब गरिमा देनी हो और उसका आदर्श रूप बताना हो तो फिर से बात साहित्यिक काव्य और शास्त्रीय संगीत पर ही आ जाती है, फ़िल्मों ने भी वही रीति अपनायी। और ऐसे उदाहरणों की हिन्दी फ़िल्मों में कोई कमी नहीं है–

घायल हिरनियाँ मैं बन–बन डोलूँ, किसका लगा बान, मुख से न बोलूँ
(राग : देसी शहाना, फ़िल्म : मुनीम जी)

तेरे सुर और मेरे गीत, दोनों मिलकर बनेंगे प्रीत
(राग : नट विहाग, फ़िल्म : गूँज उठी शहनाई)

मोहे पनघट पे नन्दलाल छेड़ गया रे
(राग : गारा, फ़िल्म : मुग़ल–ए–आज़म)

कैसे दिन बीते कैसी बीती रतियाँ, पिया जाने ना
(राग : माड़ खमाज, फ़िल्म : अनुराधा)

नैन सो नैन नाहीं मिलाओ देखत सूरत आवात लाज, सइयाँ
(राग : मालगुंजी, फ़िल्म : झनक झनक पायल बाजे)

माँग के साथ तुम्हारा मैंने माँग लिया संसार
(राग : पहाड़ी, फ़िल्म : नया दौर)

सुन मेरे बन्धु रे, सुन मेरे मितवा, सुन मेरे साथी रे
(राग : भटियाली, फ़िल्म : सुजाता)

चारित्रिक

प्रेरणादायी चरित्रों की भी भारत में कोई कमी नहीं है उनके चरित्रों को समझाने के लिए भावपूर्ण प्रेरणादायी गीतों के साथ, शास्त्रीय रागों पर आधारित गीतों की ही आवश्यकता होती है–

घबराये जब मन अनमोल, और ह्रदय हो डावाँडोल
तब मानव तू मुख से बोल, बुद्धं शरणं गच्छामि,
(राग : क़ाफी, फ़िल्म : अंगुलिमाल)

वृन्दावन का कृष्ण कन्हैया सबकी आँखों का तारा
(राग : शुद्ध कल्याण, फ़िल्म : मिस मैरी)

भारत की सीताओं के दुःखड़े, जब तक होंगे पूर्ण नहीं
हे राम तुम्हारी रामायण, तब तक होगी सम्पूर्ण नहीं
(राग : दरबारी, फ़िल्म : रामराज्य)

हास्य/व्यंग्य

हिन्दी फ़िल्मों में गीतों के इस पक्ष को थोड़ी लज्जा के साथ याद रखा जायेगा क्योंकि हास्य पैदा करने के लिए शास्त्रीय संगीत, उसकी तानें, सरगम तथा हरकतों को ही हास्य व्यंग्य की तरह इस्तेमाल किया गया। यदि इन गानों को केवल सुना जाये तो ये शास्त्रीय गायन के कर्णप्रिय नमूने हैं किन्तु पर्दे पर फ़िल्म देखते समय, इनसे दृश्य में विद्रूप हास्य पैदा होता है तथा कभी–कभी तो वितृष्णा–सी होती है। कुछ गाने ऐसे भी हैं जिन्हें सुनते समय भी विद्रूप हास्य का आभास होता है। यह लगभग वैसा ही है जैसे किसी को काना या लँगड़ा कहकर उसका उपहास किया जाये और उससे हास्य पैदा हो, जैसे–

एक चातुर नार करके सिंगार
मेरे मन के द्वार ये घुसत जात...

(राग : दुर्गा, आरभी, फ़िल्म : पड़ोसन)

हमारा मत है कि शास्त्रीय गायन का इस प्रकार का प्रस्तुतीकरण एक भौंडा प्रयास है। यह रागों तथा शास्त्रकारों का अपमान जैसा है

अजहुँ न आये बालमा सावन बीता जाये

(राग : सिन्धु भैरवी, फ़िल्म : साँझ और सवेरा)

फुल गेंदवा न मारो लगत करेजवा में चोट

(राग : भैरवी, फ़िल्म : दूज का चाँद)

केतकी, गुलाब, जूही, चंपक, बन फूले

(राग : बसन्त–बहार, फ़िल्म : बसन्त–बहार)

हटो काहे को झूठी बनाओ बतियाँ

(राग : भैरवी, फ़िल्म : मंज़िल)

पढ़ने अथवा सुनने में ये सभी गीत कर्णप्रिय हैं किन्तु पर्दे पर इनकी प्रस्तुति भौंडी है।

शास्त्रीय बन्दिशें/गायन

इसके अन्तर्गत उन फ़िल्म–गीतों की ही चर्चा करेंगे जो फ़िल्में या तो शास्त्रीय संगीत के किसी पक्ष पर आधारित थीं जैसे–बैजू–बावरा, शबाब, 'गूँज उठी शहनाई', 'बसन्त बहार' तथा 'आलाप' अथवा वे फ़िल्में जिनके विषय कुछ भी रहे हों किन्तु चरित्र एवं स्थिति के अनुसार शास्त्रीय गायन की शैली अथवा तकनीक अपनाई गयी, जैसे–'अनुराधा', जिसमें फ़िल्म की नायिका शादी से पहले शास्त्रीय गायिका ही थी इसीलिए उसके द्वारा गाये गये गीत शास्त्रीयता के आधार ही रखे गये। इस फ़िल्म का संगीत पं. रविशंकर ने दिया था कुछ गीत हैं–

1. *साँवरे साँवरे*
   काहे मोसे करो जोराजोरी
   बइयाँ न मरोरो मोरी (भैरवी)
2. *हाय रे वो दिन क्यों न आये* (जनसम्मोहिनी)
3. *कैसे दिन बीते कैसे बीती रतियाँ, पिया जाने ना* (झिंझोटी)
4. *जाने कैसे सपनों में खो गयीं अँखियाँ*
   मैं तो हूँ जागी मेरी सो गयीं अखियाँ (देस)

वास्तव में फ़िल्मों के संगीत में अधिकतर शास्त्रीयता उतनी ही दी जाती है, जितनी जनता को रिझा सके। फिर भी, बहुत सारे गीत ऐसे भी हैं जहाँ छोटे–छोटे खण्डों में लक्षण गीत बन्दिशें, सरगम, ध्रुपद, ख़्याल, यहाँ तक कि चतुरंग के रूप भी दिये गये हैं।

मधुबन में राधिका नाचे रे (राग : हमीर, फ़िल्म : कोहिनूर)

उपरोक्त गीत में सरगम, तराना, तबले के बोल, वाद्य संगीत (सितार) एवं गायन सभी अंग शामिल हैं। उदाहरणार्थ, एक और गीत–

लागा चुनरी में दाग़ छुपाऊँ कैसे

(राग : भैरवी, फ़िल्म : दिल ही तो है)

यों भी फ़िल्मों ने संगीत को नये सन्दर्भो में देखा है, नवीनतम प्रयोग करने का प्रयास किया है। शास्त्रीय संगीत में गीत के कई प्रकार हैं–शुद्ध शास्त्रीयता को भले ही बहुत अधिक स्थान न मिल पाया हो किन्तु उपशास्त्रीय संगीत के प्रयोग तो प्रारम्भ ही से प्रारम्भ हो गये थे जैसे–ग़ज़ल, क़व्वाली, ठुमरी, दादरा आदि। कुछ उदाहरण हैं–

ध्रुपद–*सप्त सुरन तीन ग्राम*

(फ़िल्म : संगीत सम्राट तानसेन, राग : बिलावल)

तराना–*नादिर दीम ताना देरेना*

(फ़िल्म : परदेसी, राग : अल्हैया बिलावल)

राग मालिका के दो सर्वश्रेष्ठ उदाहरण–

कुहू कुहू बोले कोयलिया

(स्वर्ण सुन्दर) (राग : सोहनी, मल्हार, बहार, केदार, आदि)

ऋतु आये ऋतु जाये सखी री, मन के मीत न आये

(हमदर्द) (राग : गौड़ सारंग, यमन, मल्हार, बहार, आदि)

सकल बन गगन चलत पुरवाई (फ़िल्म : ममता)

तथा

आई घटा उमड़–घुमड़ (फ़िल्म : झनक–झनक पायल बाजे)

इसी प्रकार *जोगिया मोरे घर आये* (प्रीतम दरस दिखाओ); *फूल रही सरसों सघन वन* (मन की बीन मतवारी बाजे), *फुल गेंदवा न मारो लागत करेजवा में चोट, प्रेम की मार कटार* (प्रेम जोगन बन गयी), *बाट चलत नयी चुनरी रंग डारी, दया करो गिरधर गोपाल, आज गावत मन मेरो झूम के, तोरी जय–जय करतार तोरी, झनक–झनक पायल बाजे, जा जा रे जा बालमवा, कल नहीं पाये जिया, मोहम्मदशाह रंगीले, आये न बालम का करूँ सजनी, सखी री सुन बोले पपीहा उस पार* आदि।

फ़िल्म–संगीत में ऐसे नये–नये प्रयोग भी किये हैं जिन्होंने मील के पत्थर का काम किया है जैसे–'बरसात की रात' फ़िल्म की एक क़व्वाली *ना तो कारवाँ की तलाश है* अपने आप में एक ऐसी दुर्लभ रचना है जिसका कोई सानी नहीं। यदि नृत्य संगीत की बात की जाये तो 'झनक–झनक पायल बाजे', 'नवरंग', 'सेहरा', 'जल–बिन मछली नृत्य बिन बिजली' तथा 'पायल की झनकार', आदि में नृत्य, गीत तथा नृत्यों के बोल भी एकदम शुद्ध शास्त्रीय तथा जनरंजक हैं।[5]

'नयी दिल्ली' फ़िल्म के *मुरली बैरन भई* गीत में अद्भुत कमाल किया गया है। नर्तकी (वैजयन्ती माला) दक्षिण भारतीय है अतः भरतनाट्यम में निष्णात है। एक कार्यक्रम में वह दक्षिण भारतीयों के लिए भरतनाट्यम प्रस्तुत कर रही है। तभी उसे दीख पड़ता है कि दर्शकों में उसका उत्तर भारतीय प्रेमी बैठा है तो वह उसके मनोरंजन हेतु एक उत्तर भारतीय नृत्य गीत, राग पीलू में प्रस्तुत करती है–*मुरली बैरन भई, कन्हैया तेरी मुरली बैरन भई।* राग उत्तर भारतीय, भाषा हिन्दी, किन्तु गायकी दक्षिण भारतीय, वाद्यवृन्द में भी मृदंगम दक्षिण भारतीय तो बाँसुरी उत्तर भारतीय तथा गीत की समाप्ति के बाद वह फिर से उसे भरतनाट्यम में समाहित करके, नृत्य पूरा करती है। राष्ट्रीय एकता का इससे सुन्दर उदाहरण और क्या होगा। ऐसे अनेक प्रयास हिन्दी फ़िल्मों में बारम्बार होते रहे हैं।

ठुमरी–

मनमोहना बड़े झूठे, हार के हार, नहिं माने, मनमोहना...

(राग : जयजयवन्ती, फ़िल्म : सीमा)

जोगन बन जाऊँगी सइयाँ तोरे कारन

(राग : बिलावल, फ़िल्म : शबाब)

कई फ़िल्मों में तो कई अप्रचलित राग भी प्रयोग में लाये गये, जैसे–

जा तोसे नाहिं बोलूँ कन्हैया

(फ़िल्म : परिवार, राग : हंसध्वनि)

तू जहाँ जहाँ चलेगा मेरा साया साथ होगा

(फ़िल्म : मेरा साया, राग : नन्द)

इसके अतिरिक्त कुछ बन्दिशें भी प्रयोग की गयीं जैसे पं. विष्णुनारायण भातखण्डे की 'क्रमिक पुस्तक–मालिका' से गौड़ मल्हार का छोटा ख़्याल,

गरजत बरसत भीजत आइला (गरजत–बरसत सावन आयो रे)

(फ़िल्म : बरसात की रात)

उस्ताद अब्दुल करीम ख़ाँ साहब की प्रसिद्ध ठुमरी *कैसे आऊँ जमुना के तीर* लता जी के स्वर में तथा बड़े गुलाम अली ख़ाँ साहब की ठुमरी जिसके बोल दृश्य की माँग के कारण *प्रेम की मार कटार* से बदलकर *प्रेम जोगन बन गयी* करके बड़े गुलाम अली ख़ाँ साहब ने ही गाया।

वाद्यों की बात की जाये तो अनुराधा में पं. रविशंकर का सितार, 'स्त्री' फ़िल्म में वीणा, 'कोहिनूर' में तबला तरंग, 'गूँज उठी शहनाई' में उस्ताद बिस्मिल्लाह ख़ाँ साहब की शहनाई, 'बसन्त बहार' में पं. पन्नालाल घोष की बाँसुरी, आँधियाँ में उस्ताद अली अकबर ख़ाँ का सरोद, 'गंगा–जमुना' में पं. रामनारायण की सारंगी तथा 'मुग़ल–ए–आज़म' में शिवकुमार शर्मा के सन्तूर का सटीक प्रयोग हुआ।[5]

कला फ़िल्में

पहले कला फ़िल्म और व्यावसायिक फ़िल्म में कोई अन्तर न था फ़िल्म का अच्छा होना आवश्यक था। उस समय कला या व्यवसाय ऐसे खानों में फ़िल्मों को नहीं बाँटा जाता था। 'लाइट ऑफ़ एशिया' जैसी उत्कृष्ट फ़िल्म तो 1926 में ही आ गयी थी, बाद में बिमल रॉय, व्ही. शान्ताराम, राज कपूर तथा गुरुदत्त ने बहुत–सी ऐसी फ़िल्में बनायीं जिनमें अति कलात्मकता थी किन्तु वे टिकट खिड़की पर भी सफल रहीं जैसे–'झनक–झनक पायल बाजे', 'दो आँखें बारह हाथ', 'प्यासा', 'जागते रहो' तथा बिमल रॉय की तो लगभग सारी ही फ़िल्में। फिर भी, सन् 1969 में बासु चटर्जी की फ़िल्म 'सारा आकाश' से समान्तर सिनेमा का दौर शुरू हुआ जिन्हें कलात्मक फ़िल्में कहा गया। इस आन्दोलन में बासु चटर्जी के अतिरिक्त श्याम बेनेगल, गोविन्द निहालानी, बासु भट्टाचार्य तथा अमोल पालेकर आदि भी शामिल हुए। इन कलात्मक फ़िल्मों को बनाने वाले निर्माता–निर्देशक अपनी फ़िल्मों में संगीत भी कलात्मक रखते थे, किन्तु उन फ़िल्मों के संगीत को कला के नाम पर प्रयोग अधिक कहा जाता है। ऐसे प्रयोग कुछ गिने–चुने संगीतकारों ने ही किये जिनके नाम इन्हीं फ़िल्मकारों के साथ जुड़ गये जैसे–वनराज भाटिया,

भास्कर चन्दावरकर तथा रघुनाथ सेठ आदि। ऐसी फ़िल्मों ने संगीत में प्रयोग भले ही किये हों किन्तु इनका संगीत कभी लोकप्रिय नहीं हो पाया उसका कारण यह कि राग की परिभाषा में जो पाँच तत्त्व होते हैं उनमें सबसे मुख्य तत्त्व होता है–रंजकता जो इनके गीतों में नहीं रहा।

योऽयं ध्वनिविशेषस्तु स्वरवर्णभूषितः रंजको
जनचित्तानां स रागः कथितो बुधैः।।[6]

उपरोक्त श्लोक से स्वयंसिद्ध है कि राग का मुख्य गुण जन–मन रंजन है। जो ध्वनि जन–मन रंजन करने में असमर्थ हो उसे 'राग' की संज्ञा देना उचित न होगा। सदा से ही अधिकांश शास्त्रीय गायक विभिन्न आलाप–तानों आदि से अपने गायन को ऐसा उलझा देते हैं कि श्रोता को गलेबाज़ी के अतिरिक्त कुछ समझ में नहीं आता। दूसरे, वे राग के बोलों को ताल के अनुसार सम पर आने की आतुरता दिखाते हुए, इतना तोड़–मरोड़ देते हैं कि बोल समझ में ही नहीं आते। गायन में ऐसी लहक भी होती है कि बोल कुछ के कुछ बन जाते हैं। रसभावानुकूल स्वर न लगाते हुए कोमल और भावुक शब्दों को भी ऐसे तोड़ते–बोलते हैं जैसे उनसे लड़ाई लड़ रहे हों, उदाहरणार्थ *पग, लागन दे* को ताल में बिठाने के लिए *पगला, गन, दे* होते हुए भी सुना गया है। ऐसे अनेक उदाहरण हम सभी सुनते आये हैं। इसके विपरीत फ़िल्मों के संगीत–निर्देशक गीत बनाते या गवाते समय सबसे पहला ध्यान जनरंजकता का ही रखते आये हैं।

मेरा मत है कि फ़िल्मों में शास्त्रीय–संगीत का प्रयोग फ़िल्म संगीत एवं शास्त्रीय संगीत दोनों के लिए हितकर है ऐसा करने से शास्त्रीय संगीत आम जनता के अधिक निकट आया है। शास्त्रीय संगीत का प्रयोग करने पर फ़िल्म के संगीत निर्देशकों को पाश्चात्य संगीत के लिए विदेशों की दौड़ भी नहीं लगानी पड़ी तथा शास्त्रीय संगीत में निबद्ध फ़िल्म के गीत कल भी लोकप्रिय थे, आज भी हैं, आगे भी रहेंगे।

कुछ लोगों को शास्त्रीय संगीत के फ़िल्मों में प्रयोग पर आपत्ति है उनका कहना है कि इस तरह शास्त्रीय संगीत का रूप विकृत हो जायेगा। मेरा मत इससे भिन्न है क्योंकि फ़िल्मों के अनेक गीत इस तर्क के विरुद्ध प्रस्तुत किये जा सकते हैं, जिनसे स्पष्ट होता है कि उनमें रागों का शुद्ध स्वरूप प्रस्तुत किया गया है तथा वे लोकप्रिय भी हुए हैं (सर्वोत्कृष्ट उदाहरण 'अनुराधा' तथा 'गोदान' के गीत, संगीतकार : पं. रविशंकर)। दूसरी ओर जैसा कि ऊपर भी कहा गया, संगीत एक ललित कला है; ललित कलाओं में भी सर्वोच्च है। यह साधना और आराधना लिए है, हँसी मज़ाक़ के लिए नहीं।

इस अध्याय के अन्त में निष्कर्ष के रूप में मैं एक ऐसी ऐतिहासिक फ़िल्म का समीक्षात्मक वर्णन करना चाहूँगी जिसमें आद्योपान्त शास्त्रीय संगीत का समावेश होते हुए भी वह ऐसी सार्वकालिक सफल फ़िल्म साबित हुई जिसके जादू से छोटा–बड़ा, अमीर–ग़रीब कोई भी न बच सका। आभिजात्य वर्ग हो कि निम्न वर्ग उसका संगीत सबको समान रूप से मोहता रहा। इस फ़िल्म का संगीत हिन्दी फ़िल्मों में शास्त्रीय संगीत के प्रयोग का सबसे सटीक तथा सफल उदाहरण है और इस फ़िल्म का नाम है–मुग़ल–ए–आज़म।

अद्वितीय संगीतमय फ़िल्म : मुग़ल-ए-आज़म

यह फ़िल्म अपने संगीतकार द्वारा ही पहचानी गयी और इसके द्वारा यह साबित हो गया कि शास्त्रीय संगीत का फ़िल्मों पर प्रभाव हर दृष्टि से कितना लाभदायक एवं सार्थक हो सकता है। यहाँ तक कि इस फ़िल्म की प्रसिद्धि (Publicity) में अभिनेताओं (Stars) तथा अन्य सहकर्मियों के स्थान पर केवल संगीत निर्देशक का ही नाम दिया गया। 'मुग़ल–ए–आज़म' जो 1960 में रिलीज़ हुई थी, निर्माण तथा निर्देशन प्रसिद्ध फ़िल्म निर्देशक करीमुद्दीन (के. आसिफ़) ने किया था तथा संगीतकार थे–नौशाद। इस फ़िल्म ने अपनी लागत से लगभग सात गुना अधिक व्यवसाय किया। इस फ़िल्म में शास्त्रीय गायन के लिए बड़े गुलाम अली ख़ाँ साहब से दो गीत गवाये गये थे। इसके अतिरिक्त सभी गीत दरबारी, यमन, गारा, पीलू, केदार आदि रागों पर आधारित थे। पार्श्व संगीत (Background Music) भी तरह–तरह के रागों पर आधारित था और दृश्योचित भी।[7]

(*Sunday Times of India* मुम्बई में सुश्री शोभा डे ने लिखा–

"And yet, long after the lights have come on, and your mundane life is back on track, the image of a statesque classical beauty challenging and taunting an Emperor with a song (Pyar Kiya to Darna Kya) refuses to go away. Movie magic could be labelled, bottled and sold across a counter, I would'nt look beyond Mughal-e-Azam.[8]

यह फ़िल्म 44 साल बाद रंगीन प्रिंट और डिजिटल स्टीरियो साउंड के साथ सारे भारत में रिलीज़ हुई। उस समय अपने सम्पादकीय में नवभारत टाइम्स ने लिखा–

"यह फ़िल्म 44 साल बाद दोबारा रिलीज़ हुई। जिन सिनेमाघरों में यह फ़िल्म लगी उनमें से ज़्यादातर हाउसफुल गये और भव्य सेट वाली इस फ़िल्म के रंगीन दृश्य और उसके संगीत के डिजिटल स्टीरियो साउंड ने लोगों पर जादुई असर डाला। यह इस बात का सबूत है कि इतिहास हर

काल में एक नया जीवन प्राप्त करता है और क्लासिक कलाओं का प्रभाव हर दौर में अमिट रहता है।"[9]

बड़े गुलाम अली ख़ाँ साहब को इस फ़िल्म के दो गीत गाने के लिए निर्माता–निर्देशक के. आसिफ़ की ज़िद के सामने झुकना पड़ा था। दोनों ही गीत ख़्याल की बन्दिशों के रूप में थे, जिनमें से *प्रेम जोगन बन गयी* बन्दिश (राग सोहनी) पर्दे पर सात मिनट तक रहती है तथा आधी रात से भोर होने तक के वातावरण में गायी जाती है। शुद्ध शास्त्रीय रूप में गायी गयी ये बन्दिश अनपढ़ और छोटे तबके के लोगों को भी उतना ही अभिभूत करती हैं जितना कि सुसंस्कृत दर्शकों को। शास्त्रीय संगीत के समुचित प्रयोग की इससे अच्छी मिसाल और कोई हो ही नहीं सकती। संक्षेप में यह फ़िल्म निर्विवादित रूप से इस बात का प्रमाण है कि संगीत का शास्त्रीय रूप ही इस देश के जनमानस का भी प्राण है।

सन्दर्भ सूची

1. Gokulsingh, K. Moti and Wimal Dissanayake, *Indian Popular Cinema* Orient Longman, Hyderabad, 1998, p. 16
2. Joshi, G.N., *The Phonograph Comes to India* Cinema Vision India, Mumbai, Oct. 1980, p. 41
3. Gokulsingh, K. Moti and Wimal Dissanayake, *India Popular Cinema* Orient Longman, Hyderabad, 1998, p. 23-27
4. गर्ग, मुकेश, *शास्त्रीय संगीत और फ़िल्म संगीत, फ़िल्मी शास्त्रीय गीत अंक–1*, संगीत कार्यालय, हाथरस (उ. प्र.), जनवरी 1973, पृ. 8–9
5. गर्ग, मुकेश, *शास्त्रीय संगीत और फ़िल्म संगीत, फ़िल्मी शास्त्रीय गीत अंक–1*, संगीत कार्यालय, हाथरस (उ. प्र.) जनवरी 1973, पृ. 12
6. श्रीवास्तव, कैलाश पंकज, *शास्त्रीय संगीत और फ़िल्म संगीत, फ़िल्मी शास्त्रीय गीत अंक–1*, संगीत कार्यालय, हाथरस (उ. प्र.) पृ. 13
7. ज़वेरी, मल्ल पारख, *'मुग़ल–ए–आज़म' कथाचित्र*, याहियागंज, लखनऊ, जनवरी–मार्च 2003, पृ. 141–162
8. De, Shoba, *Its Magical Stuff* Sunday Times of India, 21 Nov. 2004
9. सम्पादकीय, *रंगीन इतिहास* नवभारत टाइम्स, 23 नवम्बर 2004, पृ. 6

अध्याय–5

शास्त्रीय राग तथा हिन्दी फ़िल्म संगीत

फ़िल्मों के गीत विशेषतः ऐसे रागों में निबद्ध होते हैं जो बोधगम्य हों। बोधगम्य होने के भी कई कारण हैं। उनमें से प्रमुख यह है कि बहुत से राग उन लोक संगीतों पर आधारित हैं जो अभी तक जनमानस में प्रचलित हैं। ऐसे रागों में भैरवी, पीलू, पहाड़ी, माँड, होली–काफ़ी, वृन्दावनी सारंग, मल्हार, बसन्त आदि शामिल हैं। दूसरी तरह के राग वे हैं, जो अपने सुरों की सरलता तथा ग्राह्यता के कारण प्रचलित हुए। यों भी शास्त्रीय–संगीत में कुछ राग अतिप्रचलित हैं तो कुछ प्रचलित तथा बाक़ी सर्वथा अप्रचलित। अतिप्रचलित तथा प्रचलित रागों के प्रयोग में लाने का एक कारण और भी हो सकता है कि बहुधा बालक तथा किशोर या तो विद्यालयों में संगीत को एक विषय की भाँति लेते हैं अथवा शौक़ के कारण किसी गुरु से शास्त्रीय तालीम लेना प्रारम्भ करते हैं। बाद में शौक़ अथवा पढ़ाई बड़े होकर पीछे छूट जाते हैं, किन्तु बचपन या किशोरावस्था में पढ़ाये–सिखाये गये राग मन–मस्तिष्क के अवचेतन भाग में रहते आते हैं जो बाद में उन पर आधारित गीतों को सुनने के कारण या पुरानी यादें ताज़ा हो आने के कारण रुचिकर लगते हैं तथा ग्राह्य भी। ऐसे शिक्षण में जो प्राथमिक राग सिखाये जाते हैं, उनमें से कई एक नाम हैं–यमन कल्याण, भोपाली, काफ़ी, भैरव, भैरवी, आसावरी, शंकरा, केदार, देस, मल्हार, बागेश्वरी, मालकौंस, भीमपलासी, वृन्दावनी सारंग, तोड़ी, जौनपुरी, हमीर, जयजयवन्ती, विहाग, दुर्गा, कामोद तथा बिलावल। संगीतकार भी जितने आये उन्होंने अवश्य ही किसी–न–किसी रूप में अपनी प्रारम्भिक अवस्था में यह राग सीखे या पढ़े होंगे। इस प्रकार फ़िल्मों में सरल रागों का ही चलन हो गया।[1] कई रागों को कई ऋतुओं से भी जोड़ा जाता है। अतः फ़िल्मों में उन ऋतुओं को दिखाने के लिए ऐसे रागों का प्रयोग होता है जैसे–बसन्त बहार, मल्हार के विविध रूप, होली के पर्व के लिए राग काफ़ी, शरद के लिए केदार, इनके अतिरिक्त अड़ाना (बसन्त ऋतु), सारंग (वर्षा ऋतु), आदि।

दूसरे राग जो समयनुसार हैं जैसे–भोर की किरण फूटने से पूर्व बैरागी, उसके थोड़ी देर बाद भैरव या उसके अन्य प्रकार तथा सूर्योदय के समय भैरवी। वैसे भैरवी को तो सदासुहागन रागिनी भी कहा जाता है जो कहीं भी, किसी भी समय, किसी भी सन्दर्भ हेतु, गायी–बजायी जा सकती है। इसलिए इसका प्रयोग फ़िल्मों में सबसे ज़्यादा हुआ है। इसी तरह दूसरे कुछ राग सन्धि–प्रकाश समय के हैं। सन्धि प्रकाश भी दो हैं–सूर्योदय एवं सूर्यास्त। भोर के सन्धि प्रकाश रागों की चर्चा तो हमने की, सान्ध्यकालीन हैं–भीमपलासी, धनाश्री, मुलतानी आदि, इनमें से सुबह और शाम के सन्धिप्रकाश जो फ़िल्मों में अधिक प्रयुक्त किये जाते हैं, निम्न प्रकार हैं

प्रातःकालीन : जोगिया, ललित, सब प्रकार के भैरव, सब प्रकार की तोड़ी, आसावरी, आदि।

सान्ध्यकालीन : सारंग के सब प्रकार, भीमपलासी, श्री धनाश्री, पूरिया धनाश्री, मारवा आदि।

कुछ विद्वान राग काफ़ी को सर्वकालिक मानते हैं अतः इस राग का प्रयोग भी कम नहीं हुआ। सन्ध्या से रात्रि के रागों में यमन, भोपाली, विहाग, बागेश्वरी, दरबारी, मालकौंस, सोहनी और शिवरंजनी शामिल हैं।

दिन के राग हैं बिलावल, खमाज, गौड़ सारंग और आसावरी। किन्तु दिन के तीसरे प्रहर में इनकी जगह भीमपलासी और पीलू ले लेते हैं और चौथा प्रहर आते–आते मारवा छा जाता है। इसके अतिरिक्त कुछ रागों को स्थान विशेष से भी जोड़ा जाता है जैसे–पहाड़ी (पर्वतीय प्रदेशों के लिए) माँड–(राजस्थान के लिए), दरबारी (महलों के लिए), पीलू तथा वृन्दावनी सारंग (ब्रज प्रदेश तथा गाँवों के श्रृंगारिक वातावरण के लिए)।

इस प्रकार उन्हीं रागों को अधिक प्रश्रय मिला जिनके साथ कोई–न–कोई दृश्यात्मकता जुड़ी हुई थी। अब यदि भावपक्ष की बात करें तो अलग–अलग रागों में अपने कोमल, तीव्र मध्यम तथा शुद्ध स्वरों के अलग–अलग प्रभाव के कारण उनसे अलग–अलग रसों की वृष्टि होती है तो चरित्रों के बदलते मनोभावों को दिखाने के लिए भी तदनुरूप रागों का प्रयोग होता है जैसे–भटियार, तथा भैरव के सभी प्रकार अपने कोमल स्वरों की प्रधानता के कारण करुणा पैदा करते हैं। मालकौंस को गुणीजन वीर रस से जोड़ते हैं। पीलू, काफ़ी, खमाज आदि श्रृंगार रस के राग हैं। मारवा, उदासी का द्योतक है, पहाड़ी तथा तोड़ी जैसे राग पुकार के लिए प्रयोग में लाये जाते हैं।

इसी प्रकार वाद्ययन्त्र भी यदि रागों के अनुकूल ही प्रयोग किये जायें तो प्रभाव द्विगुणित हो जाता है जैसे गम्भीरता के लिए सरोद, पुकार के लिए बाँसुरी,

हर्ष के लिए सितार तथा करुणा के लिए शहनाई आदि। पर्वतीय तथा वर्षा के रागों में सन्तूर अच्छा लगता है। कुछ तालें भी हैं जिनसे रागों का प्रभाव बढ़ाया जाता रहा है। जैसे हर्ष के लिए द्रुत तालें (कहरवा, अद्धा) गाम्भीर्य के लिए मन्द्र तालें (झपताल, दादरा, रूपक) और किसी भी रूप में काम आने वाली तीनताल। फ़िल्मों में भाव प्रकट करने के लिए चांचर व दीपचन्दी ताल का प्रयोग भी किया जाता है।

अब उन रागों का उल्लेख करते हैं जो फ़िल्मों में अधिकतर इस्तेमाल हुए हैं तथा साथ ही साथ उन रागों में निबद्ध ऐसे गीतों के उदाहरण भी देते हैं जो बेहद लोकप्रिय हुए।

फ़िल्मों प्रयुक्त राग भैरवी पर आधारित गीत तथा उसके सभी प्रकार

तू गंगा की मौज मैं यमुना की धारा (बैजू बावरा), *दो हंसों का जोड़ा बिछड़ गयो रे* (गंगा–यमुना), *साँवरे–साँवरे* (अनुराधा), *लागा चुनरी में दाग़* (दिल ही तो है), *आवारा हूँ* (आवारा), *होंठों पे सच्चाई रहती है* (जिस देश में गंगा बहती है), *नाचे मन मोरा* (मेरी सूरत तेरी आँखे), *अजहुँ न आये बालमा* (साँझ और सवेरा, स्वरलिपि संलग्न) *बाट चलत नयी चुनरी रंग डारी* (रानी रूपमती, स्वरलिपि संलग्न)।

पीलू : *मैंने रंग ली आज चुनरिया सजना तोरे रंग में* (दुल्हन एक रात की स्वरलिपि संलग्न), *चन्दन का पालना, रेशम की डोरी* (शबाब), *मत मारो श्यामा पिचकारी* (दुर्गेश–नन्दिनी), *कभी आर, कभी पार लागा तीरे नज़र* (आर–पार)।

यमन कल्याण : *ज़िन्दगी भर नहीं भूलेगी वो बरसात की रात* (बरसात की रात), *तुम गगन के चन्द्रमा हो मैं धरा की धूल हूँ* (सती सावित्री, स्वरलिपि संग्लन), *मन रे तू काहे न धीर धरे* (चित्रलेखा)।

दरबारी कान्हड़ा : *ओ दुनिया के रखवाले* (बैजू बावरा), *उड़ जा भँवर माया कमल का आज बन्धन तोड़ के* (रानी रूपमती), *सरफ़रोशी की तमन्ना अब हमारे दिल में है* (शहीद), *हम तुमसे मुहब्बत करके सनम हँसते भी रहे, रोते भी रहे* (आवारा)।

केदार : *बेकस पे करम कीजिए सरकारे मदीना* (मुग़ल–ए–आज़म), *पंछी बावरा चांद से प्रीत लगाये* (भक्त–सरूदास), *दर्शन दो घनश्याम नाथ मोरी अँखियाँ प्यासी रे* (नरसी भगत), *मैं पागल मेरा मनवा पागल, पागल मेरी प्रीत रे* (आशियाना, 1952), *हमको मन की शक्ति देना, मन विजय करें* (गुड्डी)।

राग–शिवरंजनी : *जाने कहाँ गये वो दिन* (मेरा नाम जोकर), *मेरे नैना सावन भादों फिर भी मेरा मन प्यासा* (महबूबा), *ओ मेरे सनम* (संगम), *पिया मिलन की आस रे* (पिया मिलन की आस)।

सोहनी : *प्रेम जोगन बन गयी* (मुग़ल–ए–आज़म), *झूमती चली हवा, याद आ गया कोई* (फ़िल्म–संगीत सम्राट तानसेन स्वरलिपि संलग्न), *जीवन–जोत जले* (गृहस्थी), *कुहू–कुहू बोले कोयलिया* (स्वर्ण सुन्दरी)।

देस : *बेकसी हद से जब गुज़र जाये* (कल्पना), *जिया जरत रहत दिन–रैन* (गोदान), *सैंया जाओ–जाओ मोसे न बोलो अब न मोहे सताओ* (झनक–झनक पायल बाजे), *आप को प्यार छुपाने की बुरी आदत है* (नीला आकाश)।

ललित : *प्रीतम दरस दिखाओ* (चाचा ज़िन्दाबाद), *एक शहंशाह ने बनवा के हँसीं ताजमहल सारी दुनिया को मोहब्बत की निशानी दी है* (लीडर), *तू हे मेरा प्रेम देवता* (कल्पना)।

विभिन्न मल्हार : *बरसो रे कारे बदरवा पिया के बरसो* (तानसेन), *डर लागे चमके बिजुरिया* (रामराज्य), *बोले रे पपीहरा* (गुड्डी, स्वरलिपि संलग्न), *गरजत बरसत सावन आयो रे* (बरसात की रात, स्वरलिपि संलग्न)।

बागेश्वरी : *जाग दर्दे इश्क़ जाग* (अनारकली), *हमसे आया न गया, उनसे बुलाया न गया* (देख कबीरा रोया) *माई री मैं कासे कहूँ अपने जिया की* (दस्तक) *नैन सो नैन नाही मिलाओ* (झनक–झनक पायल बाजे)।

मालकौंस : *निर्बल से लड़ाई बलवान की* (तूफ़ान और दिया), *आधा है चन्द्रमा रात आधी* (नवरंग), *मन तरपत हरि दर्शन को आज* (बैजू–बावरा)।

बसन्त–बहार : *मन की बीन मतवारी बाजे* (शबाब), *छमछम नाचत आई बहार* (छाया), *केतकी गुलाब जूही चंपक बन फूले* (बसन्त–बहार, स्वरलिपि संलग्न)।

भीमपलासी : *मेघा छाये आधी रात बैरन बन गई निन्दिया* (शर्मीली), *नैनों में बदरा छाये* (मेरा साया), *ए री मैं तो प्रेम दीवानी* (नौबहार, स्वरलिपि संलग्न), *रैन भई सो जा रे* (रामराज्य, 1967)।

तोड़ी : रैना बीत जाए (अमर प्रेम), *वतन पर जो फ़िदा होगा* (फ़िल्म), *दुनिया न भाये मोहे, अब तो बुला ले* (बसन्त बहार)

'नागिन' फ़िल्म के गानों में तोड़ी की श्रृंखला : *मेरा बदली में छुप गया चाँद रे, सुन रसिया काहे को जलाए जिया आ जा, ऊँची–ऊँची दुनिया की दीवारें सैंया तोड़ के, जी तोड़ के।*

यमन : *आँसू भरी हैं ये जीवन की राहें* (परवरिश), *चन्दन सा बदन चंचल चितवन* (सरस्वतीचन्द्र), *रे मन सुर में गा* (लाल पत्थर), *जय रघुनन्दन जय सियाराम* (घराना), *न तो कारवाँ की तलाश है* (बरसात की रात)।

जयजयवन्ती : *मारे गये गुलफ़ाम* (तीसरी क़सम), *मनमोहना बड़े झूठे* (सीमा), *मुहब्बत की राहों में चलना सम्हल के* (उड़नखटोला)।

बिहाग : *तेरे सुर और मेरे गीत* (गूँज उठी शहनाई, स्वरलिपि संलग्न), *ऐ दिले बेक़रार झूम* (शाहजहाँ), *हमने नहीं देखा उसको कभी* (दादी माँ)।

भोपाली : *ज्योति कलश छलके* (भाभी की चूड़ियाँ, स्वरलिपि संलग्न), *नीलगगन की छाँव में* (आम्रपाली), *रसिक बलमा* (चोरी–चोरी)।

कलावती : *काहे तरसाये जियरा* (चित्रलेखा, स्वरलिपि संलग्न), *कभी तो मिलोगे जीवनसाथी* (सती सावित्री), *हाय रे वो दिन क्यों न आये* (अनुराधा), *कोई सागर दिल को बहलाता नहीं* (दिल दिया दर्द लिया)।

पहाड़ी : *मेरी आँखों में बस गया कोई रे* (बरसात), *साजन की गलियाँ छोड़ चले, परदेसियों से न अँखियाँ मिलाना* (जब–जब फूल खिले), *हवा में उड़ता जाये मोरा लाल दुपट्टा मलमल का* (बरसात), *पर्वतों की शाखों पे शाम का बसेरा है* (फ़िल्म शगुन)।

काफ़ी : *होरी खेलत नन्दलाल* (गोदान), *तेरे बिन सूने नयन हमारे* (तेरी सूरत मेरी आँखें, स्वरलिपि संलग्न), *बालम आय बसो मोरे मन में* (देवदास, 1935), *जलते हैं जिसके लिए* (सुजाता)।

खमाज : *ओ सजना बरखा बहार आई* (परख), *ज़माने का दस्तूर है ये पुराना* (लाजवाब), *आयो कहाँ से घनश्याम* (बुड्ढा मिल गया), *तेरे मेरे मिलन की ये रैना* (अभिमान)।

झिंझोटी : *बदली–बदली दुनिया है मेरी* (संगीत सम्राट तानसेन), *पिया बिन नाहीं आवत चैन* (देवदास, 1935), *जा जा रे जा बालमवा* (बसन्त–बहार, स्वरलिपि संलग्न), *कैसे दिन बीते कैसे बीतीं रतियाँ, पिया जाने ना* (अनुराधा)।

भैरव : *जागो मोहन प्यारे* (जागते रहो), *पूछो न कैसे मैंने रैन बिताई* (तेरी सूरत मेरी आँखें, स्वरलिपि संलग्न), *दिल एक मन्दिर है* (दिल एक मन्दिर), *मोहे भूल गये साँवरिया* (बैजू–बावरा)।

यह दावा नहीं किया जा सकता कि सभी रागों के प्रतिनिधि गीतों को सम्मिलित कर लिया गया है, लेकिन यथाशक्ति प्रयास किया है कि चुने हुए गाने संकलित हो सकें। इन प्रचलित रागों के अतिरिक्त अप्रचलित रागों का भी चलन रहा है। बहुत से गाने हैं जो अप्रचलित रागों में तैयार किये गये हैं और बेहद लोकप्रिय हुए हैं :

शहाना–*घायल हिरनियाँ मैं बन बन डोलूँ* (मुनीम जी, स्वरलिपि संलग्न),

हमीर–*मधुवन में राधिका नाचे रे* (कोहिनूर, स्वरलिपि संलग्न)

मालगुंजी–*बेदर्दी दग़ाबाज़ जा* (ब्लफ मास्टर, स्वरलिपि संलग्न)

हंसध्वनि–*जा तोसे नहीं बोलूँ कन्हैया* (परिवार)
भरवार–*सुध बिसर गयी आज अपने गुनन की* (संगीत सम्राट तानसेन)
नायकी कान्हड़ा–*कल नहीं पाये जिया* (छोटी–सी मुलाक़ात)
गारा–*मोहे पनघट पे नन्दलाल छेड़ गयो रे* (मुग़ल–ए–आज़म)
भिन्नषड्ज–*तुम बिन जीवन कैसे जीवन* (बावर्ची, स्वरलिपि संलग्न)
दुर्गा–*कोरा काग़ज़ था ये मन मेरा* (कोरा काग़ज़)

हिन्दी-फ़िल्म-संगीत के बारे में प्रचलित भ्रान्तियों का निराकरण

उद्‌भट विद्वान एवं निराले संगीत निर्देशक सलिल चौधरी के अनुसार हिन्दी फ़िल्मों ने भले ही विदेशों से उनका शास्त्रीय संगीत, लय, तालें तथा वाद्ययन्त्र भी अपने संगीत में शामिल किये हों किन्तु उनका स्वरूप भारतीय ही रखा है।

सलिल चौधरी ने ही अपनी एक और फ़िल्म 'दो बीघा ज़मीन' में एक ऐसा गीत दिया जो अपने बोलों के कारण उत्तर भारत का लोक गीत लगता है, किन्तु उन्होंने बताया था कि वह रूस के ग्रामीण इलाक़े का एक लोक गीत है, जिस पर हिन्दी गीत के बोल आधारित हैं:–

धरती कहे पुकार के, गीत सुना ले प्यार के, मौसम बीता जाय

रूसी लोक गीत में हमारे लोक गीतों की झलक दिखने का एक कारण यह भी हो सकता है कि लोक गीत लोक व्यापी होता है। वह सहस्राब्दियों पुराना है अतः साम्यता दिखना अवश्यम्भावी है। जिस तरह हमारी 'माँ', अंग्रेज़ी में 'मदर', फारसी में 'मादर', जर्मनी में 'मैटर' तथा संस्कृत की 'मातृ' होती है उसी प्रकार लोक संगीत थोड़े बहुत अन्तर के साथ चहुँओर, पूर्व हो चाहे पश्चिम, लोकव्यापी हो ही जाता है।

स्व. सलिल दा ने ही एक और मत व्यक्त किया था कि गम्भीर संगीत शास्त्रियों द्वारा फ़िल्म संगीत में प्रयुक्त होने वाले पाश्चात्य वाद्यों पर भी एतराज़ जताया जाता रहा है तथा यह भी कहा गया है जब पर्दे पर वाद्ययन्त्र दिख ही नहीं रहे तो बज कहाँ से रहे हैं तथा उन्हें कौन बजा रहा है? सलिल दा का मानना था कि संगीत में दो ट्रैक (मनोभाव) साथ–साथ चलते है, एक वास्तविकता का, दूसरा फंतासी (कल्पना लोक) का। गीत के बारे में सोचते ही हमारे मन–मस्तिष्क में बहुत से साज़ स्वयं ही बजने लगते हैं। अन्तरा संगीत में प्रयुक्त होने वाले ये वाद्ययन्त्र तथा संगीत उसी फंतासी का परिणाम है, मन के भीतर बजने वाले फंतासी संगीत को मूर्त रूप देने का काम ही अन्तरा संगीत करता है। इसीलिए ऐसा देखा जाता है कि अन्तरा संगीत में वाद्ययन्त्र तथा ताल आदि अलग भी हो जाते हैं जबकि गायन के समय

वे फिर से वास्तविक भारतीय वाद्ययन्त्रों में बदल जाते हैं, उदाहरणार्थ, यूँ *हसरतों के दाग़ मोहब्बत में धो लिए* फ़िल्म : अदालत।

आगे कुछ हिन्दी फ़िल्म गीतों की तालिका दी गयी है। जिनकी स्वरलिपियाँ भी संकलित की गयी हैं। सभी गीत या तो राग पर आधारित हैं अथवा राग की बन्दिश जैसे ही हैं।

स्वरलिपि सूची

	गीत के बोल	राग
1.	ए री मैं तो प्रेम दीवानी	भीमपलासी
2.	पूछो न कैसे मैंने रैन बिताई	अहीर भैरव
3.	रसिक बलमा	शुद्ध कल्याण
4.	तेरे सुर और मेरे गीत	विहाग
5.	ज्योति कलश छलके	भूपाली / देशकार
6.	मोहे पनघट पे नन्दलाल छेड़ गयो रे	गारा, जंगला
7.	घायल हिरनियाँ	शहाना
8.	गरजत बरसत सावन आयो रे	गौड़ मल्हार
9.	जा तोसे नहीं बोलूँ कन्हैया	हंसध्वनि, भूपाली
10.	कूहू कुहू बोले कोयलिया	सोहनी, बहार, जौनपुरी, यमन
11.	झूमती चली हवा	सोहनी
12.	कैसे दिन बीते	झिंझोटी
13.	काहे तरसाये, जियरा	कलावती
14.	तुम गगन के चन्द्रमा हो	यमन कल्याण
15.	पिया तोसे नैना लागे रे	तिलंग
16.	मैंने रंग ली आज चुनरिया	मिश्र पीलू
17.	बोले रे पपीहरा	मियां की मल्हार
18.	मधुबन में राधिका नाचे रे	हमीर
19.	ठाड़े रहियो ओ बाँके यार	माँड
20.	तुम बिन जीवन कैसा जीवन	भिन्न षड्ज
21.	कैसे आऊँ जमुना के तीर	भैरवी

उत्तर भारतीय शास्त्रीय संगीत आधारित चुने हुए हिन्दी फ़िल्म गीतों की स्वर-लिपियाँ तथा सर्वांगीण विश्लेषण

अपनी बात को व्यकृत रूप में निरूपित करने के लिए विविध लोकप्रिय रागों में निबद्ध अत्यन्त लोकप्रिय 21 फ़िल्मों से सटीक गीत लिए गये हैं तथा उनका विश्लेषण किया गया अर्थात वे गीत फ़िल्मों में क्यों रखे गये, उनसे क्या अभीष्ट सिद्ध होता है; तद्नुसार उन्हीं रागों का चुनाव क्यों किया गया जिनमें ये गीत निबद्ध हैं। उनमें प्रयुक्त साज़, ताल तथा नियमन (Arrangement) का क्या महत्त्व है तथा शब्दों के साथ संगीत ने किस प्रकार न्याय किया।

इसके अतिरिक्त कई ऐसे रागों में निबद्ध गीत भी हैं जिन्हें अप्रचलित कहा जाता है, फ़िल्मों ने उन्हें भी प्रचलित तथा लोकप्रिय बना दिया। हर गीत का मूलपाठ भी साथ में दिया गया है तथा उससे सम्बन्धित जानकारी भी।

गीत-1

गीत : ए री मैं तो प्रेम दीवानी
गीतकार : मीराबाई, पी.एल. सन्तोषी
संगीतकार : रौशन
फ़िल्म : नौबहार (1952)
गायिका : लता मंगेशकर

गीत पाठ

न मैं जानूँ आरती–बन्दन, न पूजा की रीत।
है अनजानी प्रेम–दीवानी मेरी पागल प्रीत।।
लिए री मैंने दो नैनों के दीपक लिए सँजोय।
ए री मैं तो प्रेम दीवानी मेरा दरद न जाने कोय।।

आशा के फूलों की माला, साँसों का संगीत।
इन पर फूली, चली रिझाने अपने मन का मीत।।
लिए री मैंने दो नैनों के दीपक लिए सँजोय।
ए री, मैं तो प्रेम दीवानी मेरा दरद न जाने कोय।।
दिल डूबा, तारे मुरझाये, सिसक–सिसक गयी रैन।

बैठी सूना पंथ निहारूँ, झरझर बरसत नैन।।
दुनिया के सब सपने जागे, भाग हमारा सोय।
ओ बेदर्दी, जीवन–बाती पल–पल व्याकुल होय।।
ए री, मैं तो प्रेम दीवानी मेरा दरद न जाने कोय।।

माँग सिन्दूर लपट बन जागे, लागी अगन चहुँ ओर।
रूठ गयी हाथों की मेहँदी, टूटी मन की डोर।।
मेरो मनमोहन आयो न सखी री, रो–रो नैना खोय।
घायल की गति घायल जाने, की जिन लागी होय।।
एरी मैं तो प्रेम दीवानी मेरा दरद न जाने कोय।।

(राग : भीमपलासी ताल : कहरवा)

गीत के बारे में : लता मंगेशकर ने कभी इस गीत को अपने द्वारा गाये गये दस सर्वश्रेष्ठ गीतों में से एक बताया था। यह एक विरहिणी का संसार है, फ़िल्म में स्थिति (Situation) के अनुसार इसे कई बार प्रयुक्त किया गया है जिससे विरहणी के भाव तथा मनोदशा समझने में सहायता मिलती है। गीतकार पी.एल. सन्तोषी ने इस गीत को लिखने के लिए मीराबाई की सहायता ली है, उनसे बड़ी विरहणी भला और कौन हो सकती है। प्रतीक रूप में उनकी केवल एक पंक्ति स्थाई की तरह इस्तेमाल की गयी है–

ए री मैं तो प्रेम दिवानी, मेरा दरद न जाने कोय।

बाक़ी गीत इस स्थाई के चारों ओर बुना गया है। ऐसे भावप्रवण गीत के लिए उपयुक्त धुन की आवश्यकता थी और धुन के लिए राग की। संगीत निर्देशक रौशन ने इसके लिए राग भीमपलासी को चुना। इसी के साथ प्रारम्भ तथा बीच–बीच में राग पीलू के स्वर प्रयोग में लाये गये क्योंकि विरह की पीड़ा को प्रकट करने में यह राग जितना सक्षम है उतना कोई नहीं, तिस पर लता मंगेशकर की विरहिणी जैसी आवाज़ ने तो कमाल ही कर दिया है। फ़िल्म संगीत के स्वभाव के अनुरूप ही इस गीत में एक प्रयोग किया गया है। कुछ संगीतज्ञ राग भीमपलासी में शुद्ध निषाद का प्रयोग निषेध मानते हैं किन्तु इस गीत में इसी का उपयोग विरहणी के भाव की तीव्रता को उभारने में सक्षम सिद्ध हुआ है।

स्वर-लिपि (ए री मैं तो प्रेम दीवानी)

स – – – – – – – –, गम पनि संगं मंपं धंपं मंगं मंपंमं
पार्श्व संगीत : बाँसुरी

गं – – – रें गं मं रे मं (गं) – रें संरें गंरें सं नि – –

– प ध प म – पध नि – – सं – संरें गंरें संरें मं रें मं

(गं) संरें गंरें सं नि – सं – – –

संरेंगं गं – (रें) – गं – – – रें गं रेंसं रें गं रेंसं संनि नि
नाऽऽ मैं – जा ऽ नूँ ऽ ऽ ऽ बाँसुरी : आ ऽ रऽ तीऽ बं

सां मंगं –रें सं नि – – ध – धप – ध पम प नि – – निसां मंगं
ऽ ऽऽ ऽऽ द न ऽ ऽ ऽ ऽ * नाऽ ऽऽ पूऽ ऽ जा ऽ ऽ कीऽ ऽऽ

बाँसुरी : गंपं – मं गंपंमंगं – रें, सं – – –)
ऽरें गं (सं) – – – * * * * नि – नि नि नि –सां
ऽ ऽ री ऽ ऽ ऽत * * * * है ऽ अ न जा ऽऽ

सां – – – – नि संरें संगं रेंसं संनि नि नि निधप – पध संरेंसं
नी ऽ ऽ ऽ ऽ ऽ ऽऽ ऽऽ ऽऽ दऽ र स दिऽऽ ऽ वाऽ ऽऽऽ

(नि) ध प – – – प, नि ध प – –म (ग). सा – गमप नि ध,–
नी ऽ ऽ ऽ ऽ ऽ मेऽऽ री ऽ ऽऽ पा ऽ ऽ गलऽ ऽऽऽ

(बाँसुरी : पम गम पम ग –)
(प) – – – – – – – सं नि
प्री ऽ ऽ ऽ ऽ त * * लि ऽ

(ठेका प्रारम्भ) कहरवा ताल

नि	सं	रेंमं	गं	गं	रें	रें	सां	–	–	–	प	सां	सां	–	–
ए	ऽ	रीऽ	ऽ	मैं	ऽ	ने	ऽ	ऽ	ऽ	*	दो	ऽ	नैं	ऽ	ऽ
सं	रें	नि	सं	नि	ध	प	–	–	–	–	प	सं	सं	–	रेंसां
नों	ऽ	ऽ	ऽ	ऽ	के	ऽ	ऽ	*	*	*	दी	ऽ	प	ऽ	ऽक
नि	–	ध	प	प	ध	धप	–	म	ग	मप	म	ग	–	ग	म
लि	ऽ	ए	ऽ	ऽ	ऽ	सँऽ	ऽ	जो	ऽ	ऽऽ	ऽ	ऽ	य	ए	ऽ
प	सां	नि	सांनि	नि	ध	ध	प	–	–	प	धनि	ध	धप	म	म
री	ऽ	ऽ	ऽऽ	मैं	ऽ	तो	ऽ	ऽ	ऽ	प्रे	ऽऽ	ऽ	मऽ	ऽ	दि

म	म	पध	प	म	ग	मप	म	ग	—	—	सा	मग	—म	पध	प
वा	ऽ	नीऽ	ऽ	मे	ऽ	राऽ	ऽ	ऽ	ऽ	*	द	रऽ	ऽद	नऽ	ऽ
म	ग	मप	म	ग	सा	मग	म	म	प	—	—	प	—		
जा	ऽ	ऽऽ	ऽ	ने	ऽ	ऽऽ	ऽ	को	ऽ	ऽ	ऽ	य	ऽए री मैं तो		

प्रेम–दीवानी, मेरा दरद ना जाने

बाँसुरी :		(स	म	ग	प	म	नि	प	—	—)					
म	प	—	—	—	—	—	—	*	*	*	प	सं	—	संरें	सं
को	ऽ	ऽ	ऽ	ऽ	ऽ	ऽ	य	*	*	*	ना	ऽ	ऽ	मैंऽ	ऽ
नि	ध	—	म	प	—	सं	—	—	—	—	संनि	संनि	सं	रें	सं
जा	ऽ	ऽ	ऽ	नूँ	ऽ	ऽ	ऽ	ऽ	ऽ	ऽ	आऽ	ऽऽ	र	ती	ऽ
नि	सां	—	नि	धनि	ध	पध	प	म	—	—	पध	पध,–	–नि	सं	–प
बं	ऽ	ऽ	ऽ	दऽ	ऽ	नऽ	ऽ	ऽ	ऽ	*	नाऽ	ऽऽऽ	ऽपू	ऽ	ऽ
प	ध	प	सां	नि	ध	—	प	प	—	—	—	—	—	—	—
जा	ऽ	ऽ	ऽ	ऽ	की	ऽ	ऽ	री	ऽ	ऽ	ऽ	ऽ	ऽ	ऽ	त
—	—	पम	धप	—	मग	–म	प	प	नि	सं	–नि	सं	—	—	—
*	*	हैऽ	ऽऽ	ऽ	अऽ	ऽन	ऽ	ज	ऽ	ऽ	ऽऽ	नी	ऽ	ऽ	ऽ
—	—	—	नि	संरें,सं	नि	प	प	म	ग	मप	म	म	ग	—	—
ऽ	ऽ	*	द	रऽऽ	स	ऽ	दि	वा	ऽ	ऽऽ	ऽ	नी	ऽ	ऽ	ऽ
—	—	—	स	मग	–म	पध	प	म	ग	मप	म	—	गरे	सा	—
ऽ	ऽ	*	मे	ऽऽ	ऽरी	ऽऽ	ऽ	पा	ऽ	ऽऽ	ऽ	ऽ	गल	ऽ	ऽ
स	—	—	—	—	—	सं	नि	नि	सं	रेमं	गं	गं	रें	रें	सां
प्री	ऽ	ऽ	त	*	*	लि	ऽ	ए	ऽ	रीऽ	ऽ	मैं	ऽ	ने	ऽ

— — —

ऽ * * दो नैनों के दीपक लिए सँजोय, ए री मैं तो प्रेम–दीवानी मेरा दरद न जाने कोय

पार्श्वसंगीतः

						ग	म	प	सां	निसां	नि	नि	ध	ध	प
—	—	प	ध	—	धप	म	म	म	प	पध	प	म	ग	मप	म
ग	—	स	मग	—	म	प	—	म	ग	मप	म	ग	स	ग	म
म	प	—	—	—	—	गम	पम	म	ग	—	म	प	—	प	म
											आ	ऽ	ऽ	शा	ऽ

म	नि	प	नि	प	प	म	–	–	–	म	ग	मग	म	मग	रे
के	ऽ	ऽ	ऽ	ऽ	फू	ऽ	ऽ	ऽ	ऽ	लों	ऽ	ऽऽ	की	ऽऽ	ऽ
(रे)	–	–	स	स	–	–	–	–	–	स	–	म	–	म	–
मा	ऽ	ऽ	ऽ	ला	ऽ	ऽ	ऽ	ऽ	ऽ	साँ	ऽ	ऽ	ऽ	सों	ऽ
											(बाँसुरी	सांनि	रेंसां	नि	ध
म	प	ग	म	ग	म	–	–	म	–	प	–	–	–	–	–
के	ऽ	ऽ	ऽ	ऽ	सं	ऽ	ऽ	गी	ऽ	ऽ	ऽ	ऽ	ऽ	ऽ	त
पम	धप	म	ग												
*	*	*	ग	प	–	प	–म	म	नि	प	नि	प	–	प	म
*	*	*	आ	ऽ	ऽ	शा	ऽऽ	के	ऽ	ऽ	ऽ	ऽ	ऽ	फू	ऽ
–	–	म	ग	मग	ग	म	ग	(रे)	–	–	स	स	–	–	–
ऽ	ऽ	लों	ऽ	ऽऽ	की	ऽ	ऽ	मा	ऽ	ऽ	ऽ	ला	ऽ	ऽ	ऽ
–	–	सं	–	म	–	म	–	म	प	ग	म	ग	म	गम	–
ऽ	ऽ	साँ	ऽ	ऽ	ऽ	सों	ऽ	के	ऽ	ऽ	ऽ	ऽ	सं	ऽऽ	ऽ
म	–	प	–	–	–	–	–	–	–	नि	प	–	नि	नि	–
गी	ऽ	ऽ	ऽ	ऽ	ऽ	ऽ	त	*	*	इ	न	ऽ	प	र	ऽ
नि	सां	निसं	गं		रें	सं	–	–	–	निसां	नि	सां	–	नि	–
फू	ऽ	ऽऽ	ऽ	ली	ऽ	ऽ	ऽ	ऽ	ऽ	चऽ	ली	ऽ	ऽ	रि	ऽ
निध	पध	–	प	प	–	–	–	–	–	ध	ध	–	नि	सं	–
झाऽ	ऽऽ	ऽ	ऽ	ने	ऽ	ऽ	ऽ	ऽ	ऽ	अ	प	ऽ	ने	ऽ	ऽ
प	नि	नि	प	प	म	पध	प	म	ग	मप	म	ग	–	ग	म
म	ऽ	न	ऽ	का	ऽ	ऽऽ	ऽ	मी	ऽ	ऽऽ	ऽ	ऽ	त	लि	ऽ
प	सं	निसां	नि	नि	ध	ध	प	–	–	–	–	धनि,	ध	धप	न
ए	ऽ	रीऽ	ऽ	मैं	ऽ	ने	ऽ	ऽ	*	*	नै	ऽऽऽ	नऽ	ऽ	डो
म	प	पध	प	म	ग	मप	म	ग	–	–	स	मग	म	पध	प
ऽ	ऽ	रऽ	ऽ	में	ऽ	ऽऽ	ऽ	ऽ	ऽ	ऽ	स	प	ने	ऽऽ	ऽ
म	ग	मप	म	ग	स	ग	प	म	प	–	–	प	–		
लि	ऽ	एऽ	ऽ	ऽ	ऽ	पि	ऽ	रो	ऽ	ऽ	ऽ	य	ऽ	एरी	मैं तो

पम प – – – – – –

प्रेम दीवानी, मेरा दरद ना जाने – कोऽ ऽ ऽ ऽ ऽ ऽ य

प– स स – प – प स – * * ग – स –

(सं – – – – प। ध –प म –ग रे स –)

पार्श्व संगीतः

प	–	स	स	–	प	–	प	स	–	*	*	ग	–	स	–

म—		स	स	—	स	ध	—	ध	—	—	—	—	प	प	ध
		दि	ल	ऽ	डू	ऽ	ऽ	बा	ऽ	ऽ	ऽ	ऽ	ऽ	ता	ऽ
सं	—	प	पध	प	म	म	म	म	प	गम	—	ग	ग	—	ग
ऽ	ऽ	ऽ	रेऽ	ऽ	ऽ	मु	र	झा	ऽ	ऽऽ	ऽ	ऽ	ए	ऽ	ऽ
—	—	स	स	ध	प	—	ध	प	म	पध	प	—	मग	ग	—म
*	*	सि	स	ऽ	क	ऽ	सि	स	ऽ	कऽ	ऽ	ऽ	गऽ	ई	ऽऽ
				बाँसुरी	स		ग	ग	—	म	प	—	ध	नि	—
म	प	—	—	—	—	—	—	—	—	*	*	*	*	*	*
रें	ऽ	ऽ	ऽ	ऽ	ऽ	ऽ	ऽ	ऽ	न	ऽ	*	*	*	*	*
सं	—	—)													
*	*	*	नि	सं	—	सं	—	नि	सं	रें	गं	गं	—	सं	—
*	*	*	बै	ऽ	ऽ	ठी	ऽ	सू	ऽ	ऽ	ऽऽ	ना	ऽ	ऽ	ऽ
—	—	—	प	सं	सं	—	सं	सं	रें	नि	सांनि	—	ध	—	प
ऽ	ऽ	*	पं	ऽ	थ	ऽ	नि	हा	ऽ	ऽ	ऽऽ	ऽ	रू	ऽ	ऽ
—	—	ध	ध	—	नि	सं	रें	संनि	रेंसं	सं	—	ध	नि	प	ध
ऽ	*	झ	र	ऽ	झ	र	ऽ	बऽ	ऽऽ	र	ऽ	स	ऽ	त	ऽ
मप	म	—	—	—	—	ग	म	पध	प	स	रे	—	नि	रे	स
नैऽ	ऽ	ऽ	ऽ	ऽ	ऽन सितारः										
प	—	नि	स	ग	म	प	नि	नि	प	—	पनि	प	पनि	नि	—
											दुऽ	नि	याँऽ	ऽ	ऽ
निसां	निसां	—	—	—	सां	सां	—	—	—	नि	सां	नि	संरें	रें	सां
केऽ	ऽऽ	ऽ	ऽ	ऽ	स	ब	ऽ	*	*	स	प	ऽ	नेऽ	ऽ	ऽ
नि	सां	—	नि	धनि	ध	पध	प	म	—	—	प	ध	नि	सां	—
जा	ऽ	ऽ	ऽ	गेऽ	ऽ	ऽऽ	ऽ	ऽ	ऽ	ऽ	भा	ऽ	ग	ह	ऽ
प	ध	प	सां	नि	धनि	ध	प	प	—	—	—	—	—	—	—
मा	ऽ	ऽ	ऽ	ऽ	राऽ	ऽ	ऽ	सो	ऽ	ऽ	ऽ	ऽ	ऽय	*	*
—	—	पम	धप	—	मग	म	प	प	नि	सं	—	सं	—	—	—
*	*	ओऽ	ऽऽ	ऽ	बेऽ	ऽ	ऽ	द	र	ऽ	ऽ	दी	ऽ	ऽ	ऽ
—	—	—	नि	सं	नि	प	प	म	ग	मप	म	म	—	ग	—
ऽ	ऽ	ऽ	जी	ऽ	व	ऽ	न	बा	ऽ	ऽऽ	ऽ	ती	ऽ	ऽ	ऽ
—	—	स	ग^{म}	—	म	पध	प	म	ग	मप	म	ग	स	ग^{म}	प
ऽ	ऽ	प	ल	ऽ	प	लऽ	ऽ	व्या	ऽ	ऽऽ	ऽ	कु	ऽ	ल	ऽ

म प – – | – –

हो ऽ ऽ ऽ | य * ए री, मैं तो प्रेम दीवानी मेरो दरद न जाने कोय। एरी,

मैं तो प्रेम दीवानी, मेरा दरद न जाने–

स – – – | ध – – – | – – –

बाँसुरीः

म	–	प	–	–	–	*	*	*	*	*	ग	–	प	म	प
को	ऽ	ऽ	ऽ	ऽ	य	*	*	*	*	*	पार्श्व	संगीतः			
गम	पम	ग	–	सं	नि	ध	ध्प	प	–	–	गं	–	पं	मं	पं
								बाँसुरीः							
गंमं	पंमं	गं	–	सं	–	ध	–	प	–	–	–	सं	–	–	–
–	–	सं	रें	गं	गं	–	रें	गं	–	–	–	गं	–	गं	रें
		माँ	ऽ	ऽ	ग	ऽ	सिं	दू	ऽ	ऽ	ऽ	र	ऽ	ल	ऽ
रेंगं	रें	रें	सां	संरें	सं	सं	नि	नि	सं	मंगं	मंगं	रें	रें	–	–
पऽ	ऽ	ट	ऽ	बऽ	ऽ	न	ऽ	जा	ऽ	ऽऽ	ऽऽ	ऽ	गे	ऽ	ऽ
–	–	–	–	–	–	–	–	–	–	–	रें	गं	रेंसं	–	सारेंसं
ऽ	ऽ	ऽ	ऽ	ऽ	ऽ	ऽ	ऽ	*	*	*	ला	ऽ	गीऽ	ऽ	अऽऽ
सं	नि	ध	–	नि	प	प	सं	ध	–	सं	–	–	–	–	–
ग	ऽ	न	ऽ	ऽ	च	हुं	ऽ	ओ	ऽ	ऽ	ऽ	ऽ	ऽ	ऽ	ऽ
–	–	–	–	–	–	–	–	–	–	प	सं	–	सं	–	संरें
ऽ	ऽ	ऽ	ऽ	ऽ	र	*	*	*	*	रू	ऽ	ऽ	ठ	ऽ	गऽ
सं	नि	संनि	ध	धनि	ध	प	–	–	–	प	नि	ध	पध	प	म
ई	ऽ	ऽऽ	ऽ	हाऽ	ऽ	ऽ	ऽ	ऽ	*	थें	ऽ	ऽ	कीऽ	ऽ	ऽ
म	प	गम	ग	रे	–	स	–	–	–	–	स	म	–	म	–
मे	ऽ	हँऽ	ऽ	दी	ऽ	ऽ	ऽ	*	*	*	दू	ऽ	ऽ	टी	ऽ
म	प	ग	म	ग	म	–	–प	म	प	–	–	–	–	–	–
म	ऽ	न	ऽ	ऽ	की	ऽ	ऽऽ	डो	ऽ	ऽ	ऽ	ऽ	ऽ	ऽ	र
–	–	पनि	प	–	पनि	नि	–	निसं	निसं	–	–	सं	–	सं	–
*	*	मेऽ	रो	ऽ	मऽ	न	ऽ	मोऽ	ऽऽ	ऽ	ऽ	ह	ऽ	न	ऽ
–	–	संनि	सां	नि	सां	रें	सं	नि	सं	–	नि	धनि	ध	पध	प
ऽ	ऽ	आऽ	ऽ	यो	ना	ऽ	स	खी	ऽ	ऽ	ऽ	रीऽ	ऽ	ऽऽ	ऽ
म	–	प	ध	–	नि	सं	–	प	ध	प	सं	नि	ध	–	प
ऽ	ऽ	रो	ऽ	ऽ	रो	ऽ	ऽ	नै	ऽ	ऽ	ऽ	ऽ	ना	ऽ	ऽ

(बाँसुरी):		पम	ग̲म	प	नि̲	ध	प	मप	म	ग)					
प	–	–	–	–	–	*	*	*	*	*	पम	धप	मग̲	म	–
खो	ऽ	ऽ	ऽ	ऽ	य	*	*	*	*	*	घाऽ	ऽऽ	यऽ	ल	ऽ
प	नि	सं	–	सं	–	सं	–	–	–	–	नि	सं	नि̲	प	पम
की	ऽ	ऽ	ऽ	ग	ऽ	ति	ऽ	ऽ	ऽ	*	घा	ऽ	य	ऽ	लऽ
				(ग	–	–	–	ध	–)						
म	ग̲	मप	म	म	ग̲	–	–	–	–	ध	–	–	नि̲	सं	–
जा	ऽ	ऽऽ	ऽ	ने	ऽ	ऽ	ऽ	*	*	के	ऽ	ऽ	जि	न	ऽ
प	नि̲	पं	–	प	म	पध̲	प	म	ग̲	मप	म	ग̲	–		
ला	ऽ	ऽ	ऽ	गी	ऽ	ऽऽ	ऽ	हो	ऽ	ऽऽ	ऽ	ऽ	य	एरी,मैं	तो

प्रेम–दीवानी, मेरा दरद न जाने कोय। एरी, मैं तो प्रेम–दीवानी, मेरा दरद न जाने–

पम	प	–	–	–	–	–	–	–	–	–	–
कोऽ	ऽ	ऽ	ऽ	ऽ	ऽ	ऽ	ऽ	ऽ	ऽ	ऽ	य

गीत–2

गीत : पूछो न कैसे मैंने रैन बिताई।
गीतकार : शैलेन्द्र
संगीतकार : एस.डी.बर्मन
फ़िल्म : मेरी सूरत तेरी आँखे (1963)
गायक : मन्ना डे

गीत पाठ

पूछो न कैसे मैंन रैन बिताई।
इक पल जैसे इक जुग बीता
जुग बीते मोहे नींद न आई।
उत जले दीपक, इत मन मेरा
फिर भी न जाए मेरे घर का अन्धेरा,
तड़पत, तरसत उमर गँवाई।
ना कहीं चन्दा, ना कहीं तारे,
जोत के प्यासे मेरे नैन बिचारे।
भोर भी आस की किरन न लाई।

(राग : अहीर–भैरव, ताल : तीनताल)

गीत के बारे में : फ़िल्मों में गायन दृश्य के अनुसार एवं कथा को आगे बढ़ाने के लिए किया जाता है। फ़िल्म 'मेरी सूरत तेरी आँखें' में यह गीत ऐसे गायक द्वारा गाया जाने वाला था जो शास्त्रीय संगीत का जानकार है। इस गीत से पहले रात थी और वह सो नहीं पाया, भोर होते ही वह रियाज़ के लिए बैठता है। गुणीजन जानते हैं कि भोर की पहली किरण फूटते ही राग अहीर भैरव का समय होता है, इसलिए संगीत निर्देशक ने इसी राग को चुना। करुणा और पुकार के लिए दो साज़ों को चुना गया–सारंगी और बाँसुरी। पूर्वालाप के रूप में पं. रामनारायण की सारंगी ने यह जता दिया कि पात्र के हृदय में कितना दुःख है, दूसरी ओर बाँसुरी जो कि शाश्वत पुकार (The Call) की प्रतीक है उसका प्रयोग अन्तरा संगीत में इस प्रकार किया गया है, मानो दसों दिशाओं में वह गायक पुकार उठा हो। प्रारम्भ के आलाप में किसी प्रकार की दुरूहता नहीं रखी गयी जिसके कारण इसे कोई भी गुनगुना सकता है। तीनताल का ठेका भी झोल के साथ बजाया गया है जिससे एक मद्धम स्पन्दन पैदा होता है। लय (Tempo) भी ठहरी हुई है जो कि स्थिति की गम्भीरता का प्रतीक है। सबसे बड़ी बात है शब्दों को अर्थ देना, उसके लिए मन्ना डे की आवाज़ ने सोने पर सुहागा का काम किया है।

रुदन जब गायन द्वारा व्यक्त किया जाये तो देवताओं की चीज़ बन जाता है महाकवि हरिवंश राय बच्चन ने कहा है–

ऊपर देव तले मानवगण, नभ में दोनों गायन–रोदन
राग सदा ऊपर को उठता, आँसू नीचे झर जाते हैं
कहते हैं तारे गाते हैं।

जैसा कि हमने पहले भी कहा कि एक दिन ऐसा आयेगा जब मनुष्य गाने में ही बात करेगा हँसेगा, रोएगा। हमने यह कहा भी था कि हिन्दी फ़िल्मों ने तो अपने गीत–संगीत द्वारा यह काम प्रारम्भ भी कर दिया है। यह गीत इसी का प्रमाण है। हम अपने विषय के पक्ष में इतना और कह दें कि यह गीत शुद्ध राग अहीर भैरव में निबद्ध है जिसके पूर्वांग में भैरव तथा उत्तरांग में काफ़ी है। फ़िल्म के गीतों की परम्परा के अनुरूप तथा रवीन्द्रनाथ टैगोर के कथन का औचित्य दोहराते हुए इस गीत ने मानो उनकी इसी बात को बल दिया है कि–"किस–किस रागिनी में कौन–कौन से स्वर लगते हैं यह तो अति–प्राचीन काल से स्थिर कर दिया गया है...अब तो संगीतवेत्ता इस बात का पता लगाने का प्रयास करें कि किस–किस रागिनी में कौन–कौन से भाव हैं।"

स्वर-लिपि (पूछो न कैसे मैंने रैन बिताई)

म – – – गमं – – – – – – मंगंपमं – रें – रेंगं – रेंग गमं

पार्श्व संगीत : (सारंगी)

मपं रेंपं – – सं – – – – –रेंनिरेंसंनि– निध – ध सं नि ध –

– – निध – गरे – रेंग – – – स – – – – – –

मध पध प मग गम – – – – गप म गरे – रेगरेगसनि,निंध – – –

आऽ ऽऽऽ ऽ ऽऽ ऽ ऽ ऽ ऽऽ ऽ ऽऽ ऽ ऽ ऽ ऽऽ ऽ ऽ ऽ ऽ

रे रे रे नि स – – – – – म – – – म धध निप निप ममम म

ऽ ऽ ऽ ऽ ऽ ऽ ऽ ऽ ऽ ऽ * * * * पू छोन केऽऽऽ सेऽ मैं ने

x				2				o				3			
म	–	–ग	पम	रेग	रेग	सगस	–	–	मध	ध	धगनि	सं	निप	पम	म
रें	ऽ	ऽन	बिऽ	ता	ऽ	ई	ऽ	*	पूछो	न	कैऽ	ऽ	सेऽ	मैंऽ	ने
मग	–	–ग	पम	रेग	रेग	सगस	–	–	रे	स ध	नि	रेग	रेग	स	–
रे	ऽ	ऽन	बिऽ	ता	ऽ	ऽई	ऽ	*	इ	क प	ल	जै	ऽ	से	ऽ
–	सारेम	–ग		म	–	प,पधप	मग	रे	रेस	–धनि	–नि	सगरे	रेग	सगस	–
*	इकजु	ग		बी	ऽ	ता	ऽ	ऽ	इक	ऽप	लऽ	जै	ऽ	ऽसे	ऽ
–	स	रेम	–ग	म	–	म	–	–	मध	–ध	–	धनि	सं	–	निध
*	इ	क जु	ग	बी	ऽ	ता	ऽ	*	जुग	ऽबी	ऽ	तेऽ	ऽ	ऽ	मोहे
मग	–	–ग	पम	रेग	रेग	सस	–	–	सध	–ध	धनि	सं	निप	पम	म
नीं	ऽ	ऽद	नऽ	आ	ऽ	ईऽ	ऽ	*	पूछो	ऽन	कैऽ	ऽ	सेऽ	मैऽ	ने
मग	–	–ग	पम	रेम	नि	सस	–	मध	निसं	–	–	–	–	–	–
रै	ऽ	ऽन	बिऽ	ता	ऽ	ऽई	ऽ	पार्श्व संगीतः							
रेग	सं	–	रेंगं	सां	नि	ध	म	–	मम	–म	म	पध–	निध	मप	म
									एत	ऽज	ले	दीऽ	ऽऽऽ	प	क
–	पध	–नि	संनि	निरें	सं	–	–	–	रेंरें	–रें	रे	रें	रें	रें	रेंग
ऽ	इत	ऽम	नऽ	मेऽ	रा	ऽ	ऽ	*	फिर	ऽभी	न	जा	ए	मे	रे
सं	–सं	रेंगं	मंगं	रेंसं	सं	–	निध	पम	मम	–म	म	पसं	निसंनिध	मप	म
ऽ	*घ	रका	ऽअँ	धेऽ	रा	ऽ	ऽऽ	ऽऽ	उत	ऽज	ले	दीऽ	ऽऽऽऽ	प	क
–	पध	–नि	संनि	निरें	सं	–	–	–	–	–	निध	प	–	–	–
ऽ	इत	ऽम	नऽ	मेऽ	रा	ऽ	ऽ	ऽ	ऽ	ऽ	ऽऽ	ऽ	*	*	*
प	धनि	–	–	–	संनि,सं	निध–	प	–	प	धनि	संरें	–	–	–	–
म	नऽऽ	ऽ	ऽ	ऽ	ऽऽऽ	ऽऽ	ऽ	*	मे	राऽ	ऽऽ	ऽ	ऽ	ऽ	ऽ

प	रें	^{ग}रेंगंरें	सं	संनि	धनि,ध–	– –	निध	म	–म	म म	म	गप	संनिध	म^{प}	म
ऽ	ऽ	मेऽऽ	ऽ	राऽ	ऽऽऽ	ऽ	ऽऽऽ	ऽ	*उ	त ज	ले	दीऽ	ऽऽऽ	प	क
–	पध	–नि	संनि	निरें	सं	–	–	–	रें रें	–रें	रें	रें	रें	रें	रें^{ग}
ऽ	इत	ऽम	नऽ	मेऽ	रा	ऽ	ऽ	*	फिर	अभी	न	जा	ए	मे	रे
सं	–सं	रेंसं	रेंगं	मंग	रेंसं	सं	–	–	रेंस	संनि	नि नि	–	निसं	निसं	निध
ऽ	*घ	रका	ऽऽ	ऽअँ	धेऽ	रा	ऽ	*	तऽ	डऽ	पत	*	तऽ	रऽ	सत
प,धनि	–	ध^{ग}म म,	पम	रे^{ग}	रे^{ग}	स^{ग}स	–	ध	ध^{ध}	ध	निध	निप	पम	म	म
ऽऽऽ	ऽ	उम	रगँऽ	वा	ऽ	ऽई	ऽ	पू	छो	न	कैऽ	ऽऽ	सेऽ	मै	ने
म^{ग}	–	–ग	पम	रे^{ग}	रे^{ग}	रे^{ग}स	स	मध	निसं	–	–	–	–	–	–
रे	ऽ	ऽन	बिऽ	ता	ऽ	ऽऽ	ई	पार्श्व संगीतः							
रै^{ग}	स^{ग}	–	रे$^{गं}$	सं	नि	ध	म	–	म	–म	म	पध–,	निध	म^{प}	म^{प}
									ना	ऽक	हीं	चंऽ	ऽऽऽ	दा	ऽ
–	पध	–नि	संनि	नि रें	सं	–	–	–	रें	–रें	रें	रें	रें	रें	रें
ऽ	नाऽ	ऽक	हींऽ	ताऽ	रे	ऽ	ऽ	*	ज्यो	ऽति	के	प्या	से	मे	रे
सां	सरेंगंमं	–गं	रें	संसां	नि,नि	–,	धधध	म	म	–म	म	–	पसं	निध	पधपम
ऽ	नैऽऽ	ऽन	बि	चा	रेऽऽऽ	ऽऽऽ	ऽ	ऽ	ना	ऽक	हीं	ऽ	चंऽ	ऽऽ	दाऽऽऽ
–	पध	–नि	संनि	नि रें	सं	–	–	–							
ऽ	नाऽ	ऽक	हींऽ	ताऽ	रे	ऽ	ऽ	*ज्योति के प्यासे मेरे				नैन–			
			रें$^{बि}$	सं	सं	–	–	–	रें$^{नि}$सं	–सं	नि नि	–	निसं	निसं	निध
			बि	चा	रे	ऽ	ऽ	*	भोऽ	ऽर	ऽभी	*	आऽ	ऽऽ	सकी
प,	धनि	–धम^{प}	म,पम	रे	रे^{ग}	सस^{ग}	–	स	ध$^{सा}$	ध	ध^{प}सं	निप	पम	म	म
ऽऽऽ	ऽ	किर	ननऽ	ला	ऽ	ऽई	ऽ	पू	छो	न	कैऽ	ऽऽ	सेऽ	मैं	ने
–	म^{ग}	–ग	पम	रे^{ग}	रे^{ग}	स^{ग}स	–	स	ध	ध	ध^{प}नि	सं	निप	पम	म
मै	रै	ऽन	बिऽ	ता	ऽ	ऽई	ऽ	पू	छो	न	कैऽ	ऽ	सेऽ	मैंऽ	ने
म	–	–	म^{ग}	–प,म		रे^{म}	रे^{ग}	रे^{ग}	नि	रे^{ग}	रे^{ग}	स^{म}स– –		–	–
रे	ऽ	ऽ	ऽन*	बिऽ		ताऽ	ऽ	ऽ	ऽ	ऽ	ऽ	ऽई ऽ ऽ		ऽ	ऽ

(ठेका बन्द)

गीत–3

गीत : रसिक बलमा, दिल क्यों लगाया तोसे

गीतकार : शैलेन्द्र

संगीतकार : शंकर–जयकिशन

फ़िल्म : चोरी–चोरी (1953)
गायिका : लता मंगेशकर

गीत पाठ

रसिक बलमा, हाय, दिल क्यों लगाया तोसे।
दिल क्यों लगाया जैसे रोग लगाया, रसिक बलमा हाय!
जब याद आये तिहारी, सूरत वो प्यारी–प्यारी।
नेहा लगाके हारी, तड़पूँ मैं ग़म की मारी।। रसिक बलमा...
ढूँढ़ें हैं पागल नैना, पायें न इक पल चैना।।
डसती है उजड़ी रैना, कासे कहूँ मैं बैना।। रसिक बलमा...

(राग : शुद्ध कल्याण, ताल : कहरवा)

गीत के बारे में : रात्रि का समय और नायिका के पास नायक नहीं। नायक के स्वभाव में खिलन्दड़ापन है जिससे नायिका को धोखेबाज़ी और बेवफ़ाई का अहसास होता है। उसने ऐसे व्यक्ति से प्रेम किया है जो रसिक है, भँवरा है, डाल–डाल पर डोलता है, इसीलिए शैलेन्द्र ने बोले लिखे–*रसिक बलमा दिल क्यूँ लगाया जैसे रोग लगाया*, शंकर–जयकिशन ने रात्रि का राग चुना 'शुद्ध कल्याण', जिसमें गम्भीरता भी है और करुण क्रन्दन भी। ऊपर से लता जी की आर्द्र आवाज़ जैसे उलाहना दे रही हो, रो रही हो तथा दर्शकों को भी नायक के गुण गा–गाकर बता रही हो। 'हाय' शब्द पर गाने की आत्मा जैसे बार–बार निकल कर आ जाती है, लताजी की आवाज़ और अभिव्यक्ति एक–दूसरे का पर्याय है। राग के स्वर तो कोई भी लगा सकता है, उसकी शुद्धता का ख़याल भी रख सकता है, राग की शुद्धता का ख़याल इस राग में भी रखा गया है किन्तु उसमें गीत का प्रभाव, भावानुसार लोच, मींड और तानें राग की शुद्धता के लिए नहीं बल्कि राग का सहारा लेकर नायिका के मनोभावों के सही निरूपण के लिए प्रयोग की गयी हैं। अस्तु, इतना तो कहना ही पड़ेगा कि शास्त्रीय संगीत, राग का असर तथा स्वरों का सही ठिकाना ही शब्दों को सही उड़ान देता है। सही राग न प्रयोग किया गया होता तो इस गीत की अभिव्यक्ति ऐसी न होती।

स्वर-लिपि (रसिक बलमा)

स	रे^{ग}	ग	प	ध	सां	ध	–	–	–	–	–	–	–	–	–	–	–	–
र	सि	क	ब	ल	मा	ऽ	ऽ	ऽ	ऽ	ऽ	ऽ	ऽ	ऽ	ऽ	ऽ	ऽ	ऽ	ऽ
सांध	प	ध$^{सां}$	–सां	–	–	–	–	–	–	–	–	–	नि	सां	ध$^{नि}$	ध$^{नि}$	प^{म}	
हाऽ	ए	ऽ	ऽऽ	ऽ	ऽ	ऽ	ऽ	ऽ	ऽ	ऽ	*	*	दि	ल	क्यों	ऽ	ल	

प^म	–	मप	सांसां	धप	गरे	गरे	स
गां	ऽ	याऽ	ऽऽ	ऽऽ	तोऽ	सेऽ	ऽ

(ठेका प्रारम्भ कहरवा ताल)

x				o				o				x			
ध़	नि़	ध़	रे	स	गरे	स	स	स	–	स	–	–	स	निरे	सनि
दिल	ऽ	ऽ	ऽ	ऽ	क्यों	ऽ	ल	गा	ऽ	या	ऽ	*	जै	सेऽ	ऽऽ
ध़	नि	ध़	रे	स	गरे	स	स	स	–	स	–	–			
रो	ऽ	ऽ	ऽ	ऽ	गऽ	ऽ	ल	गा	ऽ	या	ऽ	जैसे	रोग	लगाया	
				स	नि़	सं		ध़	नि़	ध़	रे	–	गरे	स	स
				पार्श्व संगीत :											
स	–	–	स	रे^ग	ग^प	प	ध	सं	ध	–	–	ध^{सां}	रें	–ध^{गा}	–
			र	सि	क	ब	ल	मा	ऽ	ऽ	ऽ	ऽ	ऽ	ऽऽ	ऽ
प	ध^{सां}	–सां	–	–	–	–	–	–	–	–	गरें	सांनि	धप	रे	सरे
हा	ऽ	ऽऽ	ऽ	ऽ	ऽ	ऽ	ऽय	*	*	*	सितार				
रेस	–	–	सरे	ग	प	ध	प	नि	–	–	प	ध	ध	–	ग
								पार्श्व–संगीतः							
प	–	–	म॑प	नि रें	म॑ प	– –		–	–	– – म॑	ध	पं गं रें	सं – –		
– –	– –	गं रें		संनिध	संनिध			प	म॑ग	प	गरे	स	निध़	स	नि़ध़
स	ग^प	–	प^ध	–	ध	–	नि	सं	–	–	स	रे	ग	ध	प
											ज	ब	या	ऽ	द
गप,ग	रे	रे	ग	ग	–	ग	मग	रेग,रे	स	–	स	रे	ग	ध	प
आऽऽ	ऽ	ए	ति	हा	ऽ	री	ऽऽ	ऽऽ	ऽ	*	सू	ऽ	र	त	वो
गप	गरे	रे	ग	ग	–	ग	–	–	–	–	प	रें	रें	–	रें
प्याऽ	ऽऽ	री	ऽ	प्या	ऽ	री	ऽ	ऽ	*	*	ने	ऽ	हा	ऽ	ल
रे^{गं}	सं	संगं	रेंगं	गरें	सं	सं	–	–	–	–	–	–	नि	सं	–
गा	ऽ	केऽ	ऽऽ	हाऽ	ऽ	रऽ	ऽ	ऽ	ऽ	ऽ	ऽ	*	आ	ऽ	ऽ
–	–	–	–	निरें	संनि	धप	गरे	स	–	गरे,ग	–	पग,प	–	ध^{सां}–	सं
ऽ	ऽ	ऽ	ऽ	ऽऽ	ऽऽ	ऽऽ	ऽऽ	ऽ	ऽ	ऽऽ,ऽ	ऽ	ऽऽऽ	ऽ	ऽ	ऽ
–	–	–	प	रें	रें	–	रें	रें^ग	सं	संगं	रेंगं	गरें	सं	सं	–
ऽ	ऽ	*	ने	ऽ	हाँ	ऽ	ल	गा	ऽ	केऽ	ऽऽ	हाऽ	ऽ	री	ऽ
–	–	–	नि	सं	ध^{नि}	ध	प^ध	पमे	ध	पध,प	–	गरे	सरे	रे	–
ऽ	ऽ	*	त	ड़	पूँ	ऽ	मैं	ग़म	ऽ	कीऽऽ	ऽ	माऽ	ऽऽ	री	ऽ

गरे	स	–	स	रे[ग]	ग[प]	प	ध
ऽऽ	ऽ	*	र	सि	क	ब	ल

सं	ध –	–	–	–	–	–	–	–	–	–	–	–	संघ	प	ध[सां]	–सां
मा	ऽ	ऽ	ऽ	ऽ	ऽ	ऽ	ऽ	ऽ	ऽ	ऽ	*	*	हाऽ	य	ऽ	ऽ

(ठेका बन्द)

–	–	–	–	–	–	–	–	–	नि	सं	ध[नि]	ध[नि]	प[ध]
ऽ.	ऽ	ऽ	ऽ	ऽ	ऽ	ऽ	*	*	दि	ल	क्यों	ऽ	ल

(ठेका शुरू)

X				O				X				O			
प	–	मंप	संसं	धप	गरे	गरे	स	ध़	नि़	ध़	रे	स	गरे	स	स
गा	ऽ	याऽ	ऽऽ	ऽऽ	तोऽ	सेऽ	ऽ	दिल	ऽ	ऽ	ऽ	ऽ	क्योंऽ	ऽ	ल
स	–	स	–	–	स	नि़रे	सनि़	ध़	नि़	ध़	रे	स	गरे	स	स
गा	ऽ	या	ऽ	*	जै	सेऽ	ऽऽ	रो	ऽ	ऽ	ऽ	ऽ	गऽ	ऽ	ल
स	–	स	–	–	स	नि़	स	ध़	नि़	ध़	रे	–	गरे	स	स
गा	ऽ	या	ऽ	*	पार्श्व संगीतः										
स	–	–	स	रे[ग]	ग[प]	प	ध	सं	ध	–	–	ध[सां]	रें	–ध[सां]	–
			र	सि	क	ब	ल	मा	ऽ	ऽ	ऽ	ऽ	ऽ	ऽहा	ऽ
प	धसां	–सां	–	–	–	–	–	–	–						
ऽ	ऽ	ऽऽ	ऽ	ऽ	ऽ	ऽए	*	*	*						

(जो पार्श्व संगीत अन्तरे से पूर्व बजा था, वही बजाने के पश्चात्)

			स	रे	ग	ध	प	गप,ग	रे	रे	ग	ग	–	ग	मग
			ढूं	ऽ	ढ़ें	ऽ	हैं	पाऽऽ	ऽ	ग	ल	नै	ऽ	ना	ऽऽ
रेग,रे	स	–	स	रे	ग	ध	प	गप,ग	गरे	रे[स]	ग	ग	–	ग	–
ऽऽऽ	ऽ	*	पा	ऽ	ए	ऽ	ना	इऽऽ	कऽ	प	ल	चै	ऽ	ना	ऽ
–	–	–	सा	रे[ग]	ग[प]	ध	प	गप,ग	रे	रे	ग	ग	–	रेग	पग
ऽ	*	*	ढूं	ऽ	ढ़ें	ऽ	हैं	पाऽऽ	ऽ	ग	ल	नै	ऽ	नाऽ	ऽऽ
रेग,रे	स	–	स	रे[ग]	ग[प]	ध	प	गप,ग	रे	रे	ग	ग	–	ग	–
ऽऽऽ	ऽ	*	पा	ए	ऽ	ऽ	न	इऽऽ	क	प	ल	चै	ऽ	नाऽ	ऽऽ
*	–	–	प	रें	रें	–	रें	[ग]रें	सं	संगं	रेंगं	गरें	सं	सं	–
*	*	*	ड	स	ती	ऽ	हैं	उ	ज	ड़ीऽ	ऽऽ	रैऽ	ऽ	ना	ऽ

–	–	–	–	–	नि	सं	–	–	–	–	–	निरें	संनि	धप	गरे
ऽ	ऽ	ऽ	ऽ	*	आ	ऽ	ऽ	ऽ	ऽ	ऽ	ऽ	ऽऽ	ऽऽ	ऽऽ	ऽऽ
सा	–	गरे,ग	–	पग,प	–	$^{\text{सां}}$ध	सं	–	–	–					
ऽ	ऽ	ऽऽऽ	ऽ	ऽऽऽ	ऽ	ऽ	ऽ	ऽ	ऽ	*डसती हैं उजड़ी–					
				गंरे	सं	सं	–	–	–	–	नि	सं	ध	ध$^{\text{नि}}$	प^{ध}
				रैऽ	ऽ	ना	ऽ	ऽ	ऽ	*	का	ऽ	से	ऽ	क
पमं	ध	पध,प	–	गरे	सरे	रे	–	गरे	स	–	स	रे^{ग}	ग^{प}	प	ध
हूँऽ	ऽ	मैंऽऽ	ऽ	बैऽ	ऽऽ	ना	ऽ	ऽऽ	ऽ	*	र	सि	क	ब	ल
सं	ध	–	–	ध$^{\text{सं}}$	रें	–ध$^{\text{सां}}$	–	प	ध$^{\text{सां}}$	–सां	–	–	–	–	–
मा	ऽ	ऽ	ऽ	ऽ	ऽ	ऽहा	ऽ	ऽ	ऽऽ	ऽ	ऽ	ऽ	ऽ	ऽ	ऽय

गीत-4

गीत : तेरे सुर और मेरे गीत, दोनों मिलकर बनेगी प्रीत।

गीतकार : भरत व्यास

संगीतकार : वसन्त देसाई

फ़िल्म : गूँज उठी शहनाई

गायिका : लता मंगेशकर

गीत पाठ

तेरे सुर और मेरे गीत, दोनों मिलकर बनेगी प्रीत।
धड़कन में तू है समाया हुआ, ख़यालों में तू ही छाया हुआ,
दुनिया के मेले में लाखों मिले, मगर तू–ही–तू दिल को भाया हुआ।
मैं तेरी जोगन, तू मेरा मीत, दोनों मिलकर बनेगी प्रीत।
मुझको अगर भूल जाओगे तुम, मुझसे अगर दूर जाओगे तुम।
मेरी मुहब्बत में तासीर है, तो खिंच के मेरे पास आओगे तुम।
देखो हमारी होगी जीत, दोनों मिलकर बनेगी प्रीत!

(राग : विहाग, ताल : दादरा)

गीत के बारे में : सन्ध्या की गोधूलि वेला के कई राग होते हैं। गोधूलि वेला नाम इसलिए रखा गया था क्योंकि पुराने समय में जब दिन और रात की सन्धि का समय होता है अर्थात सूर्य डूबने को होता है, लालिमा, कालिमा में बदलती है उस समय चरवाहे गैयों को खेतों से गाँव में वापस लाते हैं, गाय अपने पैरों से धूल उड़ाती हुई गाँव में प्रवेश करती हैं। गाय के प्रति

श्रद्धास्वरूप इस समय को गोधूलि बेला कहा गया है। इस समय के राग कवित्वमय होते हैं, दोनों समय मिल रहे हैं व्यक्ति अकेला बैठा है कोई दुःख नहीं, कष्ट नहीं किन्तु उदासी छा जाती है और आँखें भर आती हैं, क्यों? विद्वानों ने इसी भाव को कविता का नाम दिया है। श्रृंगार रस का ऐसा संयोग (रात और दिन का संयोग) जिसमें वियोग भरा है, कहने को दो समय गले मिल रहे हैं किन्तु तुरन्त ही बिछड़ भी रहे हैं यही कविता है तो ऐसा श्रृंगार जिसके संयोग में से भी वियोग का आभास हो वैसे ही राग सन्धिप्रकाश काल के होते हैं, उन्हीं में से एक विहाग है। संगीत निर्देशक ने इस राग को इसी कारण चुना। 'गूँज उठी शहनाई' के मुख्य चरित्र शहनाईवादक को अपनी प्रेयसी और गायिका से मिलने का जो समय मिलता है, वो सन्धिप्रकाश है।

राग विहाग, जिससे दर्शकों को समय का आभास तो हो ही रहा है, स्वरों द्वारा उनमें ऐसी करुणा जगा दी जाती है कि नायिका द्वारा अपने घर में, पुकार के रूप में गाया जा रहा राग विहाग का आलाप वे सुनते हैं, नदी की ओर जाते–जाते, वह शहनाई पर भी उसी राग के स्वर छेड़ देता है, तरुणी के पाँव थिरक उठते हैं और गीत होता है *तेरे सुर और मेरे गीत, दोनों मिलकर बनेगी प्रीत*। प्रसंगवश बता दें कि नायक और नायिका दोनों ही बाद में यह संसार छोड़ देते हैं और गीत मानो उसी स्थिति का पूर्वाभास करा देता है, मानो आने वाले चरमोत्कर्ष (Climax) के लिए स्टेज तैयार कर देता है। फ़िल्म के अन्त में भी जब दोनों के देहावसान की स्थिति आती है तो पार्श्व में यही गीत फिर से उभरता है–*मुझसे अगर दूर जाओगे तुम, मुझको अगर भूल जाओगे तुम; मेरी मुहब्बत में तासीर है, तो खिंच के मेरे पास आओगे तुम, देखो हमारी होगी जीत, दोनों मिलकर बनेगी प्रीत*।

अब राग के स्वर क्या हैं इन्हें कौन नहीं जानता, किन्तु उन स्वरों के समुचित आन्दोलन से किस तरह भाव आलोड़ित होते हैं शब्दों में किस तरह प्राण फूँकते हैं, यही इस गीत का काम है जिसमें संगीत निर्देशक एवं गायिका पूरी तरह सफल रहे हैं।

स्वर-लिपि (तेरे सुर और मेरे गीत)

दादरा ताल

प – – मंध पध, प – केवल गुनगुनाना है;	मंध–पध,प–मं ग^{प}म ग^{म} –	ध^{म} – – निध, निस$^{रे}$ – * * * *** * *
निध,नि रेंनि पध प गप सं *** ** ** * आऽ ऽ	– – – – – – ऽ ऽ ऽ ऽ ऽ *	पनि सं,गरें –नि–रेंसं, – रेंनि आऽ ऽऽऽ ऽ ऽऽऽ ऽऽऽ ऽ

 म॑,–ध प,–ध म॑ग, –प म, –पग ऽऽऽ ऽऽऽ ऽ ऽऽऽ ऽऽऽऽ	वाद्य वृन्दः निसं निप–म॑ ग मग – – * * * * ऽ ऽ * * * *	रेस स रेग,रे नि^{स} सस ग ग ते रेऽऽ ऽ सुर औ र
म पम॑^{प} गम ग– प प^{ग}स मे रेऽ ऽऽ गीऽऽ ऽत	ग – ग तेरे सुर और मेरी गी ऽ त	गम पनि धनि, सं ध$^{नि}$ध प–प दोऽ नोंऽ ऽऽ ऽ मिल कर *ब
म पम॑ ^{प}गम ग –प प^{ग}स ने गीऽ ऽऽ प्री ऽऽ ऽऽत	स रेग,रे नि^{स} सस ग ग ते रेऽऽ ऽ सुर औ र	म॑ पम॑ ग^{प}म ग ग – मे रेऽ ऽऽ ऽ गी ऽ
म॑प धनि सं ग^{प}प धनि सं वाद्यवृन्द : म॑म॑ प – ^{म}म॑म॑ प – नि रेंसं, निध्प प ग मग	धनि –प ध पम॑ मग – म॑ प^{म}प गम ग – – –प म॑म॑ प –प म॑ प –प धड़ कन ऽमें तू है *स	^{प}ग ग^{प} स ग^{प} ग^{प} स निधनि सं – निधनि सं – म॑ पम॑ गम गरे, ग –स मा याऽ ऽहु आऽ ऽ ऽऽ
सम ग,पम धप,म॑ ^{प}गम ग –ग ऽऽऽ ऽऽऽ ऽऽऽ ऽऽ ऽ *	मध ध –ध मध ध –ध ख याऽ लोंऽ में तूऽ ही	धनि संनि धनि प^{ध} – – ऽतो छाऽ याऽ ऽहु आ ऽ ऽ
धनि संनी धनी प^{ध}म^{स}, गप म॑घपम॑ * * * * आऽऽ ऽऽऽऽ	धड़कन में तू है समाया हूँ	गरे,ग – –ग मध –ध –ध आऽऽ ऽ ऽ^{ख} याऽ लोऽमे
मध ध –ध धनि संनि धनि हऽ ही ऽतो छाऽ याऽ ऽहु	प^{ध} – – म॑म॑ प –प आ ऽ ऽ दुनि यां ऽ के	म॑ प –म॑ प, संध धसं, ध–प मे ले ऽमेंलाऽऽखोंऽऽ ऽमि
मप,म – – ग गम पसं –, रेंसं लेऽ ऽ ऽ* म गर तूऽ ऽ हीऽ	निसं, निधनि, ध–प म॑ पम॑ गम तूऽ ऽ दिल ऽऽको भायाऽ ऽहु	गरे, ग–,पम॑ धप, ससरे, गरे, नि^{स}नि आऽऽ ऽऽऽ ऽऽऽ मैं तेऽऽ ऽरी
स ग – म॑ पम॑ ग^{प}म जो गन * तू मेऽ ऽरा	ग – ग मी ऽ त, दोनों मिलकर बनेगी प्रीत, तेरे सुर और मेरे गीत	

(जो वाद्यवृन्द प्रथम अन्तरे से पूर्व बजा था वही बजाने के पश्चात्)

मेमे प–प म॑ प –प मुझको ऽअ गर भू ऽल	प पम॑ गम गरे,ग – –स जा ओऽ ऽगे तुमऽ ऽ ऽऽ	सम ग,पम॑ धप,म॑ ग^{प}म ग – आऽ ऽऽऽ ऽऽऽ ऽऽ ऽ ऽ
नध ध –ध मध मध –ध मुझसे ऽअ गर दूऽ ऽर	धनि संनि धनि प^{ध} – – जाऽ ओऽ ऽगे तुम ऽ ऽ	धनि संनि धनि प^{ध} म^{स} गप म॑ध पम॑ * * * * आऽऽ ऽऽऽऽ
मुझकों अगर भूल जाओगे	गरे, ग– – मध ध –ध तुमऽ ऽ ऽ मुझ से ऽअ	मध मध –ध धनि संनि धनि गर दूऽ रऽ जाऽ ओऽ ऽगे
प^{ध} – – म॑ प – प तुम ऽ ऽ मे री ऽ मु	म॑ पप –म॑ प, संध धसं, ध–प ह ब्बत ऽमें ताऽऽ सीऽऽ ऽर	म प, म – –संनि रेसं, ध निध, प है ऽ ऽ*आऽ ऽऽऽ ऽऽ ऽ
म ग म^{प} ग ऽऽ ऽ ऽ मेरी मुहब्बत में तासीर		मप, म – –ग गम पसं –रेसं हैऽ ऽ ऽ *तो खिंच केऽ ऽमेऽ

निसं, नि धनि, ध –प मं पमं गम	गरे, ग–, पमे धप, सस रेग, रे^{स}नि	निस ग – मं पमं ग^{प}म
रेऽऽ पाऽऽ ऽस आ ओऽ गेऽ	तुम ऽ ऽऽऽ ऽऽऽदे खोऽऽ ऽह	मा री * हो गीऽ ऽऽ
म – ग		
जी ऽ त दोनों मिलकर बनेगी प्रीति। तेरे सुर...।		

गीत-5

गीत : ज्योति कलश छलके।
गीतकार : पं. नरेन्द्र शर्मा
संगीतकार : सुधीर फड़के
फ़िल्म : भाभी की चूड़ियाँ
गायिका : लता मंगेशकर

गीत पाठ

ज्योति कलश छलके।
हुए गुलाबी लाल सुनहले, रंग दल बादल के।
घर–आँगन, वन, उपवन–उपवन, करती ज्योति अमृत से सिंचन।
मंगल घट ढलके।।
पात–पात बिरवा हरियाला, धरती का मुख हुआ उजाला।
सच सपने कल के।।
उषा ने आँचल फैलाया, फैली सुख की शीतल छाया।
नीचे आँचल के।।
ज्योति यशोदा, धरती गैया, नील गगन गोपाल कन्हैया।
श्यामल छवि झलके।।

(राग : भूपाली, ताल : कहरवा)

गीत के बारे में : इस गीत की स्वर–रचना कल्याण थाट के राग भोपाली में की गयी है। कुछ विद्वान कहते हैं कि भोपाली रात्रि के प्रथम प्रहर में अधिक प्रभावी होता है किन्तु फ़िल्म में किये गये प्रयोगों से सिद्ध होता है कि रागों का समय बदलकर भी उनसे प्रभाव पैदा किया जा सकता है यह गीत इस बात का सबसे सटीक उदाहरण है। फ़िल्म के दृश्य के अनुसार समय भोर का है। सूरज की प्रथम किरणें घर के आँगन में आयी हैं और गृहिणी झाड़ू हाथ में लेकर दालान और आँगन की सफ़ाई कर रही है तथा साथ–साथ गाती भी जा रही है। ऐसे में वातावरण का भौतिक, आध्यात्मिक तथा वात्सल्यपूर्ण प्रभाव पैदा करने के लिए इस राग का प्रयोग किया गया है। वैसे इस गीत के उत्तरांग की प्रधानता इसमें राग देशकार का आभास

भी कराती है किन्तु बीच–बीच में तीव्र मध्यम का स्पर्श इसे कल्याण थाट के भूपाली राग पर आधारित ही सिद्ध करता है साथ ही साथ गान्धार का अधिक प्रयोग भी इसी स्वर का वादी स्वर बनता है और यही भोपाली राग का भी वादी स्वर है। संगीत निर्देशक ने रात्रि के प्रथम प्रहर के राग से उष्माकालीन वातावरण को चित्रित करने का प्रयास किया है जो कि एकदम सटीक बैठता है। इससे सिद्ध होता है कि ऐसे प्रयोग फ़िल्म संगीत में ही किये जा सकते हैं और सफल भी होते हैं।

स्वर-लिपि (ज्योति कलश छलके)

सं – – – –ग रेसं गरें सं,धप ग – – – –सं धप संध

आ ऽ ऽ ऽ ऽऽ ऽऽ ऽऽ ऽऽऽ ऽ ऽ ऽ ऽ ऽऽ ऽऽ ऽऽ

प, गरे स – – – – रेग पध संरें गं – – – – गरें रेंसं –

ऽ ऽऽ ऽ ऽ ऽ * * आऽ ऽऽ ऽऽ ऽ ऽ ऽ ऽ ऽ ऽ ऽ ऽ

– – – – –*संरेंगरें धसं सं – – – – धप धप ग़रे ग –रे

ऽ ऽ ऽ ऽ ऽ ऽऽऽऽ ऽ ऽ ऽ ऽ ऽ ऽ पार्श्व संगीत

– ग – धप धप गरे सा –रे – स ग प ध पग प गप, ध

ज्यो ऽऽ

– प ग रे ग स स

ऽ ति क ल श छ ल

कहरवा ताल

X				O				X				O			
रे के	– ऽ	– ऽ	रेस सितारः	गरे	पग	धप	गरे	ग	गप,ध ज्योऽऽ	–प ऽति	ग क	रे ल	ग श	स छ	स ल
स के	– ऽ	– ऽ	रेस सितारः	गरे	पग	धप	गरे	ग	गप,ध ज्योऽऽ	–प ऽति	ग क	रे ल	ग श	स छ	स ल
रे के	– ऽ	– ऽ	गप ऽऽ	धसं ऽऽ	धप ऽऽ	ग ऽ	– ऽ	– ऽ	गप,ध ज्योऽऽ	–प ऽति	ग क	रे ल	गा श	स छ	स ल
स के	– ऽ	– ऽ	पप सितारः	गरे ऽऽ	सग	रेस	धप़	प़ हु	स ए	– ऽ	स गु	गरे लाऽ	रे ऽ	रे बी	– ऽ
– *	प़स लाऽ	–स ऽल	स सु	ग न	गप हऽ	ग ले	– ऽ	– *	गप रंऽ	पध गद	संसं ऽल	सं बा	– ऽ	रेंगं,रें दऽऽ	संसं लाऽ
ध क	पध,सं ऽऽऽ	प ऽ	गप,ध ऽऽऽ	ग ऽ	रेग,प ऽऽऽ	रे ऽ	– ऽ	– *	गध ज्योऽ	–प ऽति	ग क	रे ल	ग श	स छ	स ल

अ	–	–	प	सं	रें	गरें	संध	प	–	–	प	ध	सं	धप	गरे
क	ऽ	ऽ	पार्श्वसंगीतः												
स	ग	–	प	*	संध	संध	प	$प^{ग}$	प	$प^{मै}$	–	$प^{मै}$	$प^{मै}$	$प^{मै}$	प
								घ	र	आँ	ऽ	ग	न	व	न
–	पप	–सं	धसं	प	प	प	पग	–	गप	–ध	सं	संरें	गरें	सं	संध
*	उप	ऽव	ऽन	उ	प	व	नऽ	।*	कर	ऽती	ऽ	ज्यो	ऽऽ	ति	अऽ
प	पग	ग	$प^{ध}$	$स^{रे}$	–	स	स	–	पध	–ध	ध	ध	ध	$ग^{प}$	गप
म	तऽ	से	ऽ	सिं	ऽ	च	न	*	मंऽ	ऽग	ल	घ	ट	ढ	लऽ
पसं	धसं, ध	–	संगं	रेंगं,रें	संरेंगरें	संधपध	–	–	धसं	–सं	सं	सं	सं	रेंसं	संध
केऽ	ऽऽऽ	ऽ	ऽऽ	ऽऽ ऽ	ऽऽऽऽ	ऽऽऽऽ	ऽ	*	मंऽ	ऽग	ल	घ	ट	ढऽ	लऽ
ध	पध,सं	प	गप,ध	ग	रेग,प	रे	–	–	गप,ध	–प	ग	$रे^{ग}$	ग	स	स
के	ऽऽऽ	ऽ	ऽऽऽ	ऽ	ऽऽऽ	ऽ	ऽ	*	ज्योऽऽ	ऽति	क	ल	श	छ	ल
स	–	–ग	$प^{ध}$	$ध^{सां}$	$सं^{रें}$	$रें^{गं}$	संसं	संसं	संरें	सं	धप	ग	गध	प	गरे
के	ऽ	ऽ	पार्श्वसंगीतः												
स	रे	–	प	–,	धसं	गंरे	सं	^{ध}सं	–	सं	सं	–	सं	सं	सं
								पा	ऽ	त	पा	ऽ	त	वि	र
सं	–	सं	रेंग,रें	सं	ध	ध	–	–	पध	ध	ध	ध	–	$ध^{सां}$	धप
दा	ऽ	ह	रिऽऽ	या	ऽ	ला	ऽ	*	धऽ	र	तीं	का	ऽ	मु	खऽ
पसं	धसं	धप	गरे	स	–	स	–	–	पप	–प	प	प	–	$ग^{प}$	मप
हुऽ	आऽ	ऽऽ	उऽ	जा	ऽ	ला	ऽ	*	सच	ऽस	प	ने	ऽ	क	लऽ
पसं	धसं,ध	–	संगं	रेंगं,रें	संरेंगरें	संधपध	–	^{ध}–	संसं	–सं	सं	सं	–	रेंसं	संध
केऽ	ऽऽऽ	ऽ	ऽऽ	ऽऽऽ	ऽऽऽऽ	ऽऽऽऽ	ऽ	*	सच	ऽस	प	ने	ऽ	कऽ	लऽ
ध	पध,सं	प	गपध	ग	रेग,प	रे	–	–	गध	–प	ग	$रे^{ग}$	ग	स	स
के	ऽऽऽ	ऽ	ऽऽऽ	ऽ	ऽऽऽ	ऽ	ऽ	*	ज्योऽ	ऽति	क	ल	श	छ	ल
स	–	–	संध	सं	धप	गप	धसं	ध	–	–	रेंसं	रें	संध	पग	रेग
के	ऽ	ऽ	पार्श्वसंगीतः												
स	ग	–	प	–	संध	संध	प	प	–	$प^{गै}$	–	$प^{मै}$	–	$प^{मै}$	–
								उ	ऽ	षा	ऽ	ने	ऽ	आँ	ऽ
$प^{म}$	प	धसं	धसं	$प^{ध}$	–	प	गप,ग	–	गप	–ध	सं	सं	रेंगं,रे	सं	–
च	ल	फैऽ	ऽऽ	ला	ऽ	या	ऽऽऽ	*	फैऽ	ऽली	ऽ	सु	खऽऽ	की	ऽ
$प^{म}$	पग	–^{ध}प	पग	$स^{रे}$	–	स	–	–	$ध^{प}$	ध	–	ध	–	पग	गप
मे	शीऽ	ऽत	लऽ	छा	ऽ	या	ऽ	*	नी	ऽचे	ऽ	आँ	ऽ	चऽ	लऽ
पसं	धसं,ध	–	संग	रेंग,रें	संरेंगरें	संघपध	–	–	सं	–सं	–	सं	–	रेंसं	संघ
केऽ	ऽऽऽ	ऽ	ऽऽ	ऽऽऽ	ऽऽऽ	ऽऽऽऽ	ऽ	*	नी	ऽचे	ऽ	आँ	ऽ	चऽ	लऽ

प	पध,सं	प	गप,ध	ग	रेग,प	रे	–	–	गध	–प	ग	रे	ग	स	सं
के	ऽऽऽ	ऽ	ऽऽऽ	ऽ	ऽऽऽ	ऽ	ऽ	*	ज्योऽ	ऽति	क	ल	श	छ	ल
स	–	–	रेग	पग	पध	संध	संरें	गं	–	–	–	–	–	रें	संरें
के	ऽ	ऽ	पार्श्वसंगीतः												
सं	–	–	–	–	–	रें	सं	रें	–	–	–	–	–	सं	ध
सहायक संगीतः															
स^{स}	–^{ग}	–*	–^{प}	–*	–$^{धसं}$	*$^{गरें}$	*$^{सं)}$	सं^{ध}	–	सं	सं	सं	–	सं	–
								ज्यो	ऽ	ति	य	शो	ऽ	दा	ऽ
सं	सं	संरें	गंरें	सं	ध	ध	–	–	धप	–ध	ध	ध	ध	ध$^{सं}$	पध
ध	र	तीऽ	ऽऽ	गै	ऽ	या	ऽ	*	नी	ऽल	ग	ग	न	गो	ऽऽ
संसं	धप	गरे,स	स	स	–	स	–	–	प^{ग}	–प	प	प	प	ग^{प}	गप
पाऽ	ऽऽ	लऽऽ	क	न्है	ऽ	या	ऽ	*	श्या	ऽम	ल	छ	बि	झऽ	लऽ
पसं	धसं, ध	–	संगं	रेंगं,	रें सरेंगरें	सधपध	–	–	सं^{ध}	–सं	सं	सं	सं	रेंसं	संध
केऽ	ऽऽऽ	ऽ	ऽऽ	ऽऽऽ	ऽऽऽऽ	ऽऽऽऽ	ऽ	*	श्या	ऽम	ल	छ	बि	झऽ	लऽ
ध	पध,सं	प	गप,ध	ग	रेग,प	रे	–	–	गध	–प	ग	रे^{ग}	ग	स	स
के	ऽऽऽ	ऽ	ऽऽऽ	ऽ	ऽऽऽ	ऽ	ऽ	*	ज्योऽ	ऽति	क	ल	श	छ	ल
स	–	–	रेसा	गरे	पग	धप	गरे	स	गध,प	–प	ग	रे^{ग}	ग	स	स
के	ऽ	ऽ	सितारः						ज्योऽ	ऽति	क	ल	श	छ	ल
रे	–	–	गप	धसं	रेंसं	धप	ग	–	गप,ध	–प	ग	रे	ग	स	स
के	ऽ	ऽ	ऽऽ	ऽऽ	ऽऽ	ऽऽ	ऽ	*	ज्योऽ	ऽति	क	ल	श	छ	ल
स	–	–													
के	ऽ	ऽ													

गीत-6

गीत : मोहे पनघट पे नन्दलाल छेड़ गयो रे
गीतकार : शकील बदायुँनी
संगीतकार : नौशाद
फ़िल्म : मुग़ल–ए–आज़म
गायिका : लता मंगेशकर

गीत पाठ

मोहे पनघट पे नन्दलाल छेड़ गयो रे।
हाँ, मोरी नाजुक कलैया मरोर गयो रे।
कंकरी मोहे मारी, गगरिया फोर डारी,
हाय गगरिया फोर डारी
मोरी सारी अनारी भिगोय गयो रे।

नैनों से जादू किया, जियरा मोह लिया,
हाय जियरा मोह लिया।
होओ जियरा मोह लिया।
मोरा घुँघटा नजरिया से तोड़ गयो रे।

(राग : गारा, जंगला, ताल : दादरा)

गीत के बारे में : यह गीत जंगला तथा गारा रागों के मिश्रण से तैयार किया गया है, किन्तु बीच–बीच में पीलू का भी आभास होता है। कुछ लोग इसे नृत्य गीत भी मानते हैं क्योंकि इसपर नृत्य किया गया है, किन्तु मूलतः इसे दादरा अंग का गीत ही कहा जा सकता है। इसके बीच में छोटी–छोटी तानों, मुरकियों तथा खटकों का इस्तेमाल बहुत अच्छा है। गीत के बोलों में जो भाव निहित हैं उन्हें अपने गायन से लता मंगेशकर ने बहुत ऊँचाई प्रदान की है। फ़िल्म में इसे जन्माष्टमी के अवसर पर प्रस्तुत किया गया है और ये बताने की कोशिश की है कि यह एक भजन है; ऐसा नहीं है। वैसे एक दृष्टि से यह ठीक भी है क्योंकि बादशाह अकबर हिन्दू नहीं थे। उनके सामने नृत्य करने वाली नर्तकी भी हिन्दू नहीं थी, फ़िल्म बनाने वालों में से भी कोई हिन्दू नहीं था, न निर्देशक, न संगीत निर्देशक न गीतकार अन्यथा जन्माष्टमी जैसे पुनीत अवसर पर ऐसे श्रृंगारिक गीत का समायोजन न किया होता, किन्तु फ़िल्म ऐसा ही माध्यम है; अच्छा गीत, अच्छे नृत्य के साथ सुन्दर गायिका मधुबाला के मुँह से बेहद आकर्षित करता है तथा दर्शक बाक़ी सारी कमियाँ भूल जाता है।

बरहहाल, गीत बहुत ही सुन्दर है, मधुर है तथा संग्रहणीय भी।

स्वर-लिपि (मोहे पनघट पे नन्दलाल)

स	–	–	–,	निसं	–	–	–	निप	मग	मनि	प	–	–	मप	–म
पार्श्व संगीत :															
ग	–	–	–,	सग	मनि	प	ग	–	रेस	–	रे	नि	स	–	–

दादरा ताल

			स	ध	ऩिध़	स	स	स	स	स	रे	सरे	मग़	रेस	ऩिस	ध़	ऩि
			मो	ऽ	हेऽ	प	न	घ	ट	प.	ऽ	नंऽ	ऽऽ	दऽ	लाऽ	ऽ	ल
रे – रे	सारे	रेम			गप,म	गम,	ग	–स	ऩिस	ध़	ऩिध	स	स	स	स	स	–
छे ऽ ड	गऽ	योऽ			ऽऽऽ	रेऽ	ऽ	ऽ ऽ	मो ऽ	ऽ	हे ऽ	प	न	घ	ट	पे	ऽ
रग	रेस	रेग,म	ग	ग	ग	ग	–	ग	ग	–	ग	ग	–	म	गम,ममग		म
हाँऽ	ऽऽ	ऽऽ	ऽ मो	री	ऽ	ना	ऽ	जु	क	*	क	लै	ऽ	या	ऽऽऽ	मऽ	ऽ

गम,ग –स^{म} सरे रेम गप,म रोऽऽ ऽ र गऽ योऽ ऽऽऽ	गरे,स – प प प – रेऽ ऽ ऽ ऽ मो री ऽ	म प मग ग ग – ना ऽ जुऽ क क ऽ
ग – म गम,ग मग म सै ऽ या ऽऽऽ मऽ ऽ	गम,ग – स$^{रे}$ स$^{रे}$ ^{म}रे प रोऽऽ ऽ र गऽ यो ऽ	गमग – स$^{रे}$ नि़स ध़ नि़ध़ रेऽऽ ऽ ऽ मोऽ ऽ हेऽ
स स स स स – प न घ ट पे ऽ	स ग रे स ध़ नि़ध़ ओ ऽ ऽ मो ऽ हेऽ	स स स स स रे प न घ ट पे ऽ
नन्दलाल छेड़ गयो रे। मोहे	स स स स स – प न घ ट पे ऽ	प़ नि़ – नि़ स – पार्श्व संगीत :
स म ग रे स –	रे ग – ग म –	म प नि^{प} ध प –म
ग – रे स ध़ नि	ग स नि स ग म कं क री ऽ	प – पग मध पध मप मो ऽ हेऽ माऽ रीऽ ऽऽ
ग – सग गम मध पम ऽ ऽ गऽ गऽ रिऽ याऽ	ग^{म} मग स$^{रे}$ स स – फो ऽऽ र डश री ऽ	रे^{ग} गरे रेग गम म म^{प} हा ऽय गऽ गऽ रि या
ग रे गम,ग स$^{रे}$ स – फो ऽ रऽऽ डा री ऽ	सनिरेस नि नि स ग म ओ ऽऽऽ ऽ कं क री ऽ	पधनिधसंनि, – म^{प} ध पध मप मोऽऽऽ ऽऽ हे मा री ऽऽ
म – ऽ ऽ गगरिया फोर डारी–	रे गरे रेग गम म म हा ऽय गऽ गऽ रि या	ग रे गम,ग स स – फो ऽ रऽऽ डा री ऽ
निस रेग ग ग$^{रे}$ ग$^{रे}$ गरे ओऽ ऽऽ ग ग रि याऽ	स स$^{नि}$ रेग,रे नि़^{स} स – फोऽ ऽ रऽऽ डश री ऽ	नि़धप़ध़सरेगम– ग ग ग आऽऽऽ ऽऽऽ ऽ मो री ऽ
रे – ग – – ग सा ऽ री ऽ * अ	ग – म ग मग म ना ऽ री ऽ भिऽ ऽ	गम,ग – स$^{रे}$ सरे रेम गप, म गोऽऽ ऽ य गऽ योऽ ऽऽ ऽ
स – प प प – रे ऽ ऽ मो री ऽ	म प म^{प} ग ग – सा ऽ री ऽ अ ऽ	ग – म ग मग म ना ऽ री ऽ भिऽ ऽ
गम,ग– स$^{रे}$ सरे ^{म}रे प गोऽ ऽ य गऽ यो ऽ	गम,ग – स$^{रे}$ नि़स ध़ नि़ध़ रेऽऽ ऽ ऽ मोऽ ऽ हेऽ	स स स स स – प न घ ट पे ऽ
स ग रे स ध़ नि़ ओ ऽ ऽ मो ऽ हे	पनघट पे नन्दलाल छेड़ गयो रे। मोहे	स स स स स – प न घ ट पे ऽ

स ग म प पनि निध धप प ग गम (प) –म ग – रे स नि़ स
पार्श्व संगीत :

म^{स} – स रेग म ग गम निप पम गरे सनि स –

(दूसरा अन्तरा पहले के समान गाने के पश्चात्)

नि़स ध़ नि़ध़ मोऽ ऽ हेऽ	स स स स सरे रेम प न घ ट सऽ रवी	गम,ग रे स नि़स ध़ नि़ध़ हाऽऽ ऽ ऽ मोऽ ऽ हेऽ
स स स स –, रेग म प न घ ट * हाँऽ ऽ	गरे,ग – स$^{रे}$ निसा ध़ नि़ध़ ऽऽ ऽ ऽ ऽ मोऽ ऽ हेऽ	स स स स स रे प न घ ट पे ऽ

नन्दलाल छेड़ गयो रे, मोहे पनघट–

स – ध़प़ म़ ध़ स रेग॒,रे – सनि़ सं –

प ऽ ऽऽ ऽ ऽ ऽ ऽऽऽ ऽ ऽऽ ऽ ऽ

गीत-7

गीत : घायल हिरनियाँ
गीतकार : मजरूह सुल्तानपुरी
संगीतकार : एस. डी. बर्मन
फ़िल्म : मुनीम जी
गायिका : लता मंगेशकर

गीत पाठ

आ, ऽऽऽ
घायल हिरनियाँ मैं बन–बन डोलूँ, किसका लगा बान मुख से न बोलूँ।
मुड़के जो देखूँ तो बचपन बुलाए, पलकों में लेकिन कोई मुस्कुराए।
जी को दुखाऊँ कि पी संग होलूँ।।
आ, ओ, ल ल ल ला, प प नी प प सा प प रे।
म ध प सा ध रे म प सा सा सा सा सा ग रे सा ग रे सा
ग रे म ग रे सा नि ध पम ग ग रे सा नि ध प म ग रे–
प ध नी सा ग रे सा
जब से ये नैना बलम संग लागे, ये नैना बलम संग लागे।
दुख–सुख मेरे मन में इक संग जागे, पल में हँसू, पल में नैना भिगो लूँ
(राग : शहाना, ताल : झपताल)

गीत के बारे में : मुग्धा नायिका के हृदय में मच रहे कोलाहल, कुतूहल तथा जवानी की दहलीज़ पर पाँव रखते हुए प्रेम के प्रथम अनुभव की मार्मिक अभिव्यक्ति है यह गीत। किसी भी कन्या के जीवन में एक समय आता है जब यौवन, उसे पंख लगाकर उड़ा ले जाना चाहता है तथा बचपन पीछे की ओर खींचता है। ऐसे में प्रेम की प्रथम अनुभूति, उससे उपजने वाला उल्लास, अनमनापन, आनन्द मिश्रित पीड़ा तथा भावों की अनिश्चितता को दर्शाने वाला यह गीत–संगीत निर्देशक के लिए बहुत बड़ी चुनौती है। इसलिए *जी को दुखाऊँ कि पी संग होलूँ* इसके बाद लगता है मानो नायिका शास्त्रीय संगीत की सरगम को भी अपनी अभिव्यक्ति में शामिल कर लेती है। स्पष्टतया, "पप नी, सा, प प रे" इत्यादि को वह नाटकीयता के लिए प्रयोग में लाती है तथा

यह सरगम उसकी इस दुविधा को मुखर करती है कि *जी को दुखाऊँ कि पी संग होलूँ।* अगले बोलों के लिए वह सरगम का अपवर्तन बदलती है। नी ध प म ग ग रे स नी ध प म रे प धनी स ग रे स का इस्तेमाल करती है जिनकी निष्पत्ति निम्नलिखित बोलों की हूक बन जाती है–

पल में हँसू, पल में नैना भिगो लूँ।

हम इस गीत को लता द्वारा गाये गये सर्वश्रेष्ठ बीस गीतों में शामिल करना चाहेंगे क्योंकि शास्त्रीय संगीत का जितना अच्छा प्रयोग इस लोकप्रिय गीत में किया गया है, वैसा अन्यत्र देखने को नहीं मिलता।

राग शहाना पर आधारित यह गीत झपताल में निबद्ध है। गीत के सौन्दर्य को बढ़ाने के लिए कहीं–कहीं शुद्ध ग और शुद्ध नि का प्रयोग किया गया है। सरे मप का प्रयोग राग के स्वरूप से अलग है–किन्तु गीत के प्रभाव को यह बढ़ाता ही है। स्वरों के उच्चारण तथा तान का प्रयोग गीत में प्रमुख आकर्षण है। ऐसा प्रारम्भ में भी होता है तथा बीच में भी। संगीत निर्देशक ने स्पष्टतया राग के विविध स्वरों को गीत से कहीं अधिक अभिनय के लिए प्रयुक्त किया है।

स्वर-लिपि (घायल हिरनियाँ)

प – – मध़ पम ग रे म पम ध – – – नि़ – – –
केवल गुनगुनाना है : * * * *
–ध़नि़ सं सरे, म

स – रे – ग – म – प – ध प नि – – – –
आ ऽ ऽ ऽ ऽ ऽ ऽ ऽ ऽ ऽ ऽ ऽ ऽ ऽ ऽ ऽ ऽ
पध,नि संरें,गं * * निसंरेंगं रेंसंनिध पमगरे सा – रेग,रे नि़ सा रे
*** *** * * आऽऽऽऽऽऽ ऽऽऽ ऽ ऽ केवल गुनगुनाना है
ग – म – – – सा

(सितार)

झपताल

x		2			o		3		
ध (सितारः)	गं	रें	सं	सं	धप	–	$\text{ग}^{\text{म}}$	–	मग
ग घा	मग ऽऽ	रे य	स ल	स हि	रे र	म नि	प याँ	– *	प मैं
पसं बऽ	निसं,नि नऽऽ	ध ब	प ऽ	पध नऽ	मप डोऽ	–म ऽऽ	ग लूँ	रे ऽ	– *

नि	नि	सं	–	रें	संनि	रेंसं,सं	नि	म	प
कि	स	का	ऽ	ल	गाऽ	ऽऽऽ	बा	ऽ	न
से	नि	सं	–	रे	सांसां	धनिरेंसं	नि	ध	प
के	स	का	ऽ	ल	गाऽ	ऽऽऽ	बा	ऽ	न
संनि,सं	सां	निध	निप	पध	मप	–म	ग	रे	–
ऽऽ	रव	सेऽ	ऽऽ	नऽ	बोऽ	ऽऽ	लूँ	ऽ	*
ग[प]	मग	रे	स	स	रे	म	प	–	–
घा	ऽऽ	य	ल	हि	र	नि	याँ	ऽ	ऽ
प	–	म	–	स	रे	स	प	–	–[पमनिप]
पार्श्व संगीत :									
–[प]	–[नि]	–[प]	*	पनिपम	प	नि	प	*	पनिपम
			*	*	*	*	*	*	*
रेंमं	[नि]पं	[प]रें	सं[*]	रें[पनिपम]	[प]पं	–[नि]	रें[प]	सा[*]	–[*]
बाँसुरी									
पम	निप	रे[म]	रे[म]	म[रे]	म	प	प	–	–म
मुऽ	ड़ऽ	के	ऽ	जो	दे	ऽ	खूँ	ऽ	*तो
प	नि	नि	–	सां	निसां	–नि	धप	–	प
ब	च	पन	ऽ	बु	लाऽ	ऽऽ	एऽ	ऽ	बु
प	गरें	सरें,सं	–	–	निध	पम	गरे	रे	म
ला	ऽऽ	एऽ,ऽ	ऽ	ऽ	ऽऽ	ऽऽ	ऽऽ	ऽ	ऽ
प	प				निसं	–नि	धप	–	–
मु	ड़	के जो देखूँ जो बचपन बु			लाऽ	ऽऽ	एऽ	ऽ	ऽ
प	ध	नि	–	सं	निसं	रेंगं	रें	–	–
प	ल	कों	ऽ	में	लेऽ	ऽऽ	किन	ऽ	ऽ
सं	रेंसं	नि	संनि	रें	रेंगंरें	सं	सं	–	–
को	ईऽ	मु	ऽऽ	स्कु	राऽऽ	ऽ	ए	ऽ	*
नि	–	सं	–	रें	संनि	रेंसं,सं	नि	म	प
बी	ऽ	को	ऽ	दु	खाऽ	ऽऽ ऽ	ऊँ	ऽ	कि
पसं	निरें,सं	निध	निप	पध	मप	–म	ग	रे	–
पीऽ	ऽऽ ऽ	ऽऽ	ऽऽ	गऽ	होऽ	ऽऽ	लूँ	ऽ	*
ग	मग	रे	स	स	रे	म	पध	निसं	संनि
घा	ऽऽ	य	ल	हि	र	नि	थाँऽ	ऽऽ	मैंऽ
निध	धप	प	ध	प	मग,ग	–	रे	–	सरेगम
बऽ	नऽ	ब	ऽ	न	डोऽऽ	ऽ	लूँ	ऽ	पार्श्व संगीतः

म	म	म	म	मग,रे	रेग	ग	ग	ग	गरे,स
स	रेग,रे	नि	–	स	रेम	गम	रेस,रे	–	–,
धसनिस	–		नि	ध़	प़	रे	–	रे[ग]	रे ग
म	नि	ध	प	पध	मध	मध,प	ग	–	मग
सं	–	गं	मं	पं	मं	–	गं	रें	सं
नि	–	सं	रें	नि	ध	प	नि	–	सं
धनि	धसं	निध	प	–	पध	पनि	धप	म	–
आऽ	ऽऽ	ऽऽ	ऽ	ऽ	ओऽ	ऽऽ	ऽऽ	ऽ	*
गम	गप	मग	स	–	रे	ग	म	प	–
केवल गुनगुनाना है :					लल	लल	लल	ला	ऽ
निसं,नि	प	पप	नि	–	संरें,सं	नि	पप	सं	–
***	*		पापा	नी	*	***	*	पापा	सा –
रेगं,रें	स	पप	रें	–	ग[म]	मग	म[प]	पम	प
***	*		पापा	रे	*	***	*	**	*
धप	म	ध	प	सं	ध	रें	*	*	*
**	मा	धा	पा	सा	धा	रे	(श	ऽ	ऽ)
मप	संसं	–सं	सं	सं	गरें	सां	गरें	सं	गरें
मापा	सासा	ऽसा	सा	सा	गारे	सा	गारे	सा	गारे
म	गरें	संनि	धप	मग	गं	रेसां	निध	पम	गरे
मा	गारे	सानि	धापा	मागा	गा	रेसा	नीध	पामा	गारे
प	–	ध	–	नि	सं	–	संगं	–	रें
पा	*	धा	ऽ	नी	सा	ऽ	गा	ऽ	रे
सं	–	नि	ध	प	म	ग	म	–	म
सां	ऽ	ऽ	ऽ	ऽ	ऽ	ऽ	ऽ	ऽ	ऽ
प	प	मरे	रे	म	म	प	प	–	–म
ज	ब	सेऽ	ऽ	ये	नै	ऽ	ना	ऽ	*ब
प	नि	नि	–	निसं	निसं	–नि	धप	–	पध
ल	म	स	–	गऽ	लाऽ	ऽऽ	गेऽ	ऽ	येऽ
मप	धप	मग	मस	–स	ग	ग	ग	–नि	पनि,प
नैऽ	ऽऽ	नाऽ	ऽऽ	ऽब	ल	म	सं	ऽऽ	गऽऽ
मप	ग[रे]	म	–	नि	ध	नि	प	ध	म
साऽ	ऽ	गे	ऽ	*	*	*	*	*	*
प	पध,प	रे[म]	रे[म]	म	म	प	प	–	–म
ज	बऽऽ	से	ऽ	ये	नै	ऽ	ना	ऽ	*ब
प	नि	नि	–	निसं	निसं	–नि	धप	–	–
ल	म	सं	ऽ	गऽ	लाऽ	ऽऽ	गेऽ	ऽ	ऽ

प	ध	नि	नि	सं	निसं	रेंगं	रें	–	रें
दु	ख	सु	ख	मे	रेऽ	ऽऽ	मन	ऽ	में
सं	रेंसं	नि	संनि	रें	रेंगंरे	सं	सं	–	–
इ	कऽ	सं	ऽऽ	ग	जाऽऽ	ऽ	गे	ऽ	ऽ
नि	नि	सं	–	रें	संनि	रेंसं,सं	नि	म	प
प	ल	में	ऽ	हँ	सूँऽ	ऽऽऽ	पल	ऽ	में
पसं	निरें,सं	निध	निप	पध	मप	–म	ग	रे	–
नैऽ	ऽऽऽ	नाऽ	ऽऽ	भिऽ	गोऽ	ऽऽ	लूँ	ऽ	*
^{म}ग	मग	रे	स	स	रे	म	पध	निसंरेंगं	रेंसं
धा	ऽऽ	य	ल	हि	र	नि	याँऽ	ऽऽऽऽ	मैंऽ
नि	ध	प	ध	प	मग,ग	–	रे	–	–
ब	न	ब	ऽ	न	डोऽऽ	ऽ	लूँ	ऽ	*
नि	नि	सं	–	रें	संनि	रेंसं,सं	नि	म	प
कि	स	का	ऽ	ल	गाऽ	ऽऽऽ	बा	ऽ	न
नि	नि	निसं	रेंगं	रे	संनि	रेंसं	नि	म	प
कि	स	काऽऽ	ऽऽ	ल	गाऽ	ऽऽ	बा	ऽ	न
संनि,सं	सं	निध	निप	पध	मप	–म	ग	रे	–
मुऽऽ	ख	सेऽ	ऽऽ	नऽ	बोऽ	ऽऽ	लूँ	ऽ	*
ग^{प}	मग	रे	स	स	रे	म	प		
घा	ऽऽ	य	ल	हि	र	नि	याँ		

गीत–8

गीत : गरजत बरसत सावन आयो रे

गीतकार : साहिर लुधियानवी

संगीतकार : रौशन

फ़िल्म : बरसात की रात

गायिका : सुमन कल्याणपुर व कमल बरोत

गीत पाठ

गरजत बरसत सावन आयो रे।
लायो न संग में हमरे बिछड़े बलमवा, सखी का करूँ हाय!
रिमझिम–रिमझिम मेहा बरसे, तरपे जियरवा मीन–समान।
पड़ गयी फीकी लाल चुनरिया, पिया नहीं आये।

पल–पल छिन–छिन पवन–झकोरे, लागें तन पर तीर समान।
नैनन जल सों भीगी चुनरिया, अगन लगाए!

(राग : छायानट, ताल : तीनताल)

गीत के बारे में : यह गीत अत्यन्त विशेष है क्योंकि गुणीजनों के बीच इसके राग को लेकर अपनी–अपनी अलग राय है। देवकीनन्दन धवन मानते हैं कि यह गीत छायानट पर आधारित है डॉ. उमा गर्ग इसे मल्हार, मेघ मल्हार अथवा मियाँ की मल्हार में से एक पर आधारित मानती हैं। हमारा विश्लेषण कहता है कि यह गौड़ मल्हार पर आधारित है। हम इस तथ्य की व्याख्या करना चाहेंगे–

राग छायानट–परे ग म प म ग म रे स।

राग मियाँ मल्हार–म रे प, ग म रेस, नि ध़ नि़ स।

राग मियाँ मल्हार–सा, रे म, रे प, म प नी सं।।

राग गौड़ मल्हार–रे रे प म प ध सं, रे ग रे म ग रे, ध प म।

राग छायानट जो कि कल्याण थाट पर आधारित राग है, इसमें दोनों माध्यम तथा विवादी स्वर के नाते कोमल निषाद लगाते हैं जबकि इस गीत में तीव्र म तथा कोमल निषाद की संगति ही अधिकतर देखने में आती है। अतः ये छायानट पर आधारित गीत नहीं है।

राग मियाँ मल्हार काफ़ी थाट पर आधारित राग है तथा इसका स्वर समुदाय मरेप, गम, रेस निध$^{\text{निस}}$ है अतः यह गीत मियाँ मल्हार पर आधारित गीत भी नहीं है।

मेघ मल्हार कुल पाँच स्वरों पर आधारित राग है। विवादी के नाते कोमल गन्धार लेते हैं जबकि इस गीत में सातों स्वर प्रयोग में लाये गये हैं।

राग गौड़ मल्हार खमाज थाट पर आधारित राग है जिसमें दोनों निषादों का प्रयोग होता है तथा रे रे प म प ध सं की संगति आती है जो कि इस गीत की प्रथम पंक्ति के बोलों में ही नज़र आती है। अतः हम कह सकते हैं कि उपरोक्त गीत राग पुराने गौड़ मल्हार पर आधारित गीत है व इस राग की पुरानी बन्दिश को ही प्रयुक्त किया गया है। बोल–आलाप तथा तानों के प्रयोग से बन्दिश का सौन्दर्यीकरण किया गया है। ऐसी ही मधुरता के प्रयोग से शास्त्रीय संगीत जनसाधारण में लोकप्रिय हुआ है।

स्वर-लिपि (गरजत बरसत सावन आयो रे)

(तीनताल)

x				2				o				3			
								रे	रे	प	प	प	प	धम	प
								ग	र	ज	त	ब	र	सऽ	त
धनि,सं	–नि	ध	प	ग	पध,प	म	गम	म	नि	ध	प	ग	प	म	–
साऽऽ	ऽऽ	व	न	आ	योऽऽ	रे	ऽऽ	ला	ऽ	यो	न	सं	ग	में	ऽ
ग	रे	ग	–	ग	मप	गम	रे	नि	रेग,रे	सा	–	–	–	म^{ग}	ग$^{रे}$
ह	म	रे	ऽ	बि	छऽ	ड़ेऽ	ब	ल	मऽऽ	वा	ऽ	*	*	स	खी
म	नि	ध	प	मपगम	–	ग	म	रे^{ग}	रे^{ग}	प	प	--प	प	धम	प
का	ऽ	क	रूँ	हाऽऽऽ	ऽ	ऽ	ऽए	ग	र	ज	त	*ब	र	सऽ	त
धनि,सं	–नि	ध	प	ग	पध,प	म	गम	रे^{ग}	रे^{ग}	प	प	–प	प	धम	प
साऽऽ	ऽऽ	व	न	आ	योऽऽ	रे	ऽऽ	ग	र	ज	त	*ब	र	सऽ	त
धनि,सं	–	सं	सं	–	सं	सं	सं	संरें,गं	–रें	गं	मं	गंगं	रेंगं	सं	नि
साऽऽ	ऽ	व	न	*	आ	यो	रे	साऽऽ	ऽऽ	व	न	आऽ	ऽऽ	यो	ऽ
धनि	निसं	–ध	प	ग	पध,प	म	गम	रे^{ग}	रे^{ग}	प	प	–प	प	धम	प
ऽऽ	साऽ	ऽव	न	आ	योऽऽ	रे	ऽऽ	ग	र	ज	त	*ब	र	सऽ	त
धनि,सं	--	सं	सं	–	–	प	रें	रें	रेंरें	–रें	रेंरें	सं	–	पम	धप
साऽऽ	ऽ	व	न	*	* पार्श्व संगीत										
म	–	–	ग	रे	–	–	–	पप	–	–	रेंसं	ध	निध	प	–
प	प	प	प	प	प	सं	ध	सं	–	सं	–	नि	रें	सं	नि
रे	म	झि	म	रि	म	झि	म	मे	ऽ	हा	ऽ	ब	र	से	ऽ
प	प	प	प	प	प	सं	ध	सं	–	सं	–	–	–नि	प	प
रि	म	झि	म	रि	म	झि	म	मे	ऽ	हा	ऽ	ऽ	ऽऽ	ब	र
स	–	–	–	–	–	प	प	पध	नि	–	ध	नि	–	म	प
से	ऽ	ऽ	ऽ	*	*	ब	र	सेऽ	ऽ	ऽ	ऽ	ऽ	ऽ	हा	ए
प	प	प	प	प	प	सं	ध	सं	–	सं	–	नि	रें	सं	–
रि	म	झि	म	रि	म	झि	म	मे	ऽ	हा	ऽ	ब	र	से	ऽ
ध	ध	ध	ध	सं	सं	सं	–	संनि	रेंसं	सं	सं	धनि	धनि	प	धप
त	र	पे	जि	य	र	वा	ऽ	मीऽ	ऽऽ	न	स	माऽ	ऽऽ	ऽ	नऽ
मम	रे	पप	म	प	–ध	म	प	धनि,सं	–नि	ध	प	ग	पध,प	म	गम
पऽ	ड़	गऽ	ई	फी	ऽऽ	की	ऽ	लाऽऽ	ऽऽ	ल	चु	न	रिऽऽ	या	ऽऽ
म	मनि	–ध	प	मपगम	–	ग	म								
पि	याऽ	ऽन	हीं	आऽऽऽ	ऽ	ऽ	न	एगरजत, बरसत सावन				आयोरे। गरजत, बरसत			
धनि,सं	–	सं	सं	–	–										
साऽऽ	ऽ	व	न	*	*										

(प्रथम अन्तरे से पूर्व का पार्श्व संगीत बजाया जाने के पश्चात्)

प	प	प	प	प	प	स	ध	सं	सं	सं	सं	निसं,नि	रें–	सं	–
प	ल	प	ल	छि	न	छि	न	प	व	न	झ	कोऽऽ	ऽऽ	रे	ऽ
ध	निध	प	प	नि	धध	म	प	सं	सं	सं	सं	निसं,नि	रें	सं	–
प	लऽ	प	ल	छि	नऽ	छि	न	प	व	न	झ	कोऽऽ	ऽ	रे	ऽ
संरें	गं	गं	–मं	रें	रें	सं	सं	निसंनि	रें	सं	सं	धनि	धनि	प	प
ला	ऽ	गे	ऽऽ	त	न	प	र	तीऽऽ	ऽ	र	स	माऽ	ऽऽ	ऽ	ऽ
–	प	–	नि	ध	निसं	–	सं	पप	मम	रेम	प	धनि	सं	सं	सं
म	ती	ऽ	र	स	माऽ	ऽ	न	आऽ	ऽऽ	ऽऽ	ऽ	ऽऽ	ऽ	स	खी
लागे तन पर तीन समान –															
म	रे	प	म	प	प	म	प	धनि,सं	–नि	ध	प	ग	पध,प	म	गम
मै	ऽ	न	न	ज	ल	सों	ऽ	गीऽऽ	ऽऽ	ली	क	ज	रिऽऽ	या	ऽऽ
म	मनि	–ध	प	मपगम	–	ग	म								
आ	ऽग	ऽन	ल	गाऽऽऽ	ऽ	ऽ	ए	गरजत, बरसत सावन आयो रे							
लायो	ना	संग	में	हमारे बिछड़े बलमवा। सखी का करूँ हाए! गरजत बरसत –											
गं	–	गमं	रें	सं	नि	रें	सं	–	पनि	संरें	संसं	नि	–	म	प
सा	ऽ	ऽऽ	व	न	आ	ऽ	यो	*	लाऽ	ऽऽ	योऽ	न	ऽ	ऽ	ऽ
सं	सं	नि	सं	नि	नि	ध	नि	ध	ध	प	ध	प	प	म	मध
मैं	सं	ग	में	*	ह	म	रे	*	बि	छ	ड़े	*	ब	ल	मऽ
धप	मध	पम	रे	सा	रे	म	प	ध	नि	ध	संनिधनि	–	ध	म	प
बाऽ	ऽऽ	ऽऽ	ऽ	स	खी	का	ऽ	क	रूँ	ऽ	हाऽऽऽ	ऽ	ऽए	रे	ऽ
सं	–	–	–	–	–	–	–								
हा	ऽ	ऽ	ऽ	ऽ	ऽ	ऽ	ऽए								

गीत-9

गीत : जा तोसे नहीं बोलूँ कन्हैया।

गीतकार : शैलेन्द्र

संगीतकार : सलिल चौधरी

फ़िल्म : परिवार

गायिका : लता मंगेशकर व मन्ना डे

गीत पाठ

ता थई–थई तत आ थई–थई तत,
मुरली की धुन सुन आई राधे जमुना के तट पर।
जमुना के तट पर निरत करत उठ निरत करत उठ,

हिरत–फिरत उठ हिरत–फिरत ऐसी चन्द्र चपल।
दिगदिग ना दिगदिग ना दिगदिग दिगदिग तो दिगदिग तो दिगदिग।
क्राम् तत थई तत थई क्राम् तत थई तत थई क्राम् तत थई तत थई।
आ, जा तोसे नहीं बोलूँ कन्हैया, राह चलत पकड़ी मोरी बैंया। जा तोसे...
रूठी राधिके कृष्ण मनावत, मुरली की सौगन्ध उठावत।
*आ, मानत नहीं राधा।। **जा जा** जा, जा तोसे नहीं...।।*
रुनक–झुनक जब चूड़ियाँ खनकीं, लहर–लहर ओढ़नियाँ लहकीं।।
मृंदग ठनका, धित्त धित्त धित्त धित्त, नागिन धेत धे तगिन धा धा
किट धित्त धित्त धित्त।
धड़नन किटतक धागिन का धागिन का किट तकिट तक
धागिन का धित् त धिं न धा।।
ता था किटतक धागिन का ता धागिन का, मान गयी राधा
मान गयी राधा, मान गयी राधा,
ता थैया थैया तत् ता थैया थैया तत्, ता थैया थैया तत् तत् तत् जा।।
तोसे...।।

(राग : हंसध्वनि, भूपाली, बिलावल, ताल : तीनताल)

गीत के बारे में : यह एक नृत्यं गीत है इसलिए इसमें नृत्य के बोल बड़ी कुशलता से पिरोये गये हैं। मृंदंग के बोलों का भी समावेश है। मानों बच्चों को कथक नृत्य सिखाने के उद्देश्य से ही इस गीत की रचना की गयी है। यह रचना राग हंसध्वनि पर आधारित है जो कि मूलतः दक्षिण भारत का राग है। उत्तर भारतीय शास्त्रीय पद्धति में ढालकर इसमें भूपाली तथा बिलावल के स्वरों का भी प्रयोग किया गया है। नृत्य शैली का यह ऐसा कलात्मक गीत है जिसे आज भी नृत्य संस्थानों में कथक नृत्य की तालीम के लिए इस्तेमाल किया जाता है। नृत्य के बोलों का इस्तेमाल विशुद्ध शास्त्रीय ढंग से किया गया है।

स्वर-लिपि (जा तोसे नहीं बोलूँ कन्हैया)

(तीनताल)

ता	ऽ	थई	ऽ	थई	ऽ	त	त	आ	ऽ	थई	ऽ	थई	ऽ	त	त
केवल नृत्य के बोल बोलने हैं।															
मुर	लीकी	धुन	सुन	आ	ई	रा	धे	आ	ई	रा	धे	जमु	नाके	तट	पर
उमु	नाके	तट	पर	निर	तक	रत	उठ	निर	तक	रत	उठ	हिर	तफि	रत	उत

हिर		तफि		रत		ऐसी		चं		द्रच		प		दिगदिग	
ना,दिग		दिग,ना		दिगदिग		दिगदिग		तो,	दिग,	दिग, तो		दिगदिग		दिगदिग	
क्राम	तत	थई	तत	थई	ऽ	क्राम	तत	थई	तत	थई	ऽ	क्राम	तत	थई	तत
धई ऽ															
गं	रें	संरें,सं	–ध	पग	–प	रे	स	ग	–	गप	रे	–	रे	स	स
आ	ऽऽ	ऽऽऽ	ऽऽ	ऽऽ	ऽऽ	ऽ	ऽ	जा	ऽ	ऽऽ	तो	ऽ	से	न	हीं
प	रे	–	रे	गरे	गरे,ग	रेस	–	ग	ग	पध,प	गरे,रे	–	रे	स	स
बो	लूँ	ऽ	क	न्हैऽ	ऽऽऽ	याऽ	ऽ	जा	ऽ	ऽऽऽ	तोऽऽ	ऽ	से	न	हीं
प	–रे	–	रे	गरे	गरे,ग	रेसा	–	–	प[स]	–प	प	प[मे]	प	पर्म	प
बों	ऽलूँ	ऽ	क	न्हैऽ	ऽऽऽ	याऽ	ऽ	*	रा	ऽह	च	ल	त	पऽ	क
संनि,सं	–	धप	ग	ग[प]	–प	रे	स	–	प	–प	प	[मे]प	प	पमे	प
ड़ीऽऽ	ऽ	मोऽ	री	बै	ऽऽ	याँ	ऽ	*	रा	ऽह	च	ल	त	पऽ	क
धनिरेंसं	–नि	धप	ग	ग[प]	–प	रे	स	ग	रेगप	–	गरे	–	रे	स	स
डीऽऽऽ	ऽऽ	मोऽ	री	बै	ऽऽ	याँ	ऽ	जा	ऽऽऽ	ऽ	तोऽ	ऽ	से	न	ही
गप	–ग	प	गरे,रे	–	रे	स	स	गप	गप	निसं	गरें	संसं	धप	गरे	स
जाऽ	ऽजा	ऽ	तोऽऽ	ऽ	से	न	हीं	जाऽ	ऽऽ	ऽऽ	ऽऽ	तोऽ	सेऽ	नऽ	हीं
प	–रे	–	रे	रेग	गप	रे[ग]	स	गरे	सनि	पनि	सरे	ग	–	ग	–
बो	ऽलूँ	ऽ	क	न्हैऽ	ऽऽ	या	ऽ	पार्श्व संगीत :							
गरे	सनि	प	निस	रे	–	रे	–	सरे	गप	नि	*	रेग	पनि	सं	*
प	गप	–रें	प	सं	निप	गरे	सा	प	–	प	मंपपसं	–	सं	सं	–
								रू	ऽ	ठी	राऽऽऽ	ऽ	धि	के	ऽ
[नि]सं	–	[नि]सं	[नि]सं	संनि	रेंसं	सं	सं	–	[सं]गं	गं	गं	[पे]गं	–	गंगं	गंगं
क	ऽ	ष्न	म	नाऽ	ऽऽ	व	त	*	मु	र	ली	की	ऽ	सोऽ	ऽऽ
मं	रें	रें	रें	संनि,सं	निरें	सं	सं	[नि]सं	निसं	गरें	संनि	पप	गप	गरे	स
म	ऽ	ध	उ	ठाऽऽ	ऽऽ	व	त	आ	ऽऽ	ऽऽ	ऽऽ	ऽऽ	ऽऽ	ऽऽ	ऽ
सं	संसं	संसं	सं	[सां]प	–	सं	संसं	संसं	सं	प[सां]	–	सं	संसं	रांरां	सं
मा	नत	नहीं	रा	धा	*	मा	नत	नहीं	रा	धा	*	मा	नत	नही	रा
[सं]प															
धा															
पधपप	गं	पधपप	रें	पधपप	सं	पग	रेस	ग	–	–प	रे–	–	रे	स	स
जाऽऽ	ऽ	जाऽऽऽ	ऽ	जाऽऽऽ	ऽ	ऽऽ	ऽऽ	जा	ऽ	ऽऽ	तो	ऽ	से	न	हीं
प	–रे	–	रे	गरे	गरे,ग	रेसा	–	–	[स]प	–प	प	[मे]प	प	पर्म	प
बो	ऽलूँ	ऽ	क	न्हैऽ	ऽऽऽ	या	ऽ	*	रा	ऽह	च	ल	त	पऽ	क
संनिरेंसं	–नि	धप	ग	[प]ग	–प	रे	स	प	प	प	प	[मे]प	प	पर्म	प
डीऽऽऽ	ऽऽ	मोऽ	री	बै	ऽऽ	याँ	ऽ	ऽ	रा	ह	च	ल	त	पऽ	क

संनिरेंसं	–नि	धप	ग	ग	–प	रे	स	ग	रेग,प	–	गरे	–	रे	स	स
डीऽऽऽ	ऽऽ	मोऽ	री	बै	ऽऽ	याँ	ऽ	जा	ऽऽऽ	ऽ	तोऽ	ऽ	से	न	हीं
गप	–ग	ग	गरे,रे	–	रे	स	स	गप	गप	निसं	गरें	संसं	धप	गरे	स
जाऽ	ऽजा	ऽ	तोऽऽ	ऽ	से	न	हीं	जाऽ	ऽऽ	ऽऽ	ऽऽ	तोऽ	सेऽ	नऽ	ही
प	–रे	–	रे	रेग	–प	रे	स	गरे	सऩि	प़ऩि	सरे	ग	–	ग	–
बो	लूँऽ	ऽ	क	न्हैऽ	ऽऽ	या	ऽ	पार्श्व संगीतः							
गरे	सऩि	प़	ऩिस	रे	–	रे	–	सरे	गप	नि	*	रेग	पनि	सं	*
प	गंप	–रें	प	सं	निप	गरे	स	(यहाँ से गीत दुगुन में होगा तथा				तबला भी दुगुन में चलेगा।			
o				3			x				2				
प	प	प	सं	सं	सं	सं	सं	सं	सं	सं	–	नि	रें	सं	–
म	न	क	झु	न	क	ज	ब	चू	ड़ि	याँ	ऽ	ख	न	की	ऽ
गं	गं	गं	गं	गं	गं	गं	पं	रें	रें	रें	–	नि	रें	सं	–
ल	ह	र	ल	ह	र	ओ	ऽ	ढ़	नि	याँ	ऽ	ल	ह	की	ऽ
म	प	प	सं	सं	सं	सं	सं	सं	सं	सं	–	नि	रें	सं	–
क	न	क	झु	न	क	ज	ब	चू	ड़ि	याँ	ऽ	ख	न	कीं	ऽ
मं	–	–	–	मंगं	रेगं	मंगं	रेंसं	निनि	धप	पप	गरे	स	–	–	–
आ	ऽ	ऽ	ऽ	ऽऽ	ऽऽ	ऽऽ		ऽऽ	ऽऽ	ऽऽ	ऽऽ	ऽ	ऽ	ऽ	ऽ
–	–	–	–	–	–	–	–	*	*	*	*	*	*	*	*
ऽ	ऽ	ऽ	ऽ	ऽ	ऽ	ऽ	ऽ	*	*	*	*	*	*	*	*
												नि	रें	सं	–
रूनक	–	झुनक	जब	चूड़ियाँ खनकी, लहर–				लहर	ओढ़नियाँ		–	ल	ह	की	ऽ
प	सं	–	सं	सं	सं	प	–	धित्त	ऽ	धित्त	ऽ	धित्त	ऽ	धित्त	ऽ
मृ	दं	ऽ	ग	ठ	न	का	ऽ	(केवल नृत्य के बोल				बोलने हैं)			
ना	गि	न	धे	ऽ	त	धे	ऽ	त	गि	ऽ	न	धा	ऽ	धा	ऽ
कि	ऽ	धित्त	ऽ	धित्त	ऽ	धित्त	ऽ	ध	ड़न्	ऽ	न	कि	ऽ	त	क
धा	गि	न	ऽ	ऽ	ऽ	ऽ	ऽ	धा	गि	न	का	ऽ	ऽ	ऽ	ऽ
कि	ट	ऽ	त	कि	ट	त	क	धा	गि	न	का	ऽ	ऽ	धित्त	ऽ
त	धिं	ऽ	न	धा	ऽ	ऽ	ऽ	ता	ऽ	धा	ऽ	कि	ट	त	क
धा	गि	न	का	ऽ	ऽ	ता	ऽ	धा	गि	न	का	ऽ	ऽ	ऽ	ऽ
मा	ऽ	न	ग	ई	ऽ	रा	ऽ	धा	ऽ	ऽ	ऽ	मा	ऽ	न	ग
ई	ऽ	रा		धा	ऽ	ऽ	ऽ	मा	ऽ	न	ग	ई	ऽ	रा	ऽ
धा	ऽ	ऽ	ऽ	ऽ	ऽ	ऽ	ऽ	धा	धिं	धिं	धा	धा	धिं	धिं	धा
								(यहाँ केवल तबला				बजता है गीत नहीं।)			
धा	तिं	तिं	ता	ता	धिं	धिं	धा	धा	धिं	धिं	धा	धा	धिं	धिं	धा
धा	तिं	तिं	ता	ता	धिं	धिं	धा	ता	ऽ	थै	या	थै	या	तत्	ऽ
								(केवल नृत्य के बोल				हैं।)			

मे	*	*	*	*	*	*	*	ता	ऽ	थै	ऽ	थै	या	तत्	ऽ
*	*	*	*	*	*	*	*	ता	ऽ	थै	या	थै	या	तत्	ऽ
ऽ	ऽ	तत्	ऽ	ऽ	ऽ	तत्	ऽ	आ	ऽ	ऽ	ऽ	ऽ	ऽ	ऽ	ऽ
धा	तिं	तिं	ता	ता	धिं	धिं	धा	ग	–	–	–	–	प	रे	–
(केवल तबला बजेगा,				साथ बोलना नहीं)				जा	ऽ	ऽ	ऽ	ऽ	ऽ	तो	ऽ
–	–	रे	–	स	–	स	–	प	–	–	रे	–	–	रे	–
ऽ	ऽ	से	ऽ	न	ऽ	हीं	ऽ	बों	ऽ	ऽ	लूँ	ऽ	ऽ	क	ऽ
म	रे	गरे	ग	रे	स	–	–	ग	–	रेग	–	पध	प	गरे	रे
न्है	ऽ	ऽऽ	ऽ	या	ऽ	ऽ	ऽ	जा	ऽ	ऽऽ	ऽ	ऽऽ	ऽ	तोऽ	ऽ
–	–	रे	–	स	–	स	–	प़	–	रे	–	–	–	रे	–
रे	ऽ	से	ऽ	न	ऽ	हीं	ऽ	बो	ऽ	लूँ	ऽ	ऽ	ऽ	क	ऽ
ग	रे	गरे	ग	रे	स	–	–	–	–	प	–	–	प	प	–
न्है	ऽ	ऽऽ	ऽ	या	ऽ	ऽ	ऽ	*	*	रा	ऽ	ऽ	ह	च	ऽ
प	–	प	–	प	म॑	प	–	धनि	रेंसं	–	नि	ध	प	ग	–
ल	ऽ	त	ऽ	प	ऽ	क	ऽ	ड़ीऽ	ऽऽ	ऽ	ऽ	मो	ऽ	री	ऽ
प	–	–	प	रे	–	स	–	प	–	प	–	प	–	प	–
बै	ऽ	ऽ	ऽ	याँ	ऽ	ऽ	ऽ	ऽ	ऽ	रा	ऽ	ह	ऽ	च	ऽ
प	–	प	–	मे	–	प	–	संनि	सं	–	–	ध	प	ग	–
ल	ऽ	त	ऽ	प	ऽ	क	ऽ	डीऽ	ऽ	ऽ	ऽ	मो	ऽ	री	ऽ
ग	–	–	प	रे	–	स	–	ग	प	ग	प	नि	सं	गं	रें
बै	ऽ	ऽ	ऽ	याँ	ऽ	ऽ	ऽ	जा	ऽ	ऽ	ऽ	ऽ	ऽ	ऽ	ऽ
सं	सं	ध	प	ग	रे	स	–	ग	प	ग	प	नि	सं	गं	रें
तो	ऽ	से	ऽ	न	ऽ	हीं	ऽ	जा	ऽ	ऽ	ऽ	ऽ	ऽ	ऽ	ऽ
सं	सं	ध	प	ग	रे	स	–	ग	प	ग	प	नि	सं	गं	रें
तो	ऽ	से	ऽ	न	ऽ	हीं	ऽ	जा	ऽ	ऽ	ऽ	ऽ	ऽ	ऽ	ऽ
सं	सं	ध	प	ग	रे	स	–	प	–रे	–	–	रे^ग	रे^ग	गरे,ग	–
तो	ऽ	से	ऽ	न	ऽ	हीं	ऽ	(ठेका बन्द) बो ऽलूँ ऽ ऽ				क	न्हैं	ऽऽऽ	ऽ
–प	रे^प	–	स	–	–	–	–								
ऽऽ	या	ऽ	ऽ	ऽ	ऽ	ऽ	ऽ								

गीत-10

गीत : कुहू–कुहू बोले कोयलिया।

गीतकार : भरत व्यास

संगीतकार : आदिनारायण राव

फ़िल्म : स्वर्ण–सुन्दरी

गायिका : लता मंगेशकर

गीत पाठ

सोहनी राग : कुहू–कुहू बोले कोयलिया।
कुंज–कुंज में भँवरे डोले, गुन–गुन बोले।। कुहू–कुहू...।
सज सिंगार ऋतु आई बसन्ती, जैसे नार कोई हो रसवन्ती।
सज सिंगार ऋतु आई बसन्ती, जैसे नार कोई हो रसवन्ती।
सा नि ध म ध नि सा ग म प म ध नि सा रे सा नि ध
नि सा रे सा नि सा रे सा नि ध नि नि ध नि नि ध नि
म ध ध म ध ध म ध ग रे ग म ध नि।
सज सिंगार ऋतु आई बसन्ती, जैसे नार कोई हो रसवन्ती।
डाली–डाली कलियों को तितलियाँ चूमे।
फूल–फूल पंखुड़ियाँ खोले, अमृत घोले।। कुहू–कुहू..।।

बहार राग : काहे घटा में बिजली चमके, हो सकता है मेघराज ने बदरिया का, श्याम–श्याम मुख चूम लिया हो।

सोहनी राग : चोरी–चोरी मन–पंछी उड़े, नैना जुड़ें।। कुहू–कुहू...।।

जौनपुरी राग : चन्द्रिका देख छाई, पिया, चन्द्रिका देख छाई।
चन्दा से मिलके मन–ही–मन में मुस्काई, छाई चन्द्रिका देख छाई।
शरद् सुहावन, मधु मनभावन, विरही जनों का सुख–सरसावन।

सोहनी राग : छाई–छाई पूनम की छटा, घूँघट हटा! कुहू–कुहू बोले...।।

यमन राग : सरस रात मन भाये प्रियतमा, कमल–कमलिनी मिले।
किरन–हार दमके, जल में चाँद चमके, मन सानन्द आनन्द डोले रे–
नि रे ग म ध नि सा धनि सा सा नि सा ग रे ग।
सा रे नि सा ध नि म ध नि म ध नि सा नि रे नि रे।।
ध नि ध नि म ध म ध ग म ग म।
ग म ध नि सा ग म ध नि सा ध नि सा।।

(राग : सोहनी, बहार, जौनपुरी, यमन, ताल : कहरवा, तीनताल)

गीत के बारे में : रागमाला (ऋतु–वर्णन) के सिद्धान्त पर आधारित किसी एक राग को मुख्य बनाकर अनेक समुचित रागों द्वारा ऋतु–वर्णन करते हुए कई अन्तरों का इस्तेमाल करके स्थाई पर लौटते हुए फिर से मुख्य राग में पहुँच बनाना, इस तरह के प्रयोग फ़िल्मों में प्रारम्भ से होते रहे हैं। अनिल बिस्वास ने सन् 1953 में फ़िल्म 'हमदर्द' में पहली बार यह प्रयोग

किया था। गीत के बोल थे–*रितु आये रितु जाये सखी री*। उसके बाद 'झनक झनक पायल बाजे में' वसन्त देसाई, गीत के बोल *रुत बसन्त आई, फूलन छाईं बेलरियाँ* तथा फ़िल्म 'ममता' में संगीतकार रौशन, गीत के बोल–*सकल इन गगन पवन चलत पुरवांई री* में इसी प्रकार के सफल प्रयोग किये गये हैं। ऐसी ही एक फ़िल्म है 'स्वर्ण सुन्दरी' जिसमें इस गीत का प्रयोग किया गया है, *कुहू–कुहू बोले कोयलिया*। इस गीत में सोहनी, बहार, जौनपुरी तथा यमन रागों का प्रयोग किया गया है। राग परिवर्तन के लिए पार्श्वसंगीत द्वारा स्वरों का प्रयोग किया गया है। एक नवीन प्रयोग और भी। राग सोहनी में चित्रण बसन्त ऋतु का है तो राग बहार में वर्षा ऋतु का। ऐसे गीतों द्वारा रागों की रूढ़ियों को तोड़कर गीत में सौन्दर्यशास्त्र की स्थापना तथा प्रभावोत्पादकता उत्पन्न करना ही इस प्रयोग की सफलता का सबसे बड़ा प्रमाण है। सफलता शब्द को प्रयोग इसलिए किया गया क्योंकि यह गीत सर्वसाधारण में इतना लोकप्रिय हुआ कि आज भी उतने ही चाव से सुना जाता है। इसी से सिद्ध होता है कि संगीत समझने की वस्तु नहीं बल्कि अनुभव करने की वस्तु है। संगीत के रसास्वादन के लिए संगीत का जानकार होना ज़रूरी नहीं। शास्त्रीय संगीत से हम चकित हो सकते हैं किन्तु इस तरह के संगीत से तन्मय होते हैं।

स्वर-लिपि (कुहू-कुहू बोले कोयलिया)

निस गम॑ धनि सं – ध नि – ध म॑ ध * नि ध ध म॑

पार्श्व संगीत :

संनि धम॑ गरे सा< < < ग< < < म॑< < < ध< < < संध–ध

मे म॑ग –ग रे स – गरे स ध म॑ * * * * धम॑ ग, रे

स * * * *

कहरवा ताल

x				x				x			x				
सं	ध	नि	म॑	ध	ग	म॑	ध	सं	ध	नि	म॑	ध	ग	म॑	ध
*	*	*	*	*	*	*	*	*	*	*	*	*	*	*	*
रे	सं	गं	रें रें	सं	नि	ध	नि	रे	सं	गं	रें रें	सं	–	–	–
*	*	*	*	*	*	*	*	*	*	*	*	*	*	*	*
निसं	–	–	नि	ध	म॑	ध	नि	सं	–	–	नि	ध	म॑	ध	नि
आऽ	ऽ	ऽ	ऽ	ऽ	ऽ	ऽ	ऽ	ऽ	ऽ	ऽ	ऽ	ऽ	ऽ	ऽ	ऽ
पनि	–	–	ध	म॑	ग	म॑ध	म॑ग	स	*	*	ध	मै	ग	रे	स
ऽ	ऽ	ऽ	ऽ	ऽ	ऽ	ऽऽ	ऽऽ	ऽ	*	*	*	*	*	*	*

तीनताल

x				2				o				3			
								स	सम॑	ग	ग	गध	म॑	म॑	ध
								कु	हुऽ	ऽ	कु	हूऽ	क़ो	बो	ऽ
मेध	निसं	सं	–	नि	रें	सं	–	सं	–	रें	नि	ऽ	सं	ध	नि
लेऽ	ऽऽ	को	ऽ	य	लि	या	ऽ	कुं	ऽ	ज	कुं	ऽ	ज	में	ऽ
निनि	–सं	–	रें॒	संरें॒	सनि	संनि	ध	म॑	–ध	–	नि	धनि	धम॑	धम॑	ग
भँव	ऽरे	ऽ	डो.	लेऽ	ऽऽ	ऽऽ	ऽ	गुन	ऽगुन	ऽ	बो	लेऽ	ऽऽ	ऽऽ	ऽ
गम॑	गम॑	धम॑	धनि	संनि	धम॑	गरे॒	स								
आऽ	ऽऽ	ऽऽ	ऽऽ	ऽ	ऽऽ	ऽऽ	ऽ	कुहू–कुहू बोले कोयलिया।							
								सं	–नि	–	ध	नि	–ध	–	म॑
								सितार :							
ग	–म॑	–	ध	नि	रें॒	सं	–	सं	सं	ध$^{नि}$	धनि	नि^{ध}	ग	म॑	ध
								स	ज	सिं	गाऽ	ऽ	र	ऋ	तु
धनि	सं	सं	सं	नि	रें॒	सं	–	संनि	धनि	रें॒गं	रें॒गं	मंगं	रें॒गं	रें॒सं	निसं
आऽ	ऽ	ई	ब	सं	ऽ	ती	ऽ	आऽ	ऽऽ	ऽऽ	ऽऽ	ऽऽ	ऽऽ	ऽऽ	ऽऽ
धनि	सं॒रें	संनि	धनि	संनि	धनि	धम॑	गम॑								
ऽऽ	ऽऽ	ऽऽ	ऽऽ	ऽऽ	ऽऽ	ऽऽ	ऽऽ	सज सिंगार ऋतु आई				बसन्ती–			
								निनि	निरें॒	संनि	धनि	धनि	धम॑	मध॑	म॑ग
								आऽ	ऽऽ	ऽऽ	ऽऽ	ऽऽ	ऽऽ	ऽऽ	ऽऽ
पम॑	म॑ग	म॑ध	धम॑	धनि	संसं	निध	म॑ध	सं	–	ध$^{नि}$	धनि	नि$^{धा}$	ग	म॑	ध
ऽऽ	ऽऽ	ऽऽ	ऽऽ	ऽऽ	ऽऽ	ऽऽ	ऽऽ	जै	ऽ	से	नाऽ	ऽ	र	को	ई
सं	–	सं	सं	नि	रें॒	सं	–	–	संनि	धम॑	धनि	स	संनि	धम॑	धनि
हो	ऽ	र	स	बं	ऽ	ती	ऽ	*	सानी	धम	धनी	सा सितारः			
सं	गम॑	गम॑	धनी	सं	–रें॒	संनि	धनि	संरें॒	संनि	संरें॒	संनि	धनि	नि,ध	निनि,	धनि
	गम	गम	धनी	सा	*रे	सानि	धनी	सारे	सानी	सारे	सानी	धनी	नीध	नीनी	धनी
म॑ध	ध,म॑	धध,	म॑ध,	–	गरे	गमे	धनि								
मध	धम	धध	मध	*	गरे	गम	धनी	सज सिंगार ऋतु आई				वसन्ती, जैसे नार			
								ध	नि	रें॒	गं	रें॒	गं	रें॒	गं
								डा	ली	डा	ली	क	लि	यों	को
कोई ही रसवन्ती।															
म॑	गं	म॑गं	गं	रें॒	सं	सं	–	सं	–	रें॒	नि	–	सं	ध	नि
ति	त	लिऽ	यौँ	चू	ऽ	मे	ऽ	फू	ऽ	ल	फू	ऽ	ल	पं	ऽ
निनि	–सं	–	रें॒	संरें॒	संनि	संनि	ध	मे	–ध	–	नि	धनि	धम॑	धम॑	ग
खड़ि	ऽयाँ	ऽ	खो	लेऽ	ऽऽ	ऽऽ	ऽ	अ	ऽमृत	ऽ	घो	लेऽ	ऽऽ	ऽऽ	ऽ

गमं	गमं	धमं	धनि	संनि	धमं	गरे	स	स	समं	ग	ग	गध	मं	मं	ध
आऽ	ऽऽ	ऽऽ	ऽऽ	ऽऽ	ऽऽ	ऽऽ	ऽ	कु	हुऽ	ऽ	कु	हुऽ	ऽ	बो	ऽ
मंध	निसं	सं	–	नि	रें	सं	–	–	नि	ध	मं	ग	रे	सा	–
लेऽ	ऽऽ	को	ऽ	य	लि	या	ऽ	ऽपार्श्व संगीतः							
गमं	मं	ग	मं	ध	मं	ध	नि	सं	नि	रें	नि	सं	–	–	–
स	मप	गम	–	मप	गम	नि	–	धनि	धनि	सं	–	संरें	निसं	ग^म	
(ठेका बन्द)															
गंसं	रें	–	सं	–	गम	निध	सांनि	सं	नि	संरें	म	पनि	ग	मप	रेस

कहरवा ताल

x				x				x				x			
स	–	रें	नि	सं	–	रें	सं	नि	–	ध	–	नि	–	सं	–
पार्श्व संगीत (ठेका शुरू):															
स	–	रें	नि	सं	–	रें	सं	नि	–	ध	–^प	नि	–	सं	–
सं	–	^रें^सं	–	^रें^सं	–	प	–								
म	प	पसं	निरें,सं	–	निसं,नि	प	म	प	संनि	रेंसं	नि	प	म	निप	ग म
का	ऽ	हेऽ	ऽऽऽ	ऽ	ऽऽऽ	ऽ	का	ऽ	हेऽ	ऽऽ	घ	टा	ऽ	मेंऽ	बि ज

(ठेका बन्द)

तीनताल

x				2				o				3			
नि	ध	नि	नि	सं	–	म	^	संनि	सं	नि	प	म	निप	ग	म
ली	ऽ	च	म	के	ऽ	का	ऽ	हेऽ	ऽऽ	घ	टा	ऽ	मेंऽ	बि	ज
नि	ध	नि	नि	सं	–	–	–	ग^म	गम	ग	म	रे	–	स	–
ली	ऽ	च	म	के	ऽ	ऽ	ऽ	होऽ	ऽऽ	स	क	ता	ऽ	ऽ	है
नि^स	नि^स	स	स	म	म	पमगम	–	म	नि	ध	ध^प	नि	नि^प	सं	–
मे	ऽ	घ	रा	ऽ	ज	नेऽऽऽ	ऽ	बा	ऽ	द	रि	या	ऽ	का	ऽ
नि	नि	सं	गं	गं	मं	रें	सं	निसं	रेंसं	नि	ध	निध,नि	–	संनि,सं	म
श्घा	ऽ	म	श्या	ऽ	म	मु	ख	चूऽ	ऽऽ	म	लि	याऽऽ	ऽ	होऽऽ	ऽ

हो सकता है, मेघराज ने बदरिया का श्याम–श्याम मुख चूम लिया–

						सं	–	सं	–	रें	नि	–	सं	ध	नि
						हो	ऽ	चो	ऽ	री	चो	ऽ	री	म	न
नि	–सं	–	रें	संरें	संनि	संनि	ध	म	–ध	–	नि	धनि	धम	धम	ग
प	ऽछी	ऽ	उ	ड़ेऽ	ऽऽ	ऽऽ	ऽ	नै	ऽना	ऽ	जु	ड़ेऽ	ऽऽ	ऽऽ	ऽ
गम	गम	धम	धनि	संनि	धम	गरे	सा								
आऽ	ऽऽ	ऽऽ	ऽऽ	ऽऽ	ऽऽ	ऽऽ	ऽ	कुहू–कुहू बोले कोयलिया।							

दूसरी साइड

सं	–	ध[नि]	ध[नि]	नि	प	म	प	सं	ग[म]	ग[म]	म	रे	–	स	–
पार्श्व संगीतः															
सं	रे	म	–	प	–	ध[नि]	ध[नि]	नि	–	सं	–	ध	नि	सं	–

कहरवा ताल

x				2				o				3			
नि	–	सं	–	रें	–[सं]	गं	–[मं]	रें	–[सं]	गं	–[सं]	रें	–	सं	–
मं	–[पं]	गं	–[मं]	रें	–[गं]	सं	–[रें]	नि	–[सं]	सं	–[नि]	रें	–[गं]	सं	–[रें]
नि	–[सं]	सं	–[नि]	रें	–[गं]	सं	–	सं	–	–	–	–	–	रें	रें
								आ	ऽ	ऽ	ऽ	ऽ	ऽ	ऽ	ऽ
गं	–	–	–	–	–	मंगं	पमंगंरे	सं	–	–	–	–	नि	संरें	निसं
ऽ	ऽ	ऽ	ऽ	ऽ	ऽ	ऽऽ	ऽऽऽऽ	ऽ	ऽ	ऽ	ऽ	ऽ	ऽ	ऽऽ	ऽऽ
धनि	प	–	सं	नि	ध	प	–								
				सितार											

तीनताल

x				2				o				3			
								प	सं	नि	सं	–	ध[नि]	ध[नि]	म
								चं	ऽ	द्रि	का	ऽ	दे	ऽ	ख
पनि	धनि	प	–	–	–	पध	म	प	सं	नि	निसंरेंनि	सं	ध[नि]	–	म
छाऽ	ऽऽ	ई	ऽ	ऽ	ऽ	पिऽ	या	चं	ऽ	द्रि	काऽऽऽ	ऽ	दे	ऽ	ख
पनि	धनि	प	–	–	–	म	–	पध	निसं	प	प	ग[म]	ग[म]	रे	स
छाऽ	ऽऽ	ई	ऽ	ऽ	ऽ	चं	ऽ	दाऽ	ऽऽ	ऽ	से	मि	ल	के	ऽ
–	सा	रे	रे	म	म	प	प[म]	ध[नि]	ध	नि	नि[ध]	सं	–	प	नि
मे	म	न	ही	म	न	में	ऽ	मु	स	का	ऽ	ई	ऽ	छा	ऽ
पनि	संरें	गंरें	संरें	निसं	–प	पध	मप	पसं	निसं	नि	निसंरेंनि	सं	ध[नि]	–	म
ईऽ	ऽऽ	ऽऽ	ऽऽ	ऽऽ	ऽऽ	ऽऽ	ऽऽ	चंऽ	ऽऽ	द्रि	काऽऽऽ	ऽ	दे	ऽ	ख
पनि	ध नि	प	–	प	ध	सं	–	रें	नि	सं	सं	ध[नि]	ध[नि]	सं	सं
छाऽ	ऽऽ	ईऽ	ऽ	*	*	*	*	श	र	द	सु	हा	ऽ	व	न
–	धसं	–रें	[मं]गं	सं	नि	ध	प								
मे	मधु	ऽम	न	भा	ऽ	व	न			शरद सुहावन,		मधु मनभावन			
								–	पध	सं	रें	रेंमं	गंमं,गं	रेंसंरें	सं
								*	विर	ही	ज	नीऽ	ऽऽऽ	काऽऽ	ऽ
–	पध	म	प	पगं	रेंगं	सं	–	–							
ऽ	सुख	स	र	साऽ	ऽऽ	वन	ऽ	* विरही जनों का				सुख सरसावन			

								सं	–	रें	नि	–	सं	ध	नि
								छा	ऽ	ई	छा	ऽ	ई	पू	ऽ
नि	–सं	–	रें	सरें	संनि	संनि	ध	मं	–ध	–	नि	धनि	धमं	धमं	ग
नम	ऽकी	ऽ	छ	टाऽ	ऽऽ	ऽऽ	ऽ	घूँ	ऽघट	ऽ	ह	टाऽ	ऽऽ	ऽऽ	ऽ
गमं	गमं	धमं	धनि	संनि	धमं	गरे	स								
आऽ	ऽऽ	ऽऽ	ऽऽ	ऽऽ	ऽऽ	ऽऽ	ऽ	कुहू–कुहू बोले–							
		सं	–	नि	रें	सं	–	–	नि	ध	मं	ग	रे	सा	–
		को	ऽ	य	लि	या	ऽ	ऽ							
गमं	मं	ग	मं	ध	मं	ध	नि	सं	नि	रें	सं	नि	ध	मं	ग
ग	मं	ग	मं	ध	मं	ध	नि	सं	नि	रें	नि	सं	–	–	–

कहरवा ताल

x				x				x				x			
मे	–	–	–	–	पं	गं	रें	नि	–	–	–	–	सं	रें	गं
पार्श्व संगीतः															
घ	–	–	–	–	नि	सं	रें	प	–	–	मं	ग	*	पमं	गरें
सं	–नि	निरें	निध	प	–मं	–ग	–रे	स	–	–	स	ग	मं	प	–

तीनताल

x				2				o				3			
प	–	–	–	–	–	मंध	पमं	गमं	–	–	–	–	–	नि	ध
आ	ऽ	ऽ	ऽ	ऽ	ऽ	ऽऽ	ऽऽ	ऽऽ	ऽ	ऽ	ऽ	ऽ	ऽ	ऽ	ऽ
निसंरेंसं	नि	प	–	–	रे	ग	रे	स	–	–	मं	ग	रे	स	–
ऽऽऽऽ	ऽ	ऽ	ऽ	ऽ	ऽ	ऽ	ऽ	ऽ	ऽ	ऽ सितारः					
प	प	रे	रेग	–	रे	नि़	रे	रेग	–ग	–	रे	नि़	रे	सा	–
स	र	स	राऽ	ऽ	त	म	न	भाऽ	ऽए	ऽ	प्रि	य	त	मा	ऽ
ध	नि	रे	ग	नि	रे	ग	मं	गमं	धनि	संनि	धप	मंध	पमं	गरे	स
क	म	ल	क	म	लि	नी	मि	लेऽ	ऽऽ	ऽऽ	ऽऽ	ऽऽ	ऽऽ	ऽऽ	ऽऽ
सरस	रात	मन	भाए	प्रियतमा	कमल–कमलिनी	मिले।									
प	प	रे	रेग	–	रे	नि़	रे	गमं	धप	–	रे	रे	ग	ग	–
स	र	स	राऽ	ऽ	त	म	न	भाऽ	ऽऽ	ऽ	ऽ	ऽ	ऽ	ए	ऽऽ
ग	ग	मंप,मं	रे	रे	ग	मं	ध	सं	–	–	–	निरें	संनि	धप	मेग
कि	र	नऽऽ	हा	ऽ	र	द	म	के	ऽ	ऽ	ऽ	ऽऽ	ऽऽ	ऽऽ	ऽऽ
म	ग	मंप,मं	रे	रे	ग	मं	ध	सं	–	–	–	–	–	नि	रें
ज	ल	मेंऽऽ	चाँ	ऽ	द	च	म	के	ऽ	ऽ	ऽ	*	*	म	न
रेंगं	–रें	–	सं	निसं	निध	–	प	मंध	पम	–	मं	गमंग	–		
साऽ	ऽनं	ऽ	द	आऽ	ऽनं	द	ऽ	डोऽ	ऽऽ	ऽ	ऽ	लेऽऽ	ऽ	मन	सानन्द

								मेध	पप	–	रे	रेग	–रे	सा	–
आनन्द								डोऽ	ऽऽ	ऽ	ऽ	लेऽ	ऽऽ	रे	ऽ
–	निरे	गम॑	धनि	सं	धनि	सं	–	संनि	संगं	रेंगं	संरें	निसं	धनि	म॑ध	निसं
म	नीरे	गम	धनी	सा	धनी	सा	*	सानी	साग	रेग	सारे	नीसा	धनी	मध	नीसा
निरें	निरें	धनि	धनि	म॑ध	म॑ध	गम॑	गम॑	गम॑	धनि	सं	गम॑	धनि	सं	–	धनि
नीरे	नीरे	धनी	धनी	मध	मध	गम	गम	गम	धनी	सा	गम	धनी	सा	*	धनी
सं	–	–													
सा	ऽ	ऽ													

गीत-11

गीत : झूमती चली हवा

गीतकार : शैलेन्द्र

संगीतकार : एस. एन. त्रिपाठी

फ़िल्म : संगीत–सम्राट तानसेन

गायक : मुकेश

गीत पाठ

झूमती चली हवा याद आ गया कोई।
बुझती–बुझती आग को फिर जला गया कोई!
सो गयी हैं मंज़िलें, मिट गये हैं रास्ते।
गर्दिशें ही गर्दिशें अब हैं मेरे वास्ते।।
और ऐसे में मुझे फिर बुला गया कोई!
चुप हैं चाँद–चाँदनी, चुप ये आसमान है।
मीठी–मीठी नींद में सो रहा जहान है।।
आज आधी रात को क्यों जगा गया कोई!

(राग : सोहनी, ताल : दादरा)

गीत के बारे में : फ़िल्म के दृश्य को ध्यान में रखते हुए इस गीत की रचना की गयी है। दृश्य रात का है तथा तानसेन अपनी प्रिया को याद कर रहे हैं अतएव स्थिति एवं समयानुसार राग सोहनी को चुना गया। सोहनी रात्रि के अन्तिम प्रहर का राग है। प्रेम की मार्मिक अवस्था व्यक्त करने के लिए यह अत्यन्त उपयुक्त राग है; इसलिए गीत के बोल भी उसी तरह के हैं। फ़िल्म में इसे तानसेन द्वारा गवाया जाना था अतः राग की शुद्धता का पूरा ध्यान रखा गया है। यद्यपि यह गीत मुकेश ने गाया है जिनका स्वर तन्त्र एक निश्चित सीमा में ही काम करता था। अतः तार सप्तक के स्वरों

को प्रयोग में न लाकर गीत को उनके गले के अनुरूप बनाया गया क्योंकि भावोद्रेक के लिए मुकेश से बेहतर गायक और कोई न था। गायन में कोमल ऋषभ का प्रयोग बहुत कम किया गया है, किन्तु पीछे बज रहे वाद्य संगीत में वह कमी पूरी कर दी गयी है।

यही राग अपनी विशिष्ट रचना के बोलों में थोड़े अन्तर के साथ, उस्ताद बड़े गुलाम अली ख़ाँ साहब ने फ़िल्म मुग़ल–ए–आज़म के लिए गाया था। उनकी रचना के बोल थे *प्रेम की मार कटार* जिन्हें फ़िल्म के दृश्यानुकूल बनाकर, *प्रेम जोगन बन गयी* लिखा और गवाया गया। लगभग सात मिनट की यह ठुमरी अपने शुद्ध शास्त्रीय संगीत की अदायगी के साथ दो प्रेमियों की मिलन वेला में (सलीम और अनारकली) उसी तरह रस की वर्षा करती है जैसे कि बिना किसी आलाप, सरगम, तान या खटके के प्रेमी की विरह अवस्था में यह प्रस्तुत गीत। सामान्य श्रोता तो यह भी नहीं जानता कि यह कोई शास्त्रीय रचना है। फ़िल्म गायन के सौन्दर्य सौष्ठव को हम इसी से आँक सकते हैं कि प्रत्यक्ष हो चाहे परोक्ष, दोनों ही रूपों में शास्त्रीय संगीत के प्रयोग से गायन की उत्कृष्टता बढ़ती है। अतएव, इस तरह के फ़िल्म गीतों को यदि शास्त्रीय संगीत का राजदूत कहा जाये तो कोई अतिशयोक्ति नहीं होगी।

शास्त्रीय संगीत के मर्मज्ञों को यह जानना सुखकर लगेगा कि बड़े ग़ुलाम अली ख़ाँ साहब के गायन के समय एक भी दर्शक विचलित नहीं होता बल्कि इस ठुमरी द्वारा इस दृश्य की सम्प्रेषणीयता इतनी अधिक बढ़ जाती है कि दर्शक बरबस दृश्य में खो जाते हैं। उसी प्रकार *झूमती चली हवा* गीत साधारण दर्शक को अपने जीवन के अनुभवों से ऐसे जोड़ देता है कि वे बरबस इसे सुनते, गाते और गुनगुनाते हैं।

स्वर-लिपि (झूमती चली हवा)

राग–सोहनी **ताल – दादरा ताल**

ग	–	–	–	मं	ध	सं	–	–	–	नि	ध	नि	–	–	–	मंध	गमं
पार्श्व संगीत :																	
ग	–	–	–	मंध	निसं	रें	–	–	–	गं	रें	सं	–	(ग	मं	ध	सं)
धं	सं	निध	धनि,नि	–	धमं	मंध	[ग]मं	ग	ग	सा	–	रेस	निध	निस	गमं	धनि	संरें
झू	ऽ	मऽ	तीऽऽ	ऽ	चऽ	लीऽ	ऽ	ह	वा	ऽ	ऽ	पार्श्व संगीतः					
गं	–	रें	सं	–	–	सं[ध]	–	निध	धनि,नि	–	धमं	मंध	मं[ग]	ग	ग	स	–
						झू	ऽ	मऽ	तीऽऽ	ऽ	चऽ	लीऽ	ऽ	ह	वा	ऽ	ऽ

नि	स	ध	नि	. ध	नि	सा	ग	–ग	मं	ध	नि–रें	सं	सं	निध	धनि^ध	–नि	धर्मं
घा	ऽ	द	आ	ऽ	ग	या	ऽ.	*को	ई	ऽ	ऽऽऽ	बु	झ	तीऽ	बुऽऽ	झ	तीऽ
मंध	मं	ग	ग	स	–	नि	स	निध	नि	ध	नि	स	ग	ग	मं^ध	ध^नि	नि–रें
आऽ	ऽ	ग	को	ऽ	ऽ	फि	र	जऽ	ला	ऽ	ग	या	ऽ	को	ई	ऽ	ऽऽऽ
						पार्श्व संगीत : गंम					धनि	सं	–	–	–	मंध	निसं
निरें	सं	निध	धनि,–	–	धर्मं	मंध	निसं	नि^ध	सं	–	–	–	–	–	–	*	*
झुऽ	ऽ	मऽ	तीऽऽ	ऽ	चऽ	लीऽ	ऽऽ	ह	वा	ऽ	ऽ	ऽ	ऽ	ऽ	*	*	*
रे	–	–	–,	गँ	रें	सं	–	निध	नि	–	धमे	ध	–	मं	ग	–,	ग
म	ध	नि	सां	रें	नि	सं	–,	संनि	धमं	गमं^ध	मं^ध	मं	ग	ग	मं	ध	ध
												खो	ऽ	ग	ई	ऽ	हैं
मध	निसं	नि^ध	सं	–	–	सं	सं	सं	सं	–	निध	धनि,नि–		–	नि	–	–
मंऽ	ऽऽ	जि	लें	ऽ	ऽ	मि	ट	ग	ए	ऽ	हैंऽ	राऽऽ	ऽ	स	ते	ऽ	ऽ
नि	*	मं	मं	*	*	मं	ग	ग	मंध	मंध	मंध	मंध	निसं	नि^ध	सं	–	–
*	*	*	*	*	*	खो	ऽ	ग	ईऽ	ऽऽ	हैंऽ	मेऽ	ऽऽ	जि	लें	ऽ	ऽ
सं	सं	सं	निसं,नि	^निसं	ध^नि	मंध	नि	–	नि	–	–	नि	–	सं	गं	–	गरें
मि	ट	ग	एऽऽ	ऽ	हैं	राऽ	ऽ	स	ते	ऽ	*	गर	ऽ	दि	शें	ऽ	हीऽ
रेंगं	रेंगं,रे	गसं,सं	सं	–	–	सं	सं	सं	संनि	^निसां	निध	धनि,नि–		–	निसं,नि		ध–
गर	ऽऽऽ	ऽऽदि	शें	ऽ	ऽ	अ	ब	हैं	मेऽ	ऽ	रेऽ	वाऽऽ	ऽ	स	तेऽऽ	ऽ	ऽ
ध	नि	धनि,ध	मं	ग	मंध	मं^ग	ग	स	स	–	–	^धसं	–	निध	धनि,नि		–धमं
अ	ब	हैंऽऽ	मं	ऽ	रेऽ	वा	ऽ	ऽ	स्ते	ऽ	ऽ	ऑ	ऽ	रऽ	ऐऽऽ	ऽ	सेऽ
मेध	^गमं	ग	ग	स	–	नि	स	निध	नि	ध	नि	स	ग	–ग	मं	ध	नि–रें
मेऽ	ऽ	मु	झे	ऽ	ऽ	फि	र	बुऽ	ला	ऽ	ग	या	ऽ	*को	ई	ऽ	ऽऽऽ
						पार्श्व संगीतः			गमे	धनि	सं	–	–	मंध	निसं		
निरें	सं	निध	धनि,नि	–	धर्मं	मंध	निसं	नि	सं	–	–	–	–	–	–	*	*
झूं	ऽ	मऽ	तीऽऽ	ऽ	चऽ	लीऽ	ऽऽ	ह	वा	ऽ	ऽ	ऽ	ऽ	ऽ	*	*	*
रें	–	–	–	गं	रें	सं	–	निध	नि	–	धर्मं	ध	–	मं	ग	–	–
मं	ध	नि	सं	रें	नि	ध	–	–	मंग	मे							

(दूसरा) अन्तरा पहले अन्तरे के समान गाने के पश्चात् एक बार स्थायी गाया जायेगा, तत्पश्चात्)

सं	–	निध	धनि,	–	–	मंध	निसं	नि	सं	–	–	मंध	निसं	धनि	रें	–	–
झु	ऽ	मऽ	तीऽऽ	ऽ	चऽ	लीऽ	ऽऽ	ह	वा	ऽ	ऽ	*	*	*	*	*	*
रें	–	रें	रें	–	रें	रेंगं	रेंगरें	सं	संसं	–	–	मंध	निसं	रेंसं	गं	–	–
या	ऽ	द	आ	ऽ	ग	याऽ	ऽऽऽ	ऽ	कोई	ऽ	ऽ	*	*	*	*	*	*
गं	–	गं	गंमं	रें	रें	गं	–	–	गंगं	–	–	मंध	निसं	रेंग	मं	–	–
या	ऽ	द	आऽ	ऽ	ग	या	ऽ	ऽ	कोई	ऽ	ऽ	*	*	*	*	*	*
												(ठेका बन्द)					
–	–	–	–	धं	–	–	–	–	–	–	–	–	–	–	–	–	–
*	*	*	*	*	*	*	*	*	*	*	*	*	*	*	*	*	*

गीत–12

गीत : कैसे दिन बीते
गीतकार : शैलेन्द्र
संगीतकार : पं. रविशंकर
फ़िल्म : अनुराधा
गायिका : लता मंगेशकर

गीत पाठ

हाए, कैसे दिन बीते, कैसे बीती रतियाँ, पिया जाने ना!
नेहा लगाके मैं पछताई,
सारी–सारी रैना निंदिया न आई।
जानके देखो, मेरी जी की बतियाँ, पिया जाने ना!
रुत मतवाली आके चली जाए,
मन में ही मेरे मन की रही जाए
खिलने को तरसें नन्ही–नन्ही कलियाँ, पिया जाने ना!
कजरा न सोहे, गजरा न सोहे,
बरखा न भाए, बदरा न सोहे।
क्या कहूँ जो पूछें, मोसे मोरी सखियाँ, पिया जाने ना।

(राग : झिंझोटी, ताल : दादरा)

गीत के बारे में : इस गीत की विशेषता यह है कि इसकी संगीत रचना एक ऐसे व्यक्ति द्वारा की गयी है जिसकी गिनती आज के समय में देश के शीर्षस्थ संगीतकारों में की जाती है। यह नाम है–पं. रविशंकर। यह रचना इस बात की द्योतक है कि पं. रविशंकर जैसे महापण्डित भी शास्त्रीय संगीत के फ़िल्मों में प्रयोग को कोई गिरी हुई बात नहीं मानते थे। पण्डित जी के द्वारा इस गीत की संगीत रचना से शास्त्रीय संगीत का मान तो बढ़ा ही है साथ ही यह भी सिद्ध हुआ है कि फ़िल्म संगीत में यदि सौन्दर्यशास्त्र ढूँढ़ा जाये तो शास्त्रीय संगीत तक पहुँचे बिना काम न चलेगा।

पण्डित जी ने इस गीत का प्रारम्भ एक छोटी–सी तान से किया है जिसे, 'हाए' शब्द का सहारा मिला है। यह तान ऐसी ही लगती है जैसे सितार बजाने से पूर्व वादक ने सितार की तरबें छेड़ी हों। वह चाहते तो सीधी तान भी रख सकते थे जिसमें सितार के अंग की झलक पायी जाती है किन्तु विरहिणी के हृदय की वेदना को व्यक्त करने के लिए तान लगाते समय 'हाए' शब्द का प्रयोग संगीत के सौन्दर्य को बढ़ा देता है।

इस गीत की स्वर रचना पं. रविशंकर ने राग झिंझोटी में की। झिंझोटी नाम कहीं इसीलिए तो नहीं है कि यह भावनाओं को झिंझोड़ देता है! लता मंगेशकर के स्वर ने इस गीत में चार चाँद लगाये हैं। सितार का अंग जो इस रचना का आधार है उसे अपने गले से मूर्त रूप दिया गया है। लगता है मानो लताजी के गले से सितार बज रहा हो।

स्वर-लिपि (कैसे दिन बीते)

सा ग प^{ध} ध$^{नि}$ नि सं – – – – – ग ग^{म} प ध$^{नि}$ नि सं$^{रें}$ – निध,नि

सारंगी :

– – – – निध,ध – नि ध^{प} प स गम पध गध रेध ग म – – –

गम पनि संरें ग,–मं गं$^{रें}$ – – – नि – सं रें$^{गं}$ गंनि नि – – धनिध – *

बाँसुरी :

प – म – – – ध – – – धप मग रेसा – – – – – –

* * * * * * * * * * हाऽ एऽ ऽऽ ऽ ऽ ऽ ऽ * *

दादरा ताल

x			o			x			o		
स के	ग से	म दि	धप नऽ	धसं बीऽ	निसं,नि तेऽऽ	धप,– ऽऽऽ	–, पधपधप,ग * कैऽसेऽऽबी		म तीं	ग र	रे ति
स संगीतः (धप मग रे)											
ग यँ	प ऽ	– ऽ	– *	धसं,निरेंसं पिऽऽऽऽ	संनि याऽ	निध जाऽ	पध^{ध} नेऽ	धम– नऽऽ	– ऽ	धपमग हाऽएऽ	रेग,सा ऽऽऽ
						गध	(^{धप}प^{मम}	–रे)	–	–,निरें	निनि
कैसे	दिन	बीते,	कैसे बीतीं रतियाँ–			याँऽ	ऽ	ऽ	*	*पिऽ	याऽ
निध जाऽ	पध^{ध} नेऽ	धम,– नऽऽ	– ऽ	– ऽ	– ऽ	सा^{स}म पार्श्व संगीत	म^{म}प	ध– (ठेका	धध दुगुन):	निध	प
म पम	प संनि	–ध निसं	गप पप	म निध	– म	स सम	म मम	– ध	पम धध	ग निध	– प
म स	प^{ध} संनि	–सं निसं	गप पप	म निध	– म	म ने	म हा	म ल	पध,ध गाऽऽ	–ध ऽके	– ऽ
– म	धनि मैंऽ	धम पछ	पध,ध ताऽऽ	पप ऽई	धपध,म ऽऽऽऽ	रेम नेऽ	रेम हाऽ	म ल	पसं गाऽ	धध ऽके	– ऽ
– मैं	धनि मैंऽ	धम पछ	पध,ध ताऽऽ	पप ऽई	. – ऽऽऽऽ	– *	पनि सारी	नि सा	निध,ध रीऽऽ	धप,प रैंऽऽ	पग नाऽ
गप निंदि	पध याऽ	धप नाऽ	धसंनिरें आऽऽऽ	संनि ईऽ	ध ऽ	– *	मध– जाऽन	ध के	ध दे	निध खोऽ	निध,प ऽऽऽ

– ऽ	पध^{ध} मेऽ	पध,ग^{म} रेऽजी	–म ऽकी	ग ब	रे^{ग}–ग तिऽऽ	गध याँऽ	प(^{धप} ऽ	–$^{मग\ रे}$) ऽ	– ऽ	धसं,निरेंसं पिऽऽऽऽ	संनि याऽ
निध आऽ	पध नेऽ	धम, नऽऽ	– ऽ	धपमग हाऽऽऽ	रेग,स एऽऽ	कैसे	दिन	बीते, कैसे	बीतीं रति –		
गध याँऽ	प ऽ	– ऽ	– *	–,निरें *पिऽ	निनि याऽ	निध जाऽ	पध नेऽ	धम,– नऽऽ	– ऽ	– ऽ	– ऽ

(पहले अन्तरे के पूर्व का पार्श्व संगीत बजाये जाने के पश्चात)

– –	मम रुत	मम मत	पध,ध वाऽऽ	–ध ऽली	– ऽ	ध आ	निध केच	म^{प} ली	पध,नि जाऽऽ	पप ऽए	धपध,म ऽऽऽऽ
– मे	रेम रुत	मम मत	पसं वाऽ	धध ऽली	– ऽ	ध आ	निध केच	म^{प} ली	पध,नि जाऽऽ	पप ऽए	– ऽ
– मे	पनि मन	नि में	निध,ध हीऽऽ	धप,ध मेऽऽ	पग रेऽ	गप मन	पध कीर	धप हीऽ	धसंनिरें जाऽऽऽ	संनि ऽए	ध ऽ
– म	मध खिल	ध ने	ध को	निध तर	निध,प सेंऽऽ	– ऽ	पध नऽ	पधप,ग^{म} न्हींऽऽन	–म ऽन्हीं	ग क	रे लि
गध घाँऽ	^{धप}प ऽ	–^{मग} ऽ	$^{रे)}$–धसं, ऽ	निरेंसं पिऽऽऽऽ	संनि याऽ	निध जाऽ	प^{ध}ध नेऽ	धम,– नऽऽ	– ऽ	धपमग हाएऽऽ	रेग,सा ऽऽऽ
कैसे	दिन	बीते, कैसे	बीतीं रति –			गध याँऽ	^{धप}प ऽ	–^{मग} ऽ	$^{रे)}$– *	–,निरें *पिऽ	निनि याऽ
निध जाऽ	प^{ध}ध नेऽ	धम,– नऽऽ	– ऽ	– ऽ	– ऽ	म पार्श्व संगीत :	म^{ग}	म^{ग}	सं	–नि	सं
पनि	संगं	रें	नि	–नि	ध	धं	मं	–	–	पमं	गरें
सं–गरें	–मंगं,	–रें	सं	–,ध	म	मम कज	ध रा	ध न	धनि,सं सोऽऽ	–सं ऽहे	– ऽ
निसं रज	निप राऽ	पध नऽ	धसं,नि सोऽऽ	संधधसं ऽऽहेऽ	म ऽ	मम कज	ध रा	ध न	निरें,ध सोऽऽ	संसं ऽहै	– ऽ
निसं रज	निप राऽ	पध नऽ	धसंनि सोऽऽ	संध, ऽऽहे	– ऽ	धध बर	निरें खाऽ	रें न	रें भा	रेंसं^{ग} एऽ	– ऽ
संसं बद	सं$^{नि}$ रा	संसं$^{निनि}$ नऽ	रेंगंपंमं सोऽऽ	गरें ऽहेऽ	संनि,सं ऽऽऽ	ध$^{सं}$ध बर	नि$^{रें}$ खाऽ	रें न	रें भा	गरेंसंनि एऽऽऽ	– ऽ
निरें बद (ठेका बन्द)	निगं राऽ	रेंनि नऽ	नि$^{सं}$ध सोऽ	–ध ऽहे	– ऽ	– *	म,–ध क्याऽक	ध हूँ	ध जो	निध पूऽ	निध छें
प ऽ (ठेका शुरू)	पध मोऽ	पधप,ग^{म} सेऽऽमो	म री	ग स	रे खि	गध याँऽ	^{धप}प ऽ	–^{मग} ऽ	$^{रे)}$– ऽ	धसं,निरेंसं पिऽऽऽऽ	संनि याऽ

निध	पध	धम,–	–	धपमग	रेग,स						
जाऽ	नेऽ	नऽऽ	ऽ	हाएऽऽ	ऽऽऽ	कैसे दिन बीते, कैसे			बीतों रति –		
गध	रेध	प	–	–	पसं,निरेंसं	निनि	निध	पसंध	धप,म	–	–
याँऽ	ऽऽ	ऽ	ऽ	ऽ	पिऽऽऽऽ	याऽ	जाऽ	नेऽऽ	नऽऽ	ऽ	ऽ
(ठेका बन्द)											

गीत–13

गीत : काहे तरसाए जियरा

गीतकार : साहिर लुधियानवी

संगीतकार : रौशन

फ़िल्म : चित्रलेखा

गायिका : उषा मंगेशकर व आशा भोसले

गीत पाठ

काहे तरसाए जियरा!
यौवन–ऋतु सजन, जाके न आये–
नित–नित जागे न, सोया सिंगार।
झाँझर झन झनन, नित न बुलाए–
नित–नित बरसे न, रस की फुहार।
स्वपन–घन गगन नित न लुटाये!

(राग : कलावती, ताल : कहरवा, तीनताल)

गीत के बारे में : संगीतकार रौशन शास्त्रीय संगीत के शुद्ध प्रयोग पर पकड़ रखते थे। अतः कई बार उनकी स्वर रचना ऐसे पद्यांशों पर हुई जिन्हें शास्त्रीय संगीत की बन्दिश भी कहा जा सकता है। इस गीत के बोल भी एक बन्दिश जैसे ही हैं, बल्कि, 'बन्दिश जैसे' ही क्यों, स्वयं बन्दिश ही हैं। यह रचना राग कलावती में है! कलावती से बाहर का कोई स्वर नहीं लिया गया। यह दर्शाता है कि राग की शुद्धता का पूरा ध्यान रखा गया है। ठेका नृत्य का है क्योंकि यह नृत्य गीत भी है। कहरवा और तीनताल का सम्यक् प्रयोग किया गया है जिसे नृत्य के अनुरूप बनाया गया है। मींड, खटके, तानें तथा सम दिखाने का चातुर्य अनूठा है। यह गीत अपने आप में शास्त्रीय संगीत का एक उत्कृष्ट उदाहरण है।

स्वर-लिपि काहे तरसाए जियरा

x				x				x			
प<<	नि<	<	<	स	स	स	–	प<<	< नि< < <		
पार्श्व संगीतः											
स	–	स	–	ग	स	–	–	–	गप	धनि	धप
ग	प	–	–	–	पध	संरें	गंमं	गं	संरें	गंसं	–नि
सं	धनि	संध	–प	ध	गप	धप	--ग	स	–	ग	प
धसं	धसं	–	–	–	–	नि	–[ध]	सं	प	*	ग

x				x				x				x			
प	पध	नि	ध	नि	–[सं]	ध	–[प]	प	–ध	ग	प	धसं	धसं	–	–
–	–	नि	–[ध]	सं	प	*	ग	प	पध	नि	ध	नि	–[सं]	ध	–[प]
प	–	धसं	ध	संरें	सं,रें	गरें	रेंगं	सं	–	रेंगं	रें	नि	–ध	–	संरें
[सं]नि	नि	–	प[ध]	ध	–	–	संरें	सं[नि]	नि	–	प[ध]	ध	–	–	

तीनताल

x				2				o				3			
											निसं,नि	रेंसं,–	नि	–	धप
											काऽऽ	हेऽऽ	त	ऽ	रऽ
ध	–	–	–	–	–	ग	प	ध	सं	–	निसं,नि	रेंसं	नि	–	धप
सा	ऽ	ऽ	ऽ	ऽ	ऽए	जि	य	रा	ऽ	ऽ	काऽऽ	हेऽऽ	त	ऽ	रऽ
ध	–	–	–	–	–	निध	पग	ध	प	–	–	ग	–	गध	पप
सा	ऽ	ऽ	ऽ	ऽ	ऽए	जिऽ	यऽ	रा	ऽ	ऽ	ऽ	ऽ	ऽ	जिऽ	यऽ
ग	सा	–	रेसा	नि	नि	स	ग	स	ग	प	ग	प	पध	नि	ध
रा	ऽ	ऽ	यौंऽ	व	न	ऋ	तु	स	ज	न	जा	ऽ	केऽ	ऽ	न
सं	–	रें	गं	सं	–	निधनि	–	धप,ध	–	–	निसं,नि	रेंसं–	नि	–	धप
आ	ऽ	ऽ	ऽ	ए	ऽ	ऽऽऽ	ऽ	ऽऽऽ	ऽ	*	काऽऽ	हेऽऽ	त	ऽ	रऽ
ध	–	–	–	–	–	ग	प	ध	सं	–	निसं,नि	रेंसं	–नि	–	धप
सा	ऽ	ऽ	ऽए	*	*	जि	य	रा	ऽ	ऽ	काऽऽ	हेऽऽ	ऽत	ऽ	रऽ
ध	–	–	–	–	–	निध	पग	ध	प	–	धप	धप	गरे	गरे	सनि
सा	ऽ	ऽ	ऽए	*	*	जिऽ	यऽ	रा	ऽ	ऽ	पार्श्व	संगीतः			
सरे	गरे	–ग	पग	पध	निप	धनि	संरें	गं	पं	संरें	गरें	संसं	संनि	निनि	धध
धप	पप	गरे	सरे	गपग,	प	धप,	निसं	नि	सं,रेंसं	रेंगं	गरें	गरें	सं	धप	गरे

कहरवा ताल

x				x				x				x			
सं	प	–	धप	ग	प	धनि	पध	सं	–	प	ग	प	ध	सं	ध
											नि	त	नि	ऽ	त
सं	–	–	–	–	–	नि	ध	सं	–	–	ग	प	ध	सं	ध
सा	ऽ	ऽ	ऽ	ऽ	ऽ	गे	ऽ	न	ऽ	*	नि	त	नि	ऽ	त

सं	–	–	–	रेंसं,नि	–	सं	रें	निसं,नि	–ध	–	ग	प	ध	सं	ध
सा	ऽ	ऽ	ऽ	जाऽऽ	ऽ	गे	ऽ	नऽऽ	ऽऽ	ऽ	नि	त	नि	ऽ	त
सं	–	–	–	निध	पग	प	नि	धप,ध	–	–	ग	प	ध	सं	ध
जा	ऽ	ऽ	ऽ	जाऽ	ऽऽ	गे	ऽ	नऽऽ	ऽ	ऽ	नि	त	नि	ऽ	त
सं	–	–	–	–	–	नि	ध	सं	–	–	प	–	प	गं	रें
जा	ऽ	ऽ	ऽ	ऽ	ऽ	गे	ऽ	न	ऽ	*	सो	ऽ	या	ऽ	सिं
सं	ध	–	–	पध	संनि	निसं,	निध	सं	–	–	ध	सं	धसं	रेंगं	रें
ग	ऽ	ऽ	ऽ	ऽऽ	ऽऽ	ऽऽऽ	ऽ	र	ऽ	*	सो	ऽ	याऽ	ऽऽ	सिं
सं	–	सं	–	ध	–	निसं,	धनि	धप	–	–	धप	गरे	सनि	स	ग
ग	ऽ	ऽ	ऽ	ऽ	ऽ	ऽऽ	ऽऽ	रऽ	ऽ	*	ऽझाँ	झऽ	रऽ	झ	न
स	ग	प	ग	प	पध	नि	ध	नि	–[ध]	ध	–[प]	पग	प	धसं	ध
झ	न	न	नि	त	नऽ	ऽ	वु	ला	ऽ	ऽ	ऽ	एऽ	ऽ	काऽ	हे
संरें	संरें	गरें	गं	सं	–	रेंगं	रेंरें	नि	–ध[प]	–	संरें	निसं	नि	–	धप
जिऽ	ऽय	ऽऽ	रा	ऽ	ऽ	तऽ	रऽ	सा	ऽए	ऽ	काऽ	हेऽ	त	ऽ	रऽ

तीनताल

x				2				o				3			
ध	–	–	–	–	–	ग	प	ध	सं	–	संरें	निसं	नि	–	धप
सा	ऽ	ऽ	ऽ	ऽ	ऽए	जि	य	रा	ऽ	ऽ	काऽ	हेऽ	त	ऽ	रऽ
ध	–	–	–	–	–	निध	पग	प	ध	–	स	स	ग	प	नि
सा	ऽ	ऽ	ऽ	ऽ	ऽए	जिऽ	यऽ	रा	ऽ	ऽ	पार्श्व	संगीतः			
ध	धप	ग	प	–	सग	–ग	पनि	ध	निसं,नि	ध	सं	–	गरें	संनि	धप
गप	धनि	ध	सं	प	गरे	स	सनि़	ध़	ध़प़	ग़	ग़रे़	स़	–	–	–
र	स	–	–	–	गप	धनि	धप	ग	प	–	–	–	पध	संरें	गंमं
स	संरें	गंसं	–नि	सं	धनि	संध	–प	ध	गप	धप	–ग	सा	*	ग	प

कहरवा

x				x				x							
धसं	धसं	–	–	–	–	नि	–[ध]	सं	प	–					

तीनताल

x				2				o				3			
											संरें	निसं	नि	–	धप
											काऽ	हेऽ	त	ऽ	रऽ
प	–	–	–	–	–	ग	प	ध	सं	–	संरें	निसं	नि	–	धप
सं	ऽ	ऽ	ऽए	*	*	जि	य	रा	ऽ	ऽ	काऽ	हेऽ	त	ऽ	रऽ
ध	–	–	–	–	–	निध	पग	ध	प	–	–	ग	–	ग	प
सा	ऽ	ऽ	ऽ	ऽ	ऽए	जिऽ	यऽ	रा	ऽ	ऽ	ऽ	ऽ	ऽ	जि	य
स	सं	–	–	संरें	संसं	नि	ध	सां	–	–	–	–	–		
र	ऽ	ऽ	ऽ	ऽऽ	ऽऽ	ऽ	ऽ	ऽ	ऽ	ऽ	ऽ	ऽ	ऽ		

(ठेका बन्द)

गीत-14

गीत : तुम गगन के चन्द्रमा हो
गीतकार : भरत व्यास
संगीतकार : लक्ष्मीकान्त–प्यारेलाल
फ़िल्म : सती सावित्री
गायक : लता मंगेशकर व मन्ना डे

गीत पाठ

तुम गगन के चन्द्रमा हो, मैं धरा की धूल हूँ।
तुम प्रणय के देवता हो, मैं समर्पित फूल हूँ।।
तुम हो पूजा, मैं पुजारी, तुम सुधा, मैं प्यास हूँ।
तुम महासागर की सीमा, मैं किनारे की लहर।
तुम महासंगीत के स्वर, मैं अधूरी साँस–भर।।
तुम हो काया, मैं हूँ छाया, तुम क्षमा, मैं भूल हूँ!
तुम उषा की लालिमा हो, भोर का सिन्दूर हो।
मेरे प्राणों की हो गुंजन, मेरे मन की मयूर हो।।
तुम हो पूजा, मैं पुजारी, तुम सुधा मैं प्यास हूँ।।

(राग : यमन कल्याण, ताल : रूपक)

गीत के बारे में : यमन राग में शुद्ध (कोमल) मध्यम का प्रयोग किये जाने पर यमन कल्याण राग बन जाता है। यह गीत इसी पर आधारित है। इस काव्यात्मक रचना के संवेदनशील मर्म को उभारने के लिए ऐसे ही राग की आवश्यकता थी। कहीं कहीं सौन्दर्य को बढ़ाने के लिए कोमल गन्धार तो–निषाद का भी प्रयोग हुआ है। रूपक ताल ने इसे ठहराव दिया है तथा गीत के बोलों को गरिमा प्रदान की है। पार्श्वसंगीत में बाँसुरी तथा सितार का प्रयोग अत्यन्त प्रभावकारी है। बाँसुरी और सितार की जोड़ी फ़िल्म के गीतों में मधुरता लाने के लिए अधिकतर प्रयोग में आती रही है किन्तु इस गीत में तो वह अपनी सम्पूर्ण विशिष्टता लिए हुए है।

स्वर-लिपि (तुम गगन के चन्द्रमा हो)

स – – पं पं पं पं पंपं – धं *ग स – – पंपंपंपं पंपं नि *गनि़

पार्श्व–संगीत : (केवल लय समान गति से चलती रहेगी) :

संनि –ध प म॑ रे म ग रे –नि

– – पंपंपंपं पंपं, – ध *ग स * * * * * * * *

x			1		2			o			1		2	
स	ग	पर्म	म॑	–	रे		नि़	–नि़	रेनि़	म[रे]	ग	–	रे[स]	सनि़
तुम	ऽ	गऽ	गन	ऽ	के		ऽ	*चं	ऽऽ	द्र	मा	ऽ	हो	ऽऽ
नारी स्वर														
नि़	ध़	–ध़	नि़रे	नि़रे	–रे		–	पर्म	रेग,म[प]	मग	ग	–	रे[प]	–नि़
मे	ऽ	*ध	राऽ	ऽऽ	ऽकी		ऽ	धूऽ	ऽऽऽ	लऽ	हूँ	ऽ	ऽ	ऽऽ
नि	ध़	–ध़	नि़रे	नि़रे	रे		–	नि़रे	रेग,रे	सस	ग	–	–	–
में	ऽ	*ध	राऽ	ऽऽ	की		ऽ	धूऽ	ऽऽऽ	लऽ	हूँ	ऽ	*	*
ध[प]	ऽ	–ध॒[ध]	[नि]ध	म	–,	मम	सरे	म	–	–धप	ध[प]प	म	म[ग]	मपध
तुम	ऽ	ऽप्र	ण	य	*	केऽ	ऽऽ	दे	ऽ	ऽवऽ	ताऽ	ऽ	हो	ऽऽऽ
ध	–	–प[ध]	धसंधस	धम	–,	मम	सरे	म	–	–धप	[ध]प	म	म	ग
तुम	ऽ	ऽप्र	णयऽऽ	ऽऽ	ऽ	केऽ	ऽऽ	दे	ऽ	ऽवऽ	ता	ऽ	हो	ऽ
–प	–	–प	प[मे]	पसं	–प		–मग	ग	–,मप	म[ग]ग	ग	–	रे	स
[मे]मे	ऽ	ऽस	मर्	ऽऽ	ऽपि		ऽतऽ	फू	ऽऽऽ	ऽल	हूँ	ऽ	ऽ	ऽ
स	ग	गपमे	मे	–रे	रेग		रेनि़	नि़रे	नि़	म[नि]	म	–	रे[स]	सनि़
तुम	ऽ	होऽऽ	पू	ऽऽ	जाऽ		ऽऽ	मैऽ	ऽ	पु	जा	ऽ	री	ऽऽ
पुरुष स्वर														
नि	ध	–ध़	नि़रे	नि़रे	रे		–	पर्म	गरे	गम	म	–	रे[स]	सनि
तुम	ऽ	*सु	धाऽ	ऽऽ	मैं		ऽ	प्याऽ	ऽऽ	ऽस	हूँ	ऽ	ऽ	ऽऽ
नि़	ध़	–ध़	नि़रे	नि़रे	रेरे		नि़	रे[नि]नि़	गरे	सस	सा	–	पसं,निरेंसंनिसं	
तुम	ऽ	*सु	धाऽ	ऽऽ	मैं		ऽ	प्याऽ	ऽऽ	ऽस	हूँ	ऽ	पार्श्व संगीत:	
प	–	–	गप	ग	*		*	रेसंनिसं		संनिधप	निध	निध	–ग	रेग
बाँसुरी	रे[ग]	मे[प]	[धनि]पध	निसं[सं]	[नि]प		म	ग	–	–	–	–	–	–)
रे	–	–	–	–	*		*	प	–	–	ध	–	नि	–
निसंनि	धनि	सं[रे]–नि	ध	ग	–म[ग]ग		गग	म	–	–ध	मध	पमग	ग	–
तुमऽ	ऽऽऽ	ऽम	हा	ऽ	ऽसाऽ		ऽऽ	गर	ऽ	ऽकी	सीऽ	ऽऽऽ	मा	ऽ
(नारी स्वर)														
प	–	–प	धप	धप	गरेग		रेस	प	–	–,पध	धनिध	प	–	–
मैं	ऽ	ऽकि	नाऽ	ऽऽ	रेऽऽ		ऽऽ	की	ऽ	ऽलऽ	हरऽ	ऽ	ऽ	*
–सं़	–	–नि	रे[नि]नि	धग	–मग		गग	म	–	–ध	मधप	मग,–	ग	–
तुम	ऽ	ऽम	हाऽ	ऽऽ	ऽसंऽ		ऽऽ	गी	ऽ	ऽत	केऽऽ	ऽऽऽ	स्वर	ऽ
–प	–	–प	पध	पधसंध	प,गरे		स	प	–	–पध	धनि	ध[(स]प[नि]	–	–)
मे	ऽ	ऽअ	धूऽ	ऽऽऽऽ	रीऽऽ		ऽ	साँ	ऽ	ऽसऽ	भरऽऽ	ऽ	ऽ	*
ध	–	–ध॒	धसंधसं	पम	–म		सरे	म	–	–धप	[ध]प	म	म	ग[म]
तुम	ऽ	ऽहो	काऽऽऽ	ऽऽ	ऽया		ऽऽ	मैं	ऽ	*हूँऽ	छा	ऽ	या	ऽ

प – –प	प[म] पप,सं	–[सं]प मग	ग –मप गमग	ग –	रे[ग] स
तुम ऽ *क्ष	मा ऽऽऽ	ऽमैं ऽऽ	भू ऽऽऽ ऽऽल	हूँ ऽ	ऽ ऽ

तुम गगन के चन्द्रमा हो, मैं धरा की धूल हूँ,–

	स –	– –			
	हूँ ऽ	ऽ ऽ			
धपमेप सं –	– –	– –	–		
* * *	ग –	प –ग	स प –	– –पप	निध संनि
पार्श्व संगीत (ठेका	बन्द लय पूर्ववतः)		आ ऽ (नारी स्वर)	ऽ ऽऽ	ऽऽ ऽऽ
पग मगगग नि	–नि –	निनिसंनि प पध	प,ग गपग सस	निस –	गपपनि
ऽऽ * *	*आ ऽ	ऽऽऽऽ ऽ ऽऽ	ऽऽ ऽऽऽ ऽऽ	ऽऽ ऽऽ	ऽऽ
–प					
ऽऽ					

धनि,सं ध[सं] | धपध, नि | प[नि] प[ग] धग म,प गम | पग पग मरे | गस प

सितार (ठेका प्रारम्भ) :

बाँसुरी : धपमेप सं, पसं पम ग–)

न – गस | प *	*	* *	निसंनि धनि,सं –नि	ध –ग	–मग,ग गग
अन्य वाद्यः *	*	* *	तुमऽऽ ऽऽऽ ऽउ	षा ऽऽ	ऽकीऽ ऽऽ
		(पुरुषस्वर)			
म – –ध	धप मग	ग –			
सा ऽ ऽलि	माऽ ऽऽ	हो ऽ			

(दूसरे अन्तरे का शेष भाग पहले अन्तरे के समान गाया जायेगा।)

गीत–15

गीत : पिया तोसे नैना लागे रे

गीतकार : शैलेन्द्र

संगीतकार : एस.डी. बर्मन

फ़िल्म : गाइड

गायिक : लता मंगेशकर

गीत पाठ

पिया तोसे नैना लागे रे, जाने क्या हो अब आगे रे!
ओ, आई होली, आई, ओ सब रंग लाई,
बिन तेरे, होली भी न भाए, हो।।
ओ, भर पिचकारी, ओ, सखियों ने मारी,
भीगी मोरी सारी हाए हाए!

तन–बदन मोरा काँपे थर–थर,
धिनक धिन धिन, धिनक तिन तिन! पिया तोसे...
रात को जब चाँद चमके, जल उठे तन मेरा!
मैं कहूँ, मत कर ओ चन्दा, इस गली का फेरा।।
आना, मोरा सैयाँ जब आये–
चमकना उस रात को, जब मिलेंगे तन–मन!
मिलेंगे तन–मन, पिया तोसे...

(राग : तिलंग, ताल : रूपक)

गीत के बारे में : एस.डी. बर्मन अपनी जीवन्त धुनों के लिए जितने प्रसिद्ध हैं उतने ही विविध ठेकों (Beats) के खोजपूर्ण प्रयोगों के लिए भी। उनकी विशेषता यह रही कि उन्होंने पारम्परिक वाद्ययन्त्र तो प्रयोग किये ही, नयी–नयी दैनिक कामकाज की वस्तुओं तक को भी तालवाद्य बना डाला। जैसे काँच, लकड़ी, बाँस, बालों का कन्घा तथा घर के बर्तन आदि। यही कारण है कि उनका संगीत यौवन से भरपूर लगता था तथा वाद्ययन्त्रों एवं ठेकों में होड़–सी लगी रहती थी।

प्रस्तुत नृत्य गीत इसका सर्वोत्कृष्ट उदाहरण है। फ़िल्म की नायिका एक नृत्यांगना है जो पति द्वारा उपेक्षित है। उसे एक गाइड का सहारा मिलता है और वह अपनी कला को निखारकर मंच पर प्रदर्शन प्रारम्भ करती है। इस पर भी शर्त यह है कि एक ही गीत के द्वारा उसकी नृत्य कला का निखार, दर्शकों द्वारा मिली प्रसिद्धि तथा देश के विभिन्न शहरों में होते हुए मंच–प्रदर्शनों को दिखाना था। नृत्यकला का चरमोत्कर्ष दिखाने के लिए नृत्य और गीत को भी अपने चरम (Climax) तक पहुँचाना था। इसके लिए उन्होंने एक ऐसी रचना की कल्पना की जिसमें विविध वाद्ययन्त्रों, ठेके की विविधताओं तथा गायन में विभिन्न गतियों का प्रयोग करके एक काफ़ी लम्बे गीत को इतना सरस बनाया कि वह क्षणभर के लिए भी उबाऊ नहीं लगा बल्कि दृश्य में ऐसे प्राण फूँके कि फ़िल्म का एक प्रबल आकर्षण बन गया।

बर्मन दादा पहले धुन बनाते थे, धुन से भी पहले ठेके बल्कि नये–नये ठेके और उनका चलन ईजाद करते थे। वही उन्होंने इस गीत में भी किया। इतना करने के बाद ही वह उस धुन और ठेके पर गीत लिखवाते थे। इस गीत में शैलेन्द्र ने यही काम न केवल उनकी आशा के अनुरूप किया है बल्कि सुनने वालों के लिए, इस गीत को अमरता प्रदान की है। यों तो यह राग तिलंग पर आधारित है किन्तु 'रे ध' के प्रयोग के कारण मिश्र खमाज भी कह सकते हैं। पार्श्व संगीत में सितार, वायलिन समूह, बाँसुरी तथा ताल वाद्यों ने अद्‌भुत समाँ बाँधा है।

स्वर-लिपि (पिया तोसे नैना लागे रे)

ग ग – ग – पध प म म – स – स – रेग – * *
पि या ऽ तो ऽ सेऽ ऽ नै ना ऽ ला ऽ गे ऽ रेऽ ऽ * *

* ग ग म धप – म ग रे * ग ग – म – धप – म
* नै ना ला गेऽ ऽ रे ऽ ऽ * जा ने ऽ क्या ऽ होऽ ऽ अ

ग – स – स – सग रे * * * * * * * * * *
ब ऽ आ ऽ गे ऽ रेऽ ऽ * * * * * * * * * *

सं प ग * स ग रे सं प ग * रे ग स सां प
पार्श्व–संगीत :

ग * स ग रे नि – – – – – – सं प ग * स ग

रे सं प ग * रे ग स सं प ग * स ग रे नि – – –

– – – नि निनि निनि नि निनि निनि निनि निनि निनि निनि निनि

निनि निनि निनि ध धध धध ध धध धध धध ध – संनि धनि

धप मग रेस नि निनि निनि नि निनि निनि निनि निनि निनि

निनि – निनि निनि निनि ध धध धध ध धध धध धध प

– * मं – – –

रूपक ताल

x			2		3		x			2		3	
मे	–	–	–	–	–	–	–	ध	मं	ध	मं	ध	मं
आ	ऽ	ऽ	ऽ	ऽ	ऽ	ऽ	ऽ	ऽ	ऽ	ऽ	ऽ	ऽ	ऽ
रे	–	–	ग	–	–	–	ध	म	ग	रे	गरे	सा	–
ऽ	ऽ	ऽ	ऽ	ऽ	ऽ	ऽ	ऽ	ऽ	ऽ	ऽ	ऽऽ	ऽ	ऽ
सं	–	–	–	–	–	–	–	–	–	–	–	–	–
आ	ऽ	ऽ	ऽ	ऽ	ऽ	ऽ	ऽ	ऽ	ऽ	ऽ	ऽ	ऽ	ऽ
सं	नि	–	नि	ध	–	ध	नि	–	नि	सं	सं	रें	–
ऽ	ऽ	ऽ	आ	ऽ	*	आ	ऽ	*	आ	ऽ	ऽ	ऽ	ऽ
–	–	–	–	–	–	–	–	–	–	–	–	–	–
ऽ	ऽ	ऽ	ऽ	ऽ	ऽ	ऽ	ऽ	ऽ	ऽ	ऽ	ऽ	ऽ	ऽ
रें	गं	*	गं	रें	*	*	रें	गं	*	गं	रें	रें	नि
पार्श्व संगीत :													
सं	–	–	–	–	–	–	नि	ध	म	प	–	–	–
							आ	ऽ	ऽ	ऽ	ऽ	ऽ	ऽ
प	–	–	–	–	–	–	–	–	धनि	पध	–	म	–
ओ	ऽ	ऽ	ऽ	ऽ	ऽ	ऽ	ऽ	ऽ	ऽऽ	ऽऽ	ऽ	ऽ	ऽ
प	प	–	प	–	प	–	प	प	–	–	सं	ध	प
आ	ई	ऽ	हो	ऽ	ली	ऽ	आ	ई	ऽ	*	ओ	ऽ	ऽ

ध	—	—	—	—	—	—	—	—	—	निसंधनि	—	ध	प
ऽ	ऽ	ऽ	ऽ	ऽ	ऽ	ऽ	ऽ	ऽ	ऽ	ऽऽऽऽ	ऽ	ऽ	ऽ
प	प	—	प	—	प	—	प	प	म	—	—	—	—
स	ब	ऽ	रं	ऽ	ग	ऽ	ला	ई	ऽ	*	*	*	*
नि	नि	—	नि	—	नि	—	नि	सं	—	रेंगं	रें	नि	—
बिन	न	ऽ	ते	ऽ	रे	ऽ	हो	ली	ऽ	भी	ऽ	न	ऽ
सं	—	—	—	—	सं	—	धप	—	—	—	—	ग	म
पा	ऽ	ऽ	ऽ	ऽ	ई	ऽ	होऽ	ऽ	*	*	*	ओ	ऽ
प	—	—	—	—	—	—	—	—	धनि	पध	—	म	—
ऽ	ऽ	ऽ	ऽ	ऽ	ऽ	ऽ	ऽ	ऽ	ऽऽ	ऽऽ	ऽ	ऽ	ऽ
प	प	—	प	—	प	—	प	प	—	—	सं	ध	प
म	र	ऽ	पि	ऽ	च	ऽ	का	री	ऽ	*	ओ	ऽ	ऽ
ध	—	—	—	—	—	—	—	—	—	निसंधनि	—	ध	प
ऽ	ऽ	ऽ	ऽ	ऽ	ऽ	ऽ	ऽ	ऽ	ऽ	ऽऽऽऽ	ऽ	ऽ	ऽ
प	प	—	प	—	प	—	प	प	म	—	—	—	—
स	खि	ऽ	यों	ऽ	ने	ऽ	मा	री	ऽ	*	*	*	*
नि	नि	—	नि	—	नि	—	नि	सं	—	रेंगं	रें	नि	—
पी	गी	ऽ	मो	ऽ	री	ऽ	सा	री	ऽ	हाऽ	ऽ	ए	ऽ
सं	—	—	—	—	—	—	प	नि	प	प	--	धनि	—
ध	ऽ	ऽ	ऽ	ऽ	ऽ	ऽ	ऽ	ऽ	ऽ	ऽ	ऽ	ऽऽ	ए
नि	नि	नि	नि	—	नि	नि	नि	सं	नि	सं	नि	सं	—
त	न	ब	दन	ऽ	मो	रा	काँ	ऽ	पे	थ	र	थर	ऽ
प	ध	प	सं	नि	ध	प	म	प	म	ग	रे	स	रे
धि	न	क	धि	न	धि	न	धि	न	क	ति	न	ति	न
स	ग	—	म	—	पध	प	*	*	*	*	*	*	*
पि	या	ऽ	तो	ऽ	सेऽ	ऽ	नै	ना	ऽ	ला	ऽ	गे	ऽ
रेग	—	रे	—	—	ग	ग	म	धप	—	म ग	स	रेग	रे
रे	ऽ	ऽ	*	*	नै	ना	ला	गेऽ	ऽ	रे ऽ	ऽ	ऽऽ	ऽ
ग	ग	—	म	—	पध	—	म	ग	—	स	—	स	—
जा	न	ऽ	क्या	ऽ	होऽ	ऽ	अ	ब	ऽ	आ	ऽ	गे	ऽ
ग	रे	—	—	—	ग	ग	म	प	म	मनि	धनि	पध	म
रे	ऽ	*	*	*	नै	ना	ला	गे	ऽ	रेऽ	ऽऽ	ऽऽ	ऽ
ग	ग	—	म	—	पध	प	—	—	—	—	—	—	—
पि	या	ऽ	तो	ऽ	सेऽ	ऽ	*	*	*	*	*	*	*
प	—	—	—	—	—	धप	मं	*	*	*	नि	रे	मं
पार्श्व संगीत :													

धसं	–	नि	प	–	म	–	गम	रेग	–	ग	–	स	–
स	–	रे	स	–	रे	स	स	–	रे	स	–	रे	स
श	ऽ	त	को	ऽ	ज	ब	चाँ	ऽ	द	चम	ऽ	के	ऽ
प	प	म	ग	मग	रे	स	रे	ग	–	धिं	ना	धिं	ना
ज	ल	उ	ठे	ऽऽ	त	न	मे	रा	ऽ	(तबला)			
प	–	ध	प	–	ध	प	प	प	ध	प	–	ध	प
मै	ऽ	क	हूँ	ऽ	म	त	क	र	ओ	चं	ऽ	दा	ऽ
सं	सं	नि	ध	प	म	ग	म	म	–	–	ग	प	–
इ	स	ग	लो	ऽ	का	ऽ	फे	रा	ऽ	ऽ	ऽ	ऽ	*
सं	–	–	ग	–	प	धप	म	ग	–	म	पम	ग	रे
आ	*	*	आ	ऽ	ऽ	ऽऽ	ऽ	ऽ	*	*	*	*	*

रात को जब चाँद चमके, जल उठे तन मेरा। मैं कहूँ, मत कर ओ चन्दा, इस गली का।

म	म	–	–	–	–	–	नि	नि	–	नि	–	नि	–
फे	रा	ऽ	ऽ	ऽ	*	*	आ	ना	ऽ	मो	ऽ	रा	ऽ
नि	–	सं	रेंगं	रें	नि	–	सं	–	–	–	–	–	–
सैं	ऽ	याँ	जऽ	ऽ	ब	ऽ	आ	ऽ	ऽ	ऽ	ऽ	ऽ	ऽ
प	नि	प	–	–	पध	नि	नि	नि	नि	नि	–	नि	नि
ए	ऽ	ऽ	ऽ	ऽ	ऽऽ	ऽ	च	म	क	ना	ऽ	उ	स
नि	सं	नि	सं	नि	सं	सं	प	ध	प	सं	नि	ध	प
रा	ऽ	त	को	ऽ	ज	ब	मि	लें	गे	त	न	म	न
म	प	म	गा	रे	स	रे	ग	ग	–	म	ध	प	–
मि	लें	गे	त	न	म	न	पि	या	ऽ	तो	ऽ	से	ऽ
म	ग	–	स	–	स	–	रेग	–	–	–	–	ग	ग
नै	ना	ऽ	ला	ऽ	गे	ऽ	रेऽ	ऽ	*	*	*	नै	ना
म	पध	प	म	ग	रे	ग	प	प	–	–	–	ऩि	स
ला	गेऽ	–	रे	ऽ	ऽ	ऽ	पि	या	ऽ	*	*	हाँ	हाँ
रे	स	–	–	म	ग	म	प	प	–	–	–	ऩि	स
पि	या	*	*	हो	ऽ	ऽ	पि	या	ऽ	*	*	हाँ	हाँ
रे	स	प	म	प	ग	म	प	प	–	धनि	–	नि	–
पि	या	ओ	ऽ	ऽ	ऽ	ऽ	पि	या	ऽ	तोऽ	ऽ	से	ऽ
निसं	सं	–	सं	प	प	ध	पध	–	–	–	–	धरें	सं
नै	ना	ऽ	ला	ऽ	गे	ऽ	रेऽ	ऽ	ऽ	ऽ	ऽ	ऽऽ	ऽ
नि	ध	प	म	प	म	ग	ग	ग	–	प	–	धप	–
ऽ	ऽ	ऽ	ऽ	ऽ	ऽ	ऽ	जा	ने	ऽ	क्या	ऽ	होऽ	ऽ
म	ग	–	प	–	स	–	ग	रे	–	–	–	ग	ग
अ	ब	ऽ	आ	ऽ	गे	ऽ	रे	ऽ	*	*	*	नै	ना

म	प	म	नि	ध	प	म	ग	ग	–	म	–	पध	प
ला,	गे	ऽ	रे	ऽ	ऽ	ऽ	पि	या	ऽ	तो	ऽ	सेऽ	ऽ
म	ग	–	स	–	स	–	प	ग	–				
नै	ना	ऽ	ला	ऽ	गे	ऽ	रे	ऽ	ऽ				

(जहाँ यह ‿ चिह्न दिया है, वहाँ दो मात्राओं में तीन स्वर समझने चाहिए।)

गीत-16

गीत : मैंने रंग ली आज चुनरिया

गीतकार : राजा मेहदी अली ख़ाँ

संगीतकार : मदन मोहन

फ़िल्म : दुल्हन एक रात की (1966)

गायक : लता मंगेशकर

गीत पाठ

मैंने रंग ली, आज चुनरिया सजना, तोरे रंग में
सजना, तोरे रंग में, सजना, तोरे रंग में!
जिया मेरा चाहे, मैं भी खेलूँ ओ सजनवा, होली ऐसे।
राधा ने कन्हैया से प्रेम की होली खेली जैसे।।
प्रेम के मैं रंग फेंकूँ, बिन तुम्हारे कुछ न देखूँ! मैंने रंग ली...
जल्दी से आ, मेरी बावरी अँखियाँ तेरी प्यासी।
चरणों में तेरे पिया, स्वर्ग बसा ले तेरी दासी।।
तुम बता दो, मेरे क्या हो, मैं तो जानूँ देवता हो!

(राग : मिश्र पीलू, ताल : कहरवा)

गीत के बारे में : राग मिश्र पीलू पर आधारित यह एक संयोग श्रृंगार का गीत हैं। मदन मोहन सितार और बाँसुरी का प्रयोग बहुत अच्छा करते थे। साथ ही कोमल स्वर उनकी धुनों में रच–बस कर और भी कोमल हो उठते थे। यह फ़िल्म 1966 में बनी थी जब मधुरता अपनी पराकाष्ठा पर पहुँच रही थी और मदन मोहन ठुमरी अंग के गीतों से रस बरसा रहे थे। इस गीत में उन्होंने बाँसुरी का प्रयोग बहुत ही क्लिष्ट किया है तथा वह उतना ही आकर्षक लगता है। अन्तरे में स्वर वक्र हो जाते हैं जिनसे ठेके की चाल भी बदल जाती है और कलात्मकता बढ़ जाती है। साथ ही साथ वह नायिका की चंचलता उभारने में मदद करती है।

स्वर-लिपि (मैंने रंग ली आज चुनरिया)

नोट : अपने मध्यम को 'सा' मानकर गाया जाये, तो अधिक उपयुक्त रहेगा

पंधं पं,रें गंरें निसं नि,प धप मग रेस निध,प– – – – – – – –

पार्श्व संगीत :

ध< << नि< << सा< << रे< >< ग^{म}< ग^{म}<

सितार (झाला) :

<< रे< <रे << रे< रे< रेम< <ग << सा< <ध

<< स< रे< ग< <ग << रे< <रे << सा< <

पं – – – – – – रेंसं धंपं पंधं पंधंपं मं पं संपं पं –

पार्श्व संगीत :

पंधं पंधं पंधंपं मंगं मं निंमं – – गं रेंगं मंधं पं – मंगं रेंसं

निध प सं – ध$^{नि}$ –$^{नि}$ नि सा रे

सितार :

कहरवा ताल

x				o				x				o			
पं	–	रे–	रे^{ग}ग	रे^{ग}नि	–	धध	पम	पप	मग	रे	स	ग	म	पध	नि
		पार्श्व संगीत :										सितार:			
धं	मप	गं	रेंगरें	संरें–	–	संनि	धप	गंसं	निसं,नि	धप	पध	नि	धध	ध	–
		वाद्य–संगीत :											सितार :		
रेग	म	रेस	रे	–	संनि	ध	नि	स	स	–	रेंगं	रेंगरें	नि	धनिध	म
									वाद्य–संगीत :						
पध	निध	पम	गरे	स	–	नि	स	रेग,–	ग	ग	–	रे	ग	रेस–	स
						मैं	ने	रँऽऽ	ग	ली	ऽ	आ	ऽ	जऽऽ	चु
स	रे	रेग	रेस	रेग	–रे	गम,	–ग	म	ग	रे	ग	–	स	–	स
न	रि	याऽ	ऽऽ	ऽऽ	ऽऽ	सऽऽ	ज	ना	ऽ	ऽ	ऽ	ऽ	तो	ऽ	रे
स$^{नि}$	स	स	–	–	–	नि	स	रेग,–	ग	ग	–	–रे	–ग	रे	स
रँ	ग	में	ऽ	*	*	मैं	ने	रँऽऽ	ग	ली	ऽ	*आ	ऽऽ	ज	चु
स	रे	रेग	रेस	रेग	--रे	गम,–	म	म	ग	रे	गम,ग	–	स^{ग}	–	स
न	रि	या	ऽऽ	ऽऽ	ऽऽ	सऽऽ	ज	ना	ऽ	ऽ	ऽऽऽ	ऽ	तो	ऽ	रे
बाँसुरी :	मम	ग	–म	म	प	–)									
स$^{नि}$	स	स	–	*	*	प	प	प	–	–	धनि	–	निध	ध$^{नि}$	धंपं
रं	ग	में	ऽ	*	*	स	ज	ना	ऽ	ऽ	ऽऽ	ऽ	तोऽ	ऽ	रेऽ
प	धनि,ध	ध	म	–	–	म	मरे	रेम	पध	नि	ध$^{नि}$	म^{प}	मप	ध	पप
रं	गऽऽ	में	ऽ	ऽ	*	स	जऽ	जाऽ	ऽऽ	ऽ	ऽ	ऽ	तोऽ	ऽ	रेऽ

स	ग	ग	रे	स	–	नि़	स	रेग,	ग	ग	–	रे	ग	रेस	स
रं	ग	में	ऽ	ऽ	*	मैं	ने	रँऽऽ	ग	ली	ऽ	आ	ऽ	जऽ	चु
स	रे	[रे]गरे	स	रेग	–रे	गम	म	म	ग	रे	ग	–	स[रे]	–	स
न	रि	याऽ	ऽ	ऽऽ	ऽऽ	ऽस	ज	ना	ऽ	ऽ	ऽ	ऽ	तो	ऽ	रे
स[नि]	स	स	–	–	–	नि़	स	रेम	मप	पध	पम	ग	–	–	–
रं	ग	में	ऽ	ऽ	*	मैं	ने	रँऽ	गऽ	लीऽ	ऽऽ	ऽ	ऽ	ऽ	ऽ
धसं	निसं	––	प	ध[नि]	प	ग[म]	रे	स	–नि़	ध	नि़स–	स	–रे	ग	ग
पार्श्व संगीत :															
मप	धनि	ध	–	ग[म]	– रे	स	रे	स	–	संध	निसं	–	संध	नि	प
गंम–	रेग,	–	–	सरे	–	नि़स,–	–	पध	पम	प	नि	–	पध	पम	प
सं	नि	प	ध	पम	गरे	‿स	–	स	म	ग	म	ग	म	रे	ग
								जि	या	मे	रा	चा	हे	मैं	भी
स[रे]	रे	नि़[रे]	स	रे	ग	रे	–	–	रेग	प	–	ग[म]	म	धध	प
खे	लूँ	ओ	स	ज	न	वा	ऽ	*	होऽ	ली	ऽ	ऽ	ऽ	ऐऽ	ऽ
प	–	–	–	मग	मग	रे	–	स	म	ग	म	ग	म	रे	ग
से	ऽ	ऽ	ऽ	ऽऽ	ऽऽ	ऽ	*	रा	धा	ने	क	न्है	ऽ	या	से
स[ग]	रे	नि़	स	रे	ग[म]	रे	–	–	रेग	प	–	ग[म]	म	धध	प
प्रे	ऽ	म	की	हो	ऽ	ली	ऽ	*	खेऽ	ली	ऽ	ऽ	ऽ	जैऽ	से
(बाँसुरी : प ग[म]			म–ध	पध	–	म	–)								
प	–	–	*	*	म	ग	म	ध	–	ध	प	–	–नि[ध]	–	नि
से	ऽ	ऽ	*	ऽ	प्रे	ऽ	म	के	ऽ	मैं	ऽ	*	*रँ	ऽ	ग
निध	ध	ध	प	ध[नि]	धप	म	म	पध	ध[प]	ध	प	–	नि	–	नि
फेंऽ	ऽ	कूँ	ऽ	ऽ	प्रेऽ	ऽ	म	केऽ	ऽ	मैं	ऽ	*	रं	ऽ	ग
निध	ध	ध	प	–	–प	–प	प	प	–	धध	पम	रे	म	ध	प
फेंऽ	ऽ	कूँ	ऽ	*	*बि	ऽन	तु	म्हा	ऽ	रेऽ	ऽऽ	ऽ	कु	छ	न
ग	–	गरे	रे	स	–	नि़	स	रेग,–	ग	ग	–	–रे	–ग	रेस,–	स
दे	ऽ	खूँऽ	ऽ	ऽ	*	मैं	ने	रँऽऽ	ग	ली	*	*आ	ऽऽ	जऽऽ	चु
स	रे	रेग	रेस	–	–	–म	–	म	मग	ग	रे	म	–स[रे]	–	स
न	रि	याऽ	ऽऽ	ऽ	ऽ	*स	ऽ	ज	नाऽ	ऽ	ऽ	ऽ	ऽतो	ऽ	रे
स[नि]	स	स	–	–	–	नि़	स	रेम	मप	पध	पम	ग	–	–	–
रं	ग	में	ऽ	ऽ	*	मैं	ने	रँऽ	गऽ	लीऽ	ऽऽ	ऽ	ऽ	ऽ	ऽ

(पहले अन्तरे से पूर्व का पार्श्व संगीत बजाये जाने के पश्चात् दूसरा अन्तरा पहले के समान गाया जायेगा।)

गीत–17

गीत : बोले रे, पपीहरा

गीतकार : गुलज़ार

संगीतकार : वसन्त देसाई

फ़िल्म : गुड्डी (1971)
गायक : वाणी जयराम

गीत पाठ

बोले रे, पपीहरा, नित घन बरसे,
नित मन प्यासा, नित मन तरसे।
पलकों पर इक बूँद सजाये बैठी हूँ सावन ले जाये,
जाये पी के देस में बरसे, नित मन प्यासा, नित मन तरसे।
सावन जो सन्देसा लाये, मेरी आँख से मोती पाये,
दान मिले बाबुल के घर से, नित मन प्यासा, नित मन तरसे।

(राग : मियाँ की मल्हार, ताल : कहरवा)

गीत के बारे में : यह लोकप्रिय गीत राग मियाँ की मल्हार पर आधारित है। फ़िल्म की नायिका गुड्डी छात्रा है। शास्त्रीय संगीत भी सीखती है। उसे एक गीत गाने को कहा जाता है। स्कूल–कॉलेज की छात्रा वही बन्दिश गाएगी जो वह अपने विद्यालय में सीख रही है अतः इस राग को चुना गया क्योंकि शास्त्रीय गायकों में इन्हीं स्वरों पर आधारित एक बन्दिश पहले से ही बहुत प्रचलित है। वसन्त देसाई बहुत गुणी संगीतकार थे। उन्होंने इस बन्दिश को जनसामान्य की रुचि के अनुकूल इतनी चतुराई से बनाया कि यह प्रयोग सदा के लिए सराहनीय हो गया है। फिर भी संगीतकार ने आद्योपान्त राग के स्वरूप को बिगड़ने नहीं दिया। वादी म और संवादी स, वर्षाकालीन राग तथा विरह भाव की अभिव्यक्ति इन तीनों ने मिलकर इस गीत को सजाया है। जया भादुड़ी की आवाज़ से मेल खाने के कारण ही वसन्त देसाई ने वाणी जयराम की आवाज़ को लिया।

स्वर-लिपि (बोले रे, पपीहरा)

प – – – ध नि ध प ध – – – नि – नि – सं
पार्श्व संगीत :

– – नि सं – – – – – * म प पनि ध नि
बोल ल रेऽ ऽ प

कहरवा ताल

x				x				x				x			
सं	–	–	निप	म	ग	ग	म,पम	रे	(स)	–	प[म]	प	पनिधनि		धनि
पी	ऽ	ऽ	हाऽ	रा	ऽ	प	पीऽऽ	ह	रा	ऽ	बो	ले	रेऽऽऽ		ऽप
संरे	निसं	–	निप	मग	–	ग	मपम	रे	स[नि]	–	–	नि	ध	स	नि
पी	ऽऽ	ऽ	हाऽ	राऽ	ऽ	प	पीऽऽ	ह	रा	ऽ	ऽ	नि	त	घ	न

रे	सरेमरे	स	–	स	स$^{नि}$	म	रे^{ग}	मप	ध,संनि	प$^{नि}$	प	म	ग	ग^{म}	म
ब	रSSS	से	S	नि	त	म	न	प्याS	SSS	S	सा	S	S	SS	S
रे	–	स	–	स	स$^{नि}$	म	रे^{ग}	नि^{म}	नि^{ध}प	प	–	म	प	नि	ध
S	S	S	S	नि	त	म	न	प्या	SS	सा	S	नि	त	म	न
सं	नि	सं	नि	रें$^{नि}$	–	–	–	–	–	–	–	मप,–	–	–	रें^{स}
त	र	से	S	S	S	S	S	S	S	S	S	SSS	S	*	बो
												(ठेकाबन्द)			
रें^{स}	नि$^{सं}$	ध$^{सं}$	नि	सं	–	–	नि	सं	नि	सं	नि	संरें	$^{नि}$संसं	म–	म–प
ल	रे	S	प	पी	S	S	ह	रा	S	S	S	SS	SS	SS	बोSS
				(ठेका प्रारम्भ)											
प	पनिधनि	ध	नि	सं	–	–	निप	म	ग	ग	मप,म	रे	स$^{नि}$	–	प
ल	रेSSS	S	प	पी	S	S	हS	रा	S	प	पीSS	ह	रा	S	बो
प	पनिधनि	ध	नि	सं	–	निसंनिरे	सं	नि$^{सं}$	–सं	ध	नि	सं	–	–	–
ल	रेSSS	S	प	पी	S	SSS	S	S	SSS	S	ह	रा	S	S	S
*	पम	गम	रेस	नि^{ध}	ध$^{नि}$	स	नि	रे^{म}	–रे^{म}	–	स	ग^{म}	–ग^{म}	–	–ग^{प}म
* पार्श्व–संगीत :															
रेरे	निस,नि	रेस	–	नि	ध$^{नि}$	स$^{नि}$	नि	रे^{म}	–रे	–	स	ग^{म}	–ग^{म}	–	ग^{प}म
रे	–मरे–	मस	–	रेसनिस	मरेसरे	पमरेम	निपमप	संनिनिप	रेसंनिसं	रें	–	म^{प}	प	निध	
नि	नि^{ध}	सं	–	म		गंग$^{मं}$	मं	रें	रे$^{मं}$	स$^{मं}$	–	–	रेंसंरें	स$^{संरें}$	
												प ल कों S			
नि	नि	सं	सं	$^{नि}$संरें	संनि,–	–संध	–ध	नि	नि^{ध}	सं	संप$^{नि}$–	–	पनि,प	मप,रें	सं
प	र	इ	क	बूँS	SSS	SदS	Sस	जा	S	ए	SSS	*	बैSS	SSS	ठी
रें	–	–रें	मरें,–	संनि,–	नि	सं	प$^{सं}$	पनि^{म}	नि^{ध}सं	प	प	पनि,प	प^{मप}नि	सं	निप,–
हूँ	S	*सा	SSS	वSS	न	ले	S	जा	SS	S	ए	जाSS	SS	S	एSS
म	ग	मग	–	मग	मग,–	म^{ग}प^{ग}	म	रे	रे	स	–	म^{ग}प	निसं	ग^{म}–मरेंसंनिसं	
पी	S	केS	S	देS	SSS	सS	में	ब	र	से	S	जाS	SS	SSS	एSSS
–नि	प	मप	निपमप	ग^{म}	–	ग^{म}	ग^{प}म	रे	रे	स	–				
Sपी	S	केS	SSSS	दे	S	स	मेंS	ब	र	से	S	नित	मन	प्यासा	

नित मन तरसे! बोल रे पपीहरा, बोल रे पपीहरा–पपीहरा, बोल रे पपीहरा!

(पहले अन्तरे से पूर्व का पार्श्व संगीत बजाये जाने के पश्चात्)

*	रेंस	रें	सं	नि	नि^{ध}	सं	–	संनि	संनि	ध	ध^{प}	नि	नि^{ध}	सं	–
*	साS	व	न	जो	S	सं	S	देS	SS	सा	S	ला	S	ए	S
–	रेंसं	रें	सं	नि	नि	सं	–	संनि	रेंसं,–	नि,स	ध	नि	नि	सं	निसं,प
*	सा Sव	न	न	जो	S	सं	S	देS	SSS	Sसा	S	ला	S	ए	SSS
*	पनि,प	मप,रें	सं	रें	–	रें	गरें–	संनि	धनि–	सं	प	पनि	निसं	–प	प
*	मेSS	SSS	री	आँ	S	ख	सेSS	मोS	SSS	ती	S	पाS	SS	SS	ए

प	रेंरें	नि	संसं	ध	निनि	म	प	प	रेंरें	नि	संसं	ध	निनि	म	प
*	*	*	*	*	*	*	*	*	*	*	*	*	*	*	*
पनि,प	मप,–	–रें	सं	–रें	–	रें	मंरें–	संनि	धनि	–सं	निसं, प	पनि	निसं	संप,–	प
मेऽऽ	ऽऽऽ	ऽऽ	री	*आँ	ऽ	ख	सेऽऽ	मोऽ	ऽऽऽ	ती	ऽऽऽ	पाऽ	ऽऽ	ऽऽऽ	ए
पनि,प	पनिसं	निप	प	म	ग	म	ग	मग	मग	मप	म	रे	रे	स	–
दाऽऽ	ऽऽ	ऽनऽ	मि	ले	ऽ	बा	ऽ	बऽ	लऽ	केऽ	ऽ	घ	र	से	ऽ
मप	निसं	गं–मं	रेसं,सं	नि	प	मप	निपमप	मग,–	ग	मग	मप,म	रे	रे	स	–
दाऽ	ऽऽ	ऽऽ	नऽमि	ले	ऽ	बाऽ	ऽऽऽऽ	बऽऽ	ल	केऽ	ऽऽऽ	घ	र	से	ऽ

नित मन प्यासा, नित मन तरसे! बोले रे पपीहरा, बोले रे पपीहरा–पपीहरा, बोले रे पपीहरा!

गीत-18

गीत : मधुबन में राधिका नाचे रे

गीतकार : शकील बदायुँनी

संगीतकार : नौशाद

फ़िल्म : कोहिनूर

गायक : मुहम्मद रफ़ी

गीत पाठ

मधुबन में राधिका नाचे रे,
गिरधर की मुरलिया बाजे रे!
पग में घूँघर बाँध के, घुँघटा मुख पर डार के।
नैनन में कजरा लगाके रे, मधुबन... ।
डोलत छमछम कामिनी, चमकत कैसी दामिनी।
चंचल प्यारी छब लागे रे, मधुबन.... ।
मृंदग बाजे तिरकिट धुम तिरकिट धुम ताता न गत थोम–थोम
तथई–तथई ता ता थोम–थोम तननन थोम थोम तननन क्ड़ान था
क्ड़ान धा, क्ड़ान धा, धा धा धा। मधुबन... ।

(राग : हमीर, ताल : तीनताल)

गीत के बारे में : राग हमीर में निबद्ध तथा शास्त्रीय संगीत की चतुरंग शैली में प्रस्तुत यह गीत शास्त्रीय संगीत सीखने वालों के लिए आज पाठ्यपुस्तक की तरह बन गया है। गायन, सितारवादन, तबले तथा नृत्य के बोल तथा अन्त में तराना यही मिलकर चतुरंग की रचना करते हैं जिनका प्रभावकारी प्रयोग इस गीत में किया गया है। गीत के अन्त में गायी गयी तानें अत्यन्त क्लिष्ट होते हुए भी स्पष्ट हैं यही फ़िल्म संगीत का प्रभाव है।

लयकारी का प्रयोग यद्यपि पारम्परिक है फिर भी उसका प्रदर्शन फ़िल्म संगीत के अनुकूल किया गया है।

स्वर-लिपि (मधुबन में राधिका)

सं – – निसं – – – निसं धपम॑प– म॑प म॑ध प ग^प – मरे – स
* * * आ ऽ ऽ ऽ ऽ ऽऽऽऽ ऽ ऽऽ ऽऽ ऽ ऽ ऽ ऽऽ ऽ ऽ

– – – – प^म॑ प प प प प^म॑ –म॑ धप ग म
ऽ ऽ * * म धु ब न में रा ऽ ऽ धिऽ का ऽ

तीनताल

x				2				o				3			
ध	–	नि	–	धनि	संरें	नि^सं	सं	ध	ध^नि	प	प	–म॑	धप	ग	म
ना	ऽ	चे	ऽ	रेऽ	ऽऽ	म	धु	ब	न	में	रा	ऽऽ	धिऽ	का	ऽ
ध^नि	–	नि	–	निसं,सं	–नि	धध	पप	ग	ग	रे^ग	–रे	ग	म	पधम॑प	–
ना	ऽ	चे	ऽ	रेऽऽऽ	ऽऽ	गिऽ	रऽ	ध	र	की	*मु	र	लि	याऽऽऽ	ऽ
ग	म	रे	–	स	–	–	ग	म	ध^नि	–	नि	सं	रें	सं	नि
बा	ऽ	जे	ऽ	रे	ऽ	ऽ	पार्श्व	संगीतः							
सं	–नि	ध	नि	धप	–	पम॑	पप	ग	गम	रे	रे	ग	म	पधम॑प	–
						गिऽ	रऽ	ध	रऽ	की	मु	र	लि	याऽऽऽ	ऽ
ग	मरे	रे	–	स	–	प	प	प	प	प	प	–म॑	धप	ग	म
बा	ऽऽ	जे	ऽ	रे	ऽ	म	धु	ब	न	में	रा	ऽऽ	धिऽ	का	ऽ
			पार्श्व	संगीतः धस											
ध	–	नि	–	निसंध	ससं	रेग	मप	ग	पप	पप	पप	पम॑	पध	प	सारे
ना	ऽ	चे	ऽ	रेऽ	ऽ	*	*	*	*	*	*	*	*	*	*
नि	पप	पप	पप	गम	मरे	स	गम	ध	–नि	सं	–रें	गं	–	मं	पं
*	*	*	*	*	*	*	*	*	*	*	*	*	*	*	*
रें	–	गं	रेंसं	नि	निध	पग	मरे	स	प	प	प	पनि	ध	नि	नि
*	*	*	*	*	*	*	*	*	प	ग	में	घूँऽ	ऽ	ग	र
सं	–	सं	सं	–	–	पप	संनि	रेंरें	सं	–	–	सं	रें	नि	–
बाँ	ऽ	ध	के	ऽ	ऽ	आऽ	ऽऽ	ऽऽ	ऽ	ऽ	ऽ	आ	ऽ	ऽ	ऽ
संनि,सं	–नि	धनि	–ध	धनि	संनि	नि	प	प	प	प	प	पनि	ध	नि	नि
आऽऽ	ऽऽ	ऽऽ	ऽऽ	ऽऽ	ऽऽ	ऽ	ऽ	ऽ	प	ग	में	घूँऽ	ऽ	ग	र
सं	–	सं	सं	–	–	–	–	धनि	निध	धनि	–ध	नि	संनि	निरें	रें
सं	ऽ	ध	के	ऽ	ऽ	*	*	घुँऽ	घऽ	टाऽ	ऽऽ	मु	खऽ	पऽ	र
संनिरेंसं	–	ध	प	–	–	म	रे	रेप	प	धनि	–ध	धनि	निध	नि	सं
जऽऽऽ	ऽ	र	के	ऽ	ऽ	नै	ऽ	नऽ	न	मेंऽ	ऽऽ	कऽ	जऽ	रा	ल
धनि	–ध	प	–	धनि	सं	नि	ध	प	प	प	प	–म॑	धप	ग	म
गाऽ	ऽऽ	के	ऽ	हेऽ	ऽ	म	धु	ब	न	में	रा	ऽऽ	धिऽ	का	ऽ

ध	–	नि	–	निसं	सं	धप	मग	म	धध	धध	धध	निध	पमं	प	ग
ना	ऽ	चे	ऽ	रेऽ	ऽ	*	*	*	*	*	*	*	*	*	*
मग	मरे	प	प	धनि	संरें	निसं	धनि	संनि	–ध	प	धनि	सं	गंमं	पं	गंमं
*	*	*	*	*	*	*	*	*	*	*	*	*	*	*	*
रेंसं	निरें	संध	पमं	धप	गम	रेस	निरे	स	प	प	प	पनि	ध	नि	नि
*	*	*	*	*	*	*	*	*	डो	ल	त	छऽ	म	छ	म
सं	–	सं	सं	–	–	सं	–	–नि	धप,प	–	ग	–	–	ग	रे
का	ऽ	मि	नी	ऽ	ऽ	आ	ऽ	ऽऽ	ऽऽऽ	ऽ	ऽ	ऽ	ऽ	ऽ	ऽ
रेग	गगमम	धधपमं	स	गम	पग	मरे	स	–	प	प	प	पनि	ध	नि	नि
आऽ	ऽऽऽऽ	ऽऽऽऽ	ऽ	ऽऽ	ऽऽ	ऽऽ	ऽ	ऽ	डो	ल	त	छऽ	म	छ	म
सं	–	सं	सं	–	–	–	–	धनि	निध	धनि	निध	नि	संनि	निरें	गरें
का	ऽ	मि	नी	ऽ	ऽ	*	*	चऽ	मऽ	कऽ	तऽ	जै	ऽऽ	सेऽ	ऽऽ
सनि	रेंसं	ध	प	–	–	म	रे	रेप	प	धनि	–ध	धनि	–ध	नि	सं
दाऽ	ऽऽ	मि	नी	ऽ	ऽ	चं	ऽ	चऽ	ल	प्याऽ	ऽऽ	रीऽ	ऽऽ	छ	ब
धनि	–ध	प	–	धनि	रेंसं	नि	ध	प	प	प					
लाऽ	ऽऽ	गे	ऽ	हेऽ	ऽऽ	म	धु	ब	न	मेंराधिका नाचे रे, गिरधर की					

मुरलिया बाजे रे! मधुमन में राधिका नाचे–

				निसं	सं	–	–								
				रेऽ	ऽ	ऽ	ऽ	(इसके बाद दो आवर्तन तक केवल मृदंग बजता है)							
								*	पप	प	प	पनि	ध	नि	–
								*	मिर	दं	ग	बाऽ	ऽ	जे	ऽ
संसं	संसं	सं	संसं	संसं	सं	सं	सं	–प	पप	निध	नि	संसं	संसं	संसं	संसं
तिर	किट	धुम	तिर	किट	धुम	ता	ता	*मृ	दग	बाऽ	जेतिर	किट	धुमतिर	किटधुम	ताता
–नि	धनि	संनि	रें	संनि	धसं	निध	पप	नि	सं	निनि	पप	ग	म	रेरे	सस
न	गत	थोऽम	थोम	तथई	ऽत	थईऽ	ताता	थोम	थोम	तन	नन	थोम	थोम	तन	नन
सं	संसं	–सं	सं	सं	**	*	पप	प	प	प	प	–मे	धप	ग	म
उड़ान धाक्ड़ानऽधाक्ड़ान				धा	धाधा	धा	मधु	ब	न	में	रा	ऽऽ	धिऽ	का	ऽ

x				2				o			
ध	–	नि	–	सं	–	ससगप	पपगस	गपप,नि	नि,पधप	संसं,गंपं	पं,गंगंसं
ना	ऽ	चे	ऽ	रे	ऽ	आऽऽऽ	ऽऽऽऽ	ऽऽऽ ऽ	ऽऽऽऽ	ऽऽऽऽ	ऽऽऽऽ

3				x			
गपंसं, स	संनि,धपं	गंपंगरें	संसंधप	गपप,सं	संगंगरें	संसं,निध	पप,गप
ऽऽऽऽ	ऽऽऽऽ	ऽऽऽऽ	ऽऽऽऽ	ऽऽऽऽ	ऽऽऽऽ	ऽऽऽऽ	ऽऽऽऽ

2				o				3			
गरेस	–	प	प	प	प	प	प	–मे	धप	ग	म
ऽऽऽऽ	ऽ	म	धु	ब	न	में	रा	ऽऽ	धिऽ	का	ऽ

x				2			
संनि,धप आऽऽऽ	प,गपप ऽऽऽऽ	निसंगंगं ऽऽऽऽ	संसंनि, ध ऽऽऽऽ	पप,गग ऽऽऽऽ	गरेस– ऽऽऽऽ ऽ	– गगग,सं ऽऽऽऽ	

x				3			
संसं,गग ऽऽऽऽ	निनिनिगं ऽऽऽऽ	गंगं,निनि ऽऽऽऽ	गंगंगं,नि ऽऽऽऽ	निंनिं,धपं, ऽऽऽऽ	पं,गंपंगं ऽऽऽऽ	संनिनिध ऽऽऽऽ	प,गपप ऽऽऽऽ

x				2			
निसंगंगं ऽऽऽऽ	संगंगं,रें ऽऽऽऽ	संसं,निनि ऽऽऽऽ	धपगप ऽऽऽऽ	गरेसा– ऽऽऽऽ	– ऽ	प म	प धु

बन में राधिका नाचे रे।

गीत-19

गीत : ठाड़े रहियो ओ बाँके यार

गीतकार : मजरूह सुल्तानपुरी

संगीतकार : गुलाम मुहम्मद

फ़िल्म : पाकीज़ा

गायिका : लता मंगेशकर

गीत पाठ

चाँदनी रात बड़ी देर के बाद आई है,
ये मुलाक़ात बड़ी देर के बाद आई है;
आज की रात वो आये हैं बड़ी देर के बाद,
आज की रात बड़ी देर के बाद आई है।
ठाड़े रहियो ओ बाँके यार रे!
ठहरो, लगाइ आऊँ नैनों में कजरा,
चोटी में गूँथ आऊँ फूलों का गजरा।
मैं कर आऊँ, सोलह सिंगार रे!
धा किट ता किट धा धा किट किड़ धा किट
धागे तिट धान धान धा।
जागे न कोई रैना है थोड़ी,
बोले छमाछम पायल निगोड़ी, बोले निगोड़ी।
हो, आज धीरे–से खोलूँगी द्वार रे।

सैयाँ, धीरे से खोलूँगी द्वार रे।
ठाड़े रहियो ओ बाँके यार रे!

(राग : माँड, ताल : दादरा)

गीत के बारे में : यह गीत राग माँड पर आधारित है। राग माँड ख़ासतौर पर राजस्थानी लोक गीतों से होकर ही शास्त्रीय संगीत तक पहुँचा है। इसीलिए कदाचित इसकी गणना क्षुद्र प्रकृति के रागों में की जाती है। विलम्बित ख़्याल इसमें नहीं गाये जाते। वैसे सम्पूर्ण जाति का राग होने के कारण इसमें सभी स्वर शुद्ध लगते हैं। क्षुद्र रागों में राग के नियमों का उल्लंघन भले ही हो किन्तु माधुर्य होना आवश्यक होता है इसीलिए इस गीत के संगीत निर्देशक गुलाम मुहम्मद ने इस बन्दिश में कहीं–कहीं राग के नियमों का उल्लंघन भी इसीलिए किया है कि गीत का भाव न जाने पाये। गीत के बीच में नृत्य के लिए जगह निकालकर दुगुन में तीनताल का प्रयोग किया गया है जिसे एक नया प्रयोग कहा जा सकता है तथा नृत्य की सतत्कार के बाद 'निगोड़ी' शब्द का प्रयोग करके पुनः गीत पर आना बेहद प्रभावकारी और चमत्कार से परिपूर्ण है। बन्दिश के प्रारम्भ में उर्दू की एक रुबाई का प्रयोग भी वातावरण पैदा करने में सहायक होता है। गुलाम मुहम्मद क्योंकि राजस्थान के ही एक संगीत घराने से थे इसीलिए वह इतनी उत्कृष्ट रचना कर सके।

स्वर-लिपि (ठाड़े रहियो)

ग	–	ग	ग	–	रेग	रे	–	स	स	–	स	स	ऩिस,रे–	रे	–		
चाँ	ऽ	द	नी	ऽ	राऽ	ऽ	ऽ	ऽ	त	*	ब	ड़ी	ऽऽऽ	ऽ	दे	ऽ	
रे	रे	गरे,रे	–	स	–	रे	ग	ग	–	–प	रेग	–	–	–	–	–	
र	के	बाऽऽ	ऽ	ऽद	*	आ	ऽ	ई	ऽ	ऽऽ	हैऽ	ऽ	ऽ	ऽ	ऽ	ऽ	
–	–	–	–	गम	–	म	म	–	म	–	म	म	म	–	रेग	सारे	–
ऽ	*	*	*	येऽ	ऽ	मु	ला	ऽ	क़ा	ऽ	त	ब	ड़ी	ऽ	दे	ऽऽ	ऽ
ग	ग	प	–	–	–	–	–	पध	नि	–	–	नि$^{सां}$नि$^{सां}$धप	ध	प	प	–	
र	के	बा	ऽ	ऽ	ऽद	*	*	आऽ	ऽ	ऽ	ऽ	ऽऽ	ऽऽ	ई	ऽ	है	ऽ
–	–	सं	ध	सं	–	–	सं^{ध}	–	सं	–	सं	सं	–	–	नि	रेंसं	निध
ऽ	ऽ	*	*	*	*	*	आ	ऽ	ज	की	ऽ	रा	ऽ	ऽ	त	वो	ऽऽ
–	ध	–ध	–	धप	पसं	ध	संध	पम	–	–	मप	म	प	पसं	संध		
ऽ	आ	ऽ ए	ऽ	हैंऽ	बऽ	ऽ	ड़ीऽ	ऽऽ	ऽ	*	देऽ	ऽ	र	केऽ	बाऽ		
–	–	–	–	–	–	–	ध^{म}	–	ध	ध	–	पध,प	–	म	म	–	
ऽ	ऽ	ऽ	ऽ	ऽद	*	*	आ	ऽ	ज	की	ऽ	राऽऽ	ऽ	ऽ	त	*	
म	म	–प	म	प	ग	ग	गरे	गरे,रे–	स	–	सरे	ग	रे	ग			
ब	ड़ी	ऽऽ	दे	ऽ	ऽ	र	केऽ	बाऽऽऽ	ऽ	ऽद	आऽ	ऽ	ऽ	ऽ			
रेस	–	स	–	–	–												
ईऽ	ऽ	है	ऽ	ऽ	ऽ												

दादरा ताल

धा धिंना तिरकिट तिरकिट तकता तिरकिट

केवल तबला :

x 3

धा धिं ना धा तिं | ना धा धिं ना धा स स
ठा ड़े

रेग गम,ग रे गप प धप | म – –ग रेग सॅ स | रेग गम,ग रे गप प पध,प
रहि योऽऽ ऽ होऽ बाँ केऽ | या ऽ ऽर रेऽ ठा ड़े | रहि योऽऽ ऽ होऽ बाँ केऽऽ

म – –ग रेग –नि –नि | निसं सं – निनिधप –प –प | धनि नि – धधपम –म –म
या ऽ ऽर रेऽ *ठा ऽड़े | रहि यो ऽ ऽऽऽऽठा ऽड़े | रहि यो ऽ ऽऽऽऽ ऽठा ऽड़े

मध पध मप–मगरे, स –सस –स | रेग गम,ग रे गप प धप | म – –ग रेग सॅ स
रहि योऽ ऽऽऽऽ ऽऽऽ ऽठा ऽड़े | रहि योऽऽ ऽ होऽ बाँ केऽ | या ऽ ऽर रेऽ ठा ड़े

रेप गग – – नि निध | निसं सं सं नि प प | धनि नि नि निधं पम म
रहि ऽयो ऽ ऽ पार्श्व संगीत:

पध पम धप –म रेग सस | ग ग रे गप प धप | म – –ग गॅ स स

रेप ग – – मंध निसं | धसं– –नि ध निग, –ग | म गम,प प प प प –
ठहऽऽ ऽऽ रो ऽऽऽ ल | ग ऽऽऽ इ आ ऊँ ऽ

पध नि ध धनि सं सं | संनि रेंसं सं – नि ध | प ध धरें,स सं – संनि
नैऽ ऽ ऽ नोंऽ ऽ में | कऽ जऽ रा ऽ ऽ ऽ | चो टी मेंऽऽ गुँ ऽ दऽ

निसं निध, प – धनि,नि – ध | ध ध – पध म मध | पध मप –म रेग सा –
आऽ ऽऽऽ ऽऊँऽऽऽ ऽ ऽ | फू लों ऽ का ऽ गज | राऽ ऽऽ ऽऽ मैं तो *

रेग, गम,ग रे–, गप प धप | म – –ग ग स स | रेप ग – – – –
कर आऽऽ ऊँ* सोऽल ह सिंऽ | गा ऽ ऽर रे ठा ड़े | रहि यो ऽ ऽ * *

संनि धनि धप धप मग पम | गरे मग रेस स सग रेग
धाकि टता किट धाधा किट किड़धा | किट धागे तिट धा नधा ऽन

म पम गरे ग गम –म | प धप गम प पनि धनि
धा धागे तिट धा नधा ऽन | धा धागे तिट धा नधा ऽन

सं संनि ध,ध पध पम ग,प | पम गम गरे स,–स सग –ग,ग
घा सितार :

म प,मम गस ग,–ग गम –म,म | प ध,पप गम प,–प पनि –नि,नि

संनि सं धग गप धनि सं | निसं – –नि ध निग,– ग
सारंगी:
सं * * * * * | जा ऽ ऽऽ गे ऽऽऽ न

म गम,प – प – – | गप धनि –ध धनि सं सं
को ऽऽऽ ऽ ई ऽ ऽ | रैऽ ऽऽ ऽऽ नाऽ ऽ है

नि रेंसं सं –नि नि ध | प ध रेंसं सं – संनि | निसं निध,प – धनि,नि –ध
थो ऽऽ ड़ी ऽऽ ऽ ऽ | बो ऽ ऽऽ ले ऽ छ | माऽ ऽऽऽ ऽ छमऽऽ ऽ

ध – – प म –म पा ऽ ऽ यल ऽ *नि	मध मधमप– – धनि पध गोड ड़ीऽऽऽऽ ऽ ऽऽ ऽऽ	सं – – सं – – बो ऽ ऽ ले ऽ ऽ

तीनताल (लय बढ़ाकर)

x	2	o	3
धा धिं धिं धा केवल तबला :	धा धिं धिं धा	धा तिं तिं ता	ता प^{ध} – म सितारः
ग – – संस	नि सं ध नि	सं रें नि संसं	ध – – म
गग गग गग म	ग रे स नि़	स गग रेरे गग	पम पप प म
ग – – म (तीन आवर्तन तक तबले	ग रे स नि़ पर तीनताल बजेगी)	स ग रे ग	म प – म ●
म मध पध ^{म}प नि गोऽ ड़ीऽ ऽ	– धप मध प ऽ ऽऽ ऽऽ ऽ	प ध रेंसं सं ऽ बो ऽऽ ले	– संनि ऽ छऽ

(ठेका बन्द)

दादरा ताल

निसं निध,प –धनि, नि –ध माऽ ऽऽऽ ऽ छमऽऽ ऽ ऽ	ध – – ^{म}प म –म पा ऽ ऽ यल ऽ *नि	मध पधमप –म रे^{ग} स सस गोऽ ड़ीऽऽऽ ऽऽ हो ऽ अजि
रेप मम,ग गरे गप प धप धीऽ रेऽऽ सेऽ खोऽ लूँ गीऽ	म – –ग रेग प प द्वा ऽ ऽर रेऽ सै याँ	पध धम म मप प पम धीऽ रेऽ से खोऽ लूँ गीऽ
मप धप धप म– रेगरेस सस द्वाऽ ऽऽ ऽर रेऽऽ ऽऽऽऽ ठाड़े	रेग गम,ग रे गप प धप रहि योऽऽ ऽ होऽ बाँ केऽ	म – –ग रेग स$^{रे}$ स या ऽ ऽर रेऽ ठा ड़े
रप ग – – – – रहि यो ऽ ऽ ऽ ऽ		

गीत-20

गीत : तुम–बिन जीवन, कैसा जीवन

गीतकार : कैफ़ी आज़मी

संगीतकार : मदनमोहन

फ़िल्म : बावर्ची

गायक : मन्ना डे

गीत पाठ

तुम बिन जीवन, कैसा जीवन।
फूल खिलें तो दिल मुरझाये, आग लगे जब बरसे सावन।
रूठे तुम जब से, सूना–सा है मन का डेरा।
बैरी है दुनिया, बाँटे कोई क्यूँ दुःख मेरा।।

अपने आँसू, अपना ही दामन।
कैसे दिल बहले, हँसना चाहूँ, रोना आये।
ढूँढ़ा जग सारा, कुछ न सूझे, कुछ न भाये।।
तोड़ गये तुम मन का दर्पण!

(राग : भिन्नषड्ज, ताल : तीनताल)

गीत के बारे में : यह गीत फ़िल्म में एक ऐसे चरित्र द्वारा गाया गया है जिसके माध्यम से निर्देशक यह स्थापित करना चाहता है कि वह शास्त्रीय संगीत के दुरूह पक्ष का ज्ञान भी रखता है। इसलिए इस गीत को राग भिन्नषड्ज पर आधारित किया गया है। कई विद्वानों के अनुसार इसके पार्श्वसंगीत में ललित, मारवा और भटियार रागों का भी मिश्रण होता है। अन्तरे में भी राग जौनपुरी और अड़ाना का प्रयोग होता है फिर भी राग के नियम तोड़ने के बावजूद मधुरता और रस सृष्टि का तो कोई अन्त ही नहीं। भिन्नषड्ज अथवा कौशिक ध्वनि में रे वर्जित है जबकि इस गीत की स्थाई में 'ग^मप मरेस' स्वर समूह का भी प्रयोग हुआ है। जिसका कारण है कि फ़िल्म के इस गीत में मधुरता और लोकप्रियता ही सर्वप्रमुख है।

स्वर-लिपि (तुम-बिन जीवन)

नि धनि रेस,नि़–ध़ – – – – * * नि़स गम – – – –
आ SS SSS SS S S S S * * आS SS S S S S
– गमपमग – – – –प़ * * ^पनि़स गम ध – – – – *
S SSSS S S S S SS * * आS SS S S S S S *
मध नि^संसं नि नि^सां नि,^सां –सं धम – धम,ग – – – ^पनि –ग ^पम ग
आS SS S S SSS SS S SSS S S * आ SS SS S
– रेग,– रेस,– रेस,नि़ –ध़ –स – – – – – गम ध म
S SSS SSS SSS SS SS S S S S S तुम बि न
ध^पनि सां^रें निध ध
जीS S वS न

तीनताल

x				2				o				3			
संध	–संगं,	गमप,	म	रे	रेरे	स	–	–	ग	मध	म	धनि	सं	–,	निध ध
कैSS	SSS	साSS	S	जी	SS	वन	S	*	तु	मबि	न	जीS	S	S	वS न
ध	संग,–	ग	मप,म	रे	रेस	स	–	–	–नि़	स़ध़	–नि़	स	ग	ग	–
कै	SSS	सा	SSS	जी	SS	वन	S	*	*फू	Sल	Sखि	लें	S	तो	S
– ग	म	ध	म	धनि	सं	निध	ध	–स	–स	–	सस	म	–	म	–
* दि	ल	मु	र	झाS	S	एS	S	SS	*फू	S	लखि	लें	S	तो	S

–	ग म	ध	म	धनि	सं	–निध	–	–	धनि	सं	गं	रेंगं	मंगंसं	–सं	सं
*	दि ल	मु	र	झाऽ	ऽ	ऽएऽ	ऽ	ऽ	आऽ	ग	ल	गेऽ	ऽऽऽ	ऽज	ब
–	निसं	–ध	सं	ग	ग	मप,म	रेरे	स	ग म	ध	म	धनि	सं	सं	स
ऽ	बर	ऽसे	ऽ	ऽ	सा	ऽऽऽ	वन	ऽ	तु म	बि	न	जीऽ	ऽ	व	न
ग	–म	–	–	–	–	ग	म	मं	धग,–	–	–	–	–	ध	नि
सारंगी :															
ध	मे	ग	–	–	म	–ध	–	निसं	–	निसं	–	–	–	–,	निरें
नि	ध	नि	सं	रें	–	–	–सं	संमंगं	मं	धं	–	मंगं	–रें	–	–
संनिसं – निधपम				–	–प ग	रे	स	–	–	म	प	–	–	–प	पं
										रूँ	ठे	ऽ	ऽ	*तुम	ऽ
ध	–ध	निध,–	–	धनिसंनि	ध	प	–	–	–प	धसं	–	सं	–	सं	–
ज	ऽब	ऽऽऽ	ऽ	ऽऽऽऽ	से	ऽ	ऽ	ऽ	*सू	ऽना	ऽ	सा	ऽ	है	ऽ
–	निसं	–नि	संरे	सं,ध	ध	प	प	–	–स	–	प	–	–	–	प
*	मन	ऽका	ऽऽ	ऽडे	ऽ	ऽ	रा	ऽ	*बै	ऽ	री	ऽ	ऽ	*	है
–नि	नि	–	–	धसं,	–निध,नि	धप,–	–	– प	ध	सं	–	सं	–	सं	–
ऽदु	नि	ऽ	ऽ	ऽया ऽ	ऽऽऽ	ऽऽऽ	ऽ	*	बाँ	ऽ टे	ऽ	को	ऽ	ई	ऽ
–	नि सं	नि	सं	ध	धनि	प	प	–	प ध	सं	रे	रेंगं	रेंगंमंग	गरे,सं	–
*	क्यूँ	ऽदु	ख	मे	ऽऽ	ऽ	रा	ऽ	अ प	ने	ऽ	आँऽ	ऽऽऽऽ	सूऽऽ	ऽ
–	ध ध	ध	धसं	ग	ग	ग,रे	रेस	–							
*	अ	प ना	हीऽ	ऽ	दा	ऽम	नऽ	*तुम–बिन जीवन, कैसा				जीवन! तुम–बिन			
												धनि	सं	सं	–
												जीऽ	ऽ	वन	ऽ
नि^सं	–	–	–	–	–	–	निसं	–नि	ध^निसं नि	–	ध	–	पम–	पम–	सं
बाँसुरीः															
ध	–ग	–म	ध	–	–	पम–	धनि	सं	पसं	–नि	–प	–	–,निप	मग,	–म
नि	–ध	–	–	–	–	नि	–सं	रेंगंमं^गं–रेंसं	निसं,		नि	–ध	ध^नि	निध–	–
पम,–	–प	–	स	पपधपमप सं–			–	म	–प	–	–	–	–	पप	
									कै	ऽसे	ऽ	ऽ	ऽ	*	दिल
ध	–ध	नि	ध	नि,संनि	ध	प	–	–	प	ध प	ध	सं	–	सं	–
ब	ऽह	ऽऽ	ऽ	ऽऽऽ	ले	ऽ	ऽ	ऽ	हँ स	ना	ऽ	चा	ऽ	हूँ	ऽ
–	नि	सं	निसं	रेंसं–	ध	ध–नि	प	–	–स	–	प	–	–	–	पप
*	रो	ऽ	नाऽ	ऽऽऽ	आ	ऽऽऽ	ए	ऽ	*ढूँ	ऽ	ढा	ऽ	ऽ	*	जग
–नि	–	–	–	–ध	सां,निध	नि,धप–		–	मपम	गम,	–प	–	–	–	पप
ऽसा	ऽ	ऽ	ऽ	ऽऽ	राऽऽ	ऽऽऽ		ऽ	ढूँऽऽ	ऽऽ	ढा	ऽ	ऽ	*	जग
*नि	–	–	–	संरेंसं	निध	संरेंसं	निधप	–	–प	धप	–ध	सं	–	सं	–
साऽ	ऽ	ऽ		राऽऽ	ऽऽ	ऽऽऽ	ऽऽऽ	ऽ	*कु	छन	ऽऽ	सू	ऽ	झे	ऽ

—	—नि	संनि	स	निसं	रेंसं,—	ध̲	प	—	पध	सं	रें–ग		रेंगं	—मंगं	सं	सं
ऽ	*कु	छना	ना	भाऽ	ऽऽऽ	ए	ऽ	*	तोऽ	ड़	गाऽऽ		एऽ	ऽऽऽ	तु	म
—	ध ध	ध	सं	ग	ग,म प	म,रे	रेस	—	ग	म	ध	म	धनि	सं	—सं	—
ऽ	म न	का	ऽ	ऽ	दर ऽ	ऽप	नऽ	*	तु	म	बि	न	जोऽ	ऽ	ऽवन	ऽ
—	—	—	—													
ऽ	ऽ	ऽ	ऽ													

गीत–21

गीत : कैसे आऊँ जमुना के तीर

गीतकार : राजेन्द्र कृष्ण (पारंपरिक)

संगीतकार : सी. रामचन्द्र

फ़िल्म : देवता

गायिक : लता मंगेशकर

गीत पाठ

आ, कैसे आऊँ जमुना के तीर!
पाँव पड़ी जंजीर श्यामा, पाँव पड़ी ज़ंजीर हाए कैसे आऊँ जमुना के तीर!
आ, काहे लगाया बैरी अँखियों में कजरा, अँखियों में कजरा कलैया में गजरा!
रह गयी हार सिंगार किये मैं, कौन बँधाए धीर, हो कैसे आऊँ जमुना के तीर!
आ, श्याम–मिलन को जिया मोरा तरसे, काह करूँ कैसे निकलूँ मैं घर से!
प्रीति–भरे मन की ये दुनिया, हाए न जाने पीर, हो कैसे आऊँ जमुना के तीर!

(राग : भैरवां, ताल : कहरवा)

गीत के बारे में : राग भैरवी पर आधारित यह एक पारम्परिक ठुमरी है, जिसे उस्ताद अब्दुल करीम ख़ाँ साहब गाते थे। इसी कारण शब्दों के भाव से अधिक बन्दिश की मोहकता ही आकर्षित करती है। 'देवता' फ़िल्म सन् 1956 में बनी थी। यह फ़िल्म राजा–महाराजाओं के कल्पनालोक की कहानी है। तब तक दक्षिण भारत में हिन्दी फ़िल्में बनने लगी थीं। दक्षिण भारत के निर्माता प्राचीन भारत की फंतासी तथा भव्यता के पुजारी थे। ऊपर से इस फ़िल्म में वैजयन्ती माला जैसी नर्तकी थीं तो शास्त्रीय संगीत तथा शास्त्रीय नृत्य की जुगलबन्दी दिखाने का अलग ही महत्त्व था। सी. रामचन्द्र उस समय दक्षिण के चहेते संगीत निर्देशक थे जिन्हें ऐसे संगीत में महारत प्राप्त थी और फिर लता मंगेशकर जैसी गायिका हो तो कहना ही क्या! उस्ताद बिस्मिल्लाह ख़ाँ ने अपने एक साक्षात्कार में कहा था कि जीवन भर वह लता मंगेशकर द्वारा गाये गये गीतों में बेसुरेपन की खोज करते रहे किन्तु

लता हमेशा सुर में रहीं। इन्हीं सब प्रतिभाओं एवं स्थितियों का लाभ उठाने के लिए भैरवी की इस पारम्परिक बन्दिश का सार्थक उपयोग किया गया। फ़िल्म में गति लाने के लिए दुगुन में ठेका बजवाकर बन्दिश को और भी आकर्षक बना दिया गया है।

स्वर-लिपि (कैसे आऊँ जमुना के तीर)

स	—	—	—	—	—	सग	—	गप	—	—	—	निसं	नि	पग	—	—
आ	ऽ	ऽ	ऽ	ऽ	ऽ	ऽऽ	ऽ	ऽऽ	ऽ	ऽ	ऽ	ऽऽ	ऽ	ऽऽ	ऽ	ऽ
मप	मम	ग	म[प]	पम,प	—	—	—	—	—	—	—	मग	—	म	पध	निध
ऽऽ	ऽऽ	ऽ	ऽ	ऽऽऽ	ऽ	ऽ	ऽ	ऽ	*	*	*	कैऽ	ऽ	से	आऽ	ऽऽ
नि[सं]	ध	धप	प	मग,ग	—	म										
ऊँ	ऽ	जऽ	मु	नाऽऽ	ऽ	के										

कहरवा ताल

x				o				x				o			
प	—	—	—	—	—	ग[म]	म	पध	निध	नि,—ध	धप	प	मग,ग	—	म
ती	ऽ	ऽ	ऽ	ऽ	ऽर	कै	से	आऽ	ऽऽ	ऊँऽऽ	जऽ	मु	नाऽऽ	ऽ	के
प	—	—	—	—	—	नि	नि	नि	—नि	—	नि	नि	निधपम	—	म
ती	ऽ	ऽ	ऽ	ऽ	ऽर	कै	से	आ	ऽऊँ	ऽ	ज	मु	नाऽऽऽ	ऽ	के
रे[म]	—	[प]म	ध	नि	प	ग[म]	म	पध	निध	नि[सं]—ध	धप	प	मग,ग	—	म
ती	ऽ	ऽ	ऽ	ऽ	ऽर	कै	से	आऽ	ऽऽ	ऊँऽऽ	जऽ	मु	नाऽऽ	ऽ	के
		सितार :	म	ग	स	निस	निप	म	ग						
प	—	—	प	*	*	*	**	*	म	—	म	मप	निप	पम	गम
ती	ऽ	ऽ	र	*	*	*	**	*	पाँ	ऽव	प	ड़ीऽ	ऽऽ	जंऽ	ऽऽ
ग	—	—	स	सग	मग	गम	प	—	म[ग]	—	म	मप	निप	पम	गम
जी	ऽ	ऽ	र	श्याऽ	ऽऽ	माऽ	ऽ	ऽ	पाँ	ऽव	प	ड़ीऽ	ऽऽ	जंऽ	ऽऽ
गं	—	—	मप,म	ग	सा	ग	म	पध	निध	नि[सं]—ध	धप	प	मग,ग	—	म
जी	ऽ	ऽ	रऽऽ	हा	ऽए	कै	से	आऽ	ऽऽ	ऊँऽऽ	जऽ	मु	नाऽऽ	ऽ	के
म		सितार :		म											
निप	—	—	—	—	पम	गरे	सरे	नि	—स	—	ग	—	सग	मप	धनि
तीऽ	ऽ	ऽ	ऽ	ऽर	**	**	**	*	**	*	*	*	**	**	**
सं	—नि	—	प	—	मप	गम	पध	प<	<प	<<	प<	ग<	<ग[म]	<<	ग[म]<
*	**	*	*	*	**	**	**	**	**	**	**	**	**	**	**
स<	<स	<<	स<	गम	गम	पध	प	प	—म	ग	—रे	स	—	निस	रेग
**	**	**	**	**	**	**	*	आ	ऽऽ	ऽ	ऽऽ	ऽ	ऽ	ऽऽ	ऽऽ
—	ग	ग	ग	रे[स]	रे[स]	ग	ग	—	रेम	—गम,	ग,रेस	स	स	सा	निसंरेग
*	का	हे	ल	गा	या	बै	री	ऽ	अँखि	ऽयोंऽ	ऽमेंऽ	क	ज	रा	ऽऽऽऽ

–	ग	ग	ग	म^ग	पम,प	पम,ग	ग	–	रेम	–गम	ग,रेस	स	स	स	–
*	का	हे	ल	गा	याऽऽ	बैऽऽ	री	ऽ	अँखि	ऽयोंऽ	ऽमेंऽ	क	ज	रा	ऽ
–	गग	–ग	ग	रे^ग	स	सरे	गम	–	मम	गरे	ग,रेस	स	स	स	–
ऽ	अँखि	ऽयों	ऽमें	क	ज	राऽ	ऽऽ	ऽ	कलै	ऽया	ऽमेंऽ	ग	ज	रा	ऽ
–	गग	–ग	–ग	रे^ग	स	रेम	मप,म	ग	–रे	गम,ग, सा^रे		रेग,	रेनि	स	निसरेग
*	अँखि	ऽयों	ऽमें	क	ज	राऽ	कऽऽ	लै	ऽऽ	याऽऽ	में	गऽ	ऽज	रा	ऽऽऽऽ
–	ग	ग	ग	रे^ग	रेस	ग	ग	–	रेम	–,गम	ग,रेस	स	स	स	–
ऽ	का	हे	ल	गा	या	बै	री	ऽ	अँखि	ऽयोऽ	ऽमेंऽ	क	ज	रा	ऽ
–	पप	–प	प	मध	पम	ग	म	प	–	प	प	पध	–प	पध,नि	–धनि
*	रह	ऽग	ई	हाऽ	ऽऽ	र	सिं	गा	ऽ	र	कि	एऽ	ऽऽ	मैंऽऽ	ऽऽऽ
रेंसं–	निध	–प	प	मध	पम	ग	म	प	–	प	प	पध	–प	पध,नि	–
ऽऽऽ	रह	ऽग	ई	हाऽ	ऽऽ	र	सिं	गा	ऽ	र	कि	एऽ	ऽऽ	मैंऽऽ	ऽ
–	निसं	–नि	सं	ध^नि	प^नि	धनि,ध	म	प	–	–	म	पध	पम	ग	म
*	कोऽ	ऽ	बँ	धा	ऽ	एऽऽ	ऽ	धी	ऽ	ऽ	ऽर	होऽ	ऽऽ	कै	से
पध निध	संनि	–ध	धप	प	मग,ग	–	म	प	नि	–	–प	पमगरे	सनि,प	–	–
आऽऽऽ	ऽऊँऽ	ऽऽ	जऽ	मु	नाऽऽ	ऽ	के	ती	ऽ	ऽ	ऽर	रेऽऽऽ	ऽऽऽ	ऽ	ऽ
पनि	–धप	पम	ध	प	मग,ग	–	म	प	–	–	नि	प	मग,ग	–	म
आऽ	ऽऊँऽ	ऽऽ	ज	मु	नाऽऽ	ऽ	के	ती	ऽ	ऽर	ज	मु	नाऽऽ	ऽ	के
पध	निध	सं^नि	धप	प	मग,ग	–	म	निप	–	–	–	–	–	गम	पध
तीऽ	ऽऽ	ऽर	जऽ	मु	नाऽऽ	ऽ	के	तीऽ	ऽ	ऽ	ऽ	ऽर	*	बाँसुरीः	
सं	–	–	–	–	रेंगं	रेंगं	संरें	नि	–	सं	रें	नि	प	ध	सं
निसं	धनि	प	–	–	–	*	*	प	–	–	निध	प	–	–	धनि
						*	*	आ	ऽ	ऽ	ऽऽ	ऽ	ऽ	ऽ	ऽऽ
प	–ध	प	–म	गम,ग	–रे	स	–	–	निस	–ग	म	प	ध^नि	प	–
ऽ	ऽऽ	ऽ	ऽऽ	ऽऽऽ	ऽऽ	ऽ	ऽ	ऽ	श्याऽ	ऽम	मि	ल	न	को	ऽ
–	मम	–प	पम	मध	पध,प	ग^म	रे	–	रे^स	–रे	रे	सरे,	ग,पम	ग	ग
ऽ	जिया	ऽमो	राऽ	तऽ	रऽऽ	से	ऽ	ऽ	का	ऽह	क	रूँऽ	ऽऽऽ	कै	से
–	रेम	–गम	गरे	स	नि	रे	–	–	ध^म	–ध	ध	ध	–	–	ध
ऽ	निक	ऽलूँऽ	ऽमैं	घ	र	से	ऽ	*	प्री	ऽत	भं	रे	ऽ	*	म
ध	धपम	पध,नि	नि	नि	नि	निध	नि	प	पध	–प	ध	म^ग	पध,प	ग^म	म
न	कीऽऽ	ऽऽऽ	ये	दु	नि	याऽ	ऽ	ऽ	हाऽ	ऽए	न	जा	ऽऽऽ	ने	ऽ
प	–	–	म	पध	पंम	ग^म	म	पध	निध	नि^सं–ध	धप	प	म,गग	–	म
पी	ऽ	ऽ	र	होऽ	ऽऽ	कै	से	आऽ	ऽऽ	ऊँऽऽ	जऽ	मु	नाऽऽ	ऽ	के
प	–	–	–	–	–	पध	धनि,ध	(प)	प	–	–	–	म	पनि	धनि,ध
ती	ऽ	ऽ	ऽर	*	*	कैऽ	सेऽऽ	आ	ऊँ	ऽ	ऽ	ऽ	ऽ	कैऽ	सेऽऽ
(प)	प	–	–	–	–	ग	म	पध,नि	–नि	–	–	पनि	निध	निसं	संरे,सं
अ	ऊँ	ऽ	ऽ	ऽ	*	कै	से	आऽऽ	ऽऊँ	ऽ	ऽ	जऽ	मुऽ	नाऽ	केऽऽ

–नि	–ध	पध	मप	पनि	निध	निसं	संरें,सं	(नि)	–	प	ध	निसं	–सं	–	सं
ती	ऽर	रेऽ	ऽऽ	जऽ	मुऽ	नाऽ	केऽऽ	ती	ऽर	कै	से	आऽ	ऽऊँ	ऽ	ज
सं	निध,प	–	प	पधमप	ग	–	मप,म	गरे,स	–	ग	म	पध	निध	नि–ध	धप
मु	नाऽऽ	ऽ	के	तीऽऽऽ	ऽ	ऽ	रऽऽ	रेऽऽ	ऽ	कै	से	आऽ	ऽऽ	ऊँऽऽ	जऽ
प	मग,ग	–	म	प	नि	–	–प	पमगरे,सनि,प		–	–	पनि	–धप	पम	ध
मु	नाऽऽ	ऽ	के	ती	ऽ	ऽ	ऽर	रेऽऽऽ	ऽऽऽ	ऽ	ऽ	आऽ	ऽऊँऽ	ऽऽ	ज
प	मग,ग	–	म	प	–	–	नि[प]	प	मग,ग	–	म	पधनिध	नि[सं]	ध	धप
मु	नाऽऽ	ऽ	के	ती	ऽर	*	ज	मु	नाऽऽ	ऽ	के	तीऽऽऽ	ऽ	ऽर	जऽ
प	मग,ग	–	म	प	–	–	ग[म]	स	ध[नि]	प[नि]	–	–			
मु	नाऽऽ	ऽ	के	ती	ऽ	ऽ	र	ऽ	रे	ऽ	ऽ	ऽ			

(ठेका बन्द)

सन्दर्भ सूची

1. गर्ग, मुकेश *शास्त्रीय संगीत और फ़िल्म संगीत* फ़िल्मी शास्त्रीय गीत अंक, संगीत कार्यालय हाथरस (उ.प्र.), 1998, पृ. 7

उपसंहार

1931 में बोलती फ़िल्मों के आने के बाद स्वाभाविक ही था कि संगीत भी साथ–साथ आता। इस संगीत को चुनने, प्रयोग करने, इसकी तकनीकों को सँवारने तथा दर्शकों और श्रोताओं द्वारा इसे सुग्राह्य बनाने के लिए एक समूची पीढ़ी ने 1960 तक अपनी तपस्या, निष्ठा, प्रयोगधर्मिता, कुशलता, दूरदर्शिता, श्रम तथा त्याग के बल पर यह महत्त्वपूर्ण कार्य किया।

किन्तु उसके बाद परिस्थितियाँ बदलीं, इसी कारणवश संगीत की इस गाथा को उपसंहार के लिए दो काल खण्डों में बाँटा गया है। 1931 से 1960 तक तथा 1960 से 1975 तक।

हिन्दी फ़िल्म संगीत (1931–1960)

इस काल खण्ड में संगीत अपने चरम तक पहुँचा। शास्त्रीय संगीत की ही भाँति फ़िल्म संगीत में भी पहले–पहल घराने पैदा हुए, बने और फिर उजड़े, गुरु–शिष्य परम्परा रही, कइयों के एकलव्य की भाँति अपने–अपने द्रोणाचार्य भी रहे, किन्तु जिस प्रकार कोई पुरखा अपनी मेहनत से एक व्यवसाय खड़ा करता है, उसकी अगली पीढ़ी उसे सहेजकर दसों दिशाओं में फैलाती है, उन्हीं की तीसरी पीढ़ी अपने पुरखों के प्रभामण्डल एवं धन के अतिरेक से बिगड़ जाती है ठीक यही सबकुछ फ़िल्म संगीत में भी हुआ। पहली पीढ़ी, जिसने असम्भव को सम्भव बनाया, उसी को उनकी अगली पीढ़ी ने निष्ठापूर्वक हाथों–हाथ लिया। इन दोनों पीढ़ियों के कृत्य की जानकारी निम्न प्रकार है–

हिन्दी फ़िल्मों के गीतों की परम्परा भारत की अन्य भाषाओं ने भी अपनाई इस तरह उत्तर भारत के साज़, तबला और ढोलक दक्षिण के गीतों में भी धड़ल्ले से प्रयोग होने लगे तथा उनके बिना गानों की कल्पना भी मुश्किल हो गयी। किसी भी प्रान्त की भाषा की फ़िल्म क्यों न हो, धुन बनाने का तरीक़ा, गाने की शैली, वाद्ययन्त्रों का इस्तेमाल हिन्दी फ़िल्मों के अनुरूप ही होने लगा। संगीत निर्देशक, गायक, वादक आदि उत्तर से दक्षिण और

दक्षिण से उत्तर आने–जाने लगे। बंगाल ने कुछ समय तक अवश्य रवीन्द्र संगीत का पल्ला पकड़े रखा, किन्तु बाद में वहाँ की फ़िल्में भी हिन्दी गीतों के रंग में ही रंग गयीं। इससे जो बहुत बड़ी क्रान्ति आई, वह थी–भाषा का संगीत। जैसा कि हम पहले भी कह चुके हैं कि एक ही धुन का प्रयोग यदि कई भाषाओं में हुआ तो भी वह संगीत अपनी धुन से नहीं पहचाना गया, बल्कि भाषा से पहचाना गया। ऐसे बहुत सारे गीत तैयार हुए जो तमिल–हिन्दी, मलयालम–हिन्दी, तेलुगू–हिन्दी, कन्नड़–हिन्दी, मराठी–हिन्दी तथा बंगाली–हिन्दी में एक ही धुन पर रिकॉर्ड किये गये, किन्तु न वे अपनी धुन से पहचाने गये, न फ़िल्म से और न राग से, मुख्यतः उन्हें पहचाना गया उनकी भाषा से। हम इसका उदाहरण पहले भी दे चुके हैं, "ना मोनो लागे ना" (माँज खमाज) बंगाली भाषा का गीत है जबकि "ना जिया लागे ना" हिन्दी भाषा का गीत है, मज़े की बात यह है कि इन दोनों गीतों के संगीतकार तथा गायिका एक ही हैं, क्रमशः स्वर्गीय सलिल चौधरी, और सुश्री लता मंगेशकर। ये कहने की तो कोई आवश्यकता ही नहीं है कि धुन भी एक ही है। इस प्रकार फ़िल्म के गीतों ने भाषानुगामी संगीत को भी जन्म दिया। इस तरह का भाषाई, प्रादेशिक तथा सांस्कृतिक आदान–प्रदान पूरे भारत में खुल कर हुआ। हिन्दी ने हर भाषा के सांगीतिक उपादानों को गले से लगाया; बदले में प्रादेशिक फ़िल्म के गीतों ने भी हिन्दी की राह अपनाई। कुल मिलाकर धीरे–धीरे यही संगीत भारत के बाहर विदेशों में रहने वाले भारतीयों के लिए उनकी पिछड़ी हुई संस्कृति तथा मातृभूमि की पहचान बना। साथ ही साथ विदेशों में भारत के सांस्कृतिक राजदूत की भूमिका भी इसी लोकप्रिय संगीत ने निभाई। इसके ज़रिये देश और विदेश में करोड़ों श्रोताओं ने शास्त्रीय और लोक संगीत का रसास्वादन इसी संगीत के माध्यम से किया। यदि बाद में पं. रविशंकर, उस्ताद अली अकबर ख़ाँ, भारत रत्न बिस्मिल्लाह ख़ाँ, पं. हरिप्रसाद चौरसिया, पं. शिवकुमार शर्मा, उस्ताद ज़ाकिर हुसैन, उस्ताद विलायत ख़ाँ, पं. रामनारायण आदि को विदेशों में बेहद आदर और सम्मान मिला तो उसके पीछे भी इस लोकप्रिय संगीत का बहुत बड़ा हाथ रहा, यह एक निर्विवादित सत्य है। अनुराधा, गूँज उठी शहनाई, बैजू बावरा, शबाब, बसन्त बहार आदि फ़िल्मों ने शास्त्रीय संगीत को समझने में मदद की, जिससे शास्त्रीय संगीतकारों का मान भी बढ़ा तथा माँग भी।

अन्ततः हिन्दी फ़िल्म–संगीत (1931–1960) के सर्वांगीण विश्लेषण के बाद निम्नलिखित निष्कर्ष सम्मुख आते हैं।

यह संगीत भी उसी प्राचीन संगीत श्रृंखला की एक कड़ी है जो सामगायन से प्रारम्भ हुआ था। इस संगीत ने अपने पूर्ववर्ती संगीत अनुशासनों से प्रेरणा भी ली तथा उनके कतिपय लोकप्रिय अंगों को अपने आप में समाहित भी किया। इनमें प्रमुख हैं, ध्रुपद, धमार, तराना, टप्पा, ख़्याल, ठुमरी, दादरा, क़व्वाली, ग़ज़ल तथा लोक संगीत के अतिरिक्त विदेशी संगीत से भी प्रेरणा लेकर उनके लय–ताल तथा सिम्फनी आदि का लाभ उठाया एवं इसमें देशी–विदेशी लोक–संगीत भी शामिल हैं। जिन्होंने हूबहू किसी भी तरह की नक़ल की उन्हें नकारा भी गया। यह संगीत 1931 से प्रारम्भ होकर तीन दशकों की यात्रा अर्थात 1960 में ही अपने उद्भव, प्रयोग, रचनात्मकता तथा विकास की सीढ़ियाँ चढ़ता हुआ अपने स्वर्णकाल तक पहुँचा।

इसकी विकास यात्रा में दिग्गज शास्त्रीय संगीतकार भी शामिल रहे जैसे पं. विष्णु दिगम्बर पलुस्कर, उस्ताद बड़े गुलाम अली ख़ाँ, उस्ताद अमीर ख़ाँ, पं. कुमार गन्धर्व, पं. भीमसेन जोशी, परवीन सुल्ताना, लक्ष्मीशंकर, बेग़म अख़्तर, गिरिजा देवी, जैसे गायक एवं गुरुजन।

दूसरी ओर उस्ताद बिस्मिल्लाह ख़ाँ, पं. रविशंकर, उस्ताद अली अकबर ख़ाँ, पं. पन्नालाल घोष, पं. शिवकुमार शर्मा, पं. हरिप्रसाद चौरसिया, उस्ताद अल्लाह रक्खा ख़ाँ, उस्ताद ज़ाकिर हुसैन, पं. रामनारायण तथा उस्ताद विलायत ख़ाँ जैसे दिग्गज वाद्य गुरु।

विभिन्न फ़िल्मों में ऐसे संगीत का निर्देशन करने में निम्नलिखित शास्त्रीय संगीतज्ञों का समावेश रहा–

पं. ओंकारनाथ ठाकुर, उस्ताद, झण्डे ख़ाँ, पं. रविशंकर, उ. अली अकबर ख़ाँ, तिमिर बरन, उ. विलायत ख़ाँ, पं. पन्नालाल घोष, उ. अल्ला रक्खा, पं. अमरनाथ, पं. विजय राघव राव, रघुनाथ सेठ, भास्कर चन्दावरकर आदि।

इनके अतिरिक्त इन फ़िल्मों के दूसरे संगीत निर्देशक भी भले ही शास्त्रीय संगीतज्ञ न हों किन्तु उन्हें इसका सम्यक् ज्ञान अवश्य था। उनमें प्रमुख कहे जा सकते हैं, अनिल बिस्वास, खेमचन्द्र प्रकाश, नौशाद, शंकर–जयकिशन, एस.डी. बर्मन, ग़ुलाम मौहम्मद, रौशन, मदन मोहन, जयदेव, ख़ैय्याम, हेमन्त कुमार और वसन्त देसाई।

इस संगीत के साथ ऐसे गीतकार भी जुड़े रहे जिन्हें हिन्दी में कम किन्तु उर्दू में बाक़ायदा शीर्ष साहित्यकार माना जाता है। इनमें विशेष नाम हैं, शैलेन्द्र, साहिर, मजरूह, शकील बदायूँनी, राजेन्द्र कृष्ण, पं. नरेन्द्र शर्मा, पं. प्रदीप, भरत व्यास, कमर जलालाबादी, गुलज़ार, कमाल अमरोही, हसरत, आनन्द बख़्शी, नक्श लायलपुरी तथा इन्दीवर। इन सभी को मधुर संगीत ताल तथा लय की पूरी समझ थी।

इन सबकी प्रतिभा पहचानने वाले निर्माता–निर्देशकों में राज कपूर, बिमल राय, ऋषिकेश मुखर्जी, बी.आर. चोपड़ा, के. आसिफ़, महबूब, विजय भट्ट, ए.आर.कारदार, राज खोसला, रमेश सहगल, सोहराब मोदी, वी. शान्ताराम, गुरुदत्त, अमिय चक्रवर्ती, सत्येन बोस, शक्ति सामन्त और कमाल अमरोही शामिल हैं।

इनके अतिरिक्त हैं वे फ़िल्म कंपनियाँ जिनका इस संगीत के प्रति सम्पूर्ण समर्पण रहा : न्यू थियेटर्स, कलकत्ता; प्रभात चित्र, पुणे; बॉम्बे टॉकीज़ फ़िल्मिस्तान, नवकेतन; जैमिनी, प्रसाद तथा ए.वी.एम. मद्रास।

हिन्दी-फ़िल्म-संगीत (1961–1975)

1961 से 1975 के बीच जो नये नाम जुड़े और जिन्होंने प्रभाव डाला, वे हैं : किशोर कुमार, एस.डी.बर्मन के सुपुत्र आर.डी.बर्मन, हेमन्त कुमार की संगीत परम्परा में कल्याण जी आनन्द जी तथा उनके सहायक लक्ष्मीकान्त प्यारेलाल, शंकर जयकिशन के ताल (rhythm) वादक लाला, असर, सत्तार (तबला–ढोलक) तथा एन.दत्ताराम, सलिल चौधरी के सहायक कनु रॉय, पं. रविशंकर के शिष्य विजय राघव राव, हृदयनाथ मंगेशकर, खेमचन्द्र प्रकाश के शिष्य दानसिंह, रघुनाथ सेठ, सोनिक–ओमी, रवीन्द्र जैन, भास्कर चन्दावरकर, जगजीत सिंह, बहादुर ख़ाँ, बप्पी लाहिड़ी, वनराज भाटिया, शंकर–शम्भु, रौशन के बेटे राजेश रौशन, एस. डी. बर्मन के सहायक वासु–मनोहारी, ओ.पी. नय्यर के सहायक गणेश, सलिल चौधरी के सहायक बबलू, धीरज तथा सरदार मलिक के बेटे अनु मलिक। (कृपया परिशिष्ट देखे) ऐसे ही न जाने कितने और संगीत निर्देशक थे, जो इस संगीत यात्रा में शामिल हो गये। जो समय के साथ नहीं टिक सके, वे निकलते गये क्योंकि इस विधा में शास्त्रीय संगीत का जनरंजक होना बहुत आवश्यक है। इस महायात्रा में अधिकतर ऐसे ही संगीतकार हैं जो 30–40 के दशक से लेकर 1975 तक या कि सत्तर के दशक के आरम्भ तक भी रहे और हैं। कुछ ऐसे भी हैं जो बाद में अर्थात 50 या 60 के दशक में आये तथा 90 के दशक तक भी रहे। किन्तु मैं यहाँ उनकी उपस्थिति की बात नहीं कर रही, उनके द्वारा बनाये गये संगीत की बात कर रही हूँ। (कृपया परिशिष्ट देखें)

ध्यान से देखें तो प्रारम्भ में जो लोग आये थे, वे केवल अपने शास्त्रीय ज्ञान के बलबूते पर ही नहीं बल्कि उन फ़िल्मों के ज़रिये भी जीवित रहे जिनमें उन्होंने लोकप्रिय संगीत दिया था। कभी–कभी केवल एक फ़िल्म का लोकप्रिय संगीत ही संगीतकार को अगले दशक तक जीवित रखने में

सहायक सिद्ध होता रहा। बल्कि केवल एक सफल गीत ही संगीतकार तथा गायक को बरसों ज़िन्दा रखता आया है। जैसे 'सारंगा' फ़िल्म का यह गीत :

सारंगा तेरी याद में नैन हुए बेचैन
मधुर तुम्हारे मिलन बिना, दिन कटते नहिं रैन

(संगीतकार : सरदार मलिक)

हिन्दी फ़िल्म संगीत के लिए संक्रमण का काल (1960–75)

सबसे पहले तो 1960 से '75 के काल की सूक्ष्मता से समीक्षा करनी होगी क्योंकि हिन्दी फ़िल्म संगीत के लिए यह संक्रमण का काल है, इसे समझने से इस संगीत का उत्थान और पतन दोनों समझ में आ जाते हैं। 1960 का दशक जाते–जाते फ़िल्मों के विषय बदलने प्रारम्भ हो गये थे। आज़ादी आये लगभग डेढ़ दशक गुज़र चुका था। आज़ादी लाने वाली पीढ़ी के सम्मुख कुछ आदर्श थे। आने वाली पीढ़ी के सम्मुख उस तरह का कोई लक्ष्य न था। मनोरंजन में धीरे–धीरे सस्तापन प्रवेश करने लगा। सामाजिक विषयों में सम्मिलित परिवार सीमित परिवारों में बदलने लगे, गाँवों की जगह कहानियाँ शहरों पर केन्द्रित होने लगीं, अविश्वसनीय चरित्रों का दौर प्रारम्भ हुआ। चकाचौंध से भरे (glamour) चरित्र, घटनाएँ, स्थितियाँ, स्थान (location) एवं कहानियाँ गढ़ी जाने लगीं। निर्माता, निर्देशकों की आने वाली पीढ़ी अधिक पैसे के प्रभाव में मदान्ध होकर अपने आपको कहानीकार, संगीतकार, निर्माता और निर्देशक से भी ऊपर समझने लगी। हर बात में उनका दखल बढ़ने लगा। फ़िल्मों में बेतरतीब पैसा आ जाने से छुट्टियाँ विदेशों में बिताई जाती थीं। वहाँ से फ़िल्मों के प्रिंट तथा बाद में कैसेट लाना आम बात हो गयी, भारतीयता हाथ से छूटने लगी, पाश्चात्य सभ्यता का अन्धानुकरण प्रारम्भ हो गया। संगीतकारों की स्थापित पीढ़ी डगमगाने लगी। प्रारम्भ में तो ऐसा हुआ (1960 से 1970 के बीच) कि शंकर–जयकिशन (जो उस समय की सफलतम् जोड़ी थी), रौशन, मदन मोहन, नौशाद, हेमन्त कुमार, रवि, ओ.पी. नय्यर, एस.डी.बर्मन तथा चित्रगुप्त के साथ खड़ा रहने के लिए राहुल देव बर्मन, लक्ष्मीकान्त प्यारेलाल, कल्याण जी आनन्द जी, ऊषा खन्ना, सोनिक ओमी तथा बप्पी लाहिड़ी जैसे संगीतकारों ने इन्हीं धुरन्धरों के समकक्ष संगीत देने का प्रयास किया, किन्तु कालचक्र कुछ अधिक ही तेज़ी से घूम रहा था। सलिल चौधरी को धीरे–धीरे फ़िल्म मिलना बन्द हो गयीं, 1972 में 'अन्नदाता' मानो उनकी अन्तिम फ़िल्म थी। ओ. पी. नय्यर 1969 में 'सम्बन्ध' के साथ लगभग समाप्त हो गये। हेमन्त कुमार 1969 में 'ख़ामोशी' के साथ ख़ामोश हो गये।

एन. दत्ता, जो बी. आर. चोपड़ा के लिए काफ़ी काम करते थे, 1961 में 'धर्मपुत्र' के बाद दूसरे और तीसरे दर्जे की फ़िल्मों में काम करते हुए 1974 में बाहर हो गये (कृपया परिशिष्ट देखें)। ख़य्याम की अपने जीवनकाल में छिट–पुट फ़िल्में आती भी रहीं जैसे 1982 में 'बाज़ार', 1983 में 'रज़िया सुल्तान' और एक तरह से कहें तो अकेले ख़य्याम साहब ने ही संगीत की इस महान विरासत को कुशलता से सम्हाले रखा। ख़य्याम साहब ने फ़िल्म संगीत की जानकारी पं. हुस्नलाल भगतराम की जोड़ी से ली, वही इनके गुरु थे। संगीत के प्रति इनका नज़रिया वहीं से बना, उसके बाद तो फ़िल्में आयीं और गयीं। कम अथवा अधिक, छोटी कि बड़ी किन्तु उन्होंने न अपना नज़रिया बदला, न संगीत बनाने का तरीक़ा। फिर भी उनके मधुर संगीत को ग्रहण लगा और 1990 में 'जवानी ज़िन्दाबाद' फ़िल्म के लिए संगीत देने के बाद उनके पास भी कोई काम नहीं रहा। एक ऐसा ही दूसरा नाम है 'जयदेव'। उन्होंने भी अपने संगीत की शैली को बदलने से इनकार कर दिया। अपनी मृत्यु से पहले 1984 तक भी वह कम बजट वाली किन्तु सुरुचिपूर्ण फ़िल्मों में संगीत देते रहे। 1984 में उन्होंने अमोल पालेकर की फ़िल्म 'अनकही' में सुरुचिपूर्ण संगीत दिया किन्तु जयदेव अथवा ख़य्याम जैसे संगीतकारों को बहुत बड़ी फ़िल्में नहीं मिलीं तथा जयदेव जी के साथ तो ऐसा भी हुआ कि वर्ष में एक ही फ़िल्म मिलती। चार फ़िल्में केवल 1971 में मिलीं अन्यथा दो–तीन से अधिक फ़िल्में तो कभी नहीं मिली। दत्ताराम ने अपने प्रारम्भिक वर्षों में अर्थात 1957 से 1960 तक अच्छी फ़िल्में दीं, किन्तु फिर धीरे–धीरे उन्हें निम्न स्तर की फ़िल्में ही मिलीं। 1958 में 'परिवरिश' जैसी मधुर संगीतमय (आँसू भरी हैं ये जीवन की राहें–राग : यमन) फ़िल्म देने वाले इस संगीतकार ने 1973 में 'चोरों का चोर' जैसी नामालूम फ़िल्म में संगीत देकर अपने रचनात्मक जीवन की समाप्ति की। रवि अवश्य बी.आर. फ़िल्मस के सान्निध्य में अच्छा संगीत देते रहे, उनके पास काम भी काफ़ी रहा, किन्तु धीरे–धीरे इनका संगीत तालाब में ठहरे हुए पानी की तरह हो गया, उसमें सरिता जैसा प्रभाव नहीं रहा, 1970–71 में इन्हें लगभग साधारण सी ही फ़िल्में मिलीं। कल्याण जी आनन्द जी भी लगभग इसी समय चुक गये। बाद में इन्हें जो फ़िल्में मिलीं उनमें संगीत का स्तर वैसा नहीं रहा। संगीत भले ही प्रसिद्ध रहा हो किन्तु वह अजीब सी खिचड़ी जैसा होने लगा और धीरे–धीरे इनकी माँग भी समाप्त होने लगी। ऊषा खन्ना तो वैसे ही ओ.पी. नय्यर की प्रतिलिपि थीं, सो एकाध फ़िल्म को छोड़कर कोई बहुत बड़ा काम नहीं कर सकीं। (कृपया परिशिष्ट देखें)

1957 के लगभग अनिल बिस्वास को पुराने ज़माने का संगीतकार समझा जाने लगा। अतः 1949 में 'चार दिल चार राहें' जैसी फ़िल्मों का संगीत देने वाले संगीतकार ने 1960 में 'रिटर्न ऑफ़ मिस्टर सुपरमैन' जैसी फ़िल्में कीं। 1962 में उन्हें 'सौतेला भाई' फ़िल्म मिली जो शरदचन्द्र चट्टोपाध्याय के उपन्यास पर आधारित थी। इस फ़िल्म में अच्छा संगीत देने के बावजूद 1962 से 1965 तक इन्हें कोई फ़िल्म नहीं मिली। 1965 में स्वर्गीय मोतीलाल की फ़िल्म 'छोटी छोटी बातें' में उन्होंने अविस्मरणीय संगीत दिया किन्तु उसके बाद ऊपर कहे गये, तथ्यों के चलते नयी पीढ़ी ने उन्हें नकार दिया और वह दिल्ली वापस चले गये। एस.एन.त्रिपाठी धार्मिक, ऐतिहासिक तथा फन्तासी फ़िल्मों में संगीत देते रहे किन्तु जैसा कि ऊपर कहा गया, ऐसी फ़िल्मों के विषय भी धीरे-धीरे लुप्त होने लगे और 1962 में 'संगीत सम्राट तानसेन' के बाद यों तो इन्होंने 1975 के आसपास तक संगीत दिया किन्तु उसमें महत्त्वपूर्ण जैसा कुछ भी नहीं था। नौशाद साहब, जिनका हिन्दी फ़िल्म संगीत में बहुत बड़ा योगदान है, वह भी 1968 के आते-आते चुक गये। इसके पीछे बदलते समय की ही मार थी। समय के सामने झुकते हुए इन्होंने भी 1974 में 'सुनहरा सफ़र' जैसी नामालूम फ़िल्म में संगीत दिया क्योंकि 1970 से लेकर 1975 तक इनके पास कोई फ़िल्म नहीं थी फिर 1971 में इन्होंने विवश होकर एक और प्रयास किया 'चम्बल की रानी' इससे बड़ी हताशा और क्या हो सकती। (कृपया परिशिष्ट देखें)

वसन्त देसाई जब तक रहे अपनी शैली से नहीं डिगे। उन्होंने एक से बढ़कर एक संगीत रचनाएँ कीं। फिर भी 1971 में उन्हें 'गुड्डी' फ़िल्म चार साल बाद मिली थी। 1967 में उन्होंने 'आशीर्वाद' में बहुत मधुर संगीत दिया था। इतने मधुर संगीतकार को भी काम न होने के कारण 1975 में 'रानी और लालपरी' जैसी फ़िल्म लेनी पड़ी, फिर भी उन्होंने इस फ़िल्म को अच्छे गीतों से सजाया। इसके बाद दुर्भाग्यवश उनकी एक लिफ़्ट दुर्घटना में मृत्यु हो गयी। (कृपया परिशिष्ट देखें)

और अब सदी के सबसे सदाबहार संगीतकार की बात करें जिनका संगीत कभी बूढ़ा नहीं हुआ। हर फ़िल्म में चिर यौवन ही उनके संगीत का प्रतीक था। 1976 में अपने जीवन के अन्त तक उन्होंने किसी भी फ़िल्म में कोई समझौता नहीं किया; केवल इन्हें मृत्यु से समझौता करना पड़ा। नाम एस.डी.बर्मन, त्रिपुरा के राजकुमार और सबसे वृद्ध संगीतकार होते हुए भी सबसे अधिक काम और संगीत भी एकदम जवान। वसन्त देसाई भी मृत्यु के कारण गये तथा बर्मन दा भी। ऐसे लोग यदि जीवित रहते तो हिन्दी फ़िल्मों

का संगीत निश्चित रूप से पतनोन्मुख न होता। 'मुनीम जी' फ़िल्म में बर्मन दा का लता जी द्वारा गाया गया एक गीत, "घायल हिरनियाँ मैं बन–बन डोलूँ" उनकी शास्त्रीय सूझबूझ का सच्चा परिचायक है तथा दूसरों को भी पाठ्य–पुस्तक की तरह बताता है कि शास्त्रीय संगीत का प्रयोग लोकप्रिय ढंग से किस भाँति करना चाहिए, जिसमें उन्होंने संगीत की सरगम से अभिनय करवाया है। (कृपया परिशिष्ट देखें)

एक और संगीत निर्देशक, जिन्हें काल हमारे बीच से उठा ले गया और जो अपने अन्त समय तक भी फ़िल्मों से जुड़े रहे उनका नाम है चित्रगुप्त। यह दूसरी बात है कि 1965 के बाद उन्हें कोई उल्लेखनीय फ़िल्म नहीं मिली, वैसे भी प्रारम्भ से ही वह अधिकतर धार्मिक अथवा द्वितीय श्रेणी की फ़िल्मों से ही जुड़े रहे किन्तु 1965 के बाद तो उन्होंने तृतीय श्रेणी की फ़िल्में भी कीं। फिर भी, वह ख़ाली कभी नहीं रहे। इनकी सबसे अच्छी फ़िल्म थी, 1957 में बनी 'भाभी' (चल उड़ जा रे पंछी कि अब ये देस हुआ बेगाना)। (कृपया परिशिष्ट देखें)

सुधीर फड़के मूलतः मराठी के संगीतकार थे, उनकी फ़िल्में मराठी और हिन्दी दोनों भाषाओं में हुआ करती थीं। बहरहाल 1961 के बाद यह भी दिखाई नहीं दिये किन्तु इनकी अन्तिम फ़िल्म 'भाभी की चूड़ियाँ' का एक गीत आज भी पाकिस्तान तक के श्रोताओं में अपनी पैठ बनाये हुए है, गीत के बोल हैं–'ज्योति कलश छलके'।

बहुत–सी फ़िल्में चाहे वे किसी भी श्रेणी की क्यों न हों (ए.बी.सी. ग्रेड), फिर भी उनका संगीत दर्शकों को टिकिट खिड़की पर ले आता रहा है। ऐसे संगीतकार कम बजट वाली निम्न स्तरीय फ़िल्म को भी व्यवसाय की दृष्टि से सफल कर देते थे। 'हंसराज बहल' एक ऐसा ही नाम है। 1946 से लेकर 1966 तक यह फ़िल्मों में रहे, सारी ही फ़िल्में उस श्रेणी की थीं जिन्हें सम्भ्रान्त लोग देखने से कतराते हैं किन्तु इनके गीत गुनगुनाने में यह वर्ग भी कभी पीछे नहीं रहा, उदाहरण के तौर पर 'मिलन' (1956) का लता जी द्वारा गाया गया गीत 'हाए जिया रोए' जिसे प्रेम धवन ने लिखा है। यह गीत अप्रचलित राग 'शहाना' पर आधारित है। इसकी फ़िल्म के निर्माता, निर्देशक तथा कलाकारों के बारे में शायद ही कोई जानता हो, किन्तु इस गीत ने संगीतकार हंसराज बहल, गीतकार प्रेम धवन और गायिका लता मंगेशकर को सदा–सदा के लिए अमर कर दिया। बिना सरगम, आलाप या तानों का प्रयोग किये शास्त्रीय संगीत पर आधारित उत्कृष्ट धुन कैसे बनायी जा सकती है यह गीत उसका सर्वश्रेष्ठ उदाहरण है।

वैसे जनसाधारण में इनका एक और गीत बहुत जाना जाता है "जहाँ डाल–डाल पर सोने की चिड़ियाँ करती हैं बसेरा, वो भारत देश है मेरा" (सिकन्दर–ए–आज़म–1965)। 1965–66 के बाद इनका भी कोई पता नहीं चलता। (कृपया परिशिष्ट देखें)

एक और नाम जो अपने गुरु नौशाद के साये में ही पलता रहा। यहाँ तक कि उसके संगीत को लोग उसके गुरु का ही संगीत समझते रहे। वह नाम हैं; 'गुलाम मुहम्मद'। उनकी आख़िरी फ़िल्म 'पाकीज़ा' आयी तो 1972 में थी किन्तु उसके गाने, 50 के दशक में ही रिकॉर्ड हो गये थे। सोचिए कि 1950 के क़रीब बनाये गये गाने 1972 में इतने मशहूर हुए कि आज भी अपने उस्ताद के संगीत से टक्कर ले रहे हैं। इनके बारे में इतना ही कहा जा सकता है कि 1961 में 'शमा' फ़िल्म के बाद एक भी फ़िल्म न मिलने से शायद वह बिखर गये और 1968 में ही इस संसार से चले गये। पाकीज़ा के अलावा राष्ट्रीय पुरस्कार विजेता फ़िल्म 'मिर्ज़ा ग़ालिब' का संगीत भी इन्हीं का था। "ठाड़े रहियों ओ बाँके यार" जैसी बन्दिश, फ़िल्म के लिए बनाने का हौसला रखने वाले इस संगीतकार को इनकी मृत्यु के बाद भी राजनीति ने छला। इनके गुरु नौशाद की मृत्यु पर 'पाकीज़ा' का संगीत सभी टी.वी. चैनलों ने नौशाद का ही बता दिया। (कृपया परिशिष्ट देखें)

शंकर–जयकिशन हिन्दी के इन्द्रधनुषी फ़िल्म संगीत कानन के दो ऐसे कुसुम थे अथवा फ़िल्म–संगीत घराने के दो ऐसे राजकुमार जो अपने अभिनव प्रयोगों द्वारा हिन्दी फ़िल्म संगीत के स्वर्णयुग की आत्मा बन गये। ऐसा कोई क्षेत्र, कोई आयाम, कोई सम्भावना बाक़ी नहीं बची जिसे इन्होंने न छुआ हो। ये ऐसे लोग थे जिन्होंने हिन्दी फ़िल्म संगीत को एक निश्चित दिशा दी और एक ऐसी शैली को जन्म दिया जिसे लोग–बाग आज तक अपनाते हैं। यह कहा जा सकता है कि शास्त्रीय संगीत पर आधारित फ़िल्म संगीत ने अपनी परिपक्व तथा सम्पूर्ण पहचान शंकर–जयकिशन के संगीत के साथ पायी। खेद सहित कहना होगा कि अपने निर्माता राज कपूर की फ़िल्म 'संगम' (1964) के बाद यह जोड़ी टूट गयी जिसे अपनी फ़िल्म 'मेरा नाम जोकर' (1970) के लिए राज कपूर ने ही एक बार फिर से जोड़ा तथा उनके सृजनात्मक जीवन का इसी फ़िल्म के साथ अन्त भी हो गया। जयकिशन 12 सितम्बर, 1971 को चले गये, शंकर जी की मृत्यु 26 अप्रैल 1987 को हुई किन्तु 1970 में 'मेरा नाम जोकर' के बाद उनकी सृजनात्मकता मानो समाप्त ही हो गयी। इनका एक गीत कोई छाँटना भी चाहे तो नहीं छाँट सकता, किन्तु हम अपने तरीक़े से एक फ़िल्म अवश्य छाँटना चाहेंगे जिसका

संगीत यों तो आंचलिकता से भरपूर था, लेखक के शब्दों की तर्जुमानी भी करता था तथा शास्त्रीय संगीत के जनक, लोक संगीत की तो उसने ऐसी रहनुमाई की कि कवि और निर्माता शैलेन्द्र की फ़िल्म 'तीसरी कसम' राष्ट्रीय पुरस्कार विजेता होकर ही रही। यह एक ऐसी अभूतपूर्व फ़िल्म थी जिसका संगीत हिन्दी 'में' बनी फ़िल्म का नहीं था बल्कि हिन्दी 'की' एक ऐसी फ़िल्म का संगीत था जो बिहार अंचल की धरती, उसके जनमानस, तथा संगीत परम्पराओं से उतना ही जुड़ा हुआ था जितना कि वहाँ के लोग तथा इस फ़िल्म के लेखक थे 'फणीश्वरनाथ रेणु'। उन्हीं की एक लम्बी कहानी, 'मारे गये गुलफ़ाम उर्फ़ तीसरी कसम' पर यह फ़िल्म आधारित थी। ज्ञातव्य है कि इस फ़िल्म के सभी गीतों के मुखड़े कहानी में पहले से ही मौजूद थे। अतः धुनों पर गीत लिखवाने के लिए प्रसिद्ध, इस संगीतकार जोड़ी के पास बहर की कोई छूट न थी। मीटर पहले से ही तय था किन्तु भरपूर अध्ययन तथा शोध के उपरान्त ही, धुनें बनायी गयीं। यहाँ तक कि नौटंकी का वातावरण उभारने के लिए इसी विधा से जुड़े रहे क़व्वाल बन्धु शंकर–शम्भु तक की सहायता ली गयी। आंचलिकता, लोक तथा शास्त्रीय संगीत के साथ साहित्य को भी जोड़ दें तो इनका एक गीत अविस्मरणीय है; 'सजनवा बैरी हो गये हमार' जिसे अमर गायक मुकेश ने गाया था।

क़व्वालियों के बेताज बादशाह 'रौशन' भी 1968 के बाद नहीं रहे। ऐसी बात नहीं है कि उन्हें फ़िल्में नहीं मिल रही थीं। उन्हें हमेशा ही सुरुचिपूर्ण फ़िल्में मिलती थीं किन्तु एस.डी.बर्मन तथा वसन्त देसाई की भाँति वह भी असमय ही 16 नवम्बर, 1967 को हृदय गति रुक जाने से काल के गाल में समा गये और 1968 के बाद इनका संगीत नहीं गूँजा। अपने संगीत में आध्यात्मिकता तथा दार्शनिकता समेटे यह सूफ़ी संगीतकार जाते–जाते भी 'अनोखी रात' जैसी फ़िल्म में संगीत देकर गये जिसका यह गीत कौन भूल सकता है 'ओह रे ताल मिले नदी के जल में, नदी मिले सागर में, सागर मिले कौन से जल में, कोई जाने ना' यह भी रहे आते तो संगीत इतनी जल्दी अनाथ न होता।

ग़ज़लों के सुकुमार 'मदन मोहन' ठुमरी अंग की गायकी के भी उस्ताद थे। 1950 से लेकर 1975 तक यह एक के बाद एक शास्त्रीय संगीत से सजी फ़िल्में देते रहे, किन्तु रौशन की भाँति 14 जुलाई, 1975 को हृदयगति रुक जाने से यह भी चले गये। इनका जाना भी हिन्दी फ़िल्म संगीत के लिए बहुत बड़ा अपशकुन था। इनकी फ़िल्म 'दस्तक' (1970) भी राष्ट्रीय पुरस्कार विजेता थी किन्तु 1958 में बनी फ़िल्म 'अदालत' की तीन ग़ज़लों ने इन्हें

ग़ज़ल सम्राट की तरह स्थापित कर दिया। ग़ज़ल गायकी का यह एक नया तरीक़ा था जिसकी नींव तो अनिल बिस्वास ने डाली थी, किन्तु परिपक्वता तथा सम्पूर्णता इसी संगीत निर्देशक ने दी। इस पद्धति में दो–तीन शेर, मुरकी, तान, खटकों जैसे छोटी–छोटी हरकतें मधुरता एवं बोलों में स्पष्टता, शब्दों का प्रभाव एवं सही अभिव्यक्ति आवश्यक गुण थे।

हिन्दी फ़िल्म संगीत का बहुआयामी महत्त्व-1931-1975

सन् 1931 से प्रारम्भ हुए इस संगीत की ध्वजा किसी विश्व–विजेता की भाँति क्षितिज पर लहराती रही एवं राष्ट्रीय तथा अन्तरराष्ट्रीय स्तर पर विभिन्न समाजों में इसका बहुआयामी महत्त्व रहा, निष्कर्षतः संक्षेप में वही प्रस्तुत है।

इस संगीत का समाज के सन्दर्भ में जो बहुआयामी महत्त्व है वह संक्षेप में निम्न प्रकार है :

देश में

(क) भारतीय समाज पर सामाजिक, सांस्कृतिक, राजनीतिक, धार्मिक तथा भावनात्मक प्रभाव।

(ख) अहिन्दी भाषी समाज पर हिन्दी गीतों की लोकप्रियता से उन्हें हिन्दी सीखने, समझाने में आसानी। राष्ट्र एक–दूसरे के क़रीब आया।

(ग) राष्ट्रीयता, प्रान्तीयता तथा साम्प्रदायिकता को लेकर सकारात्मक प्रभाव।

विदेशों में

(1) हिन्दी फ़िल्मों का संगीत विदेशों में भारत का सांस्कृतिक राजदूत बना।

(2) उत्सवधर्मिता की पहचान बनकर प्रवासी भारतीय के बीच गहरी पैठ बनाई। तीज–त्यौहार, शादी–ब्याह, धार्मिक, सामाजिक तथा सांस्कृतिक आयोजनों में इन्हीं गीतों की धूम मच गयी।

(3) देश–विदेश में उत्तर भारतीय शास्त्रीय संगीत के जिज्ञासु एवं विद्यार्थियों के लिए घरेलू शिक्षक (orientation) का महत् उद्देश्य पूरा करने में सफल रहा।

व्यावसायिक तथा आर्थिक उपलब्धियाँ

हिन्दी संगीत, फ़िल्मों के उपकारोबार (secondary business) की तरह स्थापित हुआ। ऐसा कई बार हुआ कि फ़िल्म में घाटा हुआ किन्तु उसके संगीत

ने अच्छा व्यवसाय किया। अन्त में इसीलिए इसे एक अतिरिक्त territory (लाभ–क्षेत्र) का दर्जा दे दिया गया।

इस विधा से जुड़े लोगों को जीवनयापन के समुचित अवसर मिले यथा गायक, समूह गायक, वादक, रिकॉर्डिंग कम्पनियाँ, संगीत के वितरक, थोक तथा फुटकर विक्रेता, फ़िल्म संगीत को मंच पर गाने वाले ग्रुप, ऐसे संगीत कार्यक्रमों के संयोजक तथा ऐसे कार्यक्रमों से लाभान्वित होने वाले समाज की विविध संस्थाएँ।

संगीत की रिकॉर्डिंग में काम आने वाले स्टूडियो, बहुमूल्य संयन्त्र तथा उपकरण, कच्चा माल अर्थात रिकॉर्ड, टेप, कैसेट, फ़िल्म, सी.डी./वी.सी.डी., डिजिटल संगीत तथा आइ पॉड आदि की बिक्री भी सदा ही अभूतपूर्व रही है। इन सभी उपरोक्त सामानों के निर्माता, विक्रेता, किराये पर उठाने वाले लोग; सभी के सभी इसी संगीत से लाभ उठा रहे हैं। अतः इस संगीत का व्यावसायिक तथा आर्थिक महत्त्व भी किसी से कम नहीं आँका जा सकता।

किन्तु इसी बाज़ारवाद के कारण ही 1960 के दशक से 1975 के बीच शास्त्रीय संगीत पर आधारित इस भाषानुगामी संगीत का पहिया नीचे की ओर घूमना प्रारम्भ हो गया। वैसे भी चरमोत्कर्ष पर पहुँचने के बाद और ऊपर का स्थान ही नहीं रहता। अतः प्रारम्भ हुआ इस संगीत का ह्रास तथा अवमूल्यन। अगले कुछ पृष्ठों में हम इसी की विवेचना करेंगे।

संगीत के सुनहरे युग का अवसान और उसके मूल कारण

लगभग 1935 से सफलता के सोपान चढ़ती हिन्दी फ़िल्म संगीत की गाथा ने 1975 तक आते–आते दम तोड़ दिया जिसका कारण था कई सुरुचिपूर्ण फ़िल्म निर्माता–निर्देशकों, संगीतकारों, गीतकारों तथा गायकों का निधन तथा बचे हुए पुराने संगीतकर्मियों के लिए फ़िल्मों के बदलते हुए रुझान (trend) के चलते काम का अभाव अथवा मनपसन्द काम मिलने में कमी। उत्कृष्ट निर्माता–निर्देशक उत्कृष्ट संगीत को ही प्रोत्साहन देते थे। उत्कृष्टता की पहचान थी, शास्त्रीय संगीत पर आधारित लोकप्रिय संगीत। ऐसे लोगों में रचनात्मकता तथा गुण ग्राहकता कहीं अधिक थी। ये लोग संगीतकार अथवा गीतकार के काम में दखल नहीं देते थे। गीत की स्थिति (situation) पर बहस करने के बाद उसे संगीतकार के ऊपर छोड़ दिया जाता था, संगीतकार कभी पहले धुन बनाता तो कभी पहले धुन पर लिखवाता। बहरहाल, स्थिति जो भी हो संगीत निर्देशक, गीतकार तथा गायक गाने के साथ न्याय करते थे। पण्डित नरेन्द्र शर्मा हिन्दी के मूर्धन्य साहित्यकार थे, विविध भारती के

प्रारम्भिक संस्थापकों में से थे तथा परम आदरणीय गीतकार तो थे ही, 1982 में भारत में आयोजित एशियाई खेलों का स्वागत गान भी उन्होंने ही लिखा था, 'अथ स्वागतम् शुभ स्वागतम्' यह गीत सामाजिक एवं राष्ट्रीय कार्यक्रमों में आज भी दोहराया जाता है। पण्डित जी सन् 1935 से ही हिन्दी फ़िल्मों में प्रवेश कर गये थे। एक रेडियो कार्यक्रम के लिए किये गये साक्षात्कार के दौरान उन्होंने फ़िल्म निर्माण के इतिहास पर काफ़ी प्रकाश डाला था, प्रस्तुत हैं उस साक्षात्कार के कुछ महत्त्वपूर्ण अंश–

नरेन्द्र जी : कभी तो ऐसा अवसर बहुत सहज में ही मिल जाता है। यदि कोई फ़िल्म निर्माता ऐसा हो कि जो गीतों के माध्यम से अपने फ़िल्म के द्वारा कुछ विशेष बात कहलवाना चाहता हो जैसे कि फ़िल्म का सन्देश क्या है जिसको कहा करते हैं वो लोग, कि इस फ़िल्म का 'थीम' क्या है! कभी–कभी तो ऐसा होता है कि वो गीतों को केवल एक आनुषंगिक, ऐसी आवश्यकता मान लेते हैं कि जिसे वो कहते हैं कि भई, ये तो हमारा व्यावसायिक माध्यम है इसलिए कुछ ऐसी चीज़ चाहिए जिससे लोगों के मन में एक दिलचस्पी पैदा हो, हमारी फ़िल्म के प्रति, तब वो ऐसे अवसर कम देते हैं कि जिसके द्वारा गीतकार अपने दायित्व को निभा सकें लेकिन मैं ऐसा मानता हूँ कि ये दायित्व बोध अन्ततः तो उस श्रोता और दर्शक समाज के प्रति है जिसके लिए कि फ़िल्म बनायी जाती है और जहाँ से फ़िल्म की जिसको कि आप कहते हैं धन प्राप्ति होती है।

उनका एक प्रतिनिधि गीतकार के मन में निरन्तर बैठा रहता है, उसे गीतकार अपना सहृदय कहता है और उस प्रतिनिधि को वो इतना ऊँचा दर्जा देता है कि जो आय दर्शकों और श्रोताओं से फ़िल्म को मिलेगी वो ये समझता है गीतकार, कि जब, तक कि ये Representative नहीं है, प्रतिनिधि नहीं है तब तक impression देखने वालों और सुनने वालों पर नहीं हो सकता। No representation तो No impression तो मैं तो यह मानता हूँ कि वो सहृदय तो निरन्तर बैठा रहता है और अच्छा गीतकार उसके प्रति अपने दायित्वबोध का अनुभव तो अवश्य ही करता है।

प्रश्न : नरेन्द्र जी, आप फ़िल्मों में आये तब बॉम्बे टॉकीज़, प्रभात पिक्चर्स और न्यू थियेटर्स जैसी निष्ठावान कम्पनियाँ फ़िल्म बनाती थीं। उस समय और इस समय के गीतकारों और गीतों में काफ़ी अन्तर है। आपकी क्या राय है?

उत्तर : ये आप बिल्कुल सही कहते हैं क्योंकि युग बदल गया है। देखिये वह स्वतन्त्रता प्राप्ति के लिए उद्योग और उद्यम करने वाले अध्यवसायी, आदर्शवादी भारत का युग था। उस समय चाहे साहित्य में हो चाहे रंग मंच

हो और चाहे फ़िल्म के पर्दे पर हो ऐसी चीज़ें हम देखते थे कि जिससे ये देश यह जाने कि हम देशवासी कौन हैं, कौन थे, क्या हो गये हैं और अब हमको क्या बनना है! तो ऐसे ही भाव को या ऐसी अनेक भावनाओं के पुंज को हम निष्ठा कह सकते हैं। उस समय यह निष्ठा थी, स्वतन्त्रता प्राप्ति हो गयी और वो हुई सत्ता–हस्तान्तरण से यानी एक हाथ से सत्ता दूसरे हाथ में आ गयी तब वो आर्दशवाद धीरे–धीरे कपूर की गन्ध की तरह से उड़ता चला गया और वह ज्योति धीरे–धीरे मद्धम पड़ गयी। तब देने की जगह लोगों ने लेने को ही अपने जीवन का उद्देश्य माना और अब कितनी जल्दी और किस हथकण्डे से और कहाँ से कुछ मिल जाता है इसको ही हमने अपना मूलमन्त्र मान लिया। तब धुनों में चालाकी आयी। चालाकी संगीत में कहते हैं कुछ विशेष तान पलटे से और कुछ विशेष तरह की हरकतों से जो मन को गुदगुदाने वाली हरकतें होती हैं, उससे भरी हुई धुन को कहते हैं। चालाकी आ गयी तो इसी तरह शब्दों के हेर–फेर से लोगों को गुदुगदा देने की, उनका मनोरंजन करने की, उनको किसी भी प्रकार से ख़ुश कर देने की प्रवृत्तियाँ आयीं तो वह पुरानी बातें तों नहीं रहीं लेकिन ऐसा भी नहीं कि भारत देश से संस्कृति की आवश्यकता या मन की भूख या आत्मा की पुकार हमेशा के लिए चली जाये। इन चीज़ों का बीजनाश नहीं हो सकता था और आज भी ऐसी फ़िल्में बनती हैं कि जिनमें लोग देश की निष्ठा को और अपने मन की निष्ठा को एकाकार करने हों और ऐसे गीत आते हैं जिनमें भारत का आदर्श बोलता है।

प्रश्न : अब 'ज्योति कलश छलके' जो गीत है उसके बारे में। ये बताइये कि गीत की रचना आपने धुन बनाने से पहले की, कि बाद में?

उत्तर : सबसे पहले तो मैं आपकी जिज्ञासा को शान्त करने का प्रयास करूँगा ये तुरन्त बताकर कि पहले शब्द लिखे गये थे और धुन इसकी बाद में बनी थी। इसके रांगीत निर्देशक जैसा कि आप जानते ही होंगे, सुधीर फड़के जी थे और वो धुन पहले से कभी नहीं बनाते थे। वो पहले शब्द लेते थे, माडगूलकर जी की अनेक कविताओं पर उन्होंने अनेक धुनें बनायी हैं, अनेक गीत बनाये हैं तो पहले हमेशा शब्दों का अध्ययन करते थे और फिर धुनें बनायी जाती थीं। उनके कई अग्रज संगीत निर्देशक जिनमें अनिल बिस्वास का नाम लूँगा, सी. रामचन्द्र जी का लूँगा, ये सब लोग पहले शब्दों का अध्ययन करते थे और पीछे धुन बनायी जाती थीं। वो ये कहते थे कि शब्द में रूप, रस और साथ ही साथ व्यंजनाएँ छिपी हुई होती हैं और छिपी हुई व्यंजनाओं को उसके रूप को, उसके रस को प्रवाहित करना और उसे

उजागर करना, ये संगीत का काम होता है। शब्द, वास्तव में देखा जाये तो एक अण्डे की तरह से होता है, अण्डा ही एक ऐसी चीज़ है जो पैदा होने के बाद भी गतिशील नहीं होता, स्थाणु बना रहता है तो संगीत शब्द रूपी अण्डे को सेकर उसमें से पक्षी को निकालता है और संगीत के साथ शब्द गीत में गगन विहान करने योग्य बन जाता है।

फिर मैं आपसे ये निवेदन करूँ कि 'भाभी की चूड़ियाँ' के सम्बन्ध में जो आपके मन में दिलचस्पी है वो एक तरह से स्वाभाविक है। इस देश के संस्कारों को, इसकी संस्कृति को, इसके आदर्शवादों को, दो खम्बों ने टिका हुआ रखा है; एक तो हर घर की स्त्री और दूसरे हर घर का किसान। इन दोनों के मन में, मेरी दृष्टि में उत्तर भारत के सन्दर्भ में, मैं कह सकता हूँ कि रामचरित मानस का हृदय, इनका हृदय होता है। तो भाभी, एक पराये घर की लड़की एक नये घर में भाभी बन के आती है और 'भाभी की चूड़ियाँ' में वो जो भाभी थी सच पूछिये तो आधुनिक युग की सीता के समान थी जिसका कि एक छोटा–सा देवर था। जब वो घर में ब्याह के आयी थी वो छोटा–सा लक्ष्मण था। अब ये गीत किस परिस्थिति में गाया जायेगा, कौन–सा चरित्र इसको गायेगा और कथा में ये किस सन्दर्भ में प्रयुक्त होगा, ये तीन चीज़ें मेरे दिमाग़ में थीं। इसके गाने वाली भाभी थी, प्रातःकाल का समय था, जब वो घर में झाड़ू लगा रही थी, तो जो घर में धूल, बहुत ज़्यादा धूल तो नहीं थी क्योंकि वो घर को बड़ा स्वच्छ रखती थी लेकिन फिर भी कुछ तृसरेणु सुबह की सुनहली धूप में उसकी आने वाली किरणों में, तृसरेणु उड़ रहे थे और उससे वो सुनहली किरणें और भी सुनहली मालूम पड़ रही थीं तो ऐसा तो समय था यानी प्रकाश आ रहा था 'तमसो मा ज्योर्तिगमय' का सा वातावरण था। छोटा–सा नन्हा–सा देवर उस समय उठ गया था और गाने वाली वो भाभी थी जो सीता के सदृश थी। अब मेरे मन में आया कि इस चरित्र का निर्वाह करते हुए इस भोर वेला में, इस कथा की परिस्थिति में जो कथा का द्वार उन्मुक्त कर रहा था गीत, घर का ही नहीं बल्कि कथा का द्वार भी जो खोल दे, ऐसा होना चाहिए तो मैंने सोचा कि हमारे घरों में स्त्रियाँ जो आती हैं भाभी बनके, जो दूसरे घर में पैदा हुई और बड़े घर की बेटी का गुण ये नहीं माना जाता था कि वो कितना दहेज लायी हैं बल्कि कैसे संस्कार लाती हैं और घर को वो तोड़ने वाली हैं या जोड़ने वाली हैं तो ऐसी भाभी सामने थी सीता की प्रतिमूर्ति की तरह से वो मेरे मन में जगी तब मैंने इस गीत की रचना की। पहले–पहले ये लोगों को संशय था कि ये गीत व्यावसायिक चित्र दृष्टि से शायद प्रचार का साधन न बन सके, लेकिन बहुत आनन्द का

विषय है कि अपने ही देश में नहीं बल्कि विदेशों में भी जिसमें पाकिस्तान का नाम भी ले सकता हूँ, ये गीत अत्यन्त लोकप्रिय रहा है।

प्रश्न : दादा, लोगबाग कहते हैं कि गूढ़ हिन्दी के गीत लोकप्रिय नहीं होते, ये मैं आपसे पूछने ही लगा था लेकिन ये इससे सिद्ध ही हो गया कि ऐसा नहीं है गीत का जो कथ्य है उसमें सार हो तो वो लोगों के हृदय में पहुँच जाता है अपने आप।

उत्तर : बिल्कुल सही है, सच तो ये है कि जिसमें स्वरावलि, लयताल और शब्द के बीच में सामंजस्य हो, उसमें भाषा की कठिनाई कोई कठिनाई नहीं होती और जानबूझकर भाषा को कोई कठिन नहीं बनाता। जिसको कि लोग कहते हैं सिनेमा देखने वालों को हम मूर्ख ना समझें बल्कि ये समझें कि जिस देश का इतिहास कम–से–कम छह हज़ार वर्ष पुराना है और जिस देश की मनोभूमि में ऐसे–ऐसे संस्कार बैठ गये हैं कि जो संस्कार उनको रामायण और महाभारत और जिसमें गीत भी है उसका सार अपने आप उपस्थित कर देते हैं, तो जो ऐसा हृदयपात्र लिये हुए देश है, उस जनता को हम पढ़े–लिखे लोग, ये कभी समझ लेते हैं कि अशिक्षित हैं वो जो लोग बिल्कुल गँवार हैं सच पूछें तो कई बातों में वो हमसे अधिक सभ्य हैं, हमसे अधिक संस्कारी हैं और इस देश के सार को, किसी भी कारण से हो, वो हमको सिखा सकते हैं लेकिन वो हमसे घटिया नहीं हैं कि हम उन्हें सिखाएँ।

प्रश्न : नयी पीढ़ी के गीतकारों के लिए आप यदि कोई सन्देश देना चाहें तो वो अवश्य दें।

उत्तर : मैं नयी पीढ़ी के अपने भाइयों को यही निवेदन कर सकता हूँ कि भई, अपनी क्षमता को जो तुम्हें अपने देश से, अपने देश के इतिहास से इसकी संस्कृति से मिली हैं, इसको छोटा करके मत आँको। और वही दायित्वबोध वही कृतज्ञता का भाव इस देश की प्रतिभा के प्रति और उस प्रतिभा के धनी समाज के प्रति रक्खो, मुझे पूरा विश्वास है कि संगीत का प्रेमी यह देश तुम्हारी कृतियों का उचित मूल्यांकन करेगा और जो भी काम तुम कर सकोगे उसके द्वारा हमारी जो यह संगीत प्रेमी जनता है, उसकी सेवा हुई, यह भाव मन में रक्खोगे तो मन में कटुता न आयेगी और संगीत प्रतिभा दिन दूनी रात चौगुनी बढ़ती जायेगी। एक समय था कि गीत पर मेहनत की जाती, उसे कई बार, कई तरह से लिखा जाता, कई तरह की धुनें बनायी जातीं, फिर धुन जब अन्तिम रूप ले लेती तो गायक उसे सीखने में महीनों मेहनत करते, तब कहीं जाकर उसकी रिकॉर्डिंग प्रारम्भ होतीं। यद्यपि पहले, रिकॉर्डिंग के उतने अच्छे साधन न थे। फिर भी रिकॉर्डिंग सदैव प्रभावोत्पादक ही होती।

इस वार्ता का निष्कर्ष यही है कि उस समय साधन न होते हुए भी मेहनत की जाती थी, अभावों में अन्वेषण किये जाते थे तथा एक ही माइक पर साज़िन्दों की उचित दूरी तय करके पूरा गाना गवा लिया जाता था। किन्तु फ़िल्में सफल हुईं तो पैसा बढ़ा, पैसा बढ़ा, तो फ़िल्में बढ़ीं। इधर फ़िल्में बढ़ रही थीं उधर महँगाई बढ़ रही थी। इसलिए निर्माता–निर्देशकों को धन लगाने वालों (financer) की तलाश करनी पड़ी। ये फाइनेन्सर अधिकतर ऐसे पूँजीपति थे जो अपने काले धन की कमाई फ़िल्मों में लगाना चाहते थे। दूसरी ओर फ़िल्मों की माँग बढ़ी तो देशभर में सिनेमाघर भी पान की दुकान की तरह खुलने लगे। फ़िल्मों को पूरे देश में दिखाने के लिए छत–सात लाभ–क्षेत्रों (territories) में बाँट दिया गया। इन्हें विभिन्न धनवान व्यक्ति सँभालने लगे, क्योंकि वही तो फ़िल्में ख़रीद सकते थे। इन्हें वितरक (distributors) कहा गया। फ़िल्मों की लागत बढ़ी, तो वितरकों पर भी दबाव बढ़ा। इसलिए वितरक अपना सम्बन्ध सिनेमा मालिकों (exhibitors) के साथ बनाते थे क्योंकि एक–एक मालिक के कई सिनेमा घर होने लगे। अपने सिनेमाघरों में फ़िल्में दिखाने के लिए उनकी भी अपनी राय बनने लगी। तात्पर्य यह है कि फ़िल्में निर्माता–निर्देशक के हाथों से निकलकर फाइनेन्सर, तथा 'एग्ज़िबिटर' के हाथों में पहुँच गयीं : ये लोग निर्माता–निर्देशकों को अपने इशारों पर नचाने लगे। इनके दिमाग़ में पैसा देनेवाली सफल फ़िल्मों का एक निश्चित प्रारूप तैयार हो गया। कहानी, पात्र, गाने तथा नृत्यों को लेकर इन्होंने अपनी एक निश्चित राय कायम कर ली, जिसे फॉर्मूला (formula) कहा गया। इस तरह फॉर्मूला फ़िल्मों का जन्म हुआ। एक समय आया जबकि सभी फ़िल्मों के विषय एक जैसे होने, जबकि 1950 से 1960 के बीच सप्ताह में जब भी फ़िल्में रिलीज़ होती थीं तो वो दूसरे से भिन्न होती थीं। सारे निर्माता–निर्देशक अपनी–अपनी मान्यताओं और विविधताओं के साथ अलग–अलग घरानों की तरह थे। एक उदाहरण द्वारा प्रस्तुत है; वर्ष 1955 की फ़िल्में चुनी गयीं। उस समय एक निर्माता–निर्देषक की वर्ष में साधारणतया एक ही फ़िल्म रिलीज़ हो पाती, उन्हीं का नीचे उल्लेख किया गया है और इन सभी के विषय एक–दूसरे से भिन्न हैं।

1. दक्षिण से आयी फ़िल्म 'आज़ाद', निर्देशक एस.एम.एस. नायडू, दिलीप कुमार, मीना कुमारी, कॉस्ट्यूम ड्रामा, संगीत–सी. रामचन्द्र।
2. कारदार प्रोडक्शन, 'बाप रे बाप', (कॉमेडी), निर्देशक ए.आर. कारदार, किशोर कुमार, चाँद उस्मानी, संगीतकार–ओ.पी. नय्यर।
3. सत्येन बोस की 'बन्दिश' (बाल फ़िल्म), अशोक कुमार, मीना कुमारी, डेज़ी रानी, संगीत–हेमन्त कुमार।

4. बिमल राय की 'देवदास' (शरत् साहित्य पर आधारित असफल प्रेमकथा), दिलीप कुमार, सुचित्रा सेन, वैजयन्ती माला, संगीत–एस.डी. बर्मन।
5. नवकेतन की 'हाउस नं. 44' (सामाजिक) निर्देशक–एम.के. वर्मा, देवानन्द, कल्पना कार्तिक, संगीत–एस.डी. बर्मन।
6. जैमिनी पिक्चर्स 'इन्सानियत' (कॉस्ट्यूम ड्रामा) निर्देशक–एस.एस. वासन, दिलीप कुमार, देवानन्द, बीना रॉय, संगीत–सी. रामचन्द्र।
7. राजकमल कला मन्दिर, 'झनक झनक पायल बाजे' (शास्त्रीय नृत्य तथा संगीत पर आधारित) गोपीकृष्ण, सन्ध्या, निर्देशक–वी. शान्ताराम, संगीत–वसन्त देसाई।
8. मिनर्वा पिक्चर्स 'कुन्दन' (अपराध रहस्य), निर्देशक–सोहराब मोदी, निम्मी, संगीत–गुलाम मुहम्मद।
9. गुरुदत्त फ़िल्मस 'मिस्टर एंड मिसेस 55' (समकालिक सामाजिक), गुरुदत्त, मधुबाला, निर्देशक–गुरुदत्त, संगीत–ओ.पी. नय्यर।
10. फ़िल्मिस्तान की 'मुनीम जी' (रहस्य), नलिनी जयवन्त, देवानन्द, निर्देशक–सुबोध मुखर्जी, संगीत–एस.डी. बर्मन।
11. सहगल प्रोडक्शन 'रेलवे प्लेटफार्म' (समाजवादी विचारधारा),नलिनी जयवन्त, सुनील दत्त, निर्देशक रमेश सहगल, संगीत–मदन मोहन।
12. आर.के. फ़िल्मस 'श्री 420' (सामाजिक), राज कपूर, नर्गिस, निर्देशक–राज कपूर, संगीत–शंकर–जयकिशन।

उपरोक्त कम्पनियाँ, निर्माता तथा निर्देशक उस समय के सबसे अधिक चर्चित फ़िल्मकार थे। आप पायेंगे कि उनकी फ़िल्मों के विषय एक–दूसरे से एकदम भिन्न होते थे। संगीतकार भी सबके अपने अलग–अलग थे इसलिए सबकी फ़िल्में भी भिन्न होती थीं तथा उनके गीत–संगीत का प्रकार भी। आज भी यदि इन फ़िल्मों का संगीत सुना जाये तो एक–दूसरे से भिन्न तथा अछूता लगेगा, फ़िल्मों के विषयानुसार संगीतकार अपनी शैली भी भिन्न कर देते थे।

यही प्रतिष्ठित परम्परा बाज़ारवाद के चलते टूटने लगी। 1970 तक आते–आते फॉर्मूला फ़िल्मों का चलन धीरे–धीरे प्रारम्भ होने लगा जिससे आगे चलकर एक जैसी फ़िल्में तथा एक ही जैसे संगीत के बीज बोने शुरू हो गये।

इसीलिए सुरुचिपूर्ण निर्माता निर्देशक या तो फीके पड़ने लगे या वितरक और प्रदर्शकों के कहने पर वित्त प्रबन्धक (financers) उन्हीं फ़िल्मों पर पैसा लगाने को तैयार हुए जो उनकी समझ के अनुसार टिकिट खिड़की पर सफल हो सकती थीं। 1970 के क़रीब फ़िल्म वालों द्वारा विदेशों की आवाजाही भी

ख़ूब होने लगी थी, क्योंकि पैसे की कोई कमी न थी। अतः विदेशी फ़िल्मों की नक़ल करने का दबाव भी निर्माता–निर्देशकों पर पड़ने लगा और जब विषय विदेशी होंगे तो संगीत पर प्रभाव कैसे नहीं पड़ेगा!

संगीतकार भी इस मोड़ पर आकर खानों में बँट गये। कई तो जीवित ही नहीं रहे, जब तक जीवित रहे तब तक वही संगीत देते रहे जो उन्हें देना चाहिए था जैसे–रौशन, वसन्त देसाई, जयकिशन, एस.डी.बर्मन, मदन मोहन आदि। बाक़ी जो जीवित रहे आये और हठी थे, वे उसी प्रकार का संगीत देते रहे जैसा उन्हें देना आता था, जैसे–ख़य्याम, सलिल चौधरी, जयदेव, नौशाद आदि। नौशाद, यूँ भी फ़िल्मकारों के मन से उतर गये थे। इस बारे में एक तथ्य जानना बहुत आवश्यक है। उत्तर भारतीय शास्त्रीय संगीत तथा वहीं के लोक संगीत के ज्ञान के भण्डार के साथ नौशाद साहब ने फ़िल्मों में प्रवेश किया था। उनके सहयोगी राजस्थान के गुलाम मुहम्मद के कारण राजस्थानी लोक संगीत से भी इनका सम्बन्ध जुड़ा। नौशाद साहब की कुछ ही रागों पर भरपूर पकड़ थी जैसे भैरवी, पीलू, दरबारी, यमन, केदार, बहार, हमीर और ललित आदि। इनमें गुरुओं का दिया हुआ ज्ञान था और थीं पुरानी बन्दिशें। नौशाद साहब ने सफल संयोजक की तरह उन्हें दोबारा से सजाया, उनमें सौन्दर्य शास्त्र की स्थापना की तथा एक के बाद दूसरी फ़िल्म में इस्तेमाल करते गये। नतीजतन बाद की फ़िल्मों में उनके गीत पुराने गीतों का दोहराना भर लगते रहे। जैसे राग भैरवी में 'बैजू बावरा' फ़िल्म का, 'तू गंगा की मौज मैं जमुना की धारा' तथा 'उड़नखटोला' फ़िल्म का, 'तुम्हारे संग मैं भी चलूँगी पिया जैसे पतंग पीछे डोर', नौशाद साहब को शास्त्रीय संगीत का ज्ञान था, इसमें कोई दो मत नहीं हो सकते किन्तु इनके प्रयोगों में अनन्य विविधता का समावेश भी होना चाहिए यह उनसे बाद में नहीं सँभल पाया। यही कारण है कि बार–बार एक ही जैसे चार–पाँच रागों में निबद्ध गीतों का फिर कोई ग्राहक न रहा। इनके मुक़ाबले दूसरे संगीतकार उस समय इनसे कहीं अधिक अच्छे प्रयोग करने में संलग्न थे जैसे जयदेव जी के संगीत में फ़िल्म 'गमन' की एक ठुमरी 'आजा सँवरिया तोहे गरवा लगा लूँ'। यह ठुमरी राग भैरवी पर आधारित थी और गायिका हीरा देवी मिश्रा थी। उसी प्रकार फ़िल्म 'रेशमा और शेरा' (1971) का अमर गीत, तू चन्दा मैं चाँदनी तू तरुवर मैं पाँख रे, जो राग मांड में निबद्ध एक अद्वितीय रचना थी।

एस.डी. बर्मन के बेटे आर.डी.बर्मन दस साल की उम्र से ही धुनें बना रहे थे। 'प्यासा' फ़िल्म के मशहूर गीत 'सर जो तेरा चकराये' की धुन उन्होंने केवल दस वर्ष की आयु में बनायी। वह जन्मजात गुणी कलाकार थे जो

अपने पिता के साथ रहकर काफ़ी निखरे। 1961 में स्वतन्त्र संगीत देना प्रारम्भ कर दिया था। बारह साल इन्होंने अपने पिता के जीवित रहते हुए संगीत दिया। किशोर कुमार आये, रवीन्द्र संगीत का प्रयोग भी किया किन्तु शीघ्र ही चुक गये।

लक्ष्मीकान्त प्यारेलाल भी 1959 में सामने आ गये थे जबकि रवीन्द्र जैन 1972 में आये। इन लोगों ने भी अपने संगीत पर मेहनत तभी तक की जब तक पुरानी पीढ़ी इनके मुक़ाबले में थी। लेकिन ये सभी पुराने लोग 1965 से 1975 के बीच या तो रहे ही नहीं या फिर चुक गये। फलतः इन नये लोगों ने भी अपने संगीत पर मेहनत करनी समाप्त कर दी। यदि हम इनके संगीत का आंकलन करें तो पता चलता है कि लक्ष्मीकान्त–प्यारेलाल ने अच्छा संगीत 1970 तक ही दिया क्योंकि उस समय यही शंकर–जयकिशन, एस.डी.बर्मन, मदन मोहन और रौशन की परम्परा में उन्हीं के समकक्ष संगीत देने का प्रयास करते थे। इसके अतिरिक्त कल्याण जी आनन्द जी और आर.डी.बर्मन आदि से भी प्रतिस्पर्धा रही आती थी। (कृपया परिशिष्ट देखें)। एक–दूसरे से आगे बढ़कर अपना काम दिखाने की होड़ में इन्होंने काफ़ी अच्छा संगीत दिया। सन् 1963 में ये अपने गुरु कल्याण जी आनन्द से अलग होकर मैदान में उतरे और 'पारसमणि' फ़िल्म का संगीत निर्देशन किया। फिर तो 'सन्त ज्ञानेश्वर' (1964), 'सती सावित्री' (1964), 'आये दिन बहार के' (1966), 'प्यार किये जा' (1966), 'अनीता' (1967), 'मिलन' (1967), 'तक़दीर' (1967), दो रास्ते (1969), 'जीने की राह' (1969), 'जीवन मृत्यु' (1970) आदि इनकी अच्छी फ़िल्में रहीं। उसके बाद ये अच्छी तरह स्थापित हो गये। पिछली पीढ़ी का दबाव भी कम हो गया। फ़िल्मों की संख्या भी बेतहाशा बढ़ गयी। 1973 में इनके पास सोलह और 1974 में इनके पास बाईस फ़िल्में थीं (कृपया परिशिष्ट देखें)। पिछले संगीतकारों में कुछेक ने इतनी फ़िल्में अपनी पूरे जीवन में भी न दी होंगी, जितनी इन्होंने 1–2 साल में दीं, तो कोई सृजनात्मक हो भी कितना सकता है? लगभग सभी के साथ ऐसा होता रहा है कि प्रसिद्धि के साथ केवल नाम बिकता है, काम पीछे छूट जाता है। एक समय आ गया, जब एल.पी. (लक्ष्मीकान्त–प्यारेलाल) के नाम से फ़िल्में बिकती थीं फिर चाहे संगीत उनमें कोई भी भर दे। इनके दो गीत–'सुनो सजना पपीहे ने' (आये दिन बहार के) तथा, 'तुम गगन के चन्द्रमा हो' (सती सावित्री) ही इनकी उत्कृष्टता दिखाने के लिए बहुत हैं।

आर.डी.बर्मन के सामने उनकी पुरानी पीढ़ी थी। जिनमें स्वयं उनके पिता के अतिरिक्त वही सब लोग शामिल थे जो लक्ष्मीकान्त–प्यारेलाल के सामने थे।

आगे चलकर उनकी स्पर्धा कल्याण जी आनन्द जी और लक्ष्मीकान्त–प्यारेलाल से हो गयी। स्वस्थ स्पर्धा हो तो रचनात्मकता बढ़ जाती है फलतः इनके द्वारा उस समय दिये गये संगीत एक से बढ़कर एक थे। 1961 में 'छोटे नवाब' क्या आयी कि एक नये ट्रेंड का पिटारा खुल गया। शंकर–जयकिशन के बाद नया ट्रेंड स्थापित करने में आर.डी.बर्मन दूसरा नाम था किन्तु यह सब एक ही दिन में नहीं हुआ। दूसरी फ़िल्म के लिए इन्हें चार साल प्रतीक्षा करनी पड़ी। इस फ़िल्म का नाम था 'भूत बंगला' (1965)। दोनों ही फ़िल्में इनके मित्र महमूद की थीं। यहाँ ध्यान देने योग्य बात यह कि है, फ़िल्मों में संगीत देने के लिए केवल प्रतिभा ही आवश्यक नहीं, रिश्ते भी काम आते हैं। महमूद ने इन्हें अवसर दिया तो यह सामने आये। उसके बाद एक सफलतम संगीत निर्देशक का बेटा होकर भी आर.डी.बर्मन दूसरा अवसर न पा सके जब तक उनके मित्र महमूद ने ही उन्हें दोबारा याद नहीं किया।

फिर तो राहुल देव बर्मन दिशा–निर्धारक (trend setter) बन गये, 'भूत बंगला' से गायन में अजीब आवाज़ें, गले का अलग–अलग तरह से इस्तेमाल जैसे डराना, चिल्लाना, आवाज़ें चटखाना तथा यूडलिंग करना शामिल हो गया, ट्विस्ट (twist) प्रारम्भ हो गया। यह सभी कुछ शास्त्रीय संगीत से दूर ले जाने वाली पहली ख़तरे की घण्टी थी।

1967 में आयी 'बहारों के सपने' में लता जी द्वारा गाये गये दो गीत 'आजा पिया तोहे प्यार दूँ' (राग : पहाड़ी) तथा 'क्या जानूँ सजन, होती है क्या, गम की शाम' (रागः बसन्त मुखारी) आर.डी.बर्मन की अलग छाप प्रस्तुत करते हैं। यद्यपि यहाँ भी इन पर एस.डी.बर्मन तथा शंकर–जयकिशन का थोड़ा प्रभाव दिखाई देता है। फिर आयी 'पड़ोसन' (1968)। हम और आप सब 'एक चतुर नार' (राग : खंबावती) गीत को जानते हैं, वैसा गीत दोबारा नहीं आ पायेगा, यह तो मानना ही पड़ेगा। किन्तु पवित्र–गम्भीर तथा करूण हमारे राग यदि हल्के–फुल्के विद्रूप हास्य के लिए प्रयुक्त न किये जायें तो श्रेयस्कर होगा। 'कारवाँ' (1971) में, एक और ट्रेंड; बंजारों के गीतों में अरब देश के संगीत का सम्मिश्रण उनकी मेहनत और सूझ–बूझ का परिचायक बना उदाहरणार्थ–'दिलबर, दिल से प्यारे, दिलबर, दिल की सुनता जा रे, दिलबर' (राग : बसन्त मुखारी)।

फिर भी, ऐसा नहीं कि वह शास्त्रीय संगीत से अलग हो गये। 1971 में ही आयी उनकी एक फ़िल्म 'अमर प्रेम' से अधिक संवेदनशील, भावुक गीत हमारी फ़िल्मों के सम्पूर्ण इतिहास में बहुत ही कम आये होंगे। राग तोड़ी में निबद्ध इनका एक गीत 'रैना बीती जाये, श्याम न आये', इसका अकाट्य प्रमाण हैं।

'हरे राम हरे कृष्ण' (राग : तोड़ी खमाच) (1971) में 'दम मारो दम' (राग : काफ़ी) गीत से आर.डी. बर्मन पूरी तरह स्थापित हो गये। शास्त्रीय संगीत में अपनी ही तालें, ठेके (rhythm & beats) शास्त्रीय संगीत का पश्चिमीकरण तथा गायकी का बिल्कुल मौलिक अन्दाज़ प्रारम्भ हुआ। 1972 में इनकी केवल एक फ़िल्म आयी 'परिचय', 1973 में 'अनामिका' और 'हीरा पन्ना' इसके साथ ही पुरानी पीढ़ी का दबाव खत्म हो गया। (कृपया देखिए परिशिष्ट)। फ़िल्मों की गिनती बढ़ती गयी। व्यावसायिकता के तकाज़े भी कम न थे इसलिए आर.डी. बर्मन ने भी अपनी सुरक्षा देखी।

1972 में रवीन्द्र जैन आये। कुछ फ़िल्मों में अच्छा संगीत दिया। उन्हें शास्त्रीय संगीत का ज्ञान भी अच्छा था। सौदागर, चोर मचाए शोर, तपस्या और चितचोर आदि से प्रारम्भ कर बहुत आगे पहुँचे तथा 'राजश्री पिक्चर्स' और राज कपूर की फ़िल्मों में इन्होंने बहुत अच्छा संगीत दिया। राज कपूर को भी अच्छे संगीत का ज्ञान था अतः उन्हें संगीत निर्देशक से काम लेना आता था इसलिए रवीन्द्र जैन हों चाहे लक्ष्मीकान्त–प्यारेलाल, राज कपूर के साथ मेहनत करनी ही पड़ती थी। 'सत्यम् शिवम् सुन्दरम्' अथवा 'राम तेरी गंगा मैली', इन दोनों फ़िल्मों के संगीत का अधिक श्रेय राज कपूर को दिया जाना चाहिए। यों रवीन्द्र जैन भी कुछ समय के लिए आर.डी.बर्मन और लक्ष्मीकान्त–प्यारेलाल के साथ प्रतिद्वन्द्विता में रहे किन्तु बाद में इन्हें भी अधिक फ़िल्में मिलना बन्द हो गया। (कृपया परिशिष्ट देखिए)।

थोड़े में कहें तो इस प्रकार ग़ुलाम मुहम्मद, वसन्त देसाई, मदन मोहन, रौशन, शंकर–जयकिशन, एस.डी.बर्मन, सी. रामचन्द्र, हेमन्त कुमार, सलिल चौधरी और जयदेव एक दशक के अन्तराल में ही आगे पीछे चले गये या भुला दिये गये। सरदार मलिक और हंसराज बहल भी इसी तरह फ़िल्मों से अलग हो गये जिनके स्थान पर कल्याण जी आनन्द जी, आर.डी. बर्मन, लक्ष्मीकान्त प्यारेलाल तथा रवीन्द्र जैन जैसे कलाकार सामने आ गये। किन्तु एक कुशल बाप का कुशल बेटा 'राजेश रौशन' के रूप में आया तथा अपने पिता से आगे की कमान सँभाल ली। इस संगीतकार ने सदा ही कर्णप्रिय संगीत दिया और चाहे बेहद कम ही क्यों न हो वह आज भी मधुर संगीत दे रहा है। शंकर–जयकिशन की तर्ज पर कुछ और जोड़ियाँ भी आयीं, जैसे सपन–जगमोहन, सोनिक–ओमी तथा श्यामजी–घनश्यामजी, किन्तु इनमें से कोई भी उल्लेखनीय नहीं रहा। कुछ शास्त्रीय संगीत के गुरु तथा संगीत शास्त्री भी इसी बीच आये जैसे उस्ताद विलायत ख़ाँ ('कादम्बरी' 1976) तथा उस्ताद बहादुर ख़ाँ ('त्रिसन्ध्या' 1974)।

प्रसिद्ध संगीत शास्त्री वनराज भाटिया केवल श्याम बेनेगल और गोविन्द निहलानी जैसे निर्देशकों से ही जुड़े रहे। भास्कर चन्दावरकर भी दो–तीन प्रायोगिक फ़िल्मों में ही आये। रघुनाथ सेठ भी एक–दो फ़िल्मों में ही आकर रह गये। इन सभी लोगों की फ़िल्में प्रायोगिक फ़िल्में थीं जिन्होंने कभी सिनेमाहॉल का मुँह नहीं देखा। यदि देखा भी तो अधिक चली नहीं, यदि चलीं तो उनमें ऐसे गीत न थे जो लोकप्रिय हो पाते। उदाहरणार्थ श्याम बेनगेल की फ़िल्में सिनेमाहॉल में दिखाई तो गयीं किन्तु गीत नहीं चले। (कृपया परिशिष्ट देखिए)

प्रसिद्ध ग़ज़ल गायक जगजीत सिंह ने भी एक आध फ़िल्म में संगीत दिया किन्तु कोई अमिट छाप नहीं छोड़ी (कृपया परिशिष्ट देखिए।)

हिन्दी फ़िल्म संगीत का अवमूल्यन

ओ.पी. नय्यर की फिल्म संगीत जगत् में तूती बोलती थी। 1964 में 'कश्मीर की कली' के संगीत के बाद 1965 में 'मेरे सनम' फ़िल्म से इन्होंने फ़िल्मों में संगीत देने के काम को कामोद्दीपन बढ़ाने का ही ज़रिया समझ लिया; उसी तरह के शब्द, वैसी ही धुनें तथा गायकों की कामोत्तेजक आवाज़ें इस्तेमाल कीं तथा इस तरह के संगीत के लिए 'ओ.पी. नय्यर' एक ब्रांड बन गये।

ऊषा खन्ना, सपन--जगमोहन, सोनिक–ओमी, श्यामजी--घनश्यामजी, इन्हीं की अजीब नकल देते रहे तथा इनके अस्त के साथ स्वयं भी अस्त हो गये। ओ. पी. नय्यर ने जो टोन आशा भोसले को दी उसी को आर.डी. बर्मन ने और भी मुखर किया। उदाहरण के लिए फ़िल्म 'मेरे सनम' का ओ.पी. नय्यर का गीत 'ये है रेशमी जुल्फों का अँधेरा' तथा कारवाँ में आर.डी. बर्मन का गीत 'पिया तू अब तो आजा'।

जिस कामोद्दीपन की ओ.पी. नय्यर ने शुरुआत की थी, उसी को आर.डी. बर्मन ने अन्जाम तक पहुँचाया। एक बात दोनों में ही समान है, गायिका–'आशा भोसले' की आवाज़ का प्रयोग! महान निर्माता निर्देशक बी.आर. चोपड़ा को फ़िल्म के लिए एक कहानी सुनाते समय एक देशद्रोही तथा भ्रष्ट डॉक्टर का चरित्र सुनाया था, जो पैसों के लिए दुश्मन की मदद करता है और सरकार के एक सर्वोच्च अधिकारी की बेटी की अंतिदुर्लभ 'प्लास्टिक सर्जरी' इसी शर्त पर करने के लिए तैयार होता है कि देश की सुरक्षा से सम्बन्धित काग़ज़ात वह उसे दे दे ताकि डॉक्टर उन्हें दुश्मन को सौंपकर पैसे कमा ले। बी. आर. चोपड़ा ने जो उत्तर दिया था वह स्वर्णाक्षरों में अंकित करने योग्य है। उन्होंने कहा था, 'डॉक्टर समाज के लिए भगवान होता है,

वह ज़िन्दगी लौटाता ही नहीं बल्कि उसकी गुणवत्ता भी बढ़ाता है, ऐसे एकाध अपवाद के लिए डॉक्टर का ऐसा घृणित चरित्र पर्दे पर नहीं दिखाना चाहिए।' फिर भी ऐसे गाने बने, सुने और सराहे गये और नारी जगत् ने कभी कोई आवाज़ नहीं उठाई। सिलसिला यहीं नहीं रुका, आर.डी. बर्मन के काम को आगे बढ़ाने, 1973 में एक और संगीतकार आये जिनका संगीत उनके पहनावे जैसा अलग ही था। उनका नाम है बप्पी लाहिड़ी। इन्होंने हिन्दी फ़िल्मों के मधुर संगीत को बदलने में कोई कसर नहीं छोड़ी। यह एक–एक दिन में दस–दस फ़िल्मों के गाने रिकॉर्ड करते थे तो संगीत से भला क्या न्याय हो पायेगा। परिणामतः शास्त्रीय संगीत की गंगोत्री से फूटी अजस्र धारा, नदी से नहर, नहर से तालाब में बदल गयी।

सन् 1974 के बाद संगीत का अवमूल्यन पूरी तरह से प्रारम्भ हो गया। बड़े–बड़े सितारों की फ़िल्में आनी प्रारम्भ हुई। 1975 में फ़िल्म 'शोले' ने सारा गणित बिगाड़ दिया। यहाँ से एक खलनायक (villain) को हीरो बना दिया गया। 'तेरा क्या होगा कालिया' संवाद घर–घर में गूँजने लगे, पहली बार इस फ़िल्म के संवादों का एल.पी. (long playing) रिकॉर्ड बना। शादी, त्यौहार, मुंडन जैसे सामाजिक या पारिवारिक उत्सव समारोहों पर गीतों की जगह संवाद बजने लगे। इसी फ़िल्म ने मल्टीस्टारर फ़िल्मों की भी शुरुआत की। यद्यपि यह बीज हिन्दी फ़िल्मों के सबसे बड़े शोमैन 'राज कपूर' ने 1970 में अपनी फ़िल्म 'मेरा नाम जोकर' से बोया था, किन्तु उसमें हिंसा दूर–दूर तक नहीं थी। 'शोले' फ़िल्म ने तो फ़िल्मों की दिशा (trend) ही बदल दी। 1976 में यद्यपि एक दूसरी तरह की मल्टीस्टारर फ़िल्म यश चोपड़ा ने दी–'कभी कभी'। इसमें अमिताभ बच्चन, शशि कपूर, ऋषि कपूर, रेखा, वहीदा रहमान, राखी आदि थे तथा विषय पारिवारिक था। यश चोपड़ा ऐसे प्रयास आगे भी करते रहे, किन्तु 'शोले' से उठी हुई आँधी थमी नहीं। 1977 में 'आखिरी गोली' 'एजेंट विनोद', 'अमर अकबर एन्थोनी', 'चलता पुर्जा', 'धर्मवीर', 'हत्यारा', 'कसम ख़ून की', 'महाबदमाश', 'वीरू उस्ताद', जैसी फ़िल्में आनी शुरू हो गयीं। यद्यपि संगीत की दृष्टि से 'आलाप', 'आनन्द आश्रम', 'दूसरा आदमी', 'घरौंदा' आदि फ़िल्में आयीं, किन्तु पता चल गया कि ऐसी फ़िल्मों के ज़माने अब लद गये हैं। इसके बाद तो मल्टीस्टारर एकशन फ़िल्म ही ज़ोर पकड़ने लगीं इनमें विदेशी तर्ज पर चकाचौंध वाले गीत नृत्य दिखाई देने लगे जैसे 'हम किसी से कम नहीं' और 'क़र्ज़' आदि। इनमें अंग्रेज़ी वाद्य तथा संगीत के टुकड़े काफ़ी ऊँचे और शोर भरे थे क्योंकि इन पर भड़काऊ नाच किये जाते थे। गाने वाले की आवाज़ कहीं समझ आती थी, कहीं नहीं।

'कुर्बानी' फ़िल्म का एक गीत है, 'आप जैसा कोई मेरी ज़िन्दगी में आये' इसमें ऑर्केस्ट्रा (orchestra) का स्तर (level) इतना ऊँचा है कि गायिका के द्वारा गाये गये बोल समझ में ही नहीं आते, इसलिए अस्थायी की दूसरी लाइन गाते समय जब वह कहती है 'तो बात बन जाये' तो सारे साज़ों की गूँज के पीछे ऐसा लगता है, मानो कह रही हो 'बाप बन जाये'। इसका कारण था, तकनीक में अत्यधिक सुधार एवं रिकॉर्डिंग की अत्यधिक सुविधाएँ जिनके कारण Harmony तो काफ़ी उजागर हो जाती है तथा मधुरता (medody) दब जाती है अथवा विकृत हो जाती है। यह गाना तो ख़ैर बिद्दू नाम के एक 'पॉप' संगीतकार ने लन्दन में रिकॉर्ड किया था, किन्तु बाद में ऐसी ही या इससे भी अधिक सुधरी हुई तकनीकें भारत में भी आ गयीं जिनकी पकड़ में केवल शोर ही अधिक आता है।

रिकॉर्डिंग की आधुनिक तकनीकों का फ़िल्म संगीत पर दुष्प्रभाव

सुधरी हुई तकनीकों के क्रम में 1990 के दशक में डिजिटल रिकॉर्डिंग की सुविधाएँ भी आ गयीं जिनके बारे में बताते हुए बी. आर. फ़िल्म्स के मुख्य ध्वनि नियन्त्रक (Chief Recording Engineer) श्री बी.के. चतुर्वेदी के कहे अनुसार निष्कर्ष निकला कि डिजिटल रिकॉर्डिंग आयी, तो सी.डी. आयी, डी.वी.डी. आये, तथा एम.पी. 3 भी। 78 आर.पी.एम. पर एक ओर एक या दो गाने ही रिकॉर्ड होते थे। आज एम.पी. 3 पर तीन सौ गाने तक रिकॉर्ड किये जा सकते हैं और इस समय की सबसे आधुनिक तकनीक आई–पॉड को तो जेब में रखकर घूमा जा सकता है जिसमें पाँच से छह हज़ार गाने तक संचित (store) किये जा सकते हैं। इसके अतिरिक्त मोबाइल, कम्प्यूटर आदि में भी गाने रिकॉर्ड और स्टोर किये जा सकते हैं तथा सुने भी जा सकते हैं। बहरहाल रिकॉडिंग की तरफ़ ही लौटते हैं। 70 का दशक आते–आते स्टीरियो रिकॉर्डिंग आ गयी, जिसे दो ट्रैक की रिकॉर्डिंग भी कहते हैं अर्थात साज़ एक ट्रैक में तथा आवाज़ दूसरे ट्रैक में। बाद में दो से चार ट्रैक हुए, चार से आठ, आठ से सोलह और सौ से ज़्यादा भी। ये ट्रैक इसलिए थे कि विभिन्न साज़ और आवाज़ अलग–अलग ट्रैक पर रिकॉर्ड करके मिक्स किये जा सकें। इस प्रकार ध्वनि का प्रभाव बढ़ गया, आवाज़ों का स्तर मशीनें सुधारने लगीं। उनकी टोन और पिच मशीनें तय करने लगीं। आवाज़ का टिम्बर बदलना भी विभिन्न माइकों तथा मिक्सर द्वारा रिकॉडिस्ट के हाथ में ही आ गया। यहाँ तक भी ठीक था किन्तु फिर रिकॉर्डिंग 'ऐनोलॉग' से 'डिजिटल' हो गयी तथा कम्प्यूटर आ गया। कल्याण जी आनन्द जी जोड़ी

के कल्याण जी भाई ने 1954 में 'नागिन' फ़िल्म के लिए 'क्ले वायलिन' का प्रयोग करके एक ऐसी बीन बजाई थी, जिससे कई सिनेमाहॉल में साँप आ जाने की अफ़वाह उड़ गयी। 'क्ले वायलिन' एक इलेक्ट्रॉनिक वाद्ययन्त्र था, जिसे उन्होंने एक विदेशी से ख़रीदा था।

तब किसने सोचा होगा कि एक दिन यही 'इलेक्ट्रॉनिक माध्यम' हमारे संगीत से सब कुछ छीन लेगा। प्रसिद्ध वैज्ञानिक एलबर्ट आंइस्टाइन ने कहा था कि यदि उन्हें पता होता कि अमेरिका, हिरोशिमा और नागासाकी पर एटम बम छोड़ेगा तो वे कभी अणु (एटम) का आविष्कार न करते।

उसी प्रकार कलाकार होने के नाते मुझे पूरा विश्वास है कि, कल्याण जी भाई भी शायद यह जानते तो 'क्ले वायलिन' न ख़रीदते। शुरू–शुरू में सबको अच्छा लगा कि दस वॉयलिन वालों को बुलाने के बजाय एक 'सिन्थेसाइज़र' से ही काम चलाया जा सकता है किन्तु धीरे–धीरे ये 'सिन्थेसाइज़र' या की बोर्ड हमारे सारे देशी–विदेशी वाद्यों और वादकों को लील गया। वायलिन, गिटार, पियानो, सैक्सोफ़ोन, पियानो–एकार्डियन, बाँसुरी, सितार, सन्तूर यहाँ तक कि अब तो तबला ढोलक पर भी बन आयी है। एक इलेक्ट्रॉनिक साज़ ऑक्टोपैड भी आ गया है जो सारे ताल वाद्यों की आवाज़ अकेले ही निकाल देता है। हमारे अधिकतम वादक आज बेकार बैठे हैं। राज कपूर की फ़िल्मों में पियानो एकार्डियन बजाने वाले एक वादक 'रूबेन' तो मनोरोगी हो गये हैं। वायलिन परिवार के सभी वाद्य अधिकतर गोवा के कलाकार बजाया करते थे, उनमें से लगभग सभी गोवा वापस चले गये, खाने–पीने का कोई साधन न रहा। ये ऐसे धुरन्धर वादक हैं जिनका अपनी कला में कोई सानी नहीं था। एक बार फिर रिकॉर्डिंग स्टूडियो की ही बात करते हैं, बत्तीस और चौंसठ चैनल वाले मिक्सर लिए तो इसलिए गये थे कि हरेक वाद्ययन्त्र तथा गायक को अलग–अलग ट्रैक पर रिकॉर्ड कर सकेंगे किन्तु इससे एक और सुविधा का बहाना मिल गया। पहले सभी वादकों और गायकों का एक साथ इकट्ठा होना आवश्यक था, अब इसकी कोई आवश्यकता नहीं रही। सभी गायक और सभी वादक, जब उनके पास समय हो, तब अपनी सुविधानुसार आकर अपने वाद्य का संगीतांश (music piece) बजा कर जा सकते हैं। इससे हानि यह हुई कि गायक और वादक जब एक साथ मिलकर बैठते थे तो रिकॉर्ड होने वाले गाने पर एक–दूसरे से बातें होती थीं, एक–दूसरे के गायन वादन की तारीफ़ की जाती थी, भूल हो तो सँभाल भी दिया जाता था, सब गीत के एक ही (emotion) मनोभाव से बँध जाते थे। जब ऑर्केस्ट्रा प्रारम्भ होता था तो गीत का वातावरण बनता था, गायन से उस वातावरण में जान पड़ती थी

तथा वातावरण में एक स्पन्दन होता था। इसके अतिरिक्त एक साथ गाते–बजाते समय एक स्वस्थ स्पर्धा जाग्रत होती थी तथा सब एक–दूसरे से बढ़कर बजाने का प्रयास करते थे।

गीत को एक ही बार में पूरा का पूरा गाया जाता था चाहे कितने भी टेक क्यों न करने पड़ें। मनपूर्वक संगीत निर्देशक के घर जाकर बहुत सारी बैठकें होती थीं, रियाज़ होता था, एक–एक बोल और सफ़र की नोक पलक को कई–कई बार सँवारा जाता था। आज के क्या कहने! डिजिटल रिकॉर्डिंग हैं; आधी–आधी पंक्ति तो छोड़िए कभी–कभी तो यदि एक शब्द भी ग़लत हो जाये तो उस अकेले शब्द की भी रिकॉर्डिंग हो जाती है तो फिर ऐसे गायन अथवा वादन में भावना, आत्मा, तथा Expression (व्यंजना) कहाँ से आयेंगे!

इस बारे में आज की राष्ट्रीय पुरस्कार विजेता गायिका साधना सरगम ने बताते हुए कहा, "आजकल काम तो आसान हो गया है, ट्रैक पर गाओ और चले जाओ, लेकिन मुझे तो पुराना ज़माना ही अच्छा लगता है जिसमें जम कर रिहर्सल होती थी और गाने को हर तरफ़ से 'पर्फेक्ट' किया जाता था। उससे इमोशन भी आते थे और सही गायकी भी।"

इसीलिए आज के गानों में तकनीकी रूप से भले ही परिपक्वता दिखाई देती हो किन्तु उनमें आत्मा नहीं होती, न मार्मिक बोल, न सुमधुर धुन और न ही मन को हरने वाला गायन। अच्छे भावपूर्ण बोलों की आवश्यकता तो इसलिए भी न रही कि जब फ़िल्मों में विषयान्तर ही हो गया, भावपूर्ण कहानियों की जगह मार–धाड़ और ग्लैमर ने ली ली, तो उसी के अनुसार गीतों के बोल भी बदल गये। इसीलिए बीच में ग़ज़लों की भी बन आयी। जगजीत सिंह, अनूप जलोटा, पंकज उधास आदि गायकों की ग़ज़लें मशहूर होने लगीं। बाद में उनके साथ भी ऐसा हुआ कि नयी पीढ़ी में श्रोता और दर्शक अंग्रेज़ी स्कूलों से पढ़–पढ़कर निकलने लगे इसलिए हिन्दी और उर्दू से उनका भावनात्मक सम्बन्ध जाता रहा। हल्के–फुल्के बोलों वाली काम चलाऊ हिन्दी लिखने का ये भी एक कारण रहा। जिस तरह हिन्दी और उर्दू से सम्बन्ध छूटा उसी तरह शास्त्रीय संगीत की जगह नौजवान पीढ़ी का मन 'रॉक', 'पॉप', 'डिस्को' आदि में रमने लगा। सितार की जगह गिटार ने ले ली, तबले और ढोलक की जगह कांगो, बाँगो, और ड्रम ने ले ली। अंग्रेज़ी रॉक और पॉप की तर्ज़ पर हिन्दी में प्राइवेट गाने बनने लगे तो फ़िल्मों ने भी अपना रुख पलटा। विदेशी 'पॉप', 'पाप' की तरह फ़िल्मों में घुस गया, नतीजा यह हुआ कि कौन–सा गीत कब आया, कब चला गया, पता ही न चला, गानों की धुनें बनाने का तरीक़ा ही बदल गया।

श्री बी.के. चतुर्वेदी के अनुसार, "इलेक्ट्रॉनिक वाद्ययन्त्रों पर लय और ताल (rhythm & tempo) के बहुत सारे नमूने (samples) उपलब्ध हो गये। संगीत निर्देशक का काम केवल इतना रह गया कि वह एक सैम्पुल चुने जैसे 'धा गे ना ति न कि धिन' और उसी की पुनरावृत्ति करता जाये, इसे सीक्वेन्स (sequence) बनाना कहते हैं। फिर सीक्वेसिंग (sequencing) के बाद उसको सजाने के लिए कुछ इलेक्ट्रॉनिक और कुछ अन्य वाद्यों का आर्केस्ट्रा, उसी मीटर में बँधे हुए बोल और अन्त में जो भी पिच चुन लिया गया हो उसके लिए गायक की तलाश कर ली जाती है। भले ही गायक उस पिच पर न गा पाता हो फिर भी उसकी आवाज़ को रबर की तरह खींचने का प्रयास किया जाता है, मधुरता हो, न हो, कोई समस्या नहीं; चीख़ना, चिल्लाना सफ़र में होना चाहिए। आजकल लगभग सभी गीत इसी प्रकार बनते हैं। पहले कुछ वा़द्य यन्त्रों के साथ संगीत का ट्रैक बना लिया जाता है जिस पर, गायक एक–डेढ़ घण्टे में रियाज़ और रिकॉर्डिंग समेट छुट्‌टी पा जाता है। पहले जहाँ एक दिन में एक गीत मुश्किल से रिकॉर्ड होता था वहीं आज पूरी फ़िल्म के गाने भी एक ही दिन में रिकॉर्ड हो जाते हैं। कुछ एक वाद्य और उनके वादक अपने समयानुसार अपने सहूलियत से आकर उन ट्रैकों में अपना वादन भर जाते हैं। अलग–अलग ट्रैक भी अलग लोगों को दे दिये जाते हैं जो अपने घर पर बैठकर ही उनके लिए संगीत अंशों को बनाते और रिकॉर्ड करवाते हैं। वादकों और गायकों को कभी यह पता नहीं चलता कि उस गीत में कौन–कौन उनके सहभागी थे! तो ऐसे गीतों में भावात्मकता हो भी तो कैसे?" यह जानकर मेरा विचार है कि आजकल के संगीत का यदि सर्वश्रेष्ठ उदाहरण देना हो तो कुछ इस प्रकार से देना होगा कि पहले 'कफ़न' तैयार कर लिया जाता है फिर उसके बाद उसके माप का मुर्दा ढूँढ़ा जाता है। यदि कोई आज पुराने समयों का संगीत रिकॉर्ड करना भी चाहे तो पहले तो पुराने समय की तरह इतने सारे वादक और गायक मिलेंगे ही नहीं, और यदि मिल भी जायें तो एक ही समय पर तो हर्गिज़ नहीं मिलेंगे।

इसी कम्प्यूटर संगीत के बारे में पं. रघुनाथ सेठ ने अपने एक लेख में अक्टूबर 1980 में एक भविष्यवाणी की थी। हम उसे यहाँ केवल इसलिए उद्‌धृत कर रहे हैं जिससे गुणीजन स्वयं यह समझ सकें कि कितने आश्चर्यजनक रूप से वह भविष्यवाणी आज के सन्दर्भ में प्रश्न बन कर खड़ी हुई है! उन्होंने कहा है, "क्या हमारे लोकप्रिय सिनेमा पर सदा यह गीत ही राज करेंगे अथवा लोकप्रिय संगीत फ़िल्मों से बाहर निकलकर एक स्वतन्त्र मनोरंजन व्यवसाय बन जायेगा जैसा कि बहुत से दूसरे देशों में भी है। और फिर आवाज़ की

रिकॉर्डिंग के लिए जो तकनीकी अनुसन्धान हो रहे हैं उनका क्या? क्या आवाज़ का अच्छा–बुरा होना बेमानी हो जायेगा, क्योंकि हो सकता है ऐसी मशीनें आ जायें जो बेसुरी आवाज़ को भी सफ़र में ला दें, कौन जानता है कि भविष्य में कम्प्यूटर एक ऐसी सम्पूर्ण आवाज़ पैदा कर दे जो किसी भी जीवित प्राणी की आवाज़ से बेहतर हो।" किन्तु प्रश्न यह है कि क्या यह सार्थक होगा? क्या कम्प्यूटर द्वारा प्रजनित (reproduced) हिन्दी सिनेमा का ही नहीं, किसी भी तरह का संगीत, मानव के सौन्दर्य बोध पर खरा उतर सकेगा?

जिस तरह तबला, पखावज, सरोद, सन्तूर, बाँसुरी, सितार, वीणा, ढोलक आदि भारतीय वाद्यों तथा पुरुष नारी समूह आवाज़ों (कोरस) की हूबहू नक़ल कम्प्यूटर ने की है, उसी तरह कम्प्यूटर की मेहरबानी से ऐसा भी हो सकता है कि कल को सहगल, रफ़ी, मुकेश, मन्ना डे, लता, आशा, गीता दत्त, शमशाद बेगम, नूरजहाँ और किशोर कुमार जैसी आवाज़ें भी फिर से ज़िन्दा हो जायें और फ़िल्म के गीतों का 'स्वर्णयुग' एक बार फिर से वापस आ जाये। किन्तु कलाकार को साकार आमने–सामने बैठाकर, संगीत सुनने–सुनाने का आनन्द, उस पर प्रदर्शन के समय गायक–वादक के व्यक्तित्व की आभा, गायन कौशल, गले से निकलने वाली विभिन्न मधुर स्वर्गिक ध्वनियाँ, क्या उन्हें वाक़ई कम्प्यूटर से स्थानापन्न किया जा सकेगा? मेरी समझ से ऐसा हो ही नहीं सकता। कम्प्यूटर कुछ भी कर दें, इन्सान को फिर से जीवित करके गाने के लिए श्रोता के समक्ष तो न बिठा सकेगा। फिर भी कम्प्यूटर की आवश्यकता है तथा इसे पूरी तरह से नकारा भी नहीं जा सकता, कम्प्यूटर हमारा काम सरल और त्वरित तो बनाता ही है अतः इसे पूरी तरह से नकारा भी नहीं जा सकता। संक्षेप में इसे तभी तक स्वीकार करना चाहिए जब तक व्यक्ति के हाथ में यह औज़ार की तरह रहे। न कि मशीन बनकर उसकी रोज़ी–रोटी ही छीन लें।

बहरहाल, हिन्दी फ़िल्म संगीत का यह अवमूल्यन हमारी संस्कृति की निरन्तरता पर कुठाराघात है किन्तु इससे निराश होकर बैठ जाना भी कोई उपाय नहीं। जब वे दिन नहीं रहे तो ये दिन भी नहीं रहेंगे। आवश्यकता है भविष्य की सम्भावनाओं पर विचार करके संगीत के पुनरुत्थान की।

भाषानुगामी संगीत का पुनरुत्थान

इसका एक रास्ता कल्याण जी भाई हमें समझा गये हैं। 1976–77 से लक्ष्मीकान्त–प्यारेलाल और आर.डी. बर्मन ऊपर आने लगे थे और कल्याण जी भाई के पास काम कम होने लगा था। सोनिक ओमी तथा श्यामजी–घनश्यामजी

जैसे लोग इनके सामने आकर खड़े हो गये थे। 1978 में इन्होंने यद्यपि 'डॉन' और 'मुकद्दर का सिकन्दर' जैसी फ़िल्में दीं किन्तु उनमें से शास्त्रीयता नदारद थी। 1978 में नौशाद जहाँ दारा सिंह की 'चम्बल की रानी' जैसी फ़िल्म कर रहे थे, वहीं कल्याण जी आनन्द जी के पास 'गुरु हो जा शुरू' तथा 'जानदार' जैसी सिर्फ़ दो–तीन ही बेकार–सी फ़िल्में ही थीं। ऐसे में उन्होंने एक समझदारी का काम किया। वे कई पुराने संगीतकारों से प्रभावित थे जिनमें नौशाद, शंकर–जयकिशन, रौशन, मदन मोहन, हुस्नलाल, भगतराम तथा एस.डी.बर्मन आदि लोग शामिल थे। फिर भारत में सभी जगह के लोक गीत, अरब का वह संगीत जिसमें भैरवी और तोड़ी के स्वर हैं आदि सब का उन्होंने गहन अध्ययन किया। कल्याण जी भाई का कहना था कि लोकप्रिय संगीत द्वारा ही भारतीय संगीत की धरोहर को सँभाल कर रखा जा सकता है बशर्ते कि उस पर मेहनत की जाये। इसलिए उन्होंने बहुत–से गायक कलाकारों को अपना शिष्य बनाया जैसे–मनहर उदास, हेमलता, अनुराधा पौड़वाल, ऊषा तिमोथी, कमल बारोट, अलका यागनिक, सपना मुखर्जी, साधना सरगम तथा सोनाली बाजपेयी। ये सभी लोग केवल कहने के लिए इनके शिष्य नहीं रहे, सबको इन्होंने राग–रागिनियों का परिचय, स्वर का ठहराव, मूर्छना प्रयोग, फिनिशिंग, ठेका आदि का अभ्यास कराया, कई लोगों ने तो वर्षों इनके घर में रहकर सीखा जैसे साधना सरगम और सोनाली बाजपेयी। बाद में बच्चों को लेकर इन्होंने 'स्वर–विहार' तथा 'लिटिल वंडर' जैसे गान समूह भी बनाये और देश–विदेश में शास्त्रीय संगीत पर आधारित लोकप्रिय संगीत को दसों दिशाओं में फैलाया। इनके कई प्रयोग तो शास्त्रीय संगीत की शुद्ध चतुरंग शैली में होते थे। साधना सरगम तथा सोनाली बाजपेयी से इन्होंने पुराने गायक गायिकाओं के कई गीतों पर रियाज़ करवाया और उन्हें दुबारा से मिक्स करके उनके कैसेट भी निकाले, इस तरह नयी आवाज़ों को इन्होंने पुरानी परम्परा से अवगत कराया तथा संस्कृति की निरन्तारता को बनाये रखा।

इसी परम्परा को दूसरे गुणीजनों द्वारा भी जारी रखा जाना चाहिए था काश कि सुश्री लता मंगेशकर अथवा आशा भोसले ऐसी कोई पहल कर पातीं। देश के न जाने कितने होनहार उनका शिष्यत्व पाकर धन्य होंगे।

री–मिक्स

पिछले कुछ वर्षों से तो 'री–मिक्स' गानों के कैसेटों की बाढ़ आ गयी। लता मंगेशकर, रफ़ी और मुकेश के गानों के कैसेट न जाने कितनी आवाज़ों में बनने लगे!

इनमें अनुराधा पौड़वाल, वन्दना बाजपेयी, मुहम्मद अज़ीज़ तथा नितिन मुकेश जैसी आवाज़ें शामिल थीं। आज के सफलतम गायक सोनू निगम ने भी ऐसे गीत ख़ूब गाये, सस्ते दामों पर। गाँधी के 'अन्तिम ग़रीब' तक पहुँचाने की मंशा से स्वर्गीय गुलशन कुमार ने इन कैसेटों को जनता के लिए बेहद सस्ता उपलब्ध कराया। लगभग आठ रुपये में एक कैसेट बिकने लगा। पुराना संगीत घर–घर गूँजने लगा, तभी ढेर सारे टी.वी. चैनल तथा वीडियो कैसेट भी चलने प्रारम्भ हो गये। अब तक 90 का दशक आ चुका था। भूमण्डलीकरण (globalisation) समाज के हर अंग पर अपना रंग दिखाने लगा। विदेशी चैनलों की भरमार भी इसी का नतीजा था। इलेक्ट्रॉनिक उपकरण, कम्प्यूटर का आगमन, कपड़े, सैंट, जूते, पेय, फास्ट–फूड क्या नहीं!

इन्हीं के साथ विदेशी संगीत की लहर भी आयी, कुछ लोगों ने पुरानी शराब को नयी बोतल में बेचने का इरादा किया। अर्थात, गानों की मधुरता तो पुरानीवाली किन्तु शरीर अधनंगे, विदेशी पोशाकों वाले। कल्याण जी भाई तथा गुलशन कुमार की मैलोडी की री–मिक्स परम्परा, सेक्स, भौंड़ापन, तड़क–भड़क और शोर–शराबे में बदल गयी। एक–एक पुराने गाने के तीन–तीन री–मिक्स बनने लगे, इन गानों में प्रमुख थे–'कभी आर कभी पार लागा तीरे नज़र', 'लेके पहला पहला प्यार' 'सइयां दिल में आना रे' और 'अफ़साना लिख रही हूँ दिल बेकरार का' आदि।

आज री–मिक्स का अर्थ है, किसी पुराने लोकप्रिय गीत को नये वाद्यों, स्वर नियोजन (Arrangement) तथा गायकों द्वारा तेज़ 'बीट' पर दुबारा मिक्स करके उसे 'पॉप–डांस' के लिए रिकॉर्ड करना तथा उसका ऐसा फ़िल्मांकन जो लगभग अश्लीलता की परिधि में आता है।

इन री–मिक्सों के प्रदर्शन में चाहे हर तरह की बुराई हो किन्तु एक अच्छाई भी है और केवल यही वह सुदूर आशा की किरण है जो इंगित करती है कि पुरानी धुनों का जादू अभी भी सर चढ़कर बोलता है। आवश्यकता वही है जैसा कि कल्याण जी भाई ने कहा, 'मेहनत तथा धरोहर की सँभाल।' काश कि री–मिक्स की दिशा बदली जा सके।

संगीत धरोहर का भविष्य के लिए संग्रहण

आज तो संगीत की इस धरोहर को सहेजकर रखने के कई तरीके आ गये हैं जिनसे इन्हें सदा के लिए सहेजा जा सकता है और यह निश्चित है कि नितान्त नैसर्गिक रूप से अपने आप ही इस मधुर संगीत का पुनरुत्थान होगा भी। देश में कई ऐसी संस्थाएँ हैं जो स्टेज कार्यक्रमों के माध्यम से इस परम्परा

को जिलाए रखने में व्यस्त हैं। केवल, मुम्बई में ही ऐसी कई संस्थाएँ हैं जो यही कार्य कर रही हैं, इनमें प्रमुख हैं–अरविन्द मेहता का 'संगीत सागर', सरयू थानावाला का 'सुर शृंगार' तथा मनोहर अय्यर का 'कीप अलाइव'। ऐसी संस्थाओं के बँधे हुए स्थायी सदस्य होते हैं जिनकी संख्या प्रतिवर्ष बढ़ती जा रही है। उनके मनोरंजन तथा ज्ञानवर्धन हेतु ये संस्थाएँ प्रतिवर्ष मुम्बई के प्रतिष्ठित सभागृहों में कई संगीत कार्यक्रम करती हैं जिनमें मँजे हुए वादक अपने असली वाद्यों के साथ (सितार, गिटार, पियानो–एकार्डियन, सैक्सोफ़ोन, मैन्डोलिन, बाँसुरी, तार शहनाई, तबला, ढोलक, डफ, मंजीरा, नगाड़ा आदि) मंच पर प्रतिष्ठित होते हैं, तथा सधी हुई, प्रशिक्षित नयी आवाज़ों में पुराने गीतों को गाया जाता है। हर बार इन गीतों को कोई–न–कोई विषय एक सूत्र में पिरोये रहता है जिसके बारे में इनके उद्घोषक वांछित जानकारी भी देते जाते हैं। जैसे यदि वांछित विषय 'अनिल बिस्वास' हों, तो अनिल बिस्वास के गानों के साथ ही साथ उनसे सम्बन्धित जानकारी भी मिलती जाती है। दर्शकों से हॉल खचाखच भर जाता है और उनके स्वतः स्फूर्त प्रतिसाद एवं प्रतिक्रियाओं से पता चलता है कि ऐसे कार्यक्रम कितने पसन्द किये जाते हैं तथा शास्त्रीयता पर आधारित भाषानुगामी संगीत के संरक्षण के लिए ये सुधीजन कितना बड़ा काम कर रहे हैं। यह एक अत्यन्त ही सुखद आश्चर्य है कि इन कार्यक्रमों में अधिकतम वही फ़िल्मी गीत पसन्द किये जाते हैं जो शास्त्रीय रागों पर आधारित हों। ऐसे भगीरथ प्रयासों में 'कीप एलाइव' का नाम सबसे ऊपर है जिसके संचालक श्री मनोहर अय्यर ने अपने साक्षात्कार में बताया, ये सभी प्रयास भावी पीढ़ी के लिए कायम रूप से सँभाल कर रखे जा सकते हैं क्योंकि अब तो कम्प्यूटर, सी.डी., वी.सी.डी. कैसेट, माइक्रो–चिप आदि के द्वारा अनगिनत फ़िल्मों तथा लोकप्रिय गीतों और उनके सम्बन्धित जानकारी को, बिना अधिक जगह घेरे ही सँभाल कर रखा जा सकता है।

अन्त में, बड़ी विनम्रता के साथ दर्ज कराना चाहूँगी कि मैं एक गायिका हूँ और मेरी कर्मभूमि मुम्बई ही रही तथा इसी दौरान गुणीजनों से मिलकर मैंने इस क्षेत्र को केवल जाना ही नहीं अपितु इसमें कार्यरत होने का प्रयास भी किया तथा सफल रही। आज मैं कई संस्थानों से सम्बद्ध हूँ तथा उनके लिए मुम्बई के अतिरिक्त भारत के प्रमुख नगरों में कार्यक्रम देने के दौरान ही मुझे पता चल पाया कि पुराने हिन्दी फ़िल्म संगीत का उत्तर भारतीय शास्त्रीय संगीत से कितना अन्तरंग सम्बन्ध है तथा श्रोताजनों की उसमें कितनी रुचि है। नौजवान लड़के–लड़कियाँ अपनी आजीविका के अतिरिक्त अपने शौक़ के लिए पुरानी फ़िल्मों के उन गीतों को (1935–1965) सीखना भी चाहते हैं

तथा उसके बारे में अधिकाधिक जानना भी चाहते हैं। अतः मेरा मत है कि शास्त्रीय संगीत के अध्ययन के अन्तर्गत इस संगीत को विश्वविद्यालय अपने पाठ्यक्रम में एक विषय की भाँति शामिल कर सकते हैं, अथवा एक विशेष प्रश्नपत्र इसी विषय को लेकर हो सकता है अथवा उच्च स्तर पर, सम्पूर्ण वैज्ञानिक रीति से इसे एक स्वतन्त्र विषय बनाकर, उसमें स्नातक अथवा स्नातकोत्तर उपाधि देने जैसी बात सोची जा सकती है जिससे आज के 'मीडिया' युग में नयी पीढ़ी अपनी रुचि एवं रोज़गार के लिए सही प्रकार के संस्कारी संगीत का प्रचलन आगे बढ़ा सके।

पुराने संगीतकार, गायक–गायिका तथा लेखक आदि जैसे लता जी, आशा जी और गुलज़ार आदि जैसे माहिर लोगों को पाठ्यक्रम में मदद तो करनी ही चाहिए उन्हें इस प्रकार के अध्ययन हेतु संगीत विद्यालयों तथा विश्वविद्यालयों को आर्थिक रूप से सहायता भी देनी चाहिए जिससे यह कार्य सरल बनाया जा सके।

इस पाठ्यक्रम में उपयोग के लिए शोध–परक पुस्तकों का अधिकाधिक लेखन सम्पादन तथा पुस्तकालयों में संभरण तो होना ही चाहिए; ध्वनि एवं चित्र माध्यम (फ़िल्म, वीडियो, वी.सी.डी., सी.डी., कैसेट तथा जो भी अन्य तकनीकें उपलब्ध हों) की लाइब्रेरियाँ भी होनी चाहिए जिससे विद्यार्थी एवं शोधार्थी समुचित अध्ययन कर सकें।

भाषानुगामी संगीत का महत्त्व तथा भविष्य

मैंने अपनी इस पुस्तक का प्रारम्भ रवीन्द्रनाथ टैगोर की एक उक्ति से किया था जिसमें उन्होंने कहा है कि, 'किस–किस रागिनी में कौन–कौन से स्वर लगते हैं या नहीं लगते यह तो अति प्राचीन काल से स्थिर कर दिया गया है, उसे लेकर अधिक श्रम की ज़रूरत नहीं, अब तो संगीतवेत्ता यदि इस बात का पता लगाने का प्रयास करें कि किस–किस रागिनी में कौन–कौन से भाव हैं तो अधिक अच्छा हो।'

'हमारे मत से राग–रागिनी विश्वसृष्टि में नित्य हैं, इसीलिए हमारे शास्त्रीय गान ठीक जैसे मानव का गान नहीं, वह जैसे समस्त जगत् का गान हैं। भैरव जैसे भोर के आकाश का प्रथम जागरण है, परज जैसे अवसन्न रात्रिशेष की निद्राविह्वलता है, कान्हड़ा जैसे घनांधकार में अभिसारिका निशीथिनी की पथविस्मृति है, भैरवी जैसे संगविहीन असीम की चिर–विरह वेदना है, मुलतानी जैसे रौद्रतप्त दिनान्त का क्लान्ति–निश्वास है, पूरबी जैसे शून्य गृहचारिणी विधवा का अश्रुमोचन है। भारतवर्ष के संगीत में मानव के मन में विशेष भाव

से इस विश्वास को ही बिठाने का भार लिया है। सांगीतिक चरक संहिता के मत से उसे ही संगीत कहा जाता है, जिससे गीत–रस मिले।'

अब इसी वक्तव्य को स्थापित करने का समय आ गया है। राग की महत्ता से भला कौन इनकार कर सकता है, गुरुदेव ने कहा है, "राग–रागिनी विश्व सृष्टि में नित्य है, इसलिए हमारे शास्त्रीय गान ठीक जैसे मानव का गान नहीं, वह जैसे समस्त जगत् का गान हो।"

निराकार ईश्वर की भक्ति हरेक के बस की नहीं है उसके लिए ज्ञानी और योगी चाहिए। जनसाधारण के लिए साकार ब्रह्म ही श्रेष्ठ है। स्वर जब गीत पर आरूढ़ होकर गगन विहान करता है तभी मानव मन में तत्सम्बन्धित भाव पैदा होते हैं।

गुरुदेव के ही शब्दों में, 'उसे ही संगीत कहा जाता है, जिससे गीत रस मिले।'

भारतीय संगीत की रूहीनी धड़कन

उस्ताद ज़ाकिर हुसैन के शब्दों में हमारे संगीत का माधुर्य (melody) ही इसकी पहचान है। माधुर्य और अहिंसा एक–दूसरे के पूरक हैं। गाँधी की अहिंसा का सिद्धान्त है कि 'सत्य ही ईश्वर है' इसी की गंगोत्री, हमारे शास्त्रों की 'वसुधैव कुटुम्बकम्' वाली भावनाओं को निरन्तर प्रवाहित रखने के लिए हिन्दी फ़िल्म संगीत की रुहानी धड़कन के प्रभाव को बढ़ाते ही जाना चाहिए। उस्ताद ज़ाकिर हुसैन ने अपने साक्षात्कार में हमें बताया कि, 'एक यह संगीत ही है जिससे भारत की पहचान दुनिया में सबसे ऊपर की जाती है।'

मेरा मत है कि विदेशों का जो संगीत स्टेज पर गाया बजाया जाता है जिसमें गला फाड़कर चिल्लाया जाता है, हाथ–पाँव बुरी तरह पटके जाते हैं, नृत्य में सर्कस जैसी उठा–पटक होती है, दर्शक भी ज़ोर–ज़ोर से चिल्लाते रहते हैं, उस संगीत से हिंसा की बू आती है जबकि हमारा माधुर्यपूर्ण संगीत गाँधी की अहिंसा जैसा है। 'जीवन जोत जले' या कि 'जोत से जोत जलाते चलो' अथवा 'ज्योति कलश छलके', ये सभी गीत ज्योति के लोक में पहुँचने का पैग़ाम लेकर आते हैं। एक ऐसा सन्देश जो कहता है–

किसी की मुस्कुराहटों पे हो निसार
किसी का दर्द मिल सके तो ले उधार
किसी के वास्ते हो तेरे दिल में प्यार
जीना इसी का नाम है। (राग : मिश्र किरवानी)

और यह भी कि–

कुछ लोग जो ज़्यादा जानते हैं, इन्सान को कम पहचानते हैं,
ये पूरब है, पूरब वाले, हर जान की क़ीमत जानते हैं;
अब हम तो क्या सारी दुनिया, सारी दुनिया से कहती है
हम उस देश के वासी हैं, जिस देश में गंगा बहती है।'

(राग : भैरवी)

और भी–

अल्लाह तेरो नाम ईश्वर तेरो नाम, सबको सन्मति दे भगवान

(राग : गौड़ सांरग)

और यह भी कि–

अब कोई गुलशन न उजड़े, अब वतन आज़ाद है।

अन्त में एक सवाल भी–

ख़ुदा–ए–बरतर तेरी ज़मीं पर
ज़मीं की ख़ातिर ये जंग क्यों हैं

(राग : तोड़ी)

तो ऐसा अहिंसात्मक मधुर–संगीत, जिसमें करुणा, विश्वबन्धुत्व तथा सदाशयता का भण्डार भरा है उसका संरक्षण किया ही जाना चाहिए।

यह भाषानुगामी संगीत, जगत् में शान्ति का सूचक, संवाहक, उत्प्रेरक तथा संवर्धक होगा। यह संगीत संयुक्त परिवार की तरह है जिसमें सबके सुख–दुःख साझे होते हैं। यहाँ विघटन नहीं होता। इसलिए भावनाएँ एकत्र रहती हैं।

यह संगीत लौटेगा तो हमारे वाद्ययन्त्रों के महारथी वादक लौटंगे, सच्चे, मधुर गायक लौटेंगे, फिर से स्टूडियो में वादक और गायक एक साथ मिलकर आमने–सामने रिकॉर्डिंग करेंगे; गीत की भावना समझकर एक–दूसरे को अनुप्राणित करेंगे।

गाँधी जी का मानना था कि जो मशीन कारीगर की जगह ले ले वह हमें नहीं चाहिए। हमें चाहिए वह औज़ार जो कारीगर का सच्चा साथी बने। बस औज़ार को साज़ से बदल दीजिए और कारीगर को कलाकार से। मशीन के रूप में कम्प्यूटर तो है ही।

इलेक्ट्रॉनिक साज़ के रहने से भी कोई शिकायत नहीं', परवाह केवल इतनी है कि हमारे साज़, हमारे साज़िंदे फिर से वापस लौटें, सच्ची आवाज़ें, उनका अन्दाज़ तथा भारतीय संगीत का राग–रंग फिर से वापस लौटे! मधुरता में रचे–बसे संगीतकर्मी वापस लौटें।

यों तो इस संगीत को मिटाना भी चाहें, तो भी मेरा मत है कि यह मिटेगा नहीं।

वेद की ऋचाओं से लेकर कबीर की साखियों की तरह संगीत भी हमारे यहाँ प्रतिश्रुति के आधार पर पीढ़ी–दर–पीढ़ी चलता आया है। समय के साथ जिस प्रकार ख़्याल, टप्पा, ठुमरी, दादरा, क़व्वाली, ग़ज़ल, भजन तथा सूफ़ियाना संगीत अर्द्धशास्त्रीय अथवा उपशास्त्रीय कहलाये उसी तरह यह संगीत भी जाना जायेगा। आज यदि कोई सम्भ्रम हो भी तो कल को काल स्वयं यह सत्य स्थापित कर देगा। शास्त्रीयता पर आधारित यह लोकप्रिय भाषानुगामी संगीत, कल लोक और जनमानस द्वारा ही लोक संगीत की तरह जाना जायेगा फिर उसी लोक संगीत में से शास्त्रीयता निथारी जायेगी और वही शास्त्रीयता शताब्दियों तक चलने वाले जीवन चक्र में एक बार फिर से लोकप्रिय संगीत बनेगी और वही लोकप्रिय संगीत एक दिन फिर लोक संगीत बन जायेगा जैसे निम्नलिखित गीत बना।

जय–जय सन्तोषी माता जय जय माँ।

अथवा

ऐ मालिक तेरे बन्दे हम

इस संगीत के इन्द्रधनुषी रंगों की विविध छटाओं के पक्ष में केवल इतना कहना ही काफ़ी है कि शास्त्रों की सदा सुहागन रागिनी 'भैरवी', पंजाब तथा अरब प्रदेशों का लोकगान ही है। इस एक रागिनी से ही न जाने कितने प्रभाव पैदा किये जा सकते हैं। इसीलिए इस रागिनी को फ़िल्मों में बारम्बार प्रयोग में लाया गया है। लोक से शास्त्र तथा उसकी शास्त्रीयता द्वारा विविध भावों का संचरण करने के कुछ उदाहरण नीचे प्रस्तुत किये जा रहे हैं। ये गीत हम में से अधिकांश को याद भी हैं तथा इनसे पता चलता है कि अकेली भैरवी रागिनी से ही हिन्दी फ़िल्मों के संगीत कर्मियों ने कैसे–कैसे अलग–अलग रस तथा मनोभाव प्रस्तुत किये हैं। सम्पूर्ण रागों के रंग और उनकी छटाओं का तो कहना ही क्या!

सर पे क़दम की छइयाँ मुरलिया बाज रहीं

(भक्त सूरदास, 1942)

तू गंगा की मौज मैं जमुना की धारा
रहेगा मिलन ये हमारा तुम्हारा

(बैजू बावरा, 1952)

ओ बाबू, ओ बाबू, ओ जाने वाले बाबू इक पैसा दे दे

(वचन, 1974)

दो हंसों का जोड़ा बिछड़ गया रे, ग़ज़ब भयो रामा जुलम भयो रे।

(गंगा जमुना, 1961)

जो तुम तोड़ो पिया मैं नाहीं तोड़ूँ रे
तोरी प्रीत तोड़ी कृष्णा कौन संग जोड़ू रे
(झनक झनक पायल बाजे, 1955)

मुझको इस रात की तन्हाई में आवाज़ न दो
(दिल भी तेरा हम भी तेरे, 1960)

चाहे कोई मुझे जंगली कहे, कहने दो जी कहता रहे
हम प्यार के तूफ़ानों में घिरे हैं हम क्या करें
(जंगली, 1961)

छम छम बाजे पायलिया मोरी
(घूँघट, 1960)

ग़रीब जान के हमको न तुम भुला देना
तुम्हीं ने दर्द दिया है तुम्हीं दवा देना
(छूमन्तर, 1956)

मैं चली, मैं चली देखो प्यार की गली न कोई रोके मुझे मैं चली मैं चली
(प्रोसेसर, 1962)

जाओ जाओ ऐ मेरे साधू रहो गुरु के संग
(पूरन भाग, 1933)

ऐ क़ातिबे तक़दीर मुझे इतना बता दे,
क्यूँ मुझसे ख़फ़ा है तू क्या मैंने किया है
(मेरी बहन, 1944)

बाबुल मोरा नैहर छूटो ही जाये
(स्ट्रीट सिंगर, 1938)

अब तेरे सिवा कौन, मेरा बंसी बजइया,
भगवान किनारे से लगा दे मेरी नैया
(क़िस्मत, 1943)

धीरे–धीरे आ रे बादल धीरे–धीरे आ, मेरा बुलबुल सो रहा है,
शोरगुल न मचा
(क़िस्मत, 1943)

ऐ मेरे दिल कहीं और चल ग़म की दुनिया से दिल भर गया
ढूँढ़ ले अब कोई घर नया
(दाग़, 1952)

कैसे जाऊँ जमुना के तीर, पाँव पड़ी ज़ंजीर
(देवता, 1956)

मत जा, मत जा, मत जा, जोगी पाँव पड़ूँ मैं तोरे

(जोगन, 1950)

बरसात में हमसे मिले तुम सजन तुमसे मिले हम बरसात में

(बरसात, 1949)

आवारा हूँ या गर्दिश में हूँ आसमान का तारा हूँ

(आवारा, 1951)

इक दिल के टुकड़े हज़ार हुए, कोई यहाँ गिरा कोई वहाँ गिरा

(प्यार की जीत, 1948)

तुम्हीं हो माता पिता तुम्हीं हो, तुम्हीं हो बन्धु सखा तुम्हीं हो

(मैं चुप रहूँगी, 1962)

लागा चुनरी में दाग छुपाऊँ कैसे

(दिल ही तो है, 1963)

इन्साफ़ का मन्दिर है ये भगवान का घर है

(अमर, 1954)

तुम्हें और क्या दूँ मैं दिल के सिवाय, तुमको हमारी उमर लग जाये

(आयी मिलन की बेला 1964)

ओ मेरे सनम ओ मेरे सनम

दो जिस्म मगर इक जान हैं हम, एक दिल के दो अरमान हैं हम

(संगम, 1964)

मेरा नाम राजू घराना अनाम, बहती है गंगा जहाँ मेरा गाँव

(जिस देश में गंगा बहती है 1960)

मेरा जूता है जापानी, ये पतलून इंगलिस्तानी, सर पे लाल टोपी रूसी
फिर भी दिल है हिन्दुस्तानी

प्यार हुआ इकरार हुआ फिर प्यार से क्यों तेरा डरता है दिल

रमैया वस्तावय्या, रमैया वस्तावय्या, मैंने दिल तुझको दिया

(श्री 420, 1955)

नाचे मन मोरा मगन तिग्धा धीगी धीगी

(मेरी सूरत तेरी आँखें, 1963)

कहता है जोकर सारा ज़माना, आधी हकीक़त आधा फ़साना

जीना यहाँ मरना यहाँ, इसके सिवा जाना कहाँ

(मेरा नाम जोकर, 1941)

मैं देखूँ जिस ओर सखी री सामने मेरे साँवरिया

(अनीता, 1961)

साँवरे, साँवरे, काहे मोसे करो जोरा–जोरी, बइयां ना मरोरो मोरी

(अनुराधा, 1960)

दिल का खिलौना हाय टूट गया

(गूँज उठी शहनाई, 1951)

सब कुछ सीखा हमने न सीखी होशियारी
सच है दुनिया वालो कि हम हैं अनाड़ी

(अनाड़ी, 1959)

दुनिया बनाने वाले क्या तेरे मन में समाई, काहे को दुनिया बनायी

(तीसरी क़सम, 1966)

और अन्त में फ़िल्म "सन ऑफ़ इंडिया (1962) का एक गीत जिसके बोल हमारे विषय के एकदम अनुरूप हैं तथा अत्यन्त सार्थक भी–

दिया न बुझे री आज हमारा
चले रे पवन सननन सनन
थरथर काँपे जियरा
दिया न बुझे री आज हमारा...

जिस प्रकार किसी भी संगीत सभा को भैरवी पर समाप्त करने का चलन है उसी परम्परा में भैरवी के इन्हीं स्वरों के साथ मैं इस पुस्तक को अपने पाठकों को समर्पित करती हूँ।

सन्दर्भ ग्रन्थ सूची

संस्कृत

1. *गीत गोविन्द,* जयदेव (1971), तुकाराम जयाजी पब्लिकेशन, बॉम्बे।
2. *नाट्यशास्त्रम्,* पं. बटुकनाथ शर्मा तथा पं. बलदेव उपाध्याय (सम्पादक), भरतमुनि (द्वितीय संस्करण : वि. संवत् 2037), चौखम्बा संस्कृत संस्थान, वाराणसी (उ.प्र.)।
3. *श्रीमद्भगवद्गीता,* डॉ. एस. राधाकृष्णन (1948) ब्लैकी एंड सन (इंडिया) लि. ब्लैकी हाउस, मुम्बई।
4. *महाभारत* वेदव्यास, पं. रामनारायण दत्त शास्त्री (अनुवादक), पंचम संस्करण, संवत् 2044, गीता प्रेस, गोरखपुर (उ.प्र.)।
5. *संगीत रत्नाकार,* आचार्य शारंगदेव, भाग 1, 2, 3, 4, दि आड्यार लाइब्रेरी एंड रिसर्च सेंटर, आड्यार, तमिलनाडु।
6. *सामवेद संहिता,* आचार्य श्री राम शर्मा (सम्पादक), 1993 ब्रहावर्चस, शान्तिकुंज हरिद्वार (उ.प्र.)।

हिन्दी

1. *अमीर खुसरो और उनका हिन्दी साहित्य,* भोलानाथ तिवारी, संस्करण 2004, प्रभात प्रकाशन, नयी दिल्ली।
2. *अमीर खुसरो,* डॉ. मलिक मुहम्मद (1975), राजपाल एंड सन्स, कश्मीरी गेट, दिल्ली।
3. *अन्धेर नगरी,* भारतेन्दु हरिश्चन्द्र (1938), रवि पॉकेट बुक्स, मेरठ (उ.प्र.)।
4. *ईशोपनिषदभाष्य,* इन्द्र विद्यावाचस्पति (संवत् 2013), प्रकाश मन्दिर, गुरुकुल कॉगड़ी विश्वविद्यालय, हरिद्वार।
5. *खुसरो, तानसेन तथा अन्य कलाकार* आचार्य बृहस्पति, सुलोचना यजुर्वेदी (1976), राजकमल प्रकाशन, नयी दिल्ली।

6. *गीतिकाव्य में संगीत,* डॉ. मीना अग्रवाल, (2006) 16, साहित्य निकेतन, बिजनौर (उ.प्र.)।
7. *यहूदी की लड़की,* आग़ा हश्र कश्मीरी (1951), अल्फ्रेड प्रकाशन, मुम्बई
8. *पारसी थियेटर,* सोमनाथ गुप्त (1981), लो.प्र. इलाहाबाद (उ.प्र.)।
9. *भारतीय चलचित्र,* का इतिहास फ़िरोज़ रंगूनवाला (1975), राजपाल एंड सन्स, कश्मीरी गेट, दिल्ली।
10. *भारतीय संगीत का इतिहास,* उमेश जोशी (1978), मानसरोवर प्रकाशन,
11. *सिनेमा के सौ बरस,* मृत्यंजन (सम्पादक) (2003), शिल्पायन, दिल्ली।
12. *भारतीय संगीत शास्त्र,* तुलसीराम दवांगन (1997), मध्य प्रदेश।
13. पारसी थियेटर के पचास वर्ष, मास्टर फ़िदा हुसैन, हिन्दी अकादमी, भोपाल।
14. *संगीत चिन्तन,* रवीन्द्रनाथ टैगोर (1988), अनुवाद–मदनलाल व्यास।
15. *संगीत शास्त्र प्रवीण,* जगदीश नारायण पाठक।
16. *संगीत का सौन्दर्य बोध,* डॉ. उमा गर्ग (2000) संजय प्रकाशन, मुम्बई।
17. *संगीत विशारद,* श्री लक्ष्मी नारायण गौड़ (1998), संगीत कार्यालय हाथरस (उ.प्र.)।
18. *हिन्दी फिल्म गीत कोश,* हरमिन्दर सिंह हमराज (संग्रहकर्ता), खण्ड–1 (1998), खण्ड–1 (1984), खण्ड–1 (1980), खण्ड–1 (1985), गोविन्द नगर, कानपुर (उ.प्र.)।

English

1. *Cassette Culture,* P. Manuel (1993), Popular Music and Technology in North India, Chicago University-Chicago Press, London (G.B.)
2. *80 Glorious Years of Indian Cinema,* Rajendra Ojha (1994-2000), Screen World Publications, Kelkar Road, Dadar, Mumbai.
3. *Indian Popular Cinema* : A Narrative of Cultural Change A, K. Moti Gokulsingh and Wimal Dissanayake (1998), Orient Longman Limited 3-6-272, Himayat Nagar, Hyderabad (A.P.)
4. *Rubeen Film Directory* S.A.Zaheer (2001-2002), M.G. Road, Santacruz (W) Mumbai.
5. *Screen World,* Rajendra Ojha (1994-2000), Screen World Publication Kelkar Road, Dadar, Mumbai.
6. *The Golden Book of Sarat Chandra,* Manik Mukhopadhayay (1997), All Bengal Sarat Centenary Committee Calcutta (W.B.).

7. *The Life of Mahatma Gandhi,* Louis Fischer (1980), Bhartiya Vidya Bhavan, Kulpati Munshi Marg, Mumbai-7.

पत्रिकाएँ/जर्नल

1. *अक्षरा,* विजय कुमार देव (मई–जून 2005), हिन्दी भवन, भोपाल।
2. *अक्षरा,* विजय कुमार देव (मार्च–अप्रैल 2005), हिन्दी भवन भोपाल।
3. *इंडिया टुडे,* प्रभु चावला (2001), साहित्यिक वार्षिक लिविंग मीडिया लि., कनॉट प्लेस, नयी दिल्ली।
4. *कथाचित्र,* राकेश मंजुल (जनवरी–मार्च 2003), नारायण दास लेन यहियागंज, लखनऊ (उ.प्र.)।
5. *पहल,* (सम्पादक) ज्ञान रंजन (जनवरी 1999) 101 रामनगर, आधार ताल, जबलपुर (म.प्र.)।
6. *पहल,* (सम्पादक) ज्ञान रंजन (जनवरी 2000) 101 रामनगर, आधार ताल, जबलपुर (म.प्र.)।
7. *फ़िल्मी राष्ट्रीय गीत अंक,* डॉ. लक्ष्मी नारायण गर्ग (सम्पादक), (अगस्त 1998), संगीत कार्यालय, हाथरस (उ.प्र.)।
8. *फ़िल्मी युगल गान अंक,* डॉ. लक्ष्मी नारायण गर्ग (सम्पादक), (अगस्त 1998), संगीत कार्यालय, हाथरस (उ.प्र.)।
9. *फ़िल्मी भजन अंक (संगीत),* डॉ. मुकेश गर्ग, (फ़रवरी 2001), संगीत कार्यालय, हाथरस (उ.प्र.)।
10. *फ़िल्मी शास्त्रीय गीत अंक, भाग–1–2* डॉ. लक्ष्मी नारायण गर्ग (सम्पादक),(अगस्त 1998), संगीत कार्यालय, हाथरस (उ.प्र.)।
11. *सुनहरे फ़िल्मी गीत,* डॉ. लक्ष्मी नारायण वार्ष्णेय (सम्पादक), (अगस्त 1998), संगीत कार्यालय हाथरस (उ.प्र.)।
12. *संगीत पत्रिका,* डॉ. मुकेश गर्ग (जनवरी 1973, अंक) सम्पादक संगीत कार्यालय, हाथरस (उ.प्र.)।
13. *स्वर आलाप, दिनेश घाटे* (मई, जून, जुलाई, नवम्बर 2006 अंक) मासिक पत्रिका, बोरीवली पश्चिम, मुम्बई।

Magazines/Journals

1. *Cinema and Society :* A Search for Meaning in a New Genre, S. Basu, S.Kak, and P. Krishen (1980), Vol. 8, No.1, March Pg.57-76, New Delhi.
2. *Cinema Vision India* Siddhartha Kak (January 1980), Vol-1, No. 1, 4, Mumbai.

3. *Darpan,* Anup Kutti (Raas Leela) (15 Feb. 2004, Kolkata)
4. *Jetwing,* M. Bal Krishen Nayak Raga : A life from Kalyan Bose (Raj Kapoor and Gurudutt) March 2004, Mumbai.
5. *Keep Alive,* (Anniversary Special), Manohar Iyyer (2002), Andheri (West) Mumbai.
6. *Popular Film Song in India :* A Case of Mass Market Musical Electicism in Popular Music . A. Arnald Vol-7, No. 2, May Pg. 177-188, New Delhi.
7. *Swagat,* Suresh Kohli 'The Last Singing Star' (Saraiya) April, 2004 New Delhi.
8. *Swagat* Surendra Singh, 'Remembering a musical enious' K.L. Saigal (Sep. 2003, New Delhi).

समाचार–पत्र

1. *नवभारत टाइम्स (दैनिक),* सम्पादकीय, रंगीन इतिहास (मुग़ल–ए–आज़म), 23 नवम्बर 2004, मुम्बई।

News Paper

1. *Afternoon (Daily),* Manek Premchand, Article : 'Yesterday's Melodies' Today's Memories., Lata Mangeshkar (December 10, 2004) Mumbai.
2. *The Sunday Express* Lalitha Suhasini, 'Meet the Parents' O.P. Nayyar and Shamshad Begum (Nov. 21, 2004), Mumbai.
3. *Sunday Times of India (Weekly)* Shoba De, 'It's Magical Stuff' (November 21, 2004), Mumbai.
4. *The Times of India (Daily)* Purushottam, 'They are Playing My Song' (December 5, 2004) Mumbai.
5. *The Times of India (Daily)* Anjali Joseph, Article : 'Of Dargahs, Drama and Action Flicks, History of Playhouse' (April 19, 2004)] Mumbai.

संगीत निर्देशकों की सूची

1931 से 1940 के बीच आये संगीत निर्देशक

1.	उस्ताद झण्डे ख़ाँ	1931
2.	आर. सी. बोराल	1932
3.	के. भोले	1932
4.	प्रोफ़ेसर देवधर	1933
5.	के. सी. डे	1933
6.	पंकज मलिक	1933
7.	अनिल बिस्वास	1935
8.	तिमिर बरन	1935
9.	सरस्वती देवी	1935
10.	बन्ने ख़ाँ	1935
11.	गुलाम हैदर	1935
12.	जद्दनबाई	1935
13.	शंकरराव व्यास	1938
14.	रफ़ीक़ ग़ज़नवी	1939
15.	खेमचन्द्र प्रकाश	1939
16.	नौशाद	1940

उस्ताद झण्डे ख़ाँ

वर्ष	सह–निर्देशक	फ़िल्म
1931		देवी देवयानी
1931		भूतिया महल
1932		सती सावित्री
1932		शैलबाला
1933		भोला शिकार

1933		भूल भुलैयाँ
1933		मिस 1933
1933		परदेसी प्रीतम
1933		विश्व मोहिनी
1934		दुख्तर–ए–हिन्द
1934	गंगा प्रसाद पाठक	तारा सुन्दरी
1934	रेवाशंकर, जी. पाठक	वीर बब्रूवाहन
1935		भारत की बेटी
1936	अनिल बिस्वास	फ़िदा–ए–वतन
1936	बन्ने ख़ाँ	प्रभु का प्यारा
1936	अनिल बिस्वास	प्रेम बन्धन
1936	अनिल बिस्वास	शेर का पंजा
1936		प्यार
1943	गोविन्दराम, राशिद	पगली
1943		शहंशाह अकबर
1936		आँसुओं की दुनिया

आर.सी.बोराल

1932		मुहब्बत के आँसू
1932		सुबह का सितारा
1932		ज़िन्दा लाश
1933		पुराना भगत
1933		राजरानी मीरा
1934		चंडीदास
1934		डाकू मंसूर
1934		रूपलेखा
1934		आफ़्टर द अर्थक्वेक
1936	पंकज मलिक	मंज़िल
1936		माया
1936	पंकज मलिक	मिलिनेयर
1936		अनाथ आश्रम
1937		विद्यापति
1938		अभागिन

1938		स्ट्रीट सिंगर
1939		जवानी की रीत
1939		सपेरा
1940		हार जीत
1941		लगन
1942		सौगन्ध
1943		वापस
1945		हमराही
1945		वसीयतनामा
1948		अंजाम
1950		पहला आदमी
1937		प्रेसीडेंट
1953		दर्द–ए–दिल
1953		श्री चैतन्य महाप्रभु

के. भोले

1932		कृष्णावतार
1934		अमृत मन्थन
1935		चन्द्रसेना
1936		राजपूत
1937		दुनिया न माने
1938		मेरा लड़का
1940		सन्त ज्ञानेश्वर
1941		सन्त सखू
1942		दस बजे
1951		श्रीकृष्ण सत्यभामा

प्रोफ़ेसर देवधर

1933		पतित पावन
1933		ज़हर–ए–इश्क़
1935		नीला
1938		राइफल गर्ल
1940	के. नारायण राव	धर्म बन्धन

1940		मदारी मोहन
1943	अशोक घोष, लल्लू भाई	अँगूठी

के.सी.डे

1934		आब–ए–हयात
1934		चन्द्रगुप्त
1934		क़िस्मत की कसौटी
1934		सीता
1934		शहर का जादू
1936		सुनहरा संसार
1937		मिलाप
1940		आँधी
1942		मेरा गाँव
1942		तमन्ना
1943	भोजक, ख़ान मस्ताना, मधुकर	बदलती दुनिया
1944		सुनो सुनाता हूँ
1945		देवदासी
1946		दूर चले

पंकज मलिक

1933		यहूदी की लड़की
1935	आर. सी. बोराल	धूप छाँव
1937	आर. सी. बोराल	प्रेसीडेंट
1939		बड़ी दीदी
1939		दुश्मन
1939		कपाल कुण्डला
1940		नर्तकी
1940		ज़िन्दगी
1941		डॉक्टर
1942		मीनाक्षी
1943		काशीनाथ
1944		मेरी बहन
1948		उँच नीच

1949		छोटा भाई
1949		मंज़ूर
1950		रूप कहानी
1952		छोटी माँ
1952		यात्रिक
1952		ज़लज़ला
1953		नया सफ़र
1954		चित्रांगदा
1955		अमर सहगल

अनिल बिस्वास

1936		धर्म की देवी
1936		प्रतिमा
1936	उस्ताद झण्डे ख़ाँ	प्रेम बन्धन
1936		संगदिल समाज
1936		शेर का पंजा
1936	सुन्दर दास	शोखे दिलरुबा
1937		बुलडॉग
1937	माधवलाल	दुखियारी
1937		जेंटलमैन डाकू
1937		इंसाफ़
1937		जागीरदार
1937		कोकिला
1937		महागीत
1938		डायनामाइट
1938		ग्रामोफ़ोन सिंगर
1938		हम तुम और वो
1938	एच.सी. बाली, मुश्ताक हुसैन	इंडस्ट्रियल इंडिया
1938		पोस्टमैन
1938		थ्री हंड्रेड डेज़ एंड आफ़्टर
1938		वतन
1939		कॉमरेड
1939		एक ही रास्ता

1940		अलीबाबा
1940		औरत
1940		पूजा
1941		आसरा
1941		बहन
1941		नयी रौशनी
1941		अपना–पराया
1942	अशोक घोष	ग़रीब
1942		जवानी
1942		रोटी
1942		विजय
1943		हमारी बात
1943		किस्मत
1945		पहली नज़र
1946		मिलन
1947		भूख
1948		वीणा
1949	एस. पाठक	जीत
1949		लाडली
1949	सी. रामचन्द्रन	गर्ल्स स्कूल
1950		आरज़ू
1950		लाजवाब
1950	हंसराज बहल	बेक़सूर
1951		अरमान
1951		दो सितारे
1951		बड़ी बहू
1951		तराना
1952		दोराहा
1953		आकाश
1953		फ़रेब
1953		हमदर्द
1953		जलियाँवाला बाग की ज्योति
1953		मेहमान
1953		राही

1954		मुन्ना
1954		मान
1954		महात्मा कबीर
1954		नाज़
1954		वारिस
1955		फ़रार
1956		हीर
1956		पैसा ही पैसा
1957		जलती निशानी
1957		अभिमान
1957		परदेसी
1958		संस्कार
1959		चार दिल चार राहें
1960		रिटर्न ऑफ़ मिस्टर सुपरमैन
1960		अंगुलिमाल
1962		हमे खेलने दो
1962		सौतेला भाई
1965		छोटी--छोटी बातें

तिमिर बरन

1935		देवदास
1936		पुजारिन
1938		अधिकार
1940		दीपक
1940		कुमकुम द डांसर
1940		लक्ष्मी
1940		सुहाग
1941		राज नर्तकी
1949		समाप्ति
1954	एस. के. पाल	बादबान

सरस्वती देवी

1935		जवानी की हवा
1936		अछूत कन्या

1936		जन्मभूमि
1936		जीवन नैय्या
1937		ममता एंड मियाँ बीबी
1937		जीवन प्रभात
1937		प्रेम कहानी
1937		सावित्री
1938		भाभी
1938		निर्मला
1938		वचन
1939		दुर्गा
1939	रामचन्द्र पाल	कंगन
1939		नवजीवन
1940	रामचन्द्र पाल	बन्धन
1941		झूला
1941		नया संसार
1943		भक्त रैदास
1943		प्रार्थना
1944		डॉ. कुमार
1944	ख़ुर्शीद अनवर	परख
1945		आम्रपाली
1946		महारानी मीनल देवी
1947		ख़ानदानी
1948		नकली हीरा
1949		उषा हरण
1950		बैचलर हसबैंड

बन्ने ख़ाँ

1935	रेवा शंकर	बैरिस्टर्स वाइफ़
1935	रेवा शंकर	कॉलेज गर्ल
1935	रेवा शंकर	नूर–ए–वतन
1936		दिल का डाकू
1936	उस्ताद झण्डे ख़ाँ	प्रभु का प्यारा
1936	रेवा शंकर	सिपाही की सजनी

1937		दिलफरोशी
1937		परदेसी पाखी
1937		ज़मीन का चाँद

गुलाम हैदर

1935		मजनूँ
1935		स्वर्ग की सीढ़ी
1941		ख़जांची
1942		ख़ानदान
1943		पूँजी
1944		भाई
1945		फूल
1945		हुमायूँ
1946		जगबीती
1946		शमा
1946		बहराम ख़ान
1947		मझधार
1947		मेहँदी
1948		मजबूर
1948		पद्मिनी
1948	एस. डी. बातीस	पतझर
1948		शहीद
1948		बरसात की एक रात
1949	हंसराज बहल	कनीज़
1950		पुतली
1951		बिखरे मोती

जद्दन बाई

1935		तलाश–ए–हक़
1936		हृदय मन्थन
1936		मैडम फ़ैशन
1937		जीवन स्वप्न
1937		मोती का हार

शंकरराव व्यास

1938	लल्लू भाई नाइक	मिस्टर एक्स
1938		पूर्णिमा
1939	लल्लू भाई नाइक	बिजली
1939	लल्लू भाई नाइक	हुकुम का इक्का
1939	लल्लू भाई नाइक	लैदर फेस
1940		एक ही भूल
1940		सरदार
1942		भरत मिलाप
1943		रामराज्य
1944		कविता
1944	अविनाश व्यास	कृष्ण भक्त बोदना
1945		विक्रमादित्य
1946		घूँघट
1946		वाल्मीकि
1947		भक्त ध्रुव
1948		रामबाण
1948		भक्त बिल्वमंगल
1949		राम विवाह
1950		भगवान श्रीकृष्ण
1950	राम गांगुली	रामदर्शन
1951		लवकुश
1952		इन्द्रासन
1954		राजयोगी भरथरी

रफ़ीक़ ग़ज़नवी

1939		सितारा
1940		अपनी नगरिया
1940		बहुरानी
1941	मीर साहिब	सिकन्दर
1941		स्वामी
1942		कलजुग
1942		किसकी बीवी

1942		सोसाइटी
1943	पी. घोष, शान्तिक	दुहाई
1943		मज़ाक़
1943		नजमा
1943		नौकर
1944	सरस्वती देवी	पृथ्वी वल्लभ
1945	गोविन्द राम	लैला–मजनूँ
1945	शान्ति कुमार, गड़ेकर	एक दिन का सुल्तान
1945	हफ़ीज़ ख़ाँ, मीर साहिब	ज़ीनत

खेमचन्द्र प्रकाश

1939	ग़ाज़ी सलाहुद्दीन
1940	आज का हिन्दुस्तान
1940	दीवाली
1940	होली
1940	पागल
1941	हॉलीडे इन बॉम्बे
1941	परदेसी
1941	प्यास
1941	शादी
1942	चाँदनी
1942	दु:ख–सुख
1942	फ़रियाद
1942	खिलौना
1942	मेहमान
1943	चिराग़
1943	गौरी
1943	कुर्बानी
1943	तानसेन
1943	विषकन्या
1944	भरथरी
1944	मुमताज़ महल
1945	धन्ना भगत

1945	बुलू सी. रानी	प्रभु का घर
1947		चलते–चलते
1947		गाँव
1947		मेरा सुहाग
1947		मुलाक़ात
1947		समाज को बदल डालो
1948		ज़िद्दी
1949		महल
1949		रिमझिम
1949		सावन आया रे
1950		बिजली
1950	मन्ना डे	जान पहचान
1950	बी. श्रेष्ठ	मुकद्दर
1950		सती नर्मदा
1951	वसन्त प्रकाश	जयशंकर
1951	मन्ना डे	श्री गणेश जन्म
1952	मन्ना डे	तमाशा

नौशाद

1940		प्रेमनगर
1940		माला
1941		दर्शन
1942		नयी दुनिया
1942		शारदा
1942		स्टेशन मास्टर
1943		नमस्ते
1943		संजोग
1944		गीत
1944		जीवन
1944		पहले आप
1944		रतन
1944		बहार
1946		अनमोल घड़ी

1946		क़ीमत
1946		शाहजहाँ
1947		दर्द
1947		ऐलान
1948		अनोखी अदा
1948		मेला
1949		अंदाज़
1949		चाँदनी रात
1950		बाबुल
1951		जादू
1951		दीदार
1952		आन
1952		बैजू बावरा
1952		दीवाना
1953		चार चाँद
1953		नग़मा
1954		दरवाज़ा
1954		शबाब
1955		जवाब
1955	ओ. पी. नय्यर	सबसे बड़ा रुपैया
1955		उड़नखटोला
1956		जल्लाद
1957		महफ़िल
1957		मदर इंडिया
1958		हथकड़ी
1958		सोहनी महिवाल
1960		मुग़ल–ए–आज़म
1960		क़ातिल
1960		कोहिनूर
1961		फ़्लाइट टू आसाम
1961		गंगा–जमुना
1961		प्यार की दास्तान
1962		रूप लेखा

1962	सन् ऑफ़ इंडिया
1963	माया महल
1963	मेरे महबूब
1964	लीडर
1965	फ़्लाइंग मैन
1966	दिल दिया दर्द लिया
1966	साज़ और आवाज़
1967	पालकी
1967	राम और श्याम
1968	आदमी
1968	संघर्ष
1968	साथी
1970	गँवार
1974	आईना
1975	सुनहरा सफ़र
1979	चम्बल की रानी

1941 से 1950 के बीच आये संगीत निर्देशक

1.	पन्ना लाल घोष	1941
2.	पं. गोविन्दराम	1941
3.	एस. एन. त्रिपाठी	1942
4.	वसन्त देसाई	1942
5.	पण्डित अमरनाथ	1942
6.	सी. रामचन्द्र	1942
7.	अविनाश व्यास	1943
8.	गुलाम मोहम्मद	1943
9.	के. दत्ता	1943
10.	के. नारायण राव	1943
11.	उस्ताद अल्लारक्खा ख़ाँ	1944
12.	जी. एम. दुर्रानी	1944
13.	हुस्नलाल भगत राम	1944
14.	सज्जाद हुसैन	1944
15.	बुलू सी. रानी	1944

16.	श्याम सुन्दर	1944
17.	हफ़ीज़ ख़ाँ	1945
18.	पण्डित रविशंकर	1945
19.	एस.डी. बर्मन	1946
20.	सुधीर फड़के	1946
21.	हंसराज बहल	1946
22.	वी. बलसारा	1946
23.	चित्रगुप्त	1947
24.	पण्डित ओंकारनाथ ठाकुर	1947
25.	मन्ना डे	1947
26.	अमीर बाई कर्नाटकी	1947
27.	राम गांगुली	1947
28.	सरदार मलिक	1947
29.	शंकर–जयकिशन	1949
30.	रौशन	1950
31.	मदन मोहन	1950

पन्नालाल घोष

1941		अनजान
1942		बसन्त
1943		भलाई
1943	रफ़ीक ग़ज़नवी, शान्तिक	दुहाई
1943		सवाल
1944		पुलिस
1951		आन्दोलन

पण्डित गोविन्दराम

1941		हिम्मत
1942		आबरू
1943	उस्ताद झण्डे ख़ाँ, राशिद	पगली
1943		सहारा
1943		सलमा
1945		हमारा संसार

1945		नसीब
1945		परिन्दे
1945		रत्नावली
1946		सस्सी–पुन्नू
1946		रूपा
1947		दो दिल
1947		दूसरी शादी
1948		अजीत
1948		रंगीन ज़माना
1948		घर की इज़्ज़त
1949		भोली
1949		दिल की दुनिया
1949		माँ का प्यार
1949		निस्बत
1949		सुधार
1950		चोर
1950		राजमुकुट
1950		शादी की रात
1950		जोगन
1951		सरकार
1952		जलपरी
1952	शंकर व्यास	जीवन नौका
1955		नक़ाब

एस. एन. त्रिपाठी

1942		चूड़ियाँ
1942		सेवाग्राम
1944	ख़ान मस्ताना	शरारत
1945		आधार
1945		बचपन
1945		जिहान
1945		रामायणी
1946	अली हुसैन	पनिहारी

1948	श्रीरामभक्त हनुमान
1949	वीर घटोत्कच
1950	सौदामिनी
1950	श्री गणेश महिमा
1951	हनुमान पाताल विजय
1952	अलादीन एंड द वंडरफुल लैम्प
1953	नवदुर्गा
1954	तिलोत्तमा
1955	चिराग़–ए–चीन
1955	रत्न मंजरी
1956	बजरंग बली
1956	दिल्ली दरबार
1956	हातिमताई
1956	पन्ना
1956	राजरानी मीरा
1956	रूप कुमारी
1956	सती नागकन्या
1957	जनम जनम फेरे
1957	ख़ुदा का बन्दा
1957	परिस्तान
1957	राम–हनुमान युद्ध
1959	कवि कालिदास
1959	भक्त प्रहलाद
1959	जग्गा डाकू
1960	रानी रूपमती
1960	चन्द्रमुखी
1960	दो आदमी
1960	लाल किला
1960	सिंघल द्वीप की सुन्दरी
1960	वीर दुर्गा दास
1960	अमृत मन्थन
1961	जादू नगरी
1961	जय चित्तौड़

1961	पिया मिलन की आस
1961	रामलीला
1962	बिजली चमके जमुना पार
1962	जादूगर डाकू
1962	मायाजाल
1962	नागदेवता
1962	संगीत सम्राट तानसेन
1962	शिव पार्वती
1962	शेर ख़ान
1963	बीन का जादू
1963	कोबरा गर्ल
1963	देवकन्या
1963	परीक्षा
1963	राजा
1963	जिंगारो
1965	महाराजा विक्रम
1965	महासती अनुसूया
1966	कुँवारी
1966	शंकर ख़ान
1967	लव–कुश
1968	हर हर गंगे
1968	लहू पुकारेगा
1968	नादिरशाह
1969	राम भक्त हनुमान
1969	सती सुलोचना
1970	कोई ग़ुलाम नहीं
1970	श्रीकृष्ण लीला
1971	माया बाज़ार
1971	सम्पूर्ण देवी दर्शन
1971	वीर छत्रसाल
1972	महाशिवरात्रि
1973	नाग मेरा साथी
1973	विष्णुपुराण

1974		सुभद्रा हरण
1975		श्रीराम हनुमान युद्ध
1976		नाग चम्पा
1977		जय अम्बे माँ
1979		जय माता काली

वसन्त देसाई

1942		शोभा
1942		आँख की शर्म
1943		मौज
1946		डॉ. कोटनीस की अमर कहानी
1946		जीवन यात्रा
1946		सुभद्रा
1947		अन्धों की दुनिया
1947		मतवाला शायर राम जोशी
1948		सोना
1948		मन्दिर
1949		नरसिंह अवतार
1949		उद्धार
1950		हिन्दुस्तान हमारा
1950		दहेज
1950		शीशमहल
1951	शंकर राव व्यास, चित्रगुप्त	जीवन तारा
1952		हैदराबाद की नाज़नीन
1952		आनन्द भवन
1953	धनीराम	धुआँ
1953		झाँसी की रानी
1955		झनक झनक पायल बाजे
1956		तूफ़ान और दिया
1957		दो आँखें बारह हाथ
1958		दो फूल
1958		मौसी
1958		अर्धांगिनी
1959		दो बहनें

1959	सम्राट पृथ्वीराज चौहान
1959	स्कूल मास्टर
1959	गूँज उठी शहनाई
1961	प्यार की प्यास
1961	सम्पूर्ण रामायण
1964	राहुल
1964	यादें
1965	अमर ज्योति
1966	लड़की सह्यद्रि की
1967	रामराज्य
1967	आशीर्वाद
1971	गुड्डी
1973	अचानक
1974	जय राधे–कृष्ण
1975	रानी और लाल परी

पण्डित अमरनाथ

1942	निशानी
1944	दासी
1944	इरादा
1944	पंछी
1945	धमकी
1945	रागिनी
1945	शीरीं–फ़रहाद
1946	आई बहार
1946	शहर से दूर
1946	शाम सवेरा
1947	देहाती प्रेम
1947	मिर्ज़ा साहिबा
1955	गरम कोट

सी. रामचन्द्र

1942	हँसो हँसो ऐ दुनिया वालो
1942	सुखी जीवन

1943		बदला
1943		भक्त राजा
1943		ज़बान
1943		मुस्कुराहट
1944		दिल की बात
1944		ललकार
1944		मनोरमा
1944		रौनक
1945		नग़मा–ए–सहरा
1945		सम्राट चन्द्रगुप्त
1946		दोस्ती
1946		सफ़र
1947		अहिंसा
1947		बहादुर प्रताप
1947		लिली
1947		मददगार
1947		मतवाले
1947		शहनाई
1948		खिड़की
1948		मेरा मुन्ना
1948		नदिया के पार
1948	पयामी	यह दुनिया
1948		दुनिया
1949	अनिल बिस्वास	गर्ल्स स्कूल
1949		नमूना
1949		पतंगा
1949		रौशनी
1949		साँवरिया
1949		सिपहिया
1950		निराला
1950		समाधि
1950		संगीता
1950		संग्राम

1950	सरगम
1951	अलबेला
1951	ख़ज़ाना
1951	सगाई
1951	सौदागर
1951	उस्ताद पैड्रो
1952	छत्रपति शिवाजी
1952	घुँघरू
1952	हंगामा
1952	परछाईं
1952	साक़ी
1952	शिन शिनाकी बुबला बू
1953	अनारकली
1953	झमेला
1953	झाँझर
1953	लहरें
1953	शगूफ़ा
1954	कवि
1954	मीनार
1954	नास्तिक
1954	पहली झलक
1954	सुबह का तारा
1955	आज़ाद
1955	दुनिया गोल है
1955	इन्सानियत
1955	लुटेरा
1955	तीरंदाज़
1955	यास्मीन
1956	देवता
1956	शतरंज
1956	26 जनवरी
1956	आशा
1957	बारिश

1957		नौशेरवान–ए–आदिल
1957		तलाश
1958		अमरदीप
1958		कारीगर
1958		राजतिलक
1958		तलाक़
1959		नवरंग
1959		पैग़ाम
1960		आँचल
1960		सरहद
1960		अमर रहे ये प्यार
1961		स्त्री
1963		बहूरानी
1964		दाल में काला
1964		वीर भीमसेन
1965		ज़िन्दगी और मौत
1966		ला–बेला
1967		वहाँ के लोग
1968		पायल की झनकार
1970		रूठा न करो

अविनाश व्यास

1943	अल्ला रक्खा ख़ाँ	महासती अनुसूया
1944	शंकरराव व्यास	कृष्ण भक्त बोदना
1944		लहरी बदमाश
1950		भीमसेन
1950		हर हर महादेव
1950		वीर भीमसेन
1951		जय महालक्ष्मी
1951		राम जन्म
1951		श्री विष्णु भगवान
1951		दशावतार
1952		राजरानी दमयन्ती

1952		शिवशक्ति
1952		वीर अर्जुन
1953		भाग्यवान
1954		अधिकार
1954		चक्रधारी
1954	शंकरराव व्यास, मन्ना डे	महापूजा
1954		मल्लिका–ए–आलम नूरजहाँ
1955		अन्धेर नगरी चौपट राजा
1955		एकादशी
1955		जगत्गुरु शंकराचार्य
1955		रियासत
1956		द्वारिकाधीश
1956		सुदर्शन चक्र
1957		आधी रोटी
1957		लक्ष्मी
1957		नागमणि
1957		राम–लक्ष्मण
1957		सन्त रघु
1958		गोपीचन्द्र
1958		ग्रेट शो ऑफ़ इंडिया
1958		जंग बहादुर
1958		पति परमेश्वर
1958		राम भक्ति
1959		चरणों की दासी
1959		गृहलक्ष्मी
1960		भक्त राजा
1962		हवा महल
1962		कैलाशपति
1963		रॉयल मेल
1964		भक्त ध्रुव कुमार
1969		बेटी तुम्हारे जैसी
1970		ताक़त और तलवार

गुलाम मोहम्मद

1943	मेरा ख़्वाब
1947	डोली
1947	टाइगर क्वीन
1948	गृहस्थी
1948	काजल
1948	पराई आग
1948	पगड़ी
1949	दिल की बस्ती
1949	पारस
1949	शायर
1950	हँसते आँसू
1950	परदे
1951	नाज़नीन
1952	अजीब लड़की
1952	अम्बर
1952	शीशा
1953	दिल–ए–नादान
1953	गौहर
1953	हज़ार–रातें
1953	लैला–मजनूँ
1953	रेल का डिब्बा
1954	गुज़ारा
1954	हूर–ए–अरब
1955	कुन्दन
1955	सितारा
1958	मालिक
1959	दो गुण्डे
1961	शमा
1972	पाकीज़ा

के. दत्ता

1943	नादान

1943		ज़मीन
1945		बड़ी माँ
1948		मेरी कहानी
1948		रंगमहल
1951		दमन
1951		गुमाश्ता
1954		रिश्ता
1956		हरिहर भक्ति

के. नारायण राव

1943		दुनिया दीवानी
1943		ख़ूनी लाश
1943		ख़जांची की बेटी
1943		पिस्तौल वाली
1944		लहरी कैमरामैन
1944		क़ातिल
1946		एवररेडी
1946		माफ़ कीजिएगा
1946		रिपोर्टर
1946		रॉयल मेल
1946		धोख़ेबाज़
1946		ख़ूनी
1947	निसार बज़्मी	एक्स्ट्रा गर्ल
1947		शेरे बंगाल
1948		बहादुर नरेश
1948		जंगल गॉडेस
1948		वाइट फेस
1949		चुन्नू मुन्नू
1949		जागृति

उस्ताद अल्ला रक्ख़ा ख़ाँ

1944		घर की शोभा
1944		माँ–बाप

1945	कुल कलंक
1945	घर
1946	जीवन छाया
1947	क़िस्मत का सितारा
1947	हिम्मत वाली
1948	ग़ैबी तलवार
1948	हिन्द मेल
1948	जादुई अंगूठी
1948	जादुई शहनाई
1948	धन्यवाद
1949	अलादीन की बेटी
1949	ब्लैक टेरर
1949	पुलिस वाली
1949	रूप बसन्त
1949	जादुई सिन्दूर
1952	बेवफ़ा
1964	ईद का चाँद

जी. एम. दुर्रानी

1944	भाग्य लक्ष्मी
1946	धड़कन

हुस्नलाल भगतराम

1944	चाँद
1946	नर्गिस
1946	हम एक हैं
1947	हीरा
1947	मोहन
1947	रोमियो एंड जूलियट
1948	आज की रात
1948	लखपति
1948	प्यार की जीत
1949	अमर कहानी

1949		बड़ी बहन
1949		बालम
1949		बंसुरिया
1949		हमारी मंज़िल
1949		जलतरंग
1949		नाच
1949		राखी
1949		सावन–भादो
1950		आधी रात
1950		अपनी छाया
1950	एच. प्रसाद	बिरहा की रात
1950		छोटी भाभी
1950		गौना
1950		मीना बाज़ार
1950		प्यार की मंज़िल
1950		सरताज
1950		सूरजमुखी
1951		अफ़साना
1951		सनम
1951		शगुन
1951		स्टेज
1952		काफ़िला
1952		राजा हरिश्चन्द्र
1953		आँसू
1953		फ़रमाइश
1954		शमा परवाना
1955		कंचन
1956		आन–बान
1956		मि. चक्रम
1957		दुश्मन
1957		जन्नत
1957		कृष्ण सुदामा
1958		ट्रॉली ड्राइवर

1963		शहीद भगत सिंह
1965		टार्जन एंड सर्कस
1966		शेर अफ़गान

सज्जाद हुसैन

1944		दोस्त
1946		तिलस्मी
1946		एट्टीन फिफ्टी सेवन
1947	टी. फ़ारूख़ी	देखो जी
1947		मेरे भगवान
1950		खेल
1951		हलचल
1951		सईंया
1952		संगदिल
1955		रुखसाना
1963		रुस्तम सोहराब

बुलू. सी. रानी

1944		कारवां
1944		पगली दुनिया
1945		चाँद चकोरी
1945		मूर्ति
1945		प्रभु का घर
1945		प्रीत
1946		धरती
1946		सालगिरह
1947		बेला
1947		कौन हमारा
1947		लाखों में एक
1947		वो ज़माना
1948		अंजुमन
1948		बिछड़े बालम
1949		भुल–भुलैया

1949		ननद–भौजाई
1949		नारद मुनि
1949		नज़ारे
1950		जोगन
1950		मग़रूर
1950	विनोद	वफ़ा
1951		प्यार की बातें
1952		बग़दाद
1952		इज़्ज़त
1952		निर्मल
1952		गुलसनोबर
1952		हुस्न का चोर
1954		औरत तेरी यही कहानी
1954		विल्प मंगल
1955		हसीना
1955		मधुर मिलन
1955		शिकार
1955		वीर राजपूतानी
1955		आबरू
1956		बादशाह सलामत
1956	जे. डब्लू. एच. वाडिया	नूर–ए–यमन
1956		रामनवमी
1958		अलहिलाल

श्याम सुन्दर

1945		विलेज गर्ल
1946		देवकन्या
1947	लच्छीराम	आरसी
1947		एक रोज़
1948		एक्ट्रेस
1949		बाज़ार
1949		चार दिन
1949		लाहौर

1950		भाई–बहन
1950		निर्दोष
1951		काले बादल
1951		ढोलक
1953		अलिफ़–लैला

हफ़ीज़ ख़ाँ

1945		ज़ीनत
1946		हमजोली
1950		मेहरबानी
1954		लकीरें
1954		वतन

पं. रविशंकर

1946		धरती के लाल
1946		नीचा नगर
1960		अनुराधा
1963		गोदान
1979		मीरा

एस. डी. बर्मन

1946		ऐट डेज
1946		शिकारी
1947		चित्तौड़ विजय
1947		दिल की रानी
1947		दो भाई
1948		विद्या
1949		कमल
1949		शबनम
1950	मन्ना डे	मशाल
1950		प्यार
1951		बाज़ी
1951		बुज़दिल

1951	एक नज़र
1951	नौजवान
1951	सज़ा
1952	जाल
1952	लाल कुमार
1953	अरमान
1953	बावला
1953	जीवन ज्योति
1953	शहंशाह
1954	अँगारे
1954	चालीस बाबां एक चोर
1954	राधा–कृष्ण
1954	टैक्सी ड्राइवर
1955	देवदास
1955	हाउस नं. 44
1955	मदभरे नैन
1955	मुनीम जी
1955	सोसाइटी
1956	फंटूश
1957	पेइंग गेस्ट
1957	प्यासा
1958	चलती का नाम गाड़ी
1958	काला पानी
1958	लाजवन्ती
1958	सितारों से आगे
1950	सोलहवाँ साल
1959	इन्सान जाग उठा
1959	कागज़ के फूल
1959	सुजाता
1960	अपना हाथ जगन्नाथ
1960	बम्बई का बाबू
1960	बेवकूफ़
1960	एक के बाद एक

1960	काला बाज़ार
1960	मंज़िल
1960	मियाँ बीवी राज़ी
1962	डॉ. विद्या
1962	नॉटी बॉय
1963	बन्दिनी
1963	मेरी सूरत तेरी आँखें
1963	तेरे घर के सामने
1964	बेनज़ीर
1964	कैसा क़ानून
1964	ज़िद्दी
1965	गाइड
1965	तीन देवियाँ
1967	ज्वैलथीफ़
1969	आराधना
1969	ज्योति
1969	तलाश
1970	इश्क़ पर ज़ोर नहीं
1970	प्रेम पुजारी
1971	गैम्बलर
1971	नया ज़माना
1971	शर्मीली
1971	तेरे मेरे सपने
1972	अनुराग
1972	ज़िन्दगी–ज़िन्दगी
1973	अभिमान
1973	छुपा रुस्तम
1973	जुगनू
1973	फागुन
1974	प्रेम नगर
1974	उस पार
1974	सगीना
1975	चुपके–चुपके

1975		मिली
1976		अर्जुन पण्डित
1976		बारूद
1976		दीवानगी
1976		त्याग

सुधीर फड़के

1946		रूक्मिणी स्वयंवर
1947		आगे बढ़ो
1948		सीता स्वयंवर
1949		अपराधी
1949		माया बाज़ार
1949		राम प्रतिज्ञा
1949		जय भीम
1950		श्रीकृष्ण दर्शन
1951		मालती माधव
1951		मुरली वाला
1954		पहली तारीख़
1955		रत्न घर
1956		सजनी
1958		गजगौरी
1959		गोकुल का चोर
1961		भाभी की चूड़ियाँ

हंसराज बहल

1946		ग्वालन
1946		फुलवारी
1946		पुजारी
1947		छीन ले आज़ादी
1947		दुनिया एक सराय
1948		चुनरिया
1948	बुलू. सी. रानी	गुण सुन्दरी
1948	बुलू. सी. रानी	मिट्टी के खिलौने

1948		सत्यनारायण
1949		भिखारी
1949		चकोरी
1949	ग़ुलाम हैदर	कनीज़
1949		रात की रानी
1949		ज़ेवरात
1950		बहू रानी
1950		गुलनार
1950		राजरानी
1951		कश्मीर
1951		फूलों के हार
1951		राजपूत
1951		नखरे
1952		अपनी इजाज़त
1952		जुगनू
1952		लंका दहन
1952		मोती महल
1952		रेशम
1954		दोस्त
1954		हनुमान जन्म
1954		ख़ैबर
1954		लाल परी
1954		पैसिन्जर
1955		दरबार
1955		मानो न मानो
1955		मस्त कलन्दर
1955		शाह बेहराम
1956		इन्क़लाब
1956		खुल जा सिम सिम
1956		मलिका
1956		राजधानी
1957		मिस बॉम्बे
1958		मिलन

1959		सावन
1960		मिस गुड नाइट
1960		मुड़ मुड़ के न देख
1963		गुल–ए–बकावली
1964		एक दिन का बादशाह
1964		दारासिंह
1965		रुस्तम–ए–हिन्दी
1965		सिकन्दर–ए–आज़म
1965		तीन सरदार
1966		सुनहरा जाल

वी. बलसारा

1946	हनुमान प्रसाद	जीना सीखो
1969		प्यार

चित्रगुप्त

1947		जादुई शाम
1947		शेक हैंड्स
1948		जय हिन्द
1948		माला–द--माइटी
1949		टाइग्रस
1948		दिल्ली एक्सप्रेस
1949		जोकर
1949		शौकीन
1950		सरकस वाले
1950		हमारा घर
1950		जोड़ीदार
1950		वीर बब्रूवाहन
1951		हमारी शान
1951	शंकरराव व्यास, वसन्त देसाई	जीवन तारा
1952		भक्त पूरन
1952		सिन्दबाद द सेलर
1952		तरंग

1953	मनचला
1953	नागपंचमी
1953	नया रास्ता
1954	मिस माला
1954	सल्तनत
1954	शिवरात्रि
1955	महासती सावित्री
1955	नवरात्रि
1955	सती मदालसा
1955	शिवभक्त
1955	श्री गणेश विवाह
1955	श्रीकृष्ण भक्ति
1956	वसन्त पंचमी
1956	इंसाफ़
1956	क़िस्मत
1956	तलवार की धनी
1956	ज़िन्दगी के मेले
1957	भाभी
1957	कैप्टन किशोर
1957	लक्ष्मी पूजा
1957	नीलमणि
1957	पवनपुत्र हनुमान
1957	सखी गोपाल
1958	बालयोगी उपमन्यु
1958	चालबाज़
1958	डॉटर ऑफ़ सिन्दबाद
1958	माया बाज़ार
1958	राज सिंहासन
1958	तीसरी गली
1958	टैक्सी स्टैंड
1958	ज़िम्बो
1958	बरखा
1959	कमांडर

1959	गेस्ट हाउस
1959	कल हमारा है
1959	काली टोपी लाल रुमाल
1959	कंगन
1959	कीचक वध
1959	मैडम XYZ
1959	नया संसार
1960	बड़े घर की बहू
1960	बारात
1960	चाँद मेरे आगे
1960	गैम्बलर
1960	माँ–बाप
1960	नाचे नागिन बाजे बीन
1960	पतंग
1960	पुलिस डिटेक्टिव
1960	जिम्बो कम्स टू टाउन
1961	अपलम चपलम
1961	हम मतवाले नौजवान
1961	ओपेरा हाउस
1961	रामू दादा
1961	सुहाग सिन्दूर
1961	तेल मालिश बूट पॉलिश
1961	ज़बक
1962	आँख मिचौली
1962	बेजुबान
1962	वर्मा रोड
1962	किंग काँग
1962	मैं चुप रहूँगी
1962	मैं शादी करके चला
1962	शादी
1963	बैंड मास्टर
1963	एक राज़
1963	घर बसा के देखो

1963	काबली ख़ान
1963	मम्मी डैडी
1964	बाग़ी
1964	गंगा की लहरें
1964	मैं भी लड़की हूँ
1964	मेरा क़सूर क्या है
1964	सैमसन
1965	आधी रात के बाद
1965	आकाशदीप
1965	महाभारत
1965	ऊँचे लोग
1965	सात समन्दर पार
1966	अफ़साना
1966	तूफ़ान में प्यार कहाँ
1968	औलाद
1969	बैंक रॉबरी
1969	नयी ज़िन्दगी
1969	प्यार का सपना
1970	हमारा अधिकार
1971	परदेस
1971	कभी धूप कभी छाँव
1971	प्रेम की गंगा
1973	संसार

पं. ओमकार नाथ ठाकुर

1947	बैरिस्टर

मन्ना डे

1947 हरि प्रसन्न दास	सती तोरल
1948	हम भी इन्सान हैं
1950 खेमचन्द प्रकाश	जान पहचान
1950 एस. डी. बर्मन	मशाल
1952	चमकी

1952	के. प्रकाश	तमाशा
1953		शुक रम्भा

अमीरबाई कर्नाटकी

1948		शहनाज़

राम गांगुली

1947		महासती तुलसीवृन्दा
1948		आग
1948		वनवासी
1948		जलसा
1949		अनमोल मोती
1950	शंकरराव व्यास	रामदर्शन
1951		दीपक
1954		गवैया
1954		संगम
1957		पैसा
1958		टेन ओ क्लॉक

सरदार मलिक

1947		रेणुका
1949		राज़
1953		ठोकर
1954		औलाद
1954		चोर बाज़ार
1955		आब–ए–हयात
1957		चमक चाँदनी
1958		टैक्सी 555
1959		माँ के आँसू
1960		मेरा घर मेरे बच्चे
1960		सारंगा
1960		सुपरमैन
1961		मदन मंजरी

1962		पिक पॉकेट
1963		बचपन
1963		नाग ज्योति
1963		नाग मोहिनी
1964		जन्तर मन्तर
1964		महारानी पद्मिनी
1964		रूप सुन्दरी
1965	नौशाद	मैं हूँ जादूगर
1965		पंचरत्न
1977		ग्यानी जी

शंकर जयकिशन

1949		बरसात
1951		आवारा
1951		बादल
1951		काली घटा
1951		नगीना
1952		दाग़
1952		पर्वत
1952		पूनम
1953		आह
1953		आस
1953		औरत
1953		नया घर
1953		पतिता
1953		शिकस्त
1954		बादशाह
1954		बूट पॉलिश
1954		मयूर पंख
1954		पूजा
1955		सीमा
1955	अमिय चक्रवर्ती	श्री 420
1956		बसन्त बहार

1956	चोरी–चोरी
1956	हलाकू
1956	क़िस्मत का खेल
1956	नयी दिल्ली
1956	पटरानी
1956	राजहठ
1957	बेगुनाह
1957	कठपुतली
1958	बाग़ी सिपाही
1958	यहूदी
1959	अनाड़ी
1959	छोटी बहन
1959	कन्हैया
1959	लव मैरिज
1959	मैं नशे में हूँ
1959	शरारत
1959	उजाला
1960	कॉलेज गर्ल
1960	दिल अपना और प्रीत पराई
1960	एक फूल चार काँटे
1960	जिस देश में गंगा बहती है
1960	सिंगापुर
1961	आस का पंछी
1961	बॉयफ्रैंड
1961	जब प्यार किसी से होता है
1961	जंगली
1961	करोड़पति
1961	रूप की रानी चोरों का राजा
1961	ससुराल
1961	आशिक़
1962	दिल तेरा दीवाना
1962	हरियाली और रास्ता
1962	प्रोफ़ेसर

1962	रंगोली
1963	एक दिन सौ अफ़साने
1963	हमराही
1964	अपने हुए पराये
1964	अप्रैल फूल
1964	आई मिलन की बेला
1964	बेटी बेटे
1964	राजकुमार
1964	संगम
1964	साँझ सवेरा
1964	ज़िन्दगी
1965	आरज़ू
1965	गुमनाम
1966	आम्रपाली
1966	बद्तमीज़
1966	ग़बन
1966	लव इन टोकियो
1966	प्यार मोहब्बत
1966	सूरज
1966	तीसरी क़सम
1967	अमन
1967	अराउंड द वर्ल्ड
1967	एन इवनिंग इन पेरिस
1967	दीवाना
1967	गुनाहों का देवता
1967	हरे काँच की चूड़ियाँ
1967	लाल साहब
1967	रात और दिन
1968	ब्रह्मचारी
1968	दुनिया
1968	झुक गया आसमान
1968	कहीं और चल
1968	कन्यादान

1968	मेरे हुज़ूर
1968	सपनों का सौदागर
1968	शिकार
1969	भाई बहन
1969	चन्दा और बिजली
1969	जहाँ प्यार मिले
1969	प्रिंस
1969	प्यार ही प्यार
1969	सच्ची
1969	तुमसे अच्छा कौन हैं
1969	यक़ीन
1970	भाई–भाई
1970	धरती
1970	मेरा नाम जोकर
1970	पगला कहीं का
1971	अलबेला
1971	अन्दाज़
1971	बलिदान
1971	बॉम्बे टॉकीज़
1971	दुनिया क्या जाने
1971	एक नारी एक ब्रह्मचारी
1971	ऐलान
1971	जाने अनजाने
1971	जवान मोहब्बत
1971	ज्वाला
1971	कल आज और कल
1971	लाल पत्थर
1971	मैं सुन्दर हूँ
1971	नादान
1971	परदे के पीछे
1971	पतंगा
1971	प्रीतम
1971	सीमा

1972	आन बान
1972	आँख मिचौली
1972	आँखों–आँखों में
1972	बन्दगी
1972	बेईमान
1972	दिल दौलत दुनिया
1972	जंगल में मंगल
1972	रिवाज़
1972	यार मेरा
1973	आज की ताज़ा ख़बर
1973	चोरी–चोरी
1973	दामन और दाग़
1973	दूर नहीं मंज़िल
1973	नैना
1974	अर्चना
1974	छोटे सरकार
1974	इंसानियत
1974	इंटरनेशनल क्रुक
1974	रेशम की डोरी
1974	टार्जन मेरा साथी
1975	दो झूठ
1975	लव इन बॉम्बे
1975	नीलिमा
1975	साज़िश
1975	संन्यासी
1977	धूप छाँव
1977	दुनियादारी
1977	मेरा वचन गीता की क़सम
1981	नारी
1983	आख़िरी संग्राम
1984	पापी पेट का सवाल है
1986	इन्तक़ाम की आग

रौशन

1950	बावरे नैन
1951	बेदर्द
1951	हमलोग
1951	मल्हार
1952	अनहोनी
1952	नौबहार
1952	राग रंग
1952	संस्कार
1952	शीशम
1953	आगोश
1953	मालकिन
1953	माशूका
1954	बाप बेटी
1954	बाराती
1954	चाँदनी चौक
1955	छोरा छोरी
1955	घर–घर में दीवाली
1955	जश्न
1956	रंगीन रातें
1956	टकसाल
1957	आगरा रोड
1957	कॉफ़ी हाउस
1957	दो रोटी
1958	अजी बस शुक्रिया
1959	आँगन
1959	सी.आई.डी. गर्ल
1959	दीप जलता रहे
1959	हीरा मोती
1959	मधु
1959	मैंने जीना सीख लिया
1960	बाबर
1960	बरसात की रात

1961	बगदाद
1961	वारंट
1962	आरती
1962	सूरत और सीरत
1962	वल्लाह क्या बात है
1962	ज़िन्दगी और हम
1963	कमर्शियल पायलेट ऑफ़िसर
1963	दिल ही तो है
1963	ताजमहल
1964	चित्रलेखा
1964	दूज का चाँद
1965	बेदाग़
1965	भीगी रात
1965	नयी उमर की नयी फसल
1966	दादी माँ
1966	देवर
1967	नूरजहाँ
1968	अनोखी रात

मदन मोहन

1950	आँखें
1951	अदा
1951	मदहोश
1952	अनजान
1952	आशियाना
1952	ख़ूबसूरत
1952	निर्मोही
1953	बाग़ी
1953	चाचा चौधरी
1953	दाना पानी
1953	धूम
1954	एहसान
1954	इल्ज़ाम

1954	मस्ताना
1955	रेलवे प्लेटफार्म
1955	भाई–भाई
1956	फिफ़्टी–फिफ़्टी
1956	मेमसाहब
1957	पॉकेटमार
1957	बेटी
1957	छोटे बाबू
1957	देख कबीरा रोया
1957	गेटवे ऑफ़ इंडिया
1957	समुन्दर
1957	शेरू
1958	अदालत
1958	चन्दन
1958	एक शोला
1958	जेलर
1958	खंजांची
1958	खोटा पैसा
1958	नाइट क्लब
1959	बाप बेटे
1959	बैंक मैनेजर
1959	चाचा ज़िन्दाबाद
1959	दुनिया न माने
1959	जागीर
1959	मिनिस्टर
1959	मोहर
1960	बहाना
1961	संजोग
1961	सेनापति
1962	अनपढ़
1962	मनमौजी
1963	अकेली मत जइयो
1964	आपकी परछाइयाँ

1964	ग़ज़ल
1964	हक़ीक़त
1964	जहाँआरा
1964	पूजा के फूल
1964	शराबी
1964	सुहागन
1964	वो कौन थी
1965	बॉम्बे रेसकोर्स
1965	नया ख़ून
1965	नीला आकाश
1965	रिश्ते नाते
1966	डाक घर
1966	दुल्हन एक रात की
1966	लड़का–लड़की
1966	मेरा साया
1966	नींद हमारी ख़्वाब तुम्हारे
1967	घर का चिराग
1967	जब याद किसी की आती है
1967	नौनिहाल
1967	नवाब सिराजुद्दौला
1968	एक कली मुस्काई
1969	चिराग़
1970	दस्तक
1971	हीर–राँझा
1971	माँ का आँचल
1971	महाराजा
1971	परवाना
1972	बावर्ची
1972	कोशिश
1972	सुल्ताना डाकू
1973	दिल की राहें
1973	एक मुट्ठी आसमान
1973	हिन्दुस्तान की क़सम

1973		प्रभात
1974		चौकीदार
1975		दिल की राहें
1975		मौसम
1976	जयदेव	लैला–मजनूँ
1976		शराफ़त छोड़ दी मैंने
1977		साहब बहादुर
1978		जलन
1979		इंस्पैक्टर ईगल

1951 से 1960 के बीच आये संगीत निर्देशक

1.	एन. दत्ता	1951
2.	जमाल सेन	1951
3.	अली अकबर ख़ाँ	1952
4.	हेमन्त कुमार	1952
5.	ओ. पी. नय्यर	1952
6.	सलिल चौधरी	1953
7.	ख़याम	1953
8.	जयदेव	1955
9.	रवि	1955
10.	दत्ता राम	1957
11.	कल्याण जी आनन्द जी	1958

एन. दत्ता

1951	एस. डी. बर्मन	बहार
1955		मरीन ड्राइव
1955		मिलाप
1956		चन्द्रकान्त
1956		दशहरा
1956		श्रीमती 420
1957		हम पंछी एक डाल के
1957		मोहिनी
1957		मिस्टर एक्स

1958		लाइट हाउस
1958		मिस 1958
1958		साधना
1959		भाई–बहन
1959		ब्लैक कैट
1959		धूल का फूल
1959	सुधा मल्होत्रा	दीदी
1959		जालसाज़
1959		मिस्टर जॉन
1959		नाचघर
1960		नयी राहें
1960		डॉ. शैतान
1960		रिक्शा वाला
1961		धर्म पुत्र
1961		दो भाई
1962		दिल्ली का दादा
1962		ग्यारह हज़ार लड़कियाँ
1962		काला समुन्दर
1962		सच्चे मोती
1963		अकेला
1963		आवारा अब्दुल्ला
1963		हॉलीडे इन बॉम्बे
1963		मेरे अरमान मेरे सपने
1963		रुस्तम–ए–बगदाद
1964		बादशाह
1964		चाँदी की दीवार
1964		हरक्युलस
1965		गोपाल कृष्ण
1966		बहादुर डाकू
1966		दिलबर
1966		जवाँ मर्द
1967		अलबेला मस्ताना
1967		राजू

1968		अपना घर अपनी कहानी
1969		एक मासूम
1969		पत्थर का ख़्वाब
1969		उस्ताद 420
1970		आग और दाग़
1970		इंस्पैक्टर
1970		नया रास्ता
1971		बदनाम फ़रिश्ते
1974		गंगा

जमाल सेन

1951		शोखियाँ
1953		दायरा
1953		रंगीला
1954	पंकज मलिक	कस्तूरी
1955		पतित पावन
1960		अमर शहीद
1962		आल्हा ऊदल

अली अकबर ख़ाँ

1952		आधियाँ
1953		हमसफ़र
1963		द हाउस होल्डर

हेमन्त कुमार

1952		आनन्दमठ
1954		डाकू की लड़की
1954		फेरी
1954		जागृति
1954		नागिन
1954		सम्राट
1955		बहू
1955		बन्दिश
1955		भागवत महिमा

1955		लगन
1956		अनजान
1956		अरब का सौदागर
1956		बन्धन
1956		दुर्गेश नन्दिनी
1956		एक ही रास्ता
1956		हमारा वतन
1956		इंस्पैक्टर
1956		लालटेन
1956		ताज
1956		बन्दी
1957		चम्पा कली
1957		हिल स्टेशन
1957		कितना बदल गया इंसान
1957		मिस मैरी
1957		पायल
1957		यहूदी की लड़की
1958		दो मस्ताने
1958		पुलिस
1958		सहारा
1959		चाँद
1959		हम भी इन्सान हैं
1959	रॉबिन	पुलिस स्टेशन
1960		दुनिया झुकती है
1962		बीस साल बाद
1962		माँ–बेटा
1962		साहिब बीबी और ग़ुलाम
1964		कोहरा
1965		दो दिल
1965		फ़रार
1966		अनुपमा
1966		बीवी और मकान
1966		सन्नाटा

1968		दो दुनी चार
1969		राहगीर
1969		ख़ामोशी
1979		दो लड़के दोनों कड़के
1979		लव इन कनाडा

ओ. पी. नैयर

1952		आसमान
1952		छम छमा छम
1954		आर–पार
1954		महबूबा
1955		बाप रे बाप
1955		मिस कोका कोला
1955		मिस्टर एंड मिसेस 55
1955		मुसाफ़िरख़ाना
1955	नौशाद	सबसे बड़ा रुपैया
1956		भागमभाग
1956		सी.आई.डी
1956		छू मन्तर
1956		ढाके की मलमल
1956		हम सब चोर हैं
1956		मिस्टर लम्बू
1956		नये अन्दाज़
1957		बड़े सरकार
1957		दुनिया रंग रंगीली
1957		जॉनी वाकर
1957		माई बाप
1957		नया दौर
1957		क़ैदी
1957		तुमसा नहीं देखा
1957		उस्ताद
1958		फ़रिश्ता
1958		हावड़ा ब्रिज

1958	कभी अँधेरा कभी उजाला
1958	मिस्टर कार्टून एम.ए.
1958	मुजरिम
1958	फागुन
1958	रागिनी
1958	सोने की चिड़िया
1958	ट्वैल्व ओ' क्लॉक
1959	दो उस्ताद
1960	बसन्त
1960	जाली नोट
1960	कल्पना
1960	मिट्टी में सोना
1962	एक मुसाफ़िर एक हसीना
1962	हाँग काँग
1963	फिर वही दिल लाया हूँ
1964	कश्मीर की कली
1965	मेरे सनम
1966	अक्लमन्द
1966	बहारें फिर भी आयेंगी
1966	लव एंड मर्डर
1966	मोहब्बत ज़िन्दगी है
1966	सावन की घटा
1966	ये रात फिर न आयेगी
1967	सी. आई. डी. 909
1968	दिल और मोहब्बत
1968	हमसाया
1968	कहीं दिन कहीं रात
1968	क़िस्मत
1968	श्रीमान जी
1968	किलर्स
1969	सम्बन्ध
1971	ऐसा भी होता है
1972	एक बार मुस्कुरा दो

1973	टैक्सी ड्राइवर
1978	ख़ून का बदला ख़ून
1979	हीरा मोती
1980	बिन माँ के बच्चे

सलिल चौधरी

1953	दो बीघा ज़मीन
1954	बिराज बहू
1954	नौकरी
1955	अमानत
1955	ताँगेवाली
1956	आवाज़
1956	जागते रहो
1957	अपराधी कौन
1957	लालबत्ती
1957	मुसाफ़िर
1958	मधुमति
1960	हनीमून
1960	क़ानून
1960	जवाहर
1960	परख
1960	उसने कहा था
1961	काबुली वाला
1961	मेम दीदी
1961	सपने सुहाने
1961	छाया
1961	माया
1962	हॉफ टिकिट
1962	झूला
1962	प्रेम पत्र
1965	चाँद और सूरज
1965	पूनम की रात
1966	नेताजी सुभाषचन्द्र बोस

1966		पिंजरे के पंछी रे
1969		इत्तेफ़ाक़
1969		आनन्द
1971		गहरा राज़
1971		मेरे अपने
1972		अन्नदाता
1972		अनोखा दान
1972		अनोखा मिलन
1972		सबसे बड़ा सुख
1974		रजनीगन्धा
1976		जीवन ज्योति
1976		मृगया
1976		उड़नछू
1981		चेम्मीन लहरें
1981		चिरूथा
1981		प्लॉट नं. 5
1981		अग्निपरीक्षा
1982		दिल का साथी दिल
1984		क़ानून क्या करेगा

ख़याम

1953		फुटपाथ
1954		धोबी डाक्टर
1954	धनीराम	गुलबहार
1955		तातार का चोर
1958		लालारुख
1958		फिर सुबह होगी
1960		बारूद
1960		बॉम्बे की बिल्ली
1961		शोला और शबनम
1964		शगुन
1965		मोहब्बत इसको कहते हैं
1966		आख़िरी ख़त

1967	मेरा भाई मेरा दुश्मन
1975	सन्ध्या
1976	कभी–कभी
1977	शंकर हुसैन
1978	त्रिशूल
1979	ख़ानदान
1979	मीनाकुमारी की अमर कहानी
1979	नूरी
1980	चम्बल की क़सम
1980	थोड़ी–सी बेवफ़ाई
1981	आहिस्ता–आहिस्ता
1981	दर्द
1981	नाख़ुदा
1981	उमराव जान
1982	बावरी
1982	बाज़ार
1982	दिल आख़िर दिल है
1982	दिल–ए–नादान
1982	सवाल
1983	मेहँदी
1983	रज़िया सुल्तान
1985	बेपनाह
1985	लोरी
1986	अंजुमन
1988	एक नया रिश्ता
1990	जान–ए–वफ़ा
1990	जवानी ज़िन्दाबाद

जयदेव

1955	जोरू का भाई
1956	समुद्री डाकू
1957	अंजलि
1961	हम दोनों

1963		मुझे जीने दो
1969		जियो और जीने दो
1969		सपना
1971		आषाढ़ का एक दिन
1971		दो बूँद पानी
1971		एक थी रीता
1971		रेशमा और शेरा
1972		मान जाइए
1973		प्रेम पर्वत
1974		आलिंगन
1974		परिणय
1975		एक हंस का जोड़ा
1976		फ़ासला
1976	मदन मोहन	लैला मजनूँ
1977		आलाप
1977		आन्दोलन
1977		घरौंदा
1978		तुम्हारे लिए
1979		दूरियाँ
1979		गमन
1979		सोलहवाँ सावन
1980		एक गुनाह और सही
1981		आई तेरी याद
1981		समीरा
1985		अनकही

रवि

1955		अलबेली
1955	चन्द्रा	वचन
1956		अयोध्यापति
1957		एक साल
1957		नरसिंह भगत
1958		देवर भाभी

1958	दिल्ली का ठग
1958	दुल्हन
1958	घर संसार
1958	मेहँदी
1959	चिराग़ कहाँ रौशनी कहाँ
1959	जवानी की हवा
1959	पहली रात
1960	अपना घर
1960	चौदहवीं का चाँद
1960	घर की लाज
1960	घूँघट
1960	नयी माँ
1960	ट्रंक कॉल
1960	तू नहीं और सही
1961	घराना
1961	मॉर्डन गर्ल
1961	नज़राना
1961	प्यार का सागर
1961	वॉन्टेड
1962	अपना बना के देखो
1962	बॉम्बे का चोर
1962	चाइना टाउन
1962	गर्ल्स हॉस्टल
1962	इसी का नाम दुनिया है
1962	राखी
1962	टावर हाउस
1962	आज और कल
1963	भरोसा
1963	गहरा दाग़
1963	गृहस्थी
1963	गुमराह
1963	कौन अपना कौन पराया
1963	मुलज़िम

1963	नर्तकी
1963	प्यार का बन्धन
1963	प्यार किया तो डरना क्या
1963	उस्तादों के उस्ताद
1963	ये रास्ते हैं प्यार के
1964	दूर की आवाज़
1964	शहनाई
1965	बहू बेटी
1965	काजल
1965	ख़ानदान
1965	सिन्दबाद अलीबाबा एंड अलादीन
1965	वक़्त
1966	दो बदन
1966	दस लाख
1966	फूल और पत्थर
1966	सगाई
1966	ये ज़िन्दगी कितनी हसीन है
1967	औरत
1967	हमराज़
1967	मेहरबान
1967	नयी रौशनी
1968	आँखें
1968	दो कलियाँ
1968	गौरी
1968	मन का मीत
1968	नीलकमल
1969	बड़ी दीदी
1969	डोली
1969	आदमी और इंसान
1969	अनमोल मोती
1969	एक फूल दो माली
1969	पैसा या प्यार

1970	समाज को बदल डालो
1971	गंगा तेरा पानी अमृत
1971	पड़ोसी
1971	उम्मीद
1972	बाबुल की गलियाँ
1972	धड़कन
1972	नागपंचमी
1973	धुन्ध
1973	मेहमान
1973	सोने के हाथ
1974	घटा
1975	एक महल हो सपनों का
1975	मेरे सरताज
1975	वन्दना
1977	आदमी सड़क का
1977	अमानत

दत्ता राम

1957	अब दिल्ली दूर नहीं
1958	परवरिश
1959	क़ैदी नं. 911
1959	सन्तान
1960	श्रीमान सत्यवादी
1961	डार्क स्ट्रीट
1961	फर्स्ट लव
1961	ज़िन्दगी और ख़्वाब
1962	नीली आँखें
1963	जब से तुम्हें देखा है
1965	राका
1965	टार्जन कम्स टू डेल्ही
1969	बालक
1969	बेक़सूर
1970	चोरों का चोर

कल्याण जी आनन्द जी

1958	सम्राट चन्द्रगुप्त
1958	बेदर्द ज़माना क्या जाने
1959	घर–घर की बात
1959	ओ तेरा क्या कहना
1959	सट्टा बाज़ार
1959	मदारी
1961	पासपोर्ट
1962	गंगू दादा
1962	मेहँदी लगी मेरे हाथ में
1963	फूल बने अँगारे
1963	सुनहरी नागिन
1964	बिरजू उस्ताद
1964	दुल्हा–दुल्हन
1964	इशारा
1964	मजबूर
1965	जब जब फूल खिले
1965	जौहर महमूद इन गोवा
1965	सहेली
1966	प्रीत न जाने रीत
1966	जौहर इन कश्मीर
1967	आमने–सामने
1967	दिल ने पुकारा
1967	मेरा मुन्ना
1967	परिवार
1967	राज़
1967	उपकार
1968	बाज़ी
1968	हसीना मान जायेगी
1968	जुआरी
1968	सरस्वती चन्द्र
1968	सुहाग रात
1968	तीन बहूरानियाँ

1969	बन्धन
1969	महल
1969	एक श्रीमान एक श्रीमती
1969	नन्हा फ़रिश्ता
1969	राजा साब
1969	तम्मना
1969	विश्वास
1970	आँसू और मुस्कान
1970	गीत
1970	घर–घर की कहानी
1970	होली आई रे
1970	मेरे हमसफ़र
1970	प्रिया
1970	पूरब और पश्चिम
1970	सच्चा झूठा
1970	सफ़र
1970	यादगार
1970	गोपी
1971	छोटी बहू
1971	जय बांग्लादेश
1971	जौहर महमूद इन हाँगकाँग
1971	कठपुतली
1971	मर्यादा
1971	पारस
1971	प्रीत की डोरी
1971	रखवाला
1971	उपासना
1972	आगे बढ़ो
1972	अनोखी पहचान
1972	अपराध
1972	एक हसीना दो दीवाने
1972	हरिदर्शन
1972	जानवर और इंसान

1972	जोरू का ग़ुलाम
1972	ललकार
1972	मालिक
1972	मानवता
1972	सबका साथी
1972	विक्टोरिया नं. 203
1973	अग्नि रेखा
1973	बनारसी बाबू
1973	ब्लैकमेल
1973	एक कुँवारी एक कुँवारा
1973	ग़ुलाम बेगम बादशाह
1973	हीरा
1973	कहानी क़िस्मत की
1973	कशमकश
1973	समझौता
1973	ज़ंजीर
1974	अलबेली
1974	अनजान राहें
1974	छत्तन सिंह
1974	फ़ाइव राइफ़ल्स
1974	हाथ की सफ़ाई
1974	हर हर महादेव
1974	हमराही
1974	जीवन संग्राम
1974	कसौटी
1974	कोरा काग़ज़
1974	पाप और पुण्य
1974	पत्थर और पायल
1974	पाकेटमार
1974	राजा काका
1974	शुभ दिन
1974	वचन
1974	वरदान

1975	अनोखा
1975	अपने दुश्मन
1975	भूला भटका
1975	चोरी मेरा काम
1975	धर्मात्मा
1975	दो ठग
1975	फ़रार
1975	हिमालय से ऊँचा
1975	मौन्टो
1975	रफू चक्कर
1975	उलझन
1975	ज़ोरो

1961 से 1970 के बीच आये मुख्य संगीतकार

उषा खन्ना

1961	फ़्लैट नं. 9
1964	शबनम
1966	बादल
1966	इन्साफ़
1966	क़ानून का ख़ून
1966	लाल बॉंग्ला
1966	मैं वो ही हूँ
1967	आग
1967	दिलरुबा
1967	जौहर इन बॉम्बे
1967	मेरा नाम जौहर
1967	रात अँधेरी थी
1967	सरदार
1967	ट्रिप टू मून
1967	वो कोई और होगा
1968	एक फूल एक भूल
1968	फ़रेब
1968	हाय मेरा दिल
1968	रूप रूपैया

1969		अनजान है कोई
1969		बन्दिश
1969		हम एक हैं
1969		नतीजा
1969		समय बड़ा बलवान
1969		शिमला रोड
1970		बेगुनाह
1970		दीदार
1970		इल्ज़ाम
1970		कौन हो तुम
1970	एन. दत्ता	नाइट इन कलकत्ता
1970		सस्ता ख़ून महँगा प्यार
1971		बहके क़दम
1971		बहरूपिया
1971		एक पहेली
1971		खोज
1971		मर्डर इन सर्कस
1971		नाग–पूजा
1971		शेर–ए–वतन
1971		द क्रिमिनल्स (हम सब चोर हैं)
1972		बिजली
1972		कामना
1972		मुनीम जी
1972		तन्हाई
1973		हनीमून
1973		हम सब चोर हैं
1973		सबक
1974		अपराधी
1974		हवस
1975		आजा सनम

किशोर कुमार

1961	झुमरू

1964	दूर गगन की छाँव में
1967	हम दो डाकू
1971	दूर का राही
1972	ज़मीन आसमान
1974	बढ़ती का नाम दाढ़ी
1979	शाबाश डैडी
1981	चलती का नाम ज़िन्दगी
1982	दूर वादियों में

आर. डी. बर्मन

1961	छोटे नवाब
1965	भूत बँगला
1965	तीसरा कौन
1966	पति पत्नी
1967	बहारों के सपने
1967	चन्दन का पलना
1967	अभिलाषा
1968	पड़ोसन
1969	प्यार का मौसम
1969	वारिस
1970	एहसान
1970	कटी पतंग
1970	पुरस्कार
1970	रातों का राजा
1970	सास भी कभी बहू थी
1970	द ट्रेन
1971	अधिकार
1971	अमर प्रेम
1971	बुड्ढा मिल गया
1971	कारवाँ
1971	हरे रामा हरे कृष्णा
1971	हलचल
1971	हंगामा

1971	लाखों में एक
1971	मेला
1971	पराया धन
1971	प्यार की कहानी
1971	संजोग
1972	अपना देश
1972	बॉम्बे टू गोवा
1972	दिल का राजा
1972	दो चोर
1972	डबल क्रॉस
1972	गरम मसाला
1972	गोमती के किनारे
1972	जवानी दीवानी
1972	मेरा जीवनसाथी
1972	परछाइयाँ
1972	परिचय
1972	राखी और हथकड़ी
1972	रामपुर का लक्ष्मण
1972	रानी मेरा नाम
1972	समाधि
1972	सवेरा
1972	सीता और गीता
1972	शहज़ादा
1972	ये गुलिस्ताँ हमारा
1973	आ गले लग जा
1973	अनामिका
1973	बड़ा कबूतर
1973	बँधे हाथ
1973	छलिया
1973	दो फूल
1973	हीरा पन्ना
1973	हिफ़ाज़त
1973	जैसे को तैसा

1973	झील के उस पार
1973	जोशीला
1973	नफ़रत
1973	नमक हराम
1973	पाँच दुश्मन
1973	राजा रानी
1973	रिक्शावाला
1973	शरीफ़ बदमाश
1973	यादों की बारात
1974	आपकी क़सम
1974	अजनबी
1974	बेनाम
1974	चरित्रहीन
1974	दिल दीवाना
1974	दूसरी सीता
1974	गूँज
1974	हमशक्ल
1974	ईमान
1974	इश्क़ इश्क़ इश्क़
1974	खोटे सिक्के
1974	मदहोश
1974	मनोरंजन
1974	मि. रोमियो
1974	फिर कब मिलोगी
1974	शैतान
1974	त्रिमूर्ति
1974	उजाला ही उजाला
1974	ज़हरीला इन्सान
1975	आँधी
1975	दीवार
1975	धरम करम
1975	हिफ़ाज़त
1975	कहते हैं मुझको राजा

1975	काला सोना
1975	खेल खेल में
1975	ख़ुशबू
1975	मज़ाक़
1975	राजा
1975	शोले
1975	वारंट
1976	बंडलबाज़
1976	बालिका वधू
1976	भँवर
1976	बुलेट
1976	काफ़िला
1976	महाचोर
1976	महबूबा
1976	नेहले पे देहला
1976	विश्वासघात
1977	चला मदारी हीरो बनने
1977	चलता पुर्जा
1977	चाँदी सोना
1977	डार्लिंग डार्लिंग
1977	ढोंगी
1977	हम किसी से कम नहीं
1977	जीवन मुक्त
1977	कर्म
1977	किनारा
1977	किताब
1977	मुक्ति
1978	आज़ाद
1978	चोर हो तो ऐसा
1978	देवता
1978	घर
1978	हीरालाल पन्नालाल
1978	क़समें वादे

1978	नया दौर
1978	शालीमार
1979	भला मानुस
1979	गोलमाल
1979	हमारे तुम्हारे
1979	जुर्माना

लक्ष्मीकान्त प्यारेलाल

1963	हरिश्चन्द्र तारामती
1963	पारसमणि
1964	आया तूफ़ान
1964	दोस्ती
1964	मि. X इन बॉम्बे
1964	सन्त ज्ञानेश्वर
1964	सती सावित्री
1965	बॉक्सर
1965	हम सब उस्ताद हैं
1965	लुटेरा
1965	श्रीमान फंटूश
1966	आये दिन बहार के
1966	छोटा भाई
1966	डाकू मंगल सिंह
1966	दिल्लगी
1966	लाडला
1966	मेरे लाल
1966	नाग मन्दिर
1966	प्यार किये जा
1961	सौ साल बाद
1967	अनीता
1967	छलिया बाबू
1967	दुनिया नाचेगी
1967	फ़र्ज़
1967	जाल

1967	मिलन
1967	मिलन की रात
1967	नाइट इन लन्दन
1967	पत्थर के सनम
1967	शार्गिद
1967	तक़दीर
1968	बहारों की मंज़िल
1968	इज़्ज़त
1968	मेरे हमदम मेरे दोस्त
1968	साधु और शैतान
1968	स्पाई इन रोम
1968	अन्जाना
1969	आँसू बन गये फूल
1969	आया सावन झूम के
1969	धरती कहे पुकार के
1969	दो भाई
1969	दो रास्ते
1969	इंतक़ाम
1969	जीने की राह
1969	जिगरी दोस्त
1969	माधवी
1969	मेरा दोस्त
1969	मेरी भाभी
1969	प्यासी शाम
1969	साजन
1969	सत्यकाम
1969	शर्त
1969	वापस
1970	आन मिलो सजना
1970	अभिनेत्री
1970	बचपन
1970	दर्पण
1970	देवी

1970	हिम्मत
1970	हमजोली
1970	जवाब
1970	जीवन मृत्यु
1970	खिलौना
1970	माँ और ममता
1970	मन की आँखें
1970	मस्ताना
1970	पुष्पांजलि
1970	शराफ़त
1970	सुहाना सफ़र
1971	आप आये बहार आई
1971	बनफूल
1971	बिखरे मोती
1971	चाहत
1971	दुश्मन
1971	हाथी मेरे साथी
1971	हसीनों का देवता
1971	जल बिन मछली नृत बिन बिजली
1971	लगन
1971	मन मन्दिर
1971	महबूब की मेहँदी
1971	मेरा गाँव मेरा देश
1971	उपहार
1971	वो दिन याद करो
1972	बुनियाद
1972	दास्तान
1972	एक बेचारा
1972	एक नज़र
1972	गाँव हमारा शहर तुम्हारा
1972	गोरा और काला
1972	हार जीत

1972	जीत
1972	मोम की गुड़िया
1972	पिया का हार
1972	रास्ते का पत्थर
1972	राजा रानी
1972	रूप तेरा मस्ताना
1972	शादी के बाद
1972	शोर
1972	सुबह और शाम
1972	वफ़ा
1973	अनहोनी
1972	अनोखी अदा
1973	बरखा बहार
1973	बॉबी
1973	दाग़
1973	गाय और गोरी
1973	गद्दार
1973	गहरी चाल
1973	इन्साफ़
1974	जलते बदन
1974	ज्वार भाटा
1974	कच्चे धागे
1974	कहानी हम सब की
1974	क़ीमत
1974	लोफर
1974	मनचली
1974	निर्दोष
1974	सूरज और चाँद
1974	अमीरी और ग़रीबी
1974	बदला
1974	विदाई
1974	चोर–चोर

1974	दोस्त
1974	दुल्हन
1974	दुनिया का मेला
1974	फ्री लव
1974	गीता मेरा नाम
1974	इम्तिहान
1974	जुर्म और सज़ा
1974	मजबूर
1974	नया दिन नयी रात
1974	पगली
1974	निर्माण
1974	पैसे की गुड़िया
1974	प्रेम शास्त्र
1974	रोटी
1974	रोटी कपड़ा और मकान
1974	सौदा
1974	शानदार
1974	द चीट
1974	वादा तेरा वादा
1975	आख़िरी दाँव
1975	आक्रमण
1975	अनाड़ी
1975	अपने रंग हज़ार
1975	चैताली
1975	दफा 302
1975	लफंगे
1975	मेरे सजना
1975	पोंगा पण्डित
1975	प्रतिज्ञा
1975	प्रेम कहानी
1975	सेवक
1975	ज़िन्दा दिल

भास्कर चन्दावरकर

1972	माया दर्पण
1976	सिकन्दर
1978	अरविन्द देसाई की अजब दास्तान
1989	गोधूलि

जगजीत सिंह

1973	आक्रान्त
1982	साथ–साथ
1983	अर्थ

पं. रघुनाथ सेठ

1971	फिर भी
1980	एक बार फिर

वनराज भाटिया

1974	अंकुर
1976	मन्थन
1975	निशान्त
1977	भूमिका
1978	कोन्दुरा (तेलुगू)
1979	जुनून

तकनीकी शब्दावली

1. Adlib : शब्दकोश के अनुसार पूरा शब्द 'ad libitum' है जिसका शाब्दिक अर्थ है 'यथेच्छ', यही शब्द फ़िल्मों के गायन में 'Adlib' की तरह प्रयुक्त होने लगा जो गायन के पूर्व आलाप अथवा गीत के बोलों को बिना किसी ताल के स्वतःस्फूर्त गायन के सन्दर्भ में प्रयुक्त होता है।

2. Analog : (ध्वन्यांकन (recording) के सन्दर्भ में प्रयुक्त) अंग्रेज़ी में इसका पर्यायवाची Similar हो सकता है तथा हिन्दी में 'समान' अथवा अनुरूप। रिकॉर्डिंग की इस तकनीक से वैसी ही रिकॉर्डिंग होती है जैसा कि 'ध्वनि' हो। यदि आसपास की थोड़ी–बहुत स्थल ध्वनियाँ (ground voice) हों तो वे भी रिकॉर्ड होंगी। कम्प्यूटर आने से पूर्व इसी प्रकार रिकॉर्डिंग होती थी। भले ही थोड़ी–बहुत ground voice भी आ जाये किन्तु मधुरता, आवाज़ की Tone तथा Timber यथावत रहते थे। 1974 तक के सभी गीत इसी प्रणाली द्वारा ध्वन्यांकित (record) हुए हैं।

3. Arrangement : किस गीत में कौन–सा वाद्ययन्त्र कहाँ उपस्थित होगा, कौन से स्वर–समूह बजाकर अलग हो जायेगा, गायक स्वर कहाँ–कहाँ और कब आयेंगे, इसे गीत का नियमन (Arrangement) कहते हैं और करने वाले को नियामक (Arranger) कहते हैं।

4. Clarvion or Clay Violin : सबसे पहला इलेक्ट्रॉनिक वाद्ययन्त्र जो कल्याण जी (संगीत निर्देशक) द्वारा आयात किया गया और जिस पर फ़िल्म 'नागिन' की प्रसिद्ध बीन बजी।

5. Digital : (अंकीय ध्वन्यांकन (recording) के सन्दर्भ में)। ध्वन्यांकन की यह पद्धति कम्प्यूटर के आगमन के बाद आयी। कम्प्यूटर केवल अंकों की भाषा जानता है। इसके द्वारा विकसित की गयी तकनीक के अनुसार सारी ध्वनियाँ शून्य तथा एक (0–1) में विभाजित हो जाती है। समग्र ध्वनि को 0–1 के टुकड़ों में रिकॉर्ड कर, उसे फिर से जोड़ा जाता है तथा सम्पूर्ण गीत (अथवा कोई भी ध्वनि) सुना जा सकता है।

6. Fade in/ Fade out : ध्वनि का प्रवेश तथा विलुप्त होना।

7. Finishing : समापन (गीत रिकॉर्डिंग के सन्दर्भ में प्रयुक्त) अर्थात गीत की समाप्ति इस प्रकार की जाये कि गीत का सौन्दर्य मन में सम्पूर्णतः समाहित हो जाये, कोई झटका न लगे। शंकर–जयकिशन इस कला में माहिर थे।

8. Mixer : (रिकॉर्डिंग स्टूडियो के सन्दर्भ में) गायन एवं विविध वाद्यों की ध्वनियों को रिकॉर्डिंग के लिए सही अनुपात में मिश्रित करने वाला यन्त्र।

9. Mixing : विविध ध्वनियों (गायन, वाद्य, Sound Effects) को सही अनुपात में मिश्रित कर, रिकॉर्ड करना।

10. Octo-pad : इलेक्ट्रॉनिक वाद्ययन्त्र जिससे विविध ताल वाद्यों की ध्वनियों निकलती हैं।

11. Pitch : (गायन से सम्बन्धित), स्वर–तारता, गले/स्वर की फेंक, यह ऊँचा अथवा नीचा (Low or high) होता है।

12. Remix : किसी गीत को, दूसरे गायक से, दूसरे साज़ों तथा नये स्वर–प्रबन्धन के साथ रिकॉर्ड करने को Remix कहते हैं। आजकल बहुत से पुराने गीत री–मिक्स हो रहे हैं।

13. Rhythm : लय, इसे फ़िल्म तथा संगीत दोनों ही सन्दर्भों में प्रयुक्त किया जाता है।

14. Samples : (नमूने), इलेक्ट्रॉनिक वाद्ययन्त्रों में Rhythm और Tempo के बहुत सारे Samples (नमूने) भरे होते हैं। आज का संगीत–निर्देशक इनमें से मनपसन्द चुन लेता है। इस प्रकार उसे किसी रचनात्मक प्रक्रिया से नहीं गुज़रना पड़ता।

15. Sequence : आवृत्ति; ऊपर वाले Samples (नमूने) का बार–बार आवर्तन करके लय/ताल का निर्माण कर लिया जाता है। इसमें संगीत निर्देशक का कुछ भी रचनात्मक योगदान नहीं है।

16. Synthesiser/ Key board : इलेक्ट्रॉनिक वाद्ययन्त्र।

17. Throw : यह आवाज़ की फेंक है, पास अथवा दूर तक। मधुर अथवा तीखी भी (Soft or Sharp)।

18. Tempo : गति, इसे भी फ़िल्म तथा संगीत दोनों ही सन्दर्भों में प्रयुक्त किया जाता है।

19. Timbre : (गायन/वाद्ययन्त्र के सन्दर्भ में), ध्वनि वैशिष्टय; ध्वनि का विशिष्ट स्वरूप।

20. Tone : (संगीत के सन्दर्भ में प्रयुक्त) गायक के गले से अथवा वाद्ययन्त्र से निकलने वाली ध्वनि/स्वर का प्रकार।

21. Vocal Cords : स्वरयन्त्र, जिससे गले में आवाज़ बनती है।

22. Volume : गायन/वादन में ध्वनि की विपुलता, यह कम अथवा अधिक होता है (Soft or Loud)।